Volker Perthes

Orientalische Promenaden

Der Nahe und Mittlere Osten im Umbruch

Pantheon

Für die vorliegende Paperback-Ausgabe wurde dem Buch ein aktuelles Vorwort des Autors vorangestellt.

FSC
Mix
Produktgruppe aus vorbildlich bewirtschafteten Wäldern und anderen kontrollierten Herkünften

Zert.-Nr. SGS-COC-1940
www.fsc.org
© 1996 Forest Stewardship Council

Verlagsgruppe Random House FSC-DEU-0100
Das für dieses Buch verwendete FSC-zertifizierte Papier *EOS* liefert Salzer, St. Pölten.

Der Pantheon Verlag ist ein Unternehmen der Verlagsgruppe Random House GmbH.

Erste Auflage
Juli 2007

Umschlaggestaltung: Jorge Schmidt, München, nach einer Idee von Rothfos + Gabler, Hamburg
Lektorat und Satz: Ditta Ahmadi, Berlin
Karte: Peter Palm, Berlin
Druck und Bindung: GGP Media GmbH, Pößneck
Printed in Germany
ISBN: 978-3-570-55034-2

www.pantheon-verlag.de

Inhalt

Vorwort

BÜCHER, DIE DIE ENTWICKLUNGEN im Nahen und Mittleren Osten beschreiben, bewegen sich innerhalb des Spannungsverhältnisses zwischen den langen Linien der Geschichte und den tagespolitischen Ereignissen, die so oft die internationalen Fernsehnachrichten dominieren. Wenn es solchen Büchern gelingt, politische, gesellschaftliche und kulturelle Konstanten so herauszuarbeiten, dass der Leser die Nachrichtenbrocken, die ihn über neue diplomatische Vorstöße, gescheiterte Vermittlungsbemühungen, militärische Drohgebärden oder Auseinandersetzungen, Terroranschläge und politisches Säbelrasseln und gelegentlich auch über Investorenkonferenzen, Kulturaustausch und politische Dialoge informieren, sinnvoll in ein Gesamtbild einordnen kann, erleben sie vielleicht eine zweite Auflage oder erscheinen nach einiger Zeit als Taschenbuch. Gleichwohl bleiben sie immer zu einem gewissen Grade eine Momentaufnahme. So heißt es in dem Israel- und Palästina-Kapitel dieses Buches, dass ich nicht wisse, ob wieder Krieg herrschen werde, wenn das Buch erscheine. Das Manuskript hatte ich im Spätsommer 2005 abgeschlossen, die Originalausgabe erschien im Frühjahr 2006.

Der Krieg, den ich befürchtet hatte, begann wenige Monate später, im Juli: Eine höchst ungleiche, dreiseitige Auseinandersetzung, bei der die Hizbullah, eine libanesische Partei, die gleichzeitig auch eine Guerillabewegung ist, Krieg gegen Israel und Israel Krieg gegen den Libanon führte, während der libanesische Staat, der diesen Krieg nicht wollte und nicht verhindern konnte, sich Hilfe suchend an die internationale Gemeinschaft wandte, um dem Blutverlust und den Zerstörungen ein Ende zu bereiten. Die Staatengemeinschaft ließ sich Zeit, bis sie reagierte. Vor allem die USA wollten Israel erst einmal siegen lassen, was so allerdings nicht gelang: Israels Regierung brachte zwar dem Libanon eine schwere – manche würden sagen: existentielle – Niederlage bei. Libanons Wiederaufbau wurde sicher um ein Jahrzehnt zurückgeworfen. Israel sah aber in den Augen der eigenen Öffentlichkeit nicht wie ein Sieger aus, die politischen und militärischen Führungen Israels mussten sich von einer Untersuchungskommission schwerwiegende Inkompetenzen vorhalten lassen; das Ansehen der Hizbullah in vielen arabischen Ländern nahm zu; und die regionalen Spannungen blieben so heftig, dass – während dieses Vorwort geschrieben wird – eine neue militärische Konfrontation wahrscheinlich bleibt. Neue Gewaltausbrüche in den palästinensischen Gebieten wie auch im Nord-Libanon, wo die libanesische Armee bewaffneten islamistischen Akteuren gegenüberstand, zeigten, dass ein solcher Konflikt an nahezu jeder Front aufbrechen kann: zwischen Israel und den Palästinensern, zwischen verschiedenen palästinensischen Fraktionen, an der israelisch-libanesischen oder israelisch-syrischen Grenze oder innerhalb des Libanon.

Die internationale Gemeinschaft hat zwar ihr Engagement im Nahen Osten verstärkt – diplomatisch durch die Wiederbelebung des so genannten Nahost-Quartetts (USA, Europäische Union, Vereinte Nationen und Russland), das sich vor allem um eine Regelung des Konflikts zwischen Israel und den Palästinensern kümmern soll, und auch militärisch durch eine Aufstockung der UNO-Friedenstruppe im Libanon (UNIFIL). Damit wurde jedoch bis zum Zeitpunkt, da dieses Vorwort entsteht, noch kein neuer diplomatischer Prozess auf den Weg gebracht, der Israel, den Palästinensern, dem Libanon und Syrien die Perspektive eines haltbaren Friedens näher bringen würde. Das ist nicht zuletzt für Deutschland von Bedeutung, dessen Regierung sich unter der deutschen EU-Ratspräsidentschaft im ersten Halbjahr 2007 aktiv um die Wiederbelebung eines nahöstlichen Friedensprozesses bemüht hat, das vor allem aber mit der Verstärkung der UNIFIL-Mission erstmals auch mit eigenen Soldaten im Nahen Osten engagiert ist. Neue kriegerische Auseinandersetzungen etwa zwischen Israel und dem Libanon oder Israel und Syrien würden nicht nur die Aufgabe dieser Mission in Frage stellen, sondern könnten die Marineeinheiten, die vor der Küste des Libanon patrouillieren, auch zum Ziel der einen oder anderen Konfliktpartei machen.

Die Unruhe, von der das Buch sowohl in seinen Promenaden durch einzelne Länder und Gebiete wie auch mit Blick auf die Gesamtregion berichtet, ist jedenfalls in den zwei Jahren seit seinem ersten Erscheinen erhalten geblieben. Einige Entwicklungen haben eine andere Richtung genommen als damals erwartet wurde, andere haben Erwartungen bestätigt. Sicher ist, dass weiterhin zwei zentrale Konfliktkonstellationen auf die politischen Entwicklungen, wirtschaftlichen Chancen und gesellschaftlich-kulturellen Debatten und Auseinandersetzungen in der gesamten Region ausstrahlen: Zum einen der bereits erwähnte Konflikt zwischen Israel und den Palästinensern, der nur durch ein definitives Ende der israelischen Besetzung palästinensischer Gebiete und durch eine Anerkennung Israels durch seine arabische Umwelt zu Ende gehen kann, zum anderen die gewaltsamen Auseinandersetzungen im Irak, bei denen es sich seit langem nicht mehr nur um einen Aufstand gegen die amerikanische Besatzungsmacht handelt, sondern auch um einen Bürgerkrieg im Schatten der Besatzung des Landes und, teilweise zumindest, eine Stellvertreterauseinandersetzung zwischen einer Reiher regionaler Akteure.

Dabei ist Irakisch-Kurdistan, in das uns einer der langen Wege führt, die dieses Buch beschreibt, weiterhin so etwas wie eine Insel der Stabilität in dem zerrütteten und umkämpften Land. Je stärker allerdings der Rest des Irak in blutigem Chaos zu versinken droht, desto stärker auch die Tendenzen der irakischen Kurden, sich im Wortsinne abzugrenzen und ihre faktische Autonomie unwiderruflich zu machen. Eine einheitliche kurdische Regionalregierung ist mittlerweile gebildet worden, und Masoud Barzani, den wir auf seiner Bergfeste in Salahadin besuchen, ist zum Präsidenten Irakisch-Kurdistans gewählt worden. Eher zugespitzt allerdings haben sich die Konflikte um Kirkuk, die uns bei den Gesprächen in dieser tristen Stadt so deutlich vorgetragen werden: Hier entsteht eine Frontlinie zwischen irakischen Kurden und Arabern, die quer zu den Fronten in anderen Teilen des Irak zu verlaufen scheint. Auch hier allerdings gilt, dass die amerikanischen Streitkräfte den politischen, tribalen, konfessionellen oder ethnischen Auseinandersetzungen, die im Irak unter ihrer Hand freigesetzt wurden, trotz ihrer militärischen Überlegenheit machtlos gegenüber stehen.

Das Scheitern der USA im Irak, das sich seit Ende 2006 auch zunehmend in den Debatten des US-Kongresses in Washington darüber widerspiegelt, wie und zu welchem Zeitpunkt die amerikanischen Truppen das Land an Euphrat und Tigris verlassen sollen und können, hat die Machtgewichte zwischen den unterschiedlichen Akteuren im Nahen und Mittleren Osten weiter verschoben. Gestärkt worden sind vor allem die mehr oder weniger autoritären Regimeeliten, fast gleichgültig, ob sie sich als Freunde oder eher als Gegner der USA darstellen. Schauen wir nach Ägypten, der ersten Station unserer Promenaden: Hier war man in den ersten ein, zwei Jahren nach dem Sturz des irakischen Diktators Saddam Hussein tatsächlich besorgt, dass Washington quer durch die arabisch-nahöstliche Region auf politische Reformen in Richtung demokratischer Teilhabe dringen würde.

Kritische Bemerkungen des amerikanischen Präsidenten und seiner Außenministerin, die den ägyptischen Präsidenten drängten, in dieser Hinsicht eine Vorreiterrolle in der arabischen Welt zu spielen, mischten sich mit selbstbewussteren Stimmen aus der ägyptischen Gesellschaft und aus Oppositionskreisen. Husni Mubarak, ägyptischer Präsident seit 1981, ging selbst in die politische Offensive und ließ bei der letzten Abstimmung über das höchste und mächtigste Amt im Staat sogar Konkurrenten zu. Niemand erwartete, dass ein Oppositionskandidat gegen den amtierenden Präsidenten und die Machtmaschine der Regimepartei eine echte Chance haben würde. Wichtig war vielmehr, dass das Prinzip einer demokratischen Auseinandersetzung um das Präsidentenamt überhaupt verankert wurde. Dies blieb dann allerdings auf weiteres auch alles, was Mubarak an politischer Öffnung zuzugestehen bereit war.

Der stärkste Gegenkandidat Mubaraks, Ayman Nur, wurde wenige Wochen nach den Präsidentschaftswahlen unter fadenscheinigen Begründungen zu einer mehrjährigen Freiheitsstrafe verurteilt, eine Art Racheakt des Staates dafür, dass Nur mit seiner Kandidatur nicht nur eine demokratische Fassade für die Wiederwahl des Präsidenten lieferte, sondern eine alternative politische Plattform aufbauen wollte. Immerhin erreichte er 7,6 Prozent der Stimmen und damit eindeutig zu viel für den Geschmack der ägyptischen Führung. Mubaraks Regime zeigte seine autoritären Seiten in der Folge wieder sehr viel deutlicher. Zwar arbeiteten eine Reihe liberaler Minister und hoher Beamter weiter an wirtschaftlicher Reform und technologischer Modernisierung des Landes. Alle innenpolitischen Maßnahmen scheinen aber in erster Linie darauf gerichtet zu sein sicherzustellen, dass Gamal Mubarak, der Sohn des alternden Präsidenten, irgendwann dessen Nachfolge antritt und dass politische Konkurrenz, die wirklich gefährlich werden könnte, notfalls mit repressiven Mitteln in Schach gehalten wird.

So wurde auch Issam al-Erian, der Vertreter der Muslimbruderschaft, dem wir in Kairo im Gebäude des Ärztesyndikats begegnen, ein weiteres Mal ins Gefängnis geworfen, als die Polizei wieder einmal die üblichen Verdächtigen einsammelte, um den Muslimbrüdern und ihren Anhängern zu zeigen, dass man ihnen nicht erlauben werde, sich auf legale Weile zu einer echten Alternative zur herrschenden Partei zu entwickeln. Proteste der amerikanischen Regierung oder, wie hinzuzufügen wäre, der Europäischen Union gibt es kaum noch: Man braucht heute Ägypten wieder als stabilen Partner im Nahen Osten, will nach den Erfahrungen der palästinensischen Wahlen von Anfang 2006, bei denen die islamistische Hamas eine Mehrheit der Sitze eroberte, solche Entwicklungen nicht unbedingt in Ägypten oder anderen Staaten der Region wiederholt sehen und hält sich deshalb mit Demokratisierungsforderungen zurück.

Das Scheitern amerikanischer Politik im Irak hat auch den politischen Handlungskontext der Führung in Saudi-Arabien verändert. Instabilität und Chaos im Nachbarland, in den palästinensischen Gebieten, im Libanon und anderswo in der Region sind aus saudischer Sicht beunruhigend. Den Amerikanern traut man nicht mehr zu, Ordnung in die regionalen Verhältnisse zu bringen; gleichzeitig ist die Sorge, dass Washington Druck auf Riad machen könne, die eigenen innenpolitischen Verhältnisse westlichen Vorstellungen anzupassen, gegenüber den ersten ein, zwei Jahren nach dem Sturz des Regimes in Bagdad erheblich zurückgegangen. Die politische Elite um König Abdallah ist selbstbewusster geworden: Mit den Kommunalwahlen, die wie geplant stattgefunden haben, hat man ein Minimum politischer Beteiligung erlaubt; auch die Nationalen Dialoge sind fortgeführt worden. Mehr hält man bis auf weiteres offenbar nicht für notwendig. Lieber versucht man das eigene Modell, das auf Anhörung, Beratung und einem nach Möglichkeit breiten Konsens beruht, bei dem alle relevanten Kräfte einen Platz am Tisch und ein Stück vom Kuchen erhalten, auch in andere Länder der Region zu exportieren. Aus diesem Grunde haben saudische Vermittler sich erfolgreich bemüht, die zerstrittenen palästinensischen Fraktionen – die Fatah von PLO-Chef Mahmud Abbas und die islamistische Hamas – auf die Bildung einer Regierung der nationalen Einheit zu verpflichten. Das ist nicht, was die USA wollten. Diese setzten auf den Sieg der säkularen Fatah, deren Truppen sie aufzurüsten bereit waren.

Eine Integration der Islamisten in eine gemeinsame Regierung entsprach den Vorstellungen Washingtons nicht. Saudische Führungsfiguren sind aber heute sicher, dass sie mit ihrer Orientierung auf Konsens das für die Region richtigere Konzept haben. In ähnlichem Sinne haben sie sich deshalb bemüht, auch die zerstrittenen Parteien des Libanon an einen Tisch zu bringen, reden dazu selbst mit der von Iran unterstützten Hizbullah und setzen auch gegenüber Teheran eher auf den Konsens der großen regionalen Mächte am Golf als auf Konfrontation: Man mag in Riad zwar das schiitische Regime in Teheran nicht, ist sich aber sicher, dass man Iran in aller Zukunft als großen Nachbarn ertragen und akzeptieren muss. Wie lange die Amerikaner dagegen vor Ort bleiben werden, weiß niemand genau.

Amerikanische Demokratievorstellungen haben für das monarchische System in Saudi-Arabien ohnehin nie große Attraktivität besessen. Das Land befindet sich, wie wir bei unseren Besuchen in der Hauptstadt Riad und in den Orten der Ostprovinz erleben, weiterhin in einer intensiven Diskussion mit sich selbst. Man debattiert Formen der Beteiligung, das Verhältnis der Geschlechter, Inhalt und Platz der Religion. Dass Veränderungen notwendig sind, bestreitet kaum jemand. Aber es fällt dem Königshaus heute sehr viel leichter,

Kritikern, die etwa eine volle Demokratisierung westlichen Musters einfordern würden, auf das Beispiel des benachbarten Irak zu verweisen, wohin Amerika schließlich seine Demokratie exportiert habe.

Auch in Iran war das Selbstbewusstsein der Führung gewachsen – hatte man doch nicht nur die Schwierigkeiten, die die USA im Irak erleben würden, vorausgesehen und gleichzeitig von den neuen Verhältnissen im Irak profitiert: Der große Nachbar stellte nun keine direkte Bedrohung mehr dar und wurde zudem von politischen Kräften regiert oder mitregiert, die Jahre ihres Lebens im iranischen Exil verbracht hatten und auf gute Beziehungen zur Islamischen Republik bedacht waren. Iran war zweifellos eine regionale Macht, deren Interessen nicht mehr ignoriert werden konnten. Die Beziehungen zur internationalen Gemeinschaft allerdings wurden in den zwei Jahren, die dem Erscheinen der Erstausgabe dieses Buches folgten, auf eine harte Probe gestellt. Präsident Ahmadinejad provozierte durch inakzeptable, aggressive Äußerungen mit Blick auf Israel; die Regierung trieb das Atomprogramm ungeachtet einer Reihe von Beschlüssen des UN-Sicherheitsrates und internationalen Sanktionen voran.

Zum Redaktionsschluss der Taschenbuchausgabe befanden sich Iran und die westlichen Staaten, die aktiv nach einer Lösung im Atomstreit suchten – Deutschland, Frankreich und Großbritannien mit Unterstützung des EU-Außenbeauftragten Solana und mittlerweile auch der USA, Russlands und Chinas – in einer Sackgasse: »Iran baut mehr und mehr Zentrifugen, der Sicherheitsrat beschließt mehr und mehr Resolutionen«, so fasste es ein ehemaliger Staatssekretär des iranischen Außenministeriums im Gespräch zusammen. Tatsächlich verfehlten die Sanktionen, die der Sicherheitsrat Ende 2006 gegen Iran verhängte, ihr unmittelbares Ziel, die iranische Regierung zum Einfrieren ihres Urananreicherungsprogramms zu bewegen. Sie hatten aber in anderer Hinsicht durchaus Wirkung: Die innere Kritik an Ahmadinejad, der offensichtlich mit seiner Politik das Land international isolierte, nahm deutlich zu, und die durch seinen Wahlsieg im Jahre 2005 deutlich gebeutelten Reformkräfte erhielten neuen Auftrieb. Diese innere Gärung schlug sich auch im

Ergebnis der Kommunalwahlen und der Wahlen zum so genannten Expertenrat nieder, bei denen Ahmadinejad und seine Anhänger klare Niederlagen erlitten. Sicher war, dass europäische und iranische Reformkräfte sich weiter um eine verhandelte Lösung im Atomstreit bemühen würden; ein militärisches Vorgehen, das in den USA durchaus diskutiert wurde, wäre zumindest aus europäischer Sicht eben keine »Lösung«.

Ohne Fortschritte blieb die Situation im israelisch-palästinensischen Konfliktfeld: In den palästinensischen Gebieten gab es Anfang 2006, ein gutes halbes Jahr nach meinem im zweiten Kapitel beschriebenen letzten Besuch im Gazastreifen, in der Westbank und in Israel, tatsächlich demokratische und auch durch internationale Wahlbeobachter als fair und frei charakterisierte Wahlen. Kurze Zeit später, im März 2006, wurde in Israel ein neues Parlament und eine neue Regierung gewählt. An die Stelle Ariel Sharons, der seit Januar 2006 nach einem Schlaganfall im Koma liegt, trat dessen langjähriger Ideengeber Ehud Olmert, ein vorwärts denkender Politiker, der aufgrund seines Wahlversprechens gewählt wurde, innerhalb einer Legislaturperiode Israels Grenzen durch Friedensschluss mit seinen Nachbarn endgültig festzulegen. Olmert erwies sich aber auch als ausgesprochen ungeschickter politischer Führer, dem es gelang, seine eigenen Popularitätsraten innerhalb eines Jahres von mehrheitlicher Zustimmung auf eine Rate im kleinen einstelligen Bereich zu senken. Im Frühjahr 2007 erwartete jedenfalls in Israel kaum noch jemand, dass der innenpolitisch geschwächte Ministerpräsident den Sommer politisch überleben werde.

Ein für die Regierung verheerender Untersuchungsbericht über die Art und Weise, wie Israel den Libanonkrieg des Vorjahres geführt hatte, schadete dem Ansehen der Regierung besonders. Zu den weniger beachteten, für die Gesamtentwicklung im israelisch-arabischen Raum aber durchaus entscheidenden Vorwürfen der Untersuchungskommission gehörte die Bemerkung, dass die israelische Führung es offenbar nicht mehr für notwendig erachtet habe, energisch nach Wegen zu suchen, um mit den Nachbarn haltbare Friedensverträge abzuschließen. Tatsächlich würde es sowohl die israelische wie auch die palästinensische Regierung stärken, wenn wieder ernsthafte Friedensverhandlungen auf den Weg gebracht würden: Die Regierungen und die Diplomaten ständen dann wieder im Mittelpunkt der Aufmerksamkeit – nicht die Gewalt, die Milizen und die Militärs.

In den palästinensischen Gebieten befindet sich die islamistische Hamas nun nicht mehr, wie es im Buch noch heißt, »im Wartestand«: Sie regiert mittlerweile oder regiert zumindest mit. Seit den Legislativratswahlen Anfang 2006 hatte sie die dafür notwendige parlamentarische Mehrheit. Sie verfügte allerdings über wenig andere Ressourcen, die notwendig gewesen wären, um die Regierungsgeschäfte auch erfolgreich zu führen: Geringe Erfahrung, keine Kontrolle über die Sicherheitskräfte, die weiterhin der abgewählten Fatah und allenfalls noch dem palästinensischen Präsidenten Mahmud Abbas loyal waren, vor allem aber keine internationale Unterstützung. Die USA und die meisten europäischen Staaten entschieden sich, jegliche direkte Zusammenarbeit mit den palästinensischen Ministerien und jeden Kontakt mit den Ministern zu verweigern, solange die Hamas-Regierung bestimmte durchaus richtige Forderungen der internationalen Gemeinschaft nicht explizit erfülle: die Anerkennung des Existenzrechts Israels, eine Selbstverpflichtung auf die Einhaltung aller von der PLO geschlossenen Vereinbarungen mit Israel und ein Bekenntnis zum Gewaltverzicht.

Die europäischen Staaten zumindest übersahen dabei zweierlei: Zum einen, dass es eine Reihe Staaten in der Welt gibt, einige davon, durch die auch die Reise dieses Buches führt, die durchaus berechtigten Forderungen der internationalen Gemeinschaft nicht nachkommen, ohne dass man deshalb das Gespräch mit ihnen einstellen würde. Zum anderen, dass die Aufkündigung des direkten Kontakts mit der Palästinensischen Autorität und die Beendigung direkter Finanzhilfen an die palästinensischen Behörden nur den weiteren Zerfall staatlicher oder vorstaatlicher Strukturen in den palästinensischen Gebieten befördern würde. Europa schickte zwar genauso viel Geld in diese Gebiete wie vorher, umging aber die dortigen Behörden, spielte stattdessen selbst Sozialamt und ließ durch eigene Mitarbeiter individuelle Fälle von Bedürftigkeit überprüften und Hilfszahlungen an Arbeitslose, Arme und Kranke oder an notwendiges Personal in Bildungseinrichtungen und Krankenhäusern vornehmen. Das half, die größte Not zu lindern, brachte aber den Aufbau verlässlicher staatlicher Strukturen nicht wirklich weiter.

Einen möglichen Ausweg aus der Blockade fanden letztlich die Saudis mit ihrer Vermittlung zwischen den palästinensischen Parteien, die zur Bildung der so genannten Einheitsregierung zwischen Fatah und Hamas führte. Seit diese im Frühjahr 2007 ihre Arbeit aufnahm, sprechen Europäer und Amerikaner zumindest wieder mit einigen der palästinensischen Minister – darunter dem neuen Außenminister Ziad Abu Amr, der uns bei unseren Gaza-Promenaden begegnet. Er löste in dieser Funktion übrigens Mahmud Zahar ab, den Hamasführer, der uns bei jenem Besuch das Programm seiner Partei und seine Vorstellungen der mittelfristigen Entwicklungen auf der palästinensisch-israelischen Szene erklärt hatte. Die Einheitsregierung ist allerdings in sich gespalten, wobei es mehr um die Macht innerhalb des zerrütteten palästinensischen Quasi-Staates als um Fragen der Politik oder des Friedensprozesses geht: Wiederholte Auseinandersetzungen zwischen den »Koalitionsparteien« könnten leicht in einen Bürgerkrieg münden, der für die Menschen im Gazastreifen und in der Westbank mindestens so verheerend wäre wie die Fortsetzung der Besatzungsherrschaft und die schier endlose Spirale von Gewalt, Zorn und gescheiterten Verhandlungen im israelisch-palästinensischen Verhältnis.

Dieses Verhältnis bleibt, so sehr man sich auch in anderen arabischen Staaten gerne auf die unmittelbaren, eigenen Angelegenheiten konzentrieren würde, ein zentrales Element für die Fortentwicklung regionaler Politik und regionaler Debatten. Nichts fördert extremistische – islamistische oder nationalistische – Ideologien und Gruppen so sehr wie der ungelöste israelisch-palästinensische Konflikt, nichts erschwert die Zusammenarbeit zwischen der arabischen Welt auf der einen Seite, Europa und den USA auf der anderen so sehr wie die Unfähigkeit oder Unwilligkeit des Westens, diesen Konflikt einer fairen Lösung näher zu bringen. Und natürlich verstecken die Regime arabischer Staaten oder Irans sich gerne hinter diesem Konflikt, um Reformforderungen aus den eigenen Gesellschaften abzuwehren oder eigene Defizite zu relativieren.

Der Wunsch nach Normalität, der uns auf unseren Promenaden

immer wieder begegnet, wird deshalb zumindest so lange unerfüllt bleiben, wie Israelis und Palästinenser nicht allein oder mit Hilfe der internationalen Gemeinschaft eine Regelung finden, die ihnen Sicherheit und Staatlichkeit in zwei klar voneinander abgegrenzten und sich gegenseitig anerkennenden Gemeinwesen erlaubt.

Berlin, im Mai 2007

Einführung

Zeitenwende im Nahen und Mittleren Osten?

DER NAHE UND MITTLERE OSTEN ist zu Beginn dieses Jahrhunderts ins Zentrum weltweiter Aufmerksamkeit gerückt, doch die Ereignisse und Entwicklungen, die die Welt und diese Region beschäftigen, scheinen von Akteuren bestimmt, die zum Teil in ganz verschiedenen zeitlichen Zusammenhängen leben und in unterschiedlichen Zeiträumen denken. Geschichte spielt auf jeden Fall immer hinein, und zwar nicht in erster Linie als eine Vergangenheit, aus der die Völker Lehren ziehen, sondern oft zur Strukturierung der politischen Gegenwart und der aktuellen Konflikte.

Unterschiedliche Zeitrechnungen gibt es in dieser Region tatsächlich: Während ich das Manuskript dieses Buches im Sommer 2005 nach unserer Zeitrechnung fertigstelle, befinden wir uns nach dem islamischen Mondkalender, der in Saudi-Arabien gilt, aber auch von zahlreichen gläubigen sunnitischen Muslimen in anderen Ländern beachtet wird, im Jahr 1426 nach der Hijra (dem Auszug des Propheten Muhammad aus Mekka). In Iran legt man dagegen das Sonnenjahr zugrunde und lebt im Jahr 1384. In Israel entspricht das dem Jahr 5765 der jüdischen Zeitrechnung. Konservative und religiöse jüdische Blätter pflegen dieses Datum vor das internationale oder »christliche« zu stellen, das im öffentlichen Leben Israels verbindlich ist. Andere Völker und Minderheiten haben noch andere Kalender, so feiern die Kurden ihr Neujahr (Newroz) zwar gemeinsam mit den Iranern, befinden sich aber bereits im Jahr 2705. Und die heute überwiegend christlichen Assyrer, Namensgeber des assyrischen Reiches in Mesopotamien (und später des davon abgeleiteten Syrien), zeigen, dass ihre Geschichte weit vor die der anderen Völker zurückreicht: Bei ihnen begann am 1. April 2005 das Jahr 6755.

Dieses Buch nimmt den Leser mit auf einen politischen Streifzug durch sechs Länder und Gebiete des Nahen und Mittleren Ostens. Wir beginnen in Ägypten, bewegen uns dann durch Israel und die palästinensischen Gebiete, besuchen Saudi-Arabien, ziehen durch Irakisch-Kurdistan und beenden die Reise in Iran. Wir erleben auf diesen »Promenaden« die ganze Vielfalt, die sprachliche, kulturelle und konfessionelle Pluralität des nah- und mittelöstlichen Mosaiks. Damit ist dies keine reine Fortsetzung meiner »Geheimen Gärten«, die ein eher systematisch angelegtes Gesamtbild der »neuen arabischen Welt« und der politisch-gesellschaftlichen Veränderungen und Herausforderungen bieten, denen die einzelnen Länder sich zu stellen haben.[1] Man kann die beiden Bücher vielmehr parallel lesen. Das hier vorliegende zeichnet das Bild der Region, ihrer Konflikte und Debatten, ihrer gesellschaftlichen Verwerfungen und Auseinandersetzungen vornehmlich, indem es die dort lebenden Menschen zu Wort kommen lässt. In den zahlreichen persönlichen und ohne große Rücksicht auf Ausgewogenheit ausgewählten Begegnungen spiegelt sich eine Gesellschaft, die nicht erst seit dem Irakkrieg im Umbruch ist.

Tatsächlich hat die von Amerika angeführte Irak-Invasion die geopolitischen Verhältnisse im Nahen und Mittleren Osten durcheinander gewirbelt. Neue Themen gelangten auf die regionale Agenda, manche Fragen wurden neu gewichtet, und die Gefahr von gewaltsamen Auseinandersetzungen hat sich erhöht. Man kann von einer geopolitischen Revolution, vielleicht sogar von einem historischen Wendepunkt in den regionalen Entwicklungen sprechen. Langjährige Stagnation ist an vielen Stellen einer Unruhe gewichen, die neue Risiken, aber auch neue Chancen birgt.

Am deutlichsten wird das im Irak. Der Krieg befreite die Iraker von der übelsten der mittelöstlichen Diktaturen, brachte ihnen aber keinen Frieden. Das Land wurde zum »sicheren Hafen« für Terroristen und wahrscheinlich zum Ausbildungslager und Exporteur eines sich religiös legitimierenden Terrorismus; seine territoriale Einheit ist gefährdet. Gleichzeitig werden hier Formen von Pluralismus, Demokratie und Selbstbestimmung eingeübt, die auch für andere Staaten in der Region modellhaft werden könnten, wenn es gelingt, sie institutionell abzusichern, so dass sie nicht von Rebellion und Bürgerkrieg hinweggefegt werden.

Auch in den israelisch-palästinensischen Konflikt ist nach vier Jahren blutiger Auseinandersetzungen eine neue Dynamik gekommen. Mit dem israelischen Abzug aus dem Gazastreifen und mit dem Bau des Sperrwalls beziehungsweise der Mauer in der Westbank wurden lang gepflegte Tabus gebrochen und zugleich die politische Geographie verändert. Dies kann einen neuen, ernsthaften Friedensprozess befördern, aus dem am Ende zwei unabhängige, neben- und miteinander lebende Staaten hervorgehen; es kann aber auch bedeuten, dass lediglich die Ausgangslinien der kommenden Konfrontation festgelegt werden.

Ägypten und mehr noch Saudi-Arabien sind von dem regionalen Erdbeben, das der Irakkrieg ausgelöst hat, schwer erschüttert worden. Beide Staaten verstanden und verstehen sich als regionale Führungsmächte, aber beide waren während der Krise gegen ihren Willen in eine Zuschauerrolle gedrängt. Der Irakkrieg und die internationalen Forderungen nach Reform und Modernisierung der arabischen Welt lassen zugleich die Kritik an den inneren Verhältnissen in diesen beiden Ländern lauter werden. In tiefgehenden Reformdebatten wird hier inzwischen um den richtigen Weg in die Zukunft gestritten. Ähnliches gilt unter etwas anderen Vorzeichen auch in Iran, wo aufgrund der Enttäuschung nach einer achtjährigen Reformperiode, in der wenig erreicht wurde, ein politischer Rechtsschwenk erfolgte.

In allen Ländern versuchen einzelne Akteure, das europäische und amerikanische Drängen auf Demokratisierung und politische Modernisierung der arabischen Welt und des Mittleren Ostens zu nutzen. Andere fürchten um die Unabhängigkeit und Souveränität ihrer Länder – oder behaupten dies zumindest, um Reformforderungen aus dem Innern abzuwehren. Dabei geht es den Bürgern und Bürgerinnen dieser Länder gar nicht darum, den eigenen Staat oder dessen Autorität zu unterminieren. Ihre Forderungen und Wünsche sind politisch, aber selten revolutionär. Über allem steht das Wort »Demokratie«. Die meisten Menschen verstehen darunter aber nicht den unmittelbaren Sprung von autoritären in liberaldemokratische Verhältnisse westlichen Musters, sondern zuerst und vor allem die

Durchsetzung und die Garantie von Menschenwürde und Menschenrecht, die Eindämmung von Korruption, mehr Rechtsstaatlichkeit, die Stärkung der Rechte von Frauen, mehr Liberalität und Offenheit. Das alles sind Voraussetzungen und Elemente einer wirksamen und nachhaltigen Demokratisierung.

Der Religion – oder richtiger den religiös-politischen oder religiös gefärbten Debatten – kommt eine enorme Bedeutung bei den Auseinandersetzungen um die Zukunft der einzelnen Länder zu, durch die diese »Promenaden« führen. Diese Auseinandersetzungen finden – teils mehr, teils weniger offen – überall statt: in den religiösen Schulen und Universitäten Irans, in den islamischen Parteien und Bewegungen Ägyptens und Palästinas, innerhalb der ägyptischen Regimepartei und in der Zivilgesellschaft, im Konsultativrat sowie bei öffentlichen und halböffentlichen Diskussionen in Saudi-Arabien. Es geht dabei überall um die Verfasstheit der politischen Systeme, um Fragen der Teilhabe an politischen Entscheidungen, um Menschen- und Bürgerrechte, oft auch um das Verhältnis zu den Nachbarn in der Region, fast immer um Gewalt und den inneren wie äußeren Frieden sowie um die Haltung zum Westen.

Nicht alle diese Diskussionen sind erbaulich, und manche Diskussionspartner sind wenig erfreuliche Erscheinungen. Gerade im Streit über Terrorismus und Gewalt, über das Verhältnis zu den USA und Europa oder über Demokratie und Menschenrechte aber wird deutlich, dass es falsch ist, von einem Konflikt der Kulturen oder der Zivilisationen zu sprechen. Zutreffender wär es, von einem Konflikt *innerhalb* der Kultur oder von einer Konfliktlinie in der arabisch-muslimischen Zivilisation zu sprechen, die sich quer durch diese Welt zieht und nicht etwa »den Islam« gegen »den Westen« positioniert oder abgrenzt. Viele der gewalttätigen wie der nur – jedenfalls bislang nur – verbalen und politischen Auseinandersetzungen, die wir in dieser Region erleben, lassen sich als Teil eines stellenweise akuten, stellenweise latenten, aber wahrscheinlich noch länger andauernden Bürgerkriegs in *slow motion* verstehen. Die Kluft ist tief zwischen denen, die eine friedliche politische Veränderung, die Entwicklung offener Gesellschaften und internationale Kooperation und Integration anstreben, und jenen, die letztlich eine totalitäre Ordnung errichten wollen und sich als Teilnehmer einer globalen, zeit- und raumübergreifenden Auseinandersetzung sehen. Dazu rechnen sie die Kreuzzüge, den westlichen Kolonialismus, die sowjetische Besatzung Afghanistans und den arabisch-israelischen Konflikt ebenso wie den Aufstand gegen die amerikanische Besatzung im Irak und die Anschläge von al-Qaida oder ähnlichen Gruppen in Saudi-Arabien, Ägypten und Indonesien, New York, Madrid und London.

Auf der anderen Seite haben wir es unmittelbar und ganz konkret mit ungelösten territorialen Konflikten zu tun, die verhandelt werden müssen. Nicht nur in Israel und den palästinensischen Gebieten, sondern auch in Kurdistan oder am Golf geht es um die politisch-geografische Bestimmung und die Kontrolle von Land und Ressourcen. Religiöse, konfessionelle und historische Überhöhungen bleiben auch da nicht aus, etwa in Kirkuk, dem – wie Kurden gern sagen – »Jerusalem Kurdistans«, oder im wirklichen Jerusalem, der heute faktisch geteilten Hauptstadt Israels und – im besten Fall – zukünftig gemeinsamen Hauptstadt zweier Staaten. Die Bemühungen um eine Regelung oder Beilegung dieser Konflikte entspringen weniger einer idealistischen Friedenssehnsucht als vielmehr der realpolitischen Erkenntnis, dass keine der Konfliktparteien die andere wirklich besiegen kann. Und sie entpringen der Suche nach »Normalität«, was vor allem für die Jugendlichen gilt, die mir zwischen Kairo und Teheran, Tel Aviv und Riad begegnet sind.

Fragen nach der eigenen Identität spielen eine große Rolle. Dazu gehört, sich abzugrenzen, was im wörtlichen Sinn zu verstehen ist, um den eigenen Platz bestimmen und die Zukunft der eigenen Gemeinschaft definieren zu können.

Radikale Positionen zu beziehen in den lokalen und regionalen Konflikten oder gar in internationalen Verhandlungen, ist übrigens keineswegs ein Privileg der Jugend. Häufig finden wir bei enttäuschten Mitgliedern älterer und mittlerer Generationen sehr viel unversöhnlichere Positionen. Viele der Jungen wie der Älteren machen kein Hehl daraus, dass sie wenig Vertrauen zum Westen haben. Kritische Fragen nach der Richtung und nach der Moral westlicher Politik richten sich keineswegs nur an die USA, sondern auch an die Europäer.

Die Reisen, die diesem Buch zugrunde liegen, habe ich bis zum Frühsommer 2005 unternommen. Die Übersetzungen aus Gesprächen sind meine eigenen, das Gleiche gilt, sofern nichts anderes vermerkt ist, für schriftliche Quellen. Bei Begriffen aus den Sprachen der Region habe ich mich um eine leicht verständliche Transliteration bemüht und mich bei Eigennamen in der Regel an die von den Betroffenen selbst gewählte Form gehalten.

Dank für Unterstützung gebührt vielen. Von den vielen Freunden und Bekannten in der Region, die mir zu Einsichten verholfen, Kontakte vermittelt, Wege gezeigt oder schlicht den Aufenthalt in ihren Städten angenehmer gemacht haben, seien hier stellvertretend Professor Heba Raouf Ezzet in Kairo, Dr. Ziad Abu Amr sowie Salah und Bettina Abd al-Shafi in Gaza, Professor Angelika Timm, Dr. Mark Heller und Julia Scherf in Tel Aviv, Dr. Mahdi Abd al-Hadi in Jerusalem, Dr. Muhamad Shtayyeh und Christian Sterzing in Ramallah, Dr. Thomas Schneider und Professor Khalil al-Khalil in Riad, Ibrahim Hassan in Salahadin, Dr. Kamal Fuad und Dildar Kittani in Sulaimani, Dr. Abbas Maleki, Dr. Abbas Araqchi sowie Dr. Christiane Krämer-Hus-Hus und ihre Familie in Teheran genannt.

Selbstverständlich sind alle eventuellen Fehlinterpretationen von Lage und Entwicklungen in den Ländern der Region meine eigenen. Muriel Asseburg, Ruth Ciesinger, Claudia Rolf, Eva Wegner und Nina Zolanwar danke ich für kritisches Lesen von verschiedenen Teilen des Manuskripts.

Der Fritz Thyssen Stiftung bin ich für einen großzügigen Zuschuss zu meinen Reisekosten dankbar.

Volker Perthes
Berlin, im Herbst 2005

Ägypten
Pharao und seine Gegner

ES LAG KEINESWEGS IM INTERESSE des ägyptischen Präsidenten und der ägyptischen Regierung, in der alljährlichen Rede des amerikanischen Präsidenten zur Lage der Nation erwähnt zu werden. Im Februar 2005 sprach der gerade für eine zweite Amtszeit gewählte George W. Bush Ägypten in dieser wichtigen Rede dennoch sehr direkt an: »Die große und stolze ägyptische Nation«, erklärte Bush, »die den Weg zum Frieden im Nahen Osten gezeigt hat, kann jetzt den Weg zur Demokratie im Nahen Osten zeigen.« Am selben Tag fand in Ägypten eine Pressekonferenz lokaler Menschenrechtsorganisationen statt, die gegen die Verhaftung von Ayman Nour, Abgeordneter des ägyptischen Parlaments und Vorsitzender der *Ghad*-Partei, protestierten. Nour war mit einer wenig überzeugenden Anklage vor den Haftrichter gebracht und für anderthalb Monate aus dem Verkehr gezogen worden. Beim Haftprüfungstermin erschien er mit einem orangefarbenen Schal; bei der Pressekonferenz der Menschenrechtsorganisationen stellten sich seine Anhänger mit orangefarbenen Plakaten vor die Fernsehkameras – ein Versuch, von der Revolution zu profitieren, die gerade in der Ukraine zu einem Machtwechsel geführt hatte. Ausländische Journalisten, die hier Vorboten einer Bürgerrevolution sahen, irrten sich nach Meinung des ägyptischen Redakteurs eines der vom staatlichen Medienkonzern al-Ahram herausgegebenen Blätter allerdings: »Leider. Es wäre gut, wenn so etwas passierte, aber ich sehe es nicht. Alles geschieht hier nur am oberen Rand der Gesellschaft, politische Bewegungen haben keine soziale Tiefe.«

Der Ablauf der Ereignisse war höchst bezeichnend für die politische Situation Ägyptens seit dem Irakkrieg. Das Land kann sich internationalen Entwicklungen nicht verschließen und reagiert insbesondere auf Druck von Seiten der USA, von denen es jährlich etwa zwei Milliarden Dollar an Militär- und Entwicklungshilfe erhält, ausgesprochen empfindlich. Die Nation – oder diejenigen, die sie international vertreten – ist tatsächlich stolz auf ihre Vorreiterrolle in der arabischen Welt und sehr darauf bedacht, diese Position zu behaupten. Damit verbunden ist eine konstruktive und aktive Vermittlungspolitik im israelisch-palästinensischen Konflikt, die sowohl von der israelischen als auch von der palästinensischen Führung und von den internationalen Parteien, die ein Interesse am Erfolg der nahöstlichen Friedensbemühungen haben, für unentbehrlich gehalten wird. Ägypten spielt seine Rolle bewusst, mit großem Geschick und nahezu unberührt davon, dass der eigene, 1979 geschlossene Friedensvertrag mit Israel wie auch die Beziehungen Ägyptens zum jüdischen Staat ein – milde ausgedrückt – innenpolitisch sehr umstrittenes Thema darstellen. Israel gilt, wenn man dem populistischen Diskurs islamistischer und nationalistischer Kreise folgt, der sich auch in den Regierungsmedien spiegelt, noch immer als Feindstaat. Man sollte sich allerdings hüten, diese veröffentlichte Meinung für die allgemeine öffentliche Meinung zu halten.

Innenpolitisch gibt es durchaus eine Diskussion über Reform und Veränderung, und die wird zweifellos durch die internationalen Forderungen nach »arabischer Reform« befördert, auch wenn die politischen Führungseliten auf Regierungs- wie auf Oppositionsseite permanent den Eindruck zu erwecken versuchen, es gäbe keinen ausländischen Reformdruck. Wenn doch, sei er völlig wirkungslos, denn man verbitte sich solche Einmischung ganz entschieden. Ägypten wisse schließlich selbst am besten, wie viele und welche Reformen es wirksam und ohne die innere Stabilität zu gefährden einleiten und umsetzen könne. Dem Generalsekretär der Nationaldemokratischen Partei (NDP) von Präsident Husni Mubarak gelang es immerhin, nach der Bush-Rede und der Verhaftung des Abgeordneten Nour die Vertreter aller vom Staat legalisierten Oppositionsparteien zusammenzubringen und ihnen eine gemeinsame Erklärung abzuringen, in der sie sich gegen jegliche »äußere Einmischung« aussprachen und jeden Versuch, Ägypten von außen den Weg zu Reformen vorzuschreiben, zurückwiesen.

Die NDP ist eine aus der Einheitspartei Gamal Abd al-Nassers, Ägyptens Präsident von 1952 bis 1970, hervorgegangene Regimepartei. Da das Regime die Lizenzierung von Oppositionsparteien sehr selektiv erlaubt oder verwehrt, hat die NDP als Partei des Regimes ein riesengroßes, das ganze Land bis ins letzte Dorf überziehendes Patronagenetzwerk aufbauen können – ein Instrument der sozialen Kontrolle wie auch der Verbindung zwischen dem politischen Zentrum und der Bevölkerungsbasis, das Informationen, Unmut und Zustimmung, Ressourcen und Kontakte in jede gewünschte Richtung leitet. Die Oppositionsparteien haben keine entsprechenden Apparate, und der Staat sorgt notfalls mit administrativen Mitteln dafür, dass sie auch keine erhalten. Oppositionsgruppen, die zu populär zu werden drohen, legalisiert man erst gar nicht. Das trifft vor allem die Muslimbruderschaft (offiziell: Gemeinschaft der muslimischen Brüder), eine fast achtzig Jahre alte, im sozialen Milieu Ägyptens fest verwurzelte und immer noch schlagkräftige politisch-islamische Vereinigung.

Das politische System Ägyptens lässt sich als pluralistischer Autoritarismus charakterisieren, weil den gebildeten und nicht nur den einigermaßen wohlhabenden Schichten erhebliche persönliche Freiheiten, auch eine gewisse Meinungs- und Pressefreiheit, eingeräumt werden und mittlerweile sogar offene Kritik am Präsidenten und seinem Regime erlaubt ist. Gleichzeitig trägt man institutionell dafür Sorge, dass sich an den Herrschaftsverhältnissen und den politischen Mehrheiten selbst bei regelmäßig durchgeführten Wahlen nichts ändert: Der Präsident als eigentlicher Entscheidungsträger, der die Regierung einsetzt, ist bis 2005 noch stets durch ein Referendum und nicht durch eine Wahl mit echten Alternativen bestimmt worden. Über den Kandidaten für das Referendum entscheidet das Parlament mit Zweidrittelmehrheit. Da die Partei des Präsidenten bisher immer über eine solche Mehrheit verfügt hat, war die Wahl und Wiederwahl Mubaraks immer sicher.[2]

Dieses System, das den Mittelschichten geistige und politische Spielräume erlaubt, zeigt sich gegen die unteren Schichten zuweilen offen als Polizeistaat, der sich nicht scheut, repressive Mittel einzusetzen, um etwa organisierte Massenproteste zu verhindern. »In einer Oppositionszeitung«, sagt Hani Shukrallah, ein liberaler Kopf und bis vor kurzem noch Chefredakteur der englischsprachigen, vergleichsweise liberalen *al-Ahram Weekly*, »kann man viel über das Regime, auch über den Präsidenten schreiben. Sagte man das Gleiche vor einem Fabriktor, würde das zur unmittelbaren Festnahme des Redners führen.« Nicht von ungefähr hat Ägypten noch keine unabhängigen Gewerkschaften, sondern einen Gewerkschaftsverband sowjetischen Typs, eine Arbeiterverwaltung also, die vor allem die Interessen der staatlichen Industrie verteidigt. Wenn in den politisch-intellektuellen Zirkeln, bei Oppositionsparteien oder Menschenrechtsorganisationen und natürlich im Umfeld ausländischer Botschaften intensiv über politische Reformen, insbesondere die Notwendigkeit, die autoritär-präsidentielle Verfassung zu ändern, diskutiert wird, ist ein erster wichtiger Schritt getan, aber man sollte nicht übersehen, dass diese Debatten letztlich nur eine Minderheit, im Wesentlichen die politische, intellektuelle und kulturelle Elite, beschäftigen.

Die Mehrheit der Bevölkerung erwartet nach allen Umfragen und auch nach Erfahrungen, die man selber machen kann, etwas anderes: Für sechzig Prozent der Befragten haben Armutsbekämpfung, der Kampf gegen die Korruption und eine Verbesserung des Bildungswesens Priorität – alles zweifellos politische Themen –, die Einführung demokratischer Normen und Praktiken halten sie dagegen für weniger dringlich.[3] Reformer innerhalb des Staatsapparats richten ihr Augenmerk daher in erster Linie auf die Aufrechterhaltung und Verbesserung staatlicher sozialer Leistungen – Wohnungsbau, geregelte Trinkwasserversorgung, eine intakte Kanalisation – und bemühen sich um wirtschaftliches Wachstum und Arbeitsplätze. Die wirtschaftlichen Zuwächse müssten aber deutlich über den Wachstumsraten der Bevölkerung liegen, wenn landesweit die Lebensverhältnisse verbessert werden sollen. Das jährliche Durchschnittseinkommen liegt bei weniger als tausendvierhundert Dollar, und selbst wenn wir vom Doppelten ausgehen, weil Statistiken in Entwicklungsländern die reale Wirtschaftsleistung fast immer unterschätzen, ist das nicht viel. Zudem ist das Einkommen im Land ausgesprochen ungleich verteilt. Vielleicht drei Prozent der Bevölkerung können sich einen Lebensstandard leisten, der dem durchschnittlichen Standard in Westeuropa entspricht, ein noch kleinerer Teil verfügt über kaum vorstellbaren

Reichtum; die Mehrheit aber muss mit dem Durchschnittseinkommen oder weniger auskommen.

Ägypten ist ein Land mit fast 75 Millionen Einwohnern, zu denen nach Angaben des statistischen Amtes jährlich rund 1,3 Millionen Menschen hinzukommen. Damit steigt die Zahl der Erwerbsfähigen, für die Arbeit zu beschaffen ist, jedes Jahr um knapp fünfhunderttausend. Öffentliche und private Arbeitgeber schaffen es immerhin, sechzig bis achtzig Prozent dieser jungen Leute aufzunehmen, der Rest muss mit marginalen, ungeregelten Arbeiten ein Auskommen finden. All das beeinflusst das Verhältnis von Politik und Gesellschaft unmittelbar. Bei Parlamentswahlen ist oft der gute Kontakt des Kandidaten zur staatlichen Führung wichtiger als das Programm, das er vertritt; ein Oppositionskandidat kann noch so gute Konzepte vortragen, wenn er keine Patronage in Kairo hat, sind seine Chancen gering, denn er hat wenig zu bieten: keine Zugänge zu staatlichen Stellen, keine Jobs im öffentlichen Sektor. Deshalb schließen sich selbst änderungsfreudige, aufstrebende Politiker eher der Regimepartei an, als sich um den Aufbau politischer Alternativen zu bemühen.

Oppositionsarbeit ist nicht sehr attraktiv, solange die Opposition auf absehbare Zeit keine Chance hat, auf friedlichem Wege an die Macht zu kommen. Das System kooptiert immer wieder die klugen, pragmatischen Köpfe, die darüber ihren Frieden mit den herrschenden Verhältnissen machen, und lässt die Opposition im Wesentlichen als einen Tummelplatz von Dogmatikern erscheinen, die kaum eine Alternative zu Regierung und Regime darstellen. Wer sich dieser Rollenverteilung verweigert, sich also weder unter den großen Schirm des Regimes stellen noch Opposition in den schrillen, populistischen Tönen der Islamisten und Nationalisten machen will, hat die größten Schwierigkeiten.

Die Kooptierung reformerischer Kräfte in die Regierung ist auf Dauer aber wohl nicht ausreichend. »Wir haben zum ersten Mal Minister«, sagt Abd al-Monem Said, der Chef des al-Ahram-Zentrums für Strategische und Politische Studien, der wichtigsten Denkfabrik Ägyptens, »die zugeben, dass es Probleme gibt.« Man hat einige wirtschaftliche Reformen auf den Weg gebracht, doch vieles steht noch aus. Die Inflation ist einigermaßen unter Kontrolle; einige Hindernisse für lokale Unternehmer und ausländisches Kapital sind abgebaut worden. Ein Team um Gamal Mubarak, den gut ausgebildeten Sohn des Staatspräsidenten, hat sich vorgenommen, das Land aus dem Kern des Regimes heraus auf einen Reformkurs zu bringen, bei dem Wirtschaft, Finanzen und Bildung im Vordergrund stehen. Das Team ist politisch nicht blind, es weiß, dass man politischen Wettbewerb auch um wichtige Staatsämter zulassen muss. Ohne dies werden die wirtschaftlichen Reformen das Land nicht aus der drückenden Atmosphäre der Stagnation befreien, die trotz der demonstrativen Energie, die das Umfeld des Präsidentensohns ausstrahlt, auf dem Land lastet. Zu oft haben die Ägypter schon gehört, dass die neue Regierung nun wirklich eine Reformregierung sei. Viele warten deshalb auf deutlichere Signale oder hoffen gar auf die Ära nach dem 1928 geborenen Präsidenten Mubarak. Der Diskussionsprozess um die politische Zukunft des Landes ist jedenfalls in vollem Gange.

Der Ausgang des Experiments, weitgehende Veränderungen von innen heraus auf den Weg zu bringen, ist offen, der Erfolg keineswegs garantiert. Ernsthafter Widerstand gegen diese Reformen kommt allerdings nicht von der Opposition, sondern ebenfalls aus dem Kern des politisch-administrativen Systems: Die Bürokratie, die in Jahrzehnten der Staatswirtschaft durch die automatische Übernahme jedes Hochschulabgängers aufgebläht wurde, hat Angst vor allem, was nach Marktwirtschaft riecht. Das Sicherheitsestablishment, die Spitzen des Militärs und der Geheimdienste unterstützen zwar eine vorsichtige wirtschaftliche Öffnung, bekämpfen jedoch jede ernsthafte politische Liberalisierung. Sie sind skeptisch und befürchten, dass die Reformen, die der Präsidentensohn und seine Mitarbeiter auf den Weg bringen wollen, zu weit gehen oder außer Kontrolle geraten könnten oder dass Gamal Mubarak, der aus seinen Sympathien für die USA und amerikanisches Wirtschaftsdenken keinen Hehl macht, gar das Land »an die Amerikaner verkaufen« könnte. Die jungen Reformer ihrerseits sind vorsichtig und achten darauf, so formuliert es jedenfalls einer der engsten Mitarbeiter Gamal Mubaraks, »dem Sicherheitsestablishment nicht auf die Zehen zu treten«.

Letztlich wartet man in allen wichtigen politischen Fragen darauf, dass der alternde Präsident selbst ein Machtwort spricht und die

Dinge entscheidet. Kaum jemand bestreitet, dass das, was die Ägypter ihre »pharaonische Tradition« nennen, die politische Kultur bestimmt: Das Volk beobachtet – und spekuliert –, was an der Spitze geschieht, erwartet aber, dass letztlich Pharao allein die weisen Entscheidungen trifft. Wie immer diese auch ausfallen, es wird sie am Ende hinnehmen. Ob Mubarak entscheidet, seinen Sohn zu inthronisieren, ob er einen Vizepräsidenten aus dem Sicherheitsestablishment ernennt, der bei seinem Tod seine Nachfolge antritt, oder ob er für die Zeit nach dem Ende seiner Ära eine Einschränkung der quasi-absoluten Vollmachten des Präsidenten auf den Weg bringt – die Bevölkerung wie die politischen und militärischen Eliten würden jede dieser Entscheidungen wohl akzeptieren. Vorerst aber steht der Präsident für den Status quo, für die Fortsetzung des Bewährten, wozu zumindest in den letzten zweihundert Jahren ägyptischer Geschichte hin und wieder auch Reformansätze aus dem Kern des Herrschaftsapparats selbst gehört haben.

Kritik aus den USA und aus anderen befreundeten Staaten hört man indes nicht gern. Nur drei Wochen nach der Rede Bushs vom Februar 2005 zündete Präsident Mubarak daher eine kleine politische Bombe, indem er bei einer Ansprache in der Universität von Menufiya, seiner Heimatstadt im Nildelta, seinen sorgfältig ausgesuchten Zuhörern ohne jede Vorwarnung mitteilte, dass er, der Präsident, das Parlament auffordern werde, die Verfassung insoweit zu ändern, dass bei den kommenden Präsidentschaftswahlen mehrere Kandidaten antreten könnten. Mit dieser Ankündigung erwies sich Mubarak wieder einmal als gerissener Meister des politischen Spiels, denn er überraschte nicht nur die Öffentlichkeit, sondern nahm auch der Opposition den Wind aus den sich gerade blähenden Segeln. Der Oppositionspresse blieb kaum etwas anderes übrig, als die Entscheidung zu loben. Die Regierungszeitungen betonten, dass dieser wichtige Schritt Ägyptens zur wahren Demokratie allein das Ergebnis des internen politischen Dialogs sei und nichts, rein gar nichts mit ausländischem Druck zu tun habe. Dass die Verfassungsänderung Mubarak immer noch eine haushohe Mehrheit garantieren würde, da nur die kleinen Parteien Gegenkandidaten ins Feld schicken durften und unabhängige Kandidaten sowie die verbotene, aber populäre Muslimbruderschaft faktisch ausgeschlossen blieben, fiel dabei kaum ins Gewicht, hatte aber aus Regierungssicht den zweifellos förderlichen Effekt, Zwietracht unter den Oppositionsgruppen zu säen: Einige unterstützten im Parlament die vorgeschlagene Änderung und die Wiederwahl des Präsidenten, andere erklärten sie zur Farce. In Ägypten kursierte bald der Witz, eine der vielen Bedingungen für die Zulassung als Präsidentschaftskandidat sei eine mehrjährige Berufserfahrung im höchsten Staatsamt. Mubarak gewann die Präsidentschaftswahl im September dementsprechend mit wenig überraschenden 88,6 Prozent der abgegebenen Stimmen.

Tatsächlich stellt eine Auswahl unter mehreren Kandidaten einen Schritt zu mehr demokratischer Teilhabe dar. Seine Wirkung wird dies aber wahrscheinlich erst in der Nach-Husni-Mubarak-Ära entfalten. Noch dominiert der seit 1981 amtierende Präsident die Politik seines Landes und stützt sich dabei auf eine politische Kultur, die tatsächlich seit pharaonischer Zeit durch zentralistische Regierungsführung geprägt ist: Gutes wie Schlechtes, jede grundlegende Veränderung, das jedenfalls ist die Erfahrung von Generationen, kommt von »oben« und aus der Hauptstadt – niemand würde etwas anderes erwarten. Das heißt aber durchaus nicht, dass Ägyptens Gesellschaft ihrer politischen Führung blind folgen würde oder gar gleichgeschaltet ist, vielmehr ist sie lebhaft, offen und toleriert auch Andersdenkende.

Ägypten ist ein überwiegend muslimisches Land. Die große Mehrheit der Ägypter ist fromm, und diese Frömmigkeit wird auch gern demonstriert – nicht zuletzt durch äußerliche Zeichen wie Kopftuch und Schleier, Barttracht oder den *zabib al-salat*, den Gebetsfleck, wörtlich die Gebetsrosine: eine Vernarbung auf der männlichen Stirn, die man pflegt und gern auch vergrößert, um zu zeigen, wie häufig und heftig der Gezeichnete beim Beten mit der Stirn auf den Teppich schlägt. Ägypten ist das Mutterland des modernen – mit der kulturellen und politischen Moderne entstandenen – islamischen Fundamentalismus, der sich hier seit den zwanziger Jahren des zwanzigsten Jahrhunderts nicht zuletzt in Gestalt der Muslimbruderschaft organisiert. Ableger oder ideologisch ähnlich gelagerte Bewegungen, die sich die Bruderschaft zum Vorbild nehmen, finden sich heute in fast allen arabischen und in manchen nichtarabischen muslimischen Staaten.[4]

Die religiöse Strenge und Ausschließlichkeit des saudi-arabischen Wahhabismus ist dem Land aber fremd. In den letzten Jahrzehnten – vor allem bis zum Beginn der achtziger, dann wieder in den neunziger Jahren und noch einmal im Jahre 2005 – überrollten Wellen terroristischer Gewalt das Land. In den Achtzigern zogen manche der selbst ernannten Krieger für die islamische Sache nach Afghanistan, Anfang der Neunziger, als die Mujahidin die russischen Besatzer vertrieben hatten, kehrten sie nach Ägypten zurück und mit ihnen die kriegerischen Erfahrungen und die Bereitschaft zum bewaffneten Jihad. Zwischen 1992 und 1997 bildete der Anschlag auf den Hatschepsut-Tempel bei Luxor den blutigen Höhepunkt der Gewalt, und Beobachter sprachen von einem »Krieg« zwischen Staat und terroristischen Gruppen. Der Staat reagierte auf diese Bedrohung mit äußerst repressiven und letztlich überlegenen Mitteln. Angesichts ihrer Niederlage sagten sich die wichtigsten der gewaltbereiten islamistischen Gruppen Ende der neunziger Jahre vom bewaffneten Kampf los.

Eine breite gesellschaftliche Unterstützung haben die Anschläge auf Politiker, Polizisten und ausländische Touristen in Ägypten nie gefunden, und so sind die radikalen Islamisten nicht nur militärisch, sondern auch politisch gescheitert. Einzelne Ultraradikale, darunter der durch seine Gewaltorientierung berüchtigte Arzt Ayman al-Zawahiri, blieben jedoch mit Usama bin Laden und der al-Qaida im Untergrund. Zawahiri und Bin Laden dürften auch jene Gruppen inspiriert haben, die 2005 mit blutigen Anschlägen auf internationale Hotels die innere Sicherheit des Landes in Frage stellten.

Zahlreiche Mitglieder der einst militanten Gruppen sitzen noch immer in den Gefängnissen, die meisten versuchten aber, sich wieder in die Gesellschaft zu integrieren.[5] Die Gewaltphase der neunziger Jahre gilt heute allgemein als Bruch, als Abweichung vom ägyptischen Weg. In Ägypten folgt man ohnehin eher dem Prinzip, leben und leben zu lassen, und sucht nach Möglichkeit ein Auskommen zu finden, das den gesellschaftlichen Frieden nicht gefährdet. Von Reform wird überall gesprochen, aber nach radikalen Umbrüchen steht nur einer kleinen Minderheit der Sinn.

KAIRO IST VERMUTLICH die schmutzigste Hauptstadt des Vorderen Orients. Was immer verstauben kann, verstaubt, was immer verfallen kann, verfällt, und wo immer Platz ist für Müll, häuft sich welcher an. Das gilt selbst für die Pyramiden. Eine, so schreibt eine Tageszeitung, sei kurz vor dem Einsturz, weil man sich nicht gekümmert habe, sie gegen Wassereinbrüche zu schützen. Aber die Pyramiden haben ja auch wirklich schon lange gestanden.

In Kairo nehmen die Probleme Ägyptens im beständigen Kreislauf von öffentlicher Finanzknappheit, privater Armut, hohem Bevölkerungswachstum und offenbarem Desinteresse der politischen Eliten am Wohl der Bevölkerungsmehrheit zu. So verkommen einstmals bürgerliche Viertel oder solche der Mittelschicht, wenn die Reichen in neue und noch luxuriösere Hochhäuser entlang dem Nil oder außerhalb Groß-Kairos ziehen, zu dem, was man hier ein »populäres« Viertel nennt. Rund um die Stadt wachsen geplant und ungeplant Ansiedlungen, die Zuwanderer vom Lande und neue Generationen von Armen aus den traditionellen Stadtvierteln aufnehmen. In diesen spontan und wild gebauten Vierteln fehlt es am Allernötigsten wie Trinkwasser und Kanalisation. Der Staat hat, das lässt sich nicht übersehen, viel für den Ausbau der Infrastruktur getan, für Verkehrswege wie für die Kanalisation, und er hat der Stadt damit den immer wieder vorhergesagten Infarkt erspart. Dieses Perpetuum mobile von Zuwachs und Verfall zum Stillstand zu bringen, würde auch so manche europäische Kommunalverwaltung überfordern.

Auf fast jede Straße, jedes Gebäude und jede Institution in Downtown passt die Beschreibung: »hat bessere Zeiten gesehen«. Journalisten und Literaten, Angestellte und Beamte treffen sich in Restaurants und Cafés, die schon in den vierziger, fünfziger oder sechziger Jahren einen guten Namen hatten. Aber heute ist das Geld knapp, und so wird der Gast im »Groppi«, einem Kaffeehaus mit Konditorei, das eine wahre Institution der ägyptischen Hauptstadt ist, per Aushang freundlich darauf hingewiesen, dass der Aufenthalt an einen Verzehr im Wert von mindestens acht ägyptischen Pfund – das ist etwas mehr als ein Euro – gebunden ist. Trinkgelder sitzen nicht mehr sehr locker. Die Lokale verstauben allmählich. Die Uniformen der Kellner – darauf besteht, wer auf sich hält – sind oft geflickt und selten gewaschen, und für den gebotenen Service gibt kaum jemand freiwillig ein nennenswertes Trinkgeld.

Natürlich ist es nicht leicht, bei dem Staub aus der nahen Wüste, der Kairo bei jedem Wind überzieht, bei dem Ruß aus Hunderttausenden oftmals schrottreifer Autos der Stadt ein frisches, sauberes Aussehen zu verleihen. Doch selbst wenn man das berücksichtigt, gewahrt man eine Vernachlässigung und Indifferenz, wie es sie in anderen Städten der Region, die ähnliche Probleme haben – in Teheran etwa –, nicht in dem Maße gibt. Möglicherweise ist dies der Preis für das ununterbrochene Wachstum eines Großstadtmolochs, der keine Zeit hat, so etwas wie Bürgersinn oder eine zivile Kultur mit Respekt für öffentliches oder auch nur gemeinsames Eigentum auszubilden.

Trotz alledem ist Kairo voller Leben, am Tag wie in der Nacht vital und abwechslungsreich und von enormer Anziehung. Man kann sich treiben lassen durch die islamische Altstadt Kairos oder durch Downtown, das Geschäfts- und Büroviertel der Kolonial-, Gründer- und Unabhängigkeitszeit, wo Avenuen im französischen Design mit stuckverzierten Fassaden vergangene Pracht verströmen. Oder man sucht dem alltäglichen Kairo über eine der unprätentiösen Durchgangsstraßen – etwa der des »26. Juli« – näher zu kommen.

Die Straße des 26. Juli, benannt nach dem Tag des Umsturzes Gamal Abd al-Nassers im Jahre 1952, erstreckt sich vom alten Downtown bis zum Vorort Gizeh im Westen. Sie kreuzt in der Nähe des Hohen Gerichts und der wichtigsten Zeitungsverlage die dicht befahrene Ramses-Avenue, verläuft dann durch das populäre Bulak-Viertel, überquert zwei Nilarme sowie die Insel Zamalek und zieht sich schließlich durch die neueren Viertel am westlichen Flussufer bis zur Stadtgrenze. Es ist keine prächtige Straße, die in Kairo die Moderne der zwanziger bis fünfziger Jahre im Osten mit der der siebziger Jahre im Westen verbindet. Ihren Ausgang nimmt sie am Asbakiya-Park, einer gepflegten Anlage mit alten Bäumen, weiten Rasenflächen und einem echten Spielplatz mit Schaukel und Rutsche – eine Seltenheit in Kairo. Sonntags und freitags wird eine kleine Eintrittsgebühr erhoben, so dass der Park auch an diesen Tagen ein ruhiger und beinahe leerer Platz ist. Hier endet das europäische Kairo. Dahinter beginnt das Musky-Viertel, ein einfaches Wohngebiet, durch das der Besucher nach einigen hundert Metern zum Khan al-Khalili, dem traditionellen Souk Kairos, gelangt.

In westlicher Richtung präsentiert sich der 26. Juli dagegen als Mittelschichtsboulevard mit leicht gehobenem Anspruch, gesäumt von ein paar Kinos, Fast-food-Läden und vielen Schuh- und Konfektionsgeschäften. Im geräumigen Bistro »L'Américain« bemüht man sich, gewisse Standards aufrechtzuerhalten. Hier sitzen junge Ägypter der Internet-Generation, Yuppie-Anwälte, die Grundstücksgeschäfte abschließen, und junge Paare mit besserem Einkommen. Man bestellt einen Snack und verbringt den Nachmittag zeitunglesend oder am Handy. Noch weiter westlich passiert man das einst ockerfarbene, nun aber grau verstaubte Gerichtsgebäude und einige Hotels, die einmal gut gewesen sein mögen. Hier wird die Straße lebhafter: Junge Männer bieten auf Holzladen Socken, Uhren oder T-Shirts an. Wenn sie diese ganz plötzlich auf den Kopf heben und um die nächste Straßenecke verschwinden, naht eine Kontrollstreife der Polizei, die zumindest den Anschein erwecken soll, dass man dem unorganisierten Straßenhandel Grenzen setzt.

Etwas abseits, in der Nähe des mächtigen Gebäudes des al-Ahram-Verlages, sitzen Angestellte und Journalisten aus dem Zeitungsimperium in einem Café. Ein Straßenfeger schiebt mit einem Reisigbesen den Unrat zusammen und kippt ihn dann mit Hilfe eines Sperrholzbretts und den bloßen Händen in einen Weidenkorb. Die Angestellten diskutieren derweil über Politik. Palästinensische Entwicklungen sind immer von Interesse. Des toten Arafats strategischer Fehler sei es gewesen, sagt einer, auf die militarisierte Intifada gesetzt zu haben; Abu Mazin, ergänzt ein Zweiter, nun ja, das sei kein großer Führer. »Aber immerhin«, so wirft ein Dritter ein und schließt die Diskussion damit ab, »er ist gemäßigt« – und schon deshalb, so scheint mitzuklingen, ein bisschen wie die meisten Ägypter.

Zwischen der Ramses-Avenue, die zum Bahnhof führt, und der Brücke nach Zamalek verläuft der 26. Juli durch Bulak, eines jener Innenstadtviertel, die in ägyptischen Fernsehserien für das »wahre« Kairo der einfachen Leute stehen. Die Straße liegt hier im ewigen

Schatten, weil in Höhe des zweiten Stocks der Wohn- und Bürogebäude, die überwiegend aus der ersten Hälfte des zwanzigsten Jahrhunderts stammen, eine Schnellstraße verläuft. Kairos Verkehr fließt hier wie auf anderen Durchgangsstraßen auf zwei Ebenen. Das verdoppelt die Blechlawinen und mit ihnen den Lärm und den Staub. Unten spielt sich das Leben ab, als gäbe es die Autobahn zwei Stockwerke höher gar nicht. Angestellte hasten zum nahe gelegenen Außenministerium oder in eines der vielen Büros, Straßenhändler bieten aus Kartons oder aus dem Aktenkoffer Kleinwaren feil.

Während die einen ihrer Arbeit nachgehen, sitzen andere in den Läden, Kaffeehäusern und kleinen Garküchen des Viertels. Ein Arbeiter in Plastiksandalen, die nur noch von Kordeln zusammengehalten werden, trägt schmierige Getriebeteile in eine Werkstatt, ein Fahradfahrer balanciert eine grob gezimmerte Leiter auf dem Kopf und steuert mit wahrer Künstlerschaft mal auf dieser, mal auf jener Spur durch den Verkehr. Ein junger Mann führt einen Grauschimmel am Halfter über die Straße – entgegen der Fahrtrichtung, damit man ihn besser wahrnehmen kann. Am Krankenhaus in der Nähe des Zeitungsviertels hocken Arbeiter auf dem Bordstein. Sie tragen ihr Werkzeugbündel – Hammer und Meißel – bei sich und warten seit den frühen Morgenstunden darauf, dass jemand sie für den Tag beschäftigt. Auf der gegenüberliegenden Seite, vor dem Italienischen Kulturzentrum, fischt der wachhabende Polizist aus seinem Stahlhelm in Essig eingelegtes Gemüse, das er in einen Brotfladen füllt.

Sobald man in eine der kleineren Seitenstraßen eintaucht, stößt man auf einfachere, jüngere Gebäude und sieht sich ganz plötzlich und unverkennbar in die Dritte Welt versetzt: Die Straßen, die einmal asphaltiert waren, werden allmählich wieder zu festgetretenen Erdpfaden. Die vorherrschende Kleidung der Männer ist die Galabeyya, das einfache, bodenlange Männergewand der Ägypter. Auf dem Kopf tragen sie Wollmützchen oder ein zum Turban geschlungenes Tuch, während die Frauen, ebenfalls meist im langen Gewand, in hellen Farben mit buntem oder schwarzem Kopftuch gehen.

Im Schatten der Hochbahn werden am Straßenrand Massen an Konfektionsware angeboten. Die Händler rollen große metallene Kleiderständer über den Asphalt, bis sie einen freien Platz erwischen, an dem sie sich für den Tag aufstellen. Hemden kosten fünfzehn ägyptische Pfund, Hosen zwanzig, also zwei, drei Euro. »Okkasion« steht auf den Pappschildern mit den Preisen. Es ist gebrauchte Ware. Wo sie herkomme, frage ich einen Händler. »Belgien«, sagt er kurz. Die Ware stammt also aus Altkleidersammlungen in Europa. Die ägyptische Textilindustrie kann mit dieser Ware nicht konkurrieren.

Über die »Brücke des 26. Juli« führt der Weg weiter nach Zamalek. Die Insel im Nil hat sich einen kosmopolitischen und intellektuellen Charme erhalten, auch wenn die gehobene, gebildete Mittelschicht, die ihr diesen Charakter verliehen hat, mittlerweile in der Minderheit sein dürfte. Der Architektur nach ist dies ein europäisches, Ende des neunzehnten, Anfang des zwanzigsten Jahrhunderts entstandenes Großstadtviertel. In dieser Gegend wohnte früher, wer zur britischen Kolonialmacht, später, wer zu ausländischen Missionen, Bildungs- und Kultureinrichtungen gehörte und dennoch mitten in Kairo sein wollte. Bis heute gibt es hier mehr Galerien, internationale Buchhandlungen und Kultureinrichtungen als anderswo in der Stadt, zugleich aber auch das ganz normale ägyptisch-städtische Leben. Das spielt sich wesentlich innerhalb der *hara* ab, der kleinen Straße oder des Viertels, wo die *bawabs*, die meist oberägyptischen oder sudanesischen Concierges, jeden kennen und der Gemüsehändler wie der Professor seinen festen Platz im sozialen Mikrokosmos hat. Amm (»Onkel«) Abduh, der Friseur, hat gerade einem gut sechzigjährigen, kräftig gebauten Herrn im blauen Maßanzug den Kopf rasiert; nur eine scharf begrenzte Fläche halbmillimeterkurzer Haare ist stehen geblieben. Ob ich wisse, wer der Herr sei, fragt mich Onkel Abduh mit geheimnisvoller Miene. Ich weiß es nicht. »Der arbeitet beim Präsidenten«, erklärt er, »ein hoher Offizier, ein General, so einer mit Adler und gekreuzten Schwertern«, und dabei zeigt der Friseur auf seine eigenen Schultern, damit ich auch alles richtig verstehe. Ein Gespräch über Politik im Allgemeinen und den Präsidenten im Besonderen entwickelt sich daraus nicht. Der Präsident sei der Vater der Nation, und er habe Stabilität gebracht, sagt der Friseur, und mehr verlangt er nicht.

Zamalek lässt sich auf der Straße des 26. Juli in einer halben

Stunde durchwandern, per Auto wird man zu vielen Zeiten des Tages genauso lange brauchen. Die Straße verbindet im weiteren Verlauf die Insel über die »Brücke des 15. Mai« – nach der innerparteilichen Säuberungsaktion, mit der Präsident Anwar al-Sadat 1971 die Macht innerhalb des Regimes konsolidierte – mit dem Stadtteil Muhandissun (Ingenieure), der schon im Namen den Planungs- und Entwicklungsoptimismus der sechziger und siebziger Jahre offenbart. Kurz hinter der Brücke trifft die Straße des 26. Juli auf den Boulevard der Arabischen Liga, acht- bis zehnspurige Verkehrsadern, gesäumt von schmucklosen Apartmenthäusern im modern-funktionalistischen Stil. An der Kreuzung steht ein Denkmal für den Literaturnobelpreisträger Nagib Machfus. Der Dichter, dargestellt als Flaneur mit Buch und Stock, schaut auf ein 1970, also in den letzten Regierungs- und Lebensmonaten Nassers, eröffnetes Freiluftkino, einen Waschbetonklotz, der genauso gut in Warnemünde oder Wesel stehen könnte. Die Schmuckklinker sind zum Teil abgefallen, die Betonwände pilzzerfressen, die Geländer der Freitreppe heruntergebrochen, aber das Kino ist weiter in Betrieb. »Abends ist es hier sehr voll«, sagt der Direktor der Einrichtung, »auch wenn es bei Tage vielleicht nicht danach aussieht, dass wir noch in Betrieb sind.«

Die Straße führt am Zamalek Sporting Club vorbei, wo der wichtigste Fußballverein des Landes zu Hause ist. Hier wird auf großformatigen Plakaten Wahlkampf gemacht. Vereinsmitglieder, die auf sich halten und bereit sind, viel Geld zu investieren, konkurrieren um die Gremien des Vereins – Demokratie zumindest im Sportverein. Dann senkt sich die Hochstraße ab und geht in eine Schnellstraße über, die durch ein ärmeres Viertel mit ungepflasterten, engen Gassen gebrochen ist. Die Häuser scheinen hier wie in so vielen älteren Stadtvierteln nur darauf zu warten, abgerissen zu werden und moderneren Apartmenthäusern zu weichen. Dahinter endet die Provinz Kairo, und es beginnt, obwohl es heute nur ein Ortsteil Groß-Kairos ist, das Gouvernement Gizeh.

Auf der Grenze zwischen den beiden Stadtteilen verläuft die Eisenbahn, die wichtigste Nord-Süd-Verbindung des Landes. Die übervollen Züge der dritten Klasse transportieren auf diesen Schienen täglich Tausende Arbeiter, Bauern, Studenten und Soldaten aus Oberägypten nach Kairo und am Wochenende Zehntausende aus Kairo nach Oberägypten. Beamte und Geschäftsreisende, Offiziere und Grundbesitzer fahren dagegen in der »zweiten klimatisierten« oder in der ersten Klasse. Die dritte Klasse braucht keine Klimaanlage, denn sie hat keine Fensterscheiben.

Oberägyptische Begegnungen

ÄGYPTEN LEBT VOM NIL und von dem grünen Landstreifen rechts und links des großen Flusses. Der Nil und die Fellachen, die Bauern, ernähren das Land und liefern der Metropole Kairo die Menschen. Die Fahrt am Nil entlang offenbart, warum jede Regierung zumindest behaupten muss, die Sache der Bauern zu vertreten. Die Bemühungen reichen bis zu der unter Nasser erlassenen Verfassungsbestimmung, dass die Hälfte der Parlamentsabgeordneten Arbeiter und Bauern sein müssen. Faktisch ist diese Bestimmung heute zwar ausgehöhlt, aber ihren Wortlaut anzurühren, traut man sich nicht.

Von Nord nach Süd zieht sich der grüne, meist dicht besiedelte Streifen über ungefähr tausendeinhundert Kilometer hin. Oft ist er nur drei oder vier, vereinzelt bis zu zwanzig und fünfundzwanzig Kilometer breit, in jedem Fall durch zahlreiche Haupt- und Nebenbewässerungskanäle, die alle vom Nil abgehen, unterteilt. Hier wird intensiv Landwirtschaft betrieben. Was auffällt, ist der krasse Gegensatz zwischen den penibel gepflegten, sauberen kleinen Feldern, von denen einige immer in saftigem Grün stehen und andere frisch gepflügt sind, und den vernachlässigten Orten voller Müll. Kaum ein Kanal- oder Flussufer, kaum ein unbebautes Grundstück, das nicht als Abfallplatz genutzt wird. Der Hausmüll vermodert rasch und bildet kleine vererdende Inseln in den Kanälen. Es kommt vor, dass nur wenige Schritte von jenen gut zugänglichen Stellen, an denen buntgewandete Bauersfrauen ihre Wäsche und ihre großen Kochtöpfe im Nil waschen, Autoreifen und tote Esel im Wasser liegen.

Der Esel ist das Haupttransportmittel in den Dörfern am Nil, in kleineren Städten sind es Fahrräder. Größere Entfernungen legt man in Sammeltaxis oder Minibussen zurück. Hacke und Holzpflug sind die vorherrschenden Arbeitsgeräte. Zur Bewässerung der Felder aus Seiten- und Zweigkanälen werden vielfach weiterhin Schöpfräder genutzt, die von einem Esel oder einem Büffel in Betrieb gehalten werden. An den größeren Kanälen sind diese inzwischen durch Dieselpumpen ersetzt worden. Die Landwirtschaft ist kleinräumig und intensiv; das verhindert, wie Agronomen beklagen, ihre Modernisierung und Kapitalisierung, sorgt aber dafür, dass die Felder fruchtbar und sauber sind. »Natürlich pflegt der Fellache das Land«, sagt ein Agrarwissenschaftler, »es ist sein Leben.«

Neben einem oder auch mehreren Eseln gehören zum Bauernhaushalt in Nildörfern nach Möglichkeit auch zwei Wasserbüffel, die morgens, wenn der Bauer und seine Familie zur Feldarbeit gehen, auf die Weide geführt werden, gelegentlich aber auch als Zugtiere und für die Milchproduktion genutzt werden. Es gibt zwar große, mechanisierte Plantagen, aber die ägyptische Landwirtschaft wird hauptsächlich von kleinen Familienbetrieben geprägt. Feldfrüchte und Gemüse werden angebaut und bis zu dreimal im Jahr geerntet, daneben sieht man kleine Pflanzungen von Bananen und Zuckerrohr, einzelne Palmen oder kleinere Palmenhaine.

Kleinere Städte in Oberägypten sind in den letzten vier Jahrzehnten zu Bevölkerungsschwerpunkten herangewachsen. Assiut, die größte Stadt Oberägyptens, ist Universitätsstadt und Industriestandort mit Zement- und Arzneimittelwerken und einer Reihe kleinerer Industrien. Al-Minya (oder auch einfach Minya, die Ägypter sprechen den Namen der Stadt el-Minya aus), etwa hundert Kilometer flussabwärts, ist trotz mehrerer Hunderttausend Einwohner dem Charakter nach noch immer eine dörfliche Kleinstadt; auch hier gibt es mittlerweile eine kleine Universität.

Assiut und Minya gehörten zu den Zentren der radikalislamistischen Bewegung der achtziger und neunziger Jahre. Der schlimmste Anschlag ereignete sich 1997 in Luxor, wo eine Gruppe wild um sich schießender Terroristen achtundfünfzig Touristen und vier ägyptische Polizisten ermordete. Staat und Polizei haben lange gebraucht, um in Oberägypten wieder Herr der Lage zu werden. Dies gelang einerseits durch pure Repression: Die Überlandstraßen sind voller Straßensperren der Polizei, vor wichtigen öffentlichen Gebäuden und auch vor einigen Kirchen sind Beobachtungstürme mit Schießscharten errichtet worden. Zum Teil halten hier immer noch Stahlhelmträger mit Maschinengewehren Wache, was den Eindruck der Belagerung hervorruft. Ausländische Besucher erhalten eine Polizeieskorte, ob sie wollen oder nicht. Man muss die Wachtmeister überzeugen, dass man ihrer nicht bedarf, oder man hängt sie einfach ab. Auf der anderen Seite hat der Staat in Oberägypten für eine Verbesserung der Infrastruktur und der Lebensverhältnisse gesorgt. Es ist viel Geld geflossen in neue Straßen, gut ausgestattete Universitäten, die Industrie des öffentlichen Sektors, nicht zuletzt in den frischen Anstrich von Regierungsgebäuden und in neue Polizeiautos.

Früher, vor allem in den neunziger Jahren, gab es hier regelmäßig blutige Auseinandersetzungen zwischen der Polizei und den Islamisten. Die Militanten schossen in den Städten herum, woraufhin die Polizei schon mal kollektiv alle jüngeren Männer eines Dorfes verhaftete und im Gefängnis misshandelte. Es kam auch vor, dass die Polizisten gezielt schossen, bevor sie Fragen stellten, was nicht nur das Misstrauen der Dörfler gegen den Staat schürte, sondern auch Rufe nach Blutrache aufkommen ließ. Es gab zudem Auseinandersetzungen zwischen Muslimen und Christen. Der größte Teil der christlichen Bevölkerung im Said, wie Oberägypten im Arabischen heißt, ist arm, und meist sind die Christen ärmer als ihre muslimischen Nachbarn. In einzelnen Städten aber ist es genau umgekehrt. Wenn eine Gruppe junger Muslime einen christlichen Juwelier überfällt, kann das also durchaus als muslimischer Übergriff auf Christen interpretiert werden und bei diesen entsprechende Reaktionen auslösen. Die radikalislamistischen *Jamaat al-Islamiyya* und andere islamische Gemeinschaften haben Öl in dieses Feuer gegossen, indem sie gegen die christliche Minderheit hetzten, Überfälle auf reiche Christen zu guten Taten erklärten und schließlich selbst gezielt Anschläge auf Christen verübten. Die gewalttätigen Auseinandersetzungen zwischen militanten, radikalislamistischen Gruppen und dem Staat sind indes Vergangenheit.

In der Sportanlage des Muslimischen Vereins Junger Männer in Assiut treffen wir Muhammad, einen Hausmeister von Mitte zwanzig, der mich zu einer Runde Pool-Billard einlädt. Zur Anlage gehören neben dem Saal mit den drei gepflegten Billardtischen eine Festhalle, die man für Hochzeiten und andere Feierlichkeiten mieten kann, und ein Schwimmbad mit Drei- und Sechsmeterbrett, das allerdings nur in den Sommermonaten mit Wasser gefüllt wird. Natürlich sei das Bad für Jungen und Mädchen offen, sagt Muhammad, und natürlich zur selben Zeit. Das gelte für Mitglieder des Vereins, aber auch für Besucher, die eine Tageskarte lösen. Der Muslimische Verein Junger Männer sei so etwas »wie der Y«, ergänzt er, der Christliche Verein Junger Männer (YMCA), der in Assiut ein Gästehaus unterhält.

Den Billardsaal schmückt unter anderem ein großformatiges, amerikanisch anmutendes Poster mit einer langbeinigen, blonden Schönheit im knappen Röckchen, die lasziv an einem Billardtisch lehnt. Ich frage, ob dies in einem muslimischen Verein nicht den Protest islamistischer Aktivisten auslöse. Nein, sagt Muhammad, man sei wohl religiös, aber nicht fanatisch: »Und die Zeit, wo die Langbärtigen gekommen sind und gesagt haben, was erlaubt und was verboten ist, die ist vorbei.« Im Übrigen zeige das Poster einen Billardtisch und sei dem Ort durchaus angemessen.

Assiut beherbergt eine der größten Universitäten Ägyptens mit über sechzigtausend Studenten, die gleichzeitig eine der modernsten und besten ist. Es gibt einen kleinen Boom in Oberägypten, von dem Assiut, dessen Bevölkerung wohl schon die Millionengrenze überschritten hat, nicht unwesentlich profitiert. »Die Provinzverwaltung und auch unsere Universität«, sagt Yusuf Shahin, ein Professor für Milchwirtschaft an der großen landwirtschaftlichen Fakultät der Hochschule, »haben das Beste aus den Ereignissen gemacht.« Die »Ereignisse« sind die gewaltsamen und terroristischen Auseinandersetzungen der vergangenen zwei Jahrzehnte. Die Universität hat die Doppelstrategie der Regierung – Repression und wirtschaftliche Förderung – für sich genutzt und das bewilligte Geld vielversprechend eingesetzt. Ein neues Verwaltungsgebäude wurde vor zwei Jahren eingeweiht, vor drei Jahren ein Sportcampus, der sich »olympisches Dorf« nennt; ein Neubau für die Informatikfakultät steht kurz vor der Vollendung, und ein neues Klinikum befindet sich im Rohbau. Auch Industrie ist angesiedelt worden, darunter ein Werk zur Erdgasverflüssigung. Neue Schnellstraßen verbinden die Städte Oberägyptens durch die Wüste, die Kanalisation und andere Infrastruktur werden erneuert.

Heute ist die Arbeitslosenrate in Oberägypten niedriger als in Kairo. Der Ausbau der Hochschulen in Assiut, Minya und Assuan hat zudem dazu beigetragen, dass der Said heute keine Entwicklungsregion mehr ist. Vor zwanzig, mehr noch vor dreißig Jahren, sagt der Professor, kamen die meisten Fachleute, die im Said gebraucht wurden, aus dem Norden; umgekehrt zogen Saidis, die nach Bildung und Karriere strebten, zum Studium nach Kairo oder Alexandria. Heute dagegen könnten die meisten Positionen aus der Region selbst besetzt werden. Noch vor wenigen Jahren hat eine Filmkomödie unter dem Titel »Ein Saidi an der Amerikanischen Universität« die Ägypter zum Lachen gebracht. Heute lachen die Studenten in Assiut über Kairener, die noch immer glauben, dass es im Said nur Bauerntölpel gebe, die in Kairo allenfalls als Hausmeister taugen.

Die Universitäten in Oberägypten erleichterten vor allem jungen Frauen aus der nach wie vor sehr konservativen, ländlichen Umgebung den Zugang zum Universitätsstudium. »Die Familien hier«, erklärt Professor Shahin, »wollen nicht, dass ihre Töchter in fremde Städte ziehen.« Mit dem Ausbau der Universität von Assiut und der Einrichtung von Universitätsdependencen in Minya, Assuan und weiteren Kleinstädten am Nil sei das nicht mehr nötig: »Die Leute möchten ihre wirtschaftliche und soziale Position verbessern, ohne ihre Traditionen aufzugeben.« Und das gelingt offenbar zumindest zu einem gewissen Grad. Je mehr junge Frauen gut ausgebildet werden, desto deutlicher verändert sich die soziale Struktur. Wo Frauen auch außerhalb des Hauses arbeiten und ein eigenes Einkommen haben, nimmt die Zahl der Kinder pro Frau und damit der Bevölkerungszuwachs ab. Bei kleineren Familien gehen in der Regel alle Kinder zur Schule. In Oberägypten ist der Anteil der Analphabeten immer noch höher als in Kairo oder in Alexandria; das gilt auch für die jungen Leute, die nach nur drei, vier Jahren die Schule verlassen haben, um für die Familie zu arbeiten, aber es gibt Verbesserungen, sagt Shahin: Die Abstände zwischen dem ägyptischen Süden und dem Norden seien immer noch groß, aber die Menschen sehen, dass es hier aufwärts geht.

Die politischen Auseinandersetzungen im weit entfernten Kairo empfinden viele Saidis als »abgehoben«. Einigermaßen selbstkritisch meint der Professor für Milchwirtschaft: »Es hört sich immer etwas dumm an, wenn wir sagen, wir brauchen jetzt keine volle Demokratie. Natürlich fragen wir uns manchmal, wie lange wir noch warten müssen, bis es hier demokratische Verhältnisse gibt. Ich habe ja auch nichts davon, wenn die Dinge so bleiben, wie sie sind. Aber wir haben so viele Probleme, die wichtiger sind, zu viele Analphabeten, eine immer noch zu hohe Geburtenrate, wir müssen allen Leuten Trinkwasser bringen und die Gesundheitsvorsorge regeln. Ich bin auch dafür, dass es Verfassungsänderungen gibt. Das mag vor, das mag nach den nächsten Präsidentenwahlen geschehen. Aber ich will, dass das Trinkwasserproblem *jetzt* gelöst wird!«

Ruhe am Nil

IN MINYA, anderthalb Zugstunden nördlich von Assiut, ist am Nilufer, der so genannten Corniche, eine Strandpromenade mit Rasenflächen, Bäumen und Parkbänken entstanden, die das Bild der Stadt vorteilhaft von dem anderer Städte abhebt. Junge Leute sitzen auf den Bänken und reden miteinander, Frauen, überwiegend in korrrekter muslimischer Kleidung, spielen Volleyball, andere picknicken. Zwei Lehrer – der eine unterrichtet Englisch, der andere Arabisch – bitten uns, sie gemeinsam zu fotografieren. Beide sind vielleicht Anfang dreißig, und – ganz ungewöhnlich für diese Gegend – im feinsten Sonntagsstaat unterwegs: Mustafa mit seinem sauber gestutzten, also moderat islamischen Bart trägt einen dreiteiligen grauen Anzug, Amr, der seine Augen mit einem feinen Kayalstrich betont hat, ein Sakko, beide haben glänzende Seidenkrawatten angelegt. Sie genießen ihren freien Tag, wollen ausgehen und flanieren, dafür haben sie sich fein gemacht. Und sie scheinen glücklich zu sein.

Im Zentrum der Stadt, ganz in der Nähe der Hauptstraße, die mit ihren Geschäften, Kaffeehäusern und Handwerksbetrieben ein wenig an die Kairoer Viertel der unteren Mittelschicht erinnert, verkaufen Frauen vom Land ein paar Kartoffeln, Gemüse, Eier oder auch eine

Ente. Magdi Hanna und sein Cousin Rifat, beide über fünfzig Jahre alt, sitzen vor Magdis Lokal, das man wohl einen Buchladen nennen kann. Es ist eines dieser üblichen, zwölf bis fünfzehn Quadratmeter großen Ladenlokale, die zur Straße hin offen sind und durch ein Stahlrollo geschlossen werden. Der ganze Laden, von der hinteren Wand bis zur Straße und vom Fußboden bis zur Decke, ist, von wenigen Lücken abgesehen, voll gestopft mit Büchern. Was im hinteren Teil lagert, ist nicht erreichbar, es sei denn, man räumte die vorderen Kubikmeter beiseite. Sein Vater, erklärt Magdi, habe den Laden vor 65 Jahren eröffnet, seit sechzehn Jahren, seit dem Tod des Vaters, hält er, Magdi, das Geschäft aufrecht, und zwar nachmittags, denn vormittags arbeitet er als Buchhalter bei der Stadtverwaltung. Etwa zweihunderttausend Bücher zu allen Gebieten des Wissens habe er hier. Natürlich könne er jedes Buch finden, notfalls räume er den Laden aus. Er wisse genau, was er habe. Wir überprüfen das nicht.

Magdi Hanna, sein Cousin und der Laden bilden ein verstaubtes Ensemble. Die oberen Stapel der Bücher, scheint es, werden nur von den dichten Spinnweben am Platz gehalten. Weder Magdi noch der Cousin, der als Ingenieur bei den Wasserwerken angestellt ist, sehen sonderlich gesund aus, was am Kettenrauchen und dem jahrelangen Konsum von stark überzuckertem Tee liegen mag, aber sie beweisen Haltung: Magdi im abgestoßenen und etwas fleckigen, aber korrekten blauen Dreiteiler mit einem ehemals weißen Hemd und Krawatte hält eine Institution aufrecht, die eine Familie nicht ernähren kann, wohl aber eine gewisse gesellschaftliche Stellung in der Stadt mit sich bringt. Am meisten verkauft werden Schulbücher und Übungshefte sowie aus europäischen Sprachen übersetzte Romane, erklärt der Cousin. Dazu greift er neben den Stapel Bücher, den er als Hocker nutzt, und fischt eine vielfach gelesene und entsprechend zerfledderte arabische Taschenbuchausgabe eines Graham-Greene-Romans hervor. Tatsächlich tauchen am Nachmittag drei Jungen auf, die vor den Zwischenprüfungen der achten Klasse stehen; einer ersteht nach einigen Verhandlungen für zweieinhalb Pfund – ungefähr dreißig Eurocent – ein wohl schon mehrfach hin- und herverkauftes Buch mit Prüfungsfragen und -antworten.

Die Hannas sind Christen; an einem Regalfragment, das einen

Bücherstapel daran hindert, auf die Straße zu kippen, klebt ein Bild der Jungfrau. Es gibt keine Probleme zwischen Muslimen und Christen, weder in Ägypten als Ganzem, wo die Christen etwa achtzehn Prozent der Bevölkerung ausmachen, noch in Minya, wo sie mehr als ein Viertel stellen. Das ist, so Magdi, die offizielle Antwort, das müsse man so sagen. Aber so sei es nicht. Im Herzen nicht. Denn die Muslime würden besser behandelt, die Christen seien schlechter repräsentiert – man habe im Parlament nur fünf oder sechs Abgeordnete –, und, ergänzt der Cousin, sie werden im öffentlichen Dienst nicht so leicht befördert wie Muslime. Magdi, der Buchhändler, hat bei den letzten Parlamentswahlen als Unabhängiger kandidiert. »Viele Stimmen« habe er bekommen, sagt er auf Nachfrage, und mit neunzigprozentiger Sicherheit werde er auch wieder kandidieren. »Aber eine Chance habe ich nicht«, fügt er hinzu und lacht ganz fröhlich.

Dass Magdi Hanna als Unabhängiger kandidiert hat, heißt keineswegs, dass er sich zur Opposition zählt. Die Leute von *al-Ghad*, der neuen, erst 2004 lizenzierten liberalen Partei, hätten ihn angesprochen und ihm angeboten, bei den nächsten Wahlen für sie anzutreten. Aber das komme für ihn gar nicht in Frage, diese Oppositionsparteien wollten doch nur an die Macht. Er gehöre zur Nationalpartei des Präsidenten. Sicher, er habe als Unabhängiger kandidiert, aber nur, weil die NDP nicht ihn, sondern zwei andere Wahlkreiskandidaten aufgestellt habe, zwei Muslime natürlich. Insofern habe er außerhalb der Parteireihen antreten müssen, aber selbstverständlich fühle er sich der NDP zugehörig. Und ebenso selbstverständlich sei er für eine Wiederwahl des Präsidenten: Husni Mubarak habe Sicherheit und Stabilität geschaffen und bleibe eine »Sicherheitsvorrichtung« für das Land. Wenn er denn tatsächlich irgendwann zu alt werde, um weiter zu regieren, habe man seinen Sohn Gamal. Der sei gut vorbereitet, sei ein guter Mann und werde ganz sicher der Nachfolger des Präsidenten. Da werde es keinen Widerspruch geben, prophezeit Magdi: »Wir haben hier eine pharaonische Kultur, und wer immer an der Spitze des Staates steht, dem folgt das Volk und applaudiert ihm.«

Das sei doch nur natürlich, ergänzt der Cousin: »Der Sohn vom Arzt wird Arzt, der Sohn vom Händler Händler und der Sohn vom

Präsidenten … no problem, o.k.?« Es gebe wirklich überhaupt keine Probleme mit dem Regierungssystem, nur den Christen sollte man größere Chancen einräumen. Sie sollten besser repräsentiert sein oder Leute wie seinen Vetter ins Parlament wählen können, die konkrete Ideen haben, wie man der Arbeitslosigkeit in der Provinz Herr werde. Man brauche nur etwas Geld von der Regierung, sagt Magdi, dann könne man neues Land urbar machen und bewässern und damit Arbeit schaffen. Er habe das in seinem Wahlprogramm propagiert, aber er sei ja nun einmal nicht gewählt worden.

In Minya gibt es nicht nur Anhänger der Nationalpartei und des Präsidenten. Am Schulfreibad, das in den Sommermonaten gegen Gebühr Schwimmkurse für die Allgemeinheit anbietet, treffen wir Nagi und eine Gruppe Sportlehrer. Nagi, ein stämmiger, jovialer Funktionärstyp und Pfadfinderführer, verwaltet die Anlage und ist, natürlich muss man fast sagen, Mitglied der NDP. Er zeigt mir seinen Parteiausweis: »Wir sind hier alle für Mubarak«, stellt er klar, »von mir aus könnte der Präsident noch hundert Jahre regieren.« Es habe sich einfach viel getan in der Regierungszeit Mubaraks. Das Problem sei nicht die Politik, sondern das Bevölkerungswachstum. Er selbst, sagt Nagi, leiste seinen persönlichen »Beitrag zur Reform«, denn er habe nur zwei Kinder.

»Alles ist ruhig hier, alles in Ordnung, Minya ist überhaupt die ruhigste Stadt Ägyptens«, fährt der Bademeister fort, als hätte es hier nie Zusammenstöße zwischen Polizei und Islamisten gegeben. Terroristen, ja, räumt er auf Nachfrage ein, die habe es gegeben, aber das seien alles ausländische Agenten gewesen, Spione. In Deutschland müssten wir ja auch mit britischen Spionen fertig werden. Ich verstehe nicht ganz. Britische Spione, wiederholt Nagi, das sei doch bekannt, dass in Deutschland so viele britische Spione tätig seien. Und Bin Laden, das sei schließlich auch ein Ausländer, ein Agent. Aber es habe in Minya doch Leute gegeben, die den Bin Ladens und vor allem seinem ägyptischen Stellvertreter al-Zawahiri nachgelaufen seien, wende ich ein. Einer der Lehrer zeigt daraufhin auf einen anderen, der als Dr. Rajab vorgestellt wird: »Dieser hier, unser Freund, der gehörte auch zu denen.«

Dr. Rajab ist ein milde lächelnder, freundlicher Endvierziger, der durch einen ungestutzten Bart seiner politisch-islamischen Haltung Ausdruck verleiht. Er hat einen Bachelor-Abschluss in arabischer Sprache, erzählt er, ein Diplom in Sporterziehung und schließlich noch einen Doktor in islamischen Studien gemacht. Natürlich will er Terrorismus nicht verteidigen; die Anschläge auf Touristen, vor allem der letzte große Anschlag 1997 in Luxor, seien ganz eindeutig Terrorismus und abzulehnen. Aber wer, fragt er, hat denn Bin Laden und die Terroristen gemacht? Das seien doch die Amerikaner und die Israelis gewesen. Lokale Gewalt, ja, die habe es auch gegeben, hier in der Provinz, zwischen Dörflern und Sicherheitskräften, aber man sei hier eben etwas traditionell, und meistens seien dies Fälle von Blutrache.

Politische Gewalt in Oberägypten – das ist ein Kapitel, an das man sich lieber nicht erinnert, ganz gleich auf welcher Seite man in der Zeit der Gewalt gestanden hat. Es sind so viele andere Probleme zu lösen.

»Frage nicht, was dein Land für dich tut ...«

WO ENGAGIERTE ÄGYPTER versuchen, mit bürgerlichem Selbstbewusstsein die Dinge selbst in die Hand zu nehmen, geht es zumeist um soziale und wirtschaftliche Strukturprobleme – und nicht um Politik. In einem ärmeren Viertel Minyas, wo die engen Straßen zwischen den fünf- bis sechsstöckigen Häusern noch nicht geteert sind, treffe ich mich in einer zum Vereinslokal umgewandelten Zweizimmerwohnung mit Marwa, Manal, Azhar und Mona sowie Mustafa, Muhammad, Muhammad und Muhammad. Die vier Frauen und vier Männer gehören zur »Jugendvereinigung für Bevölkerung und Entwicklung«, einer ägyptischen Nichtregierungsorganisation, die in drei, vier Städten des Landes lokale Gruppen gegründet hat. Mustafa und Azhar sind Ende zwanzig und bei der Organisation angestellt, die anderen, zwischen einundzwanzig und fünfundzwanzig Jahre alt, sind »Freiwillige«. Zwei der Muhammads sind Jurastudenten, der dritte studiert Anglistik, Marwa wird zur Behindertenpädagogin ausgebildet, Manal ist Grundschullehrerin, Mona hat die technische

Oberschule besucht und ist derzeit arbeits- und, was ihre persönliche Perspektive angeht, wohl auch einigermaßen orientierungslos. Sie alle sind überzeugt, dass ihre freiwillige Arbeit die Gesellschaft und das Land nach vorn bringen kann.

Bis zu hundert jugendliche Helfer kann die Vereinigung bei Bedarf aus Stadt und Provinz zusammentrommeln, mal mehr, mal weniger. Man bemüht sich, in Zusammenarbeit mit den Schulen diese freiwillige oder, wie man bei uns sagen würde, ehrenamtliche Tätigkeit populär zu machen durch Angebote, die Jugendliche anziehen: Internetschulungen gehören dazu oder Hilfen beim Verfassen von Bewerbungsschreiben. Manchmal versucht man, Schüler und Schülerinnen zu freiwilligen Aktionen wie dem Putzen der Schule zu bewegen, oder lässt sie durch praktische Erfahrung herausfinden, wie es um die Kinderarbeit und andere Missstände in ihrem Stadtviertel bestellt ist. Bewusstseinsbildung nennt Mustafa das, mit dem Ziel, Jugendliche zu gewinnen, die Führungspersönlichkeiten werden können. Viele glauben, sagt Muhammad, der Anglistikstudent, dass ehrenamtliche Tätigkeit bedeute, ein wenig Geld nebenher zu verdienen. Man muss also erst einmal erklären, dass es hier darum gehe, in der Freizeit etwas Vernünftiges zu machen. Durch die freiwillige Arbeit, ergänzt Marwa, würden die Jugendlichen sich schließlich verändern und säßen nicht mehr den ganzen Tag vor dem Fernseher.

Alle sind ziemlich stolz auf eine Initiative, die sie vor einigen Monaten in einem Dorf in der Provinz durchgeführt haben. Eine Woche lang haben sie mit fünfzig Freiwilligen aus der Organisation und fünfzig jungen Leuten aus dem Ort die Bewohner zu Gesprächen über Gesundheit und Umwelt zusammengeführt, haben Studenten aus der medizinischen Fakultät eingeladen, die in den Familien über Kindergesundheit aufklärten. Die Jugendlichen hätten den Bewässerungskanal im Dorf gesäubert und den Müll beseitigt, erzählt Muhammad, der Jurastudent. Die Leute hätten gesehen, »dass es nicht schön ist, die toten Tiere ins Wasser zu werfen«, und hätten jetzt einen festen Müllplatz außerhalb des Dorfes eingerichtet, ergänzt Marwa. Demnächst wolle man das Experiment in einem anderen Dorf wiederholen.

Die vier Mädchen, von jungen Frauen zu sprechen fällt schwer, weil sie sehr jung wirken, leben – natürlich – bei ihren Eltern. Sie sind ausgesprochen ordentlich gekleidet, was bedeutet, dass sie gute, aber auch islamisch korrekte Kleidung tragen. Dazu gehört der die Haare sorgfältig umschließende, nur das Gesicht freilassende Hijab; auf ein wenig Schmuck und ein dezentes Make-up verzichten sie nicht. Die Jungs kommen dagegen eher lässig in Jeans und Pullover daher. Alle sind Muslime. Es gebe Christen in der Organisation, sagt Mustafa, der Programmleiter, aber leider sei es in Minya nicht so leicht, Christen und Muslime zusammenzuführen, lieber hingen Christen mit Christen, Muslime mit Muslimen herum. In gebildeten Familien sei es kein Problem, wenn junge Männer und Frauen sich abends treffen, meint Marwa: »Meine Eltern wissen, was wir machen, und sie kennen auch Mustafa und die anderen Mitarbeiter.« Mustafa, dem der Umgang, den Männer und Frauen im Westen miteinander pflegen, zu freizügig ist, meint, dass die Jugendvereinigung ein Beispiel dafür geben könne, wie man sich für den Fortschritt einsetzen und gleichzeitig die Traditionen pflegen könne.

Große Politik liegt den Jugendaktivisten eher fern. Das sei eigentlich kein wichtiges Thema, sagt Muhammad, der Anglist, schließlich sei Mubarak ja immer mit über neunzig Prozent gewählt worden. Er sei ein weiser Mann, und 1993, beim vorletzten Präsidentenreferendum, habe es sowieso immer geheißen, dass es um eine »Huldigung auf Lebenszeit« gehe. Die mögliche Weitergabe des Präsidentenamtes an Mubaraks Sohn Gamal, ergänzt Mustafa, sei vor allem ein Thema der Oppositionspresse und der Satellitensender anderer arabischer Staaten, und die übertrieben für gewöhnlich ein wenig.

Ja, wirft Azhar ein, es gebe auch in Minya Leute, die sich kritisch über den Präsidenten äußerten, aber die fragten immer nur, was der Präsident für sie persönlich getan habe. Die Leute wollten eben, fällt ihr Muhammad ins Wort, alles von der Regierung: Entwicklungsleistungen und möglichst auch noch ein Amt. Bevor man politische Veränderungen fordere und frage, was der Staat für einen tue, sagt Marwa bestimmt, sollten die Leute doch lieber darüber nachdenken, was sie selbst tun können.

Alexandria: kulturelle Renaissance und konservative Weltbilder

ÄGYPTEN BESTEHT nicht nur aus der turbulenten Hauptstadt und dem Niltal mit seiner industriell noch kaum entwickelten Landwirtschaft. Da gibt es die Kanalzone mit ihren schon früh kolonial geprägten Städten Port Said, Ismailia und Suez, die noch heute wohlhabender und westlicher wirken als das übrige Land. Allein der Suez-Kanal trägt mit drei Prozent zum Nationaleinkommen bei und stellt damit einen wichtigen Wirtschaftsfaktor dar. Da sind ferner die Ferienorte auf dem Sinai und am Roten Meer, die ökonomisch immer wichtiger werden, weil Ägyptens Tourismus nach Öl und Gas die zweitwichtigste Devisenquelle des Landes ist. Zunehmend kommen diese Devisen von Badetouristen an der »Red Sea Riviera« und auf dem Sinai und nicht mehr von den Kulturtouristen in Luxor und an den Pyramiden. Viele Ägypter sehen an diesen Orten ein modernes, leistungsorientiertes Ägypten entstehen und legen sich, wenn sie können, dort eine Zweitwohnung zu. Präsident Mubarak verbringt inzwischen den größten Teil des Jahres in Sharm el-Sheikh, allerdings mehr aus Sicherheitsgründen als aus touristischen, denn bis zu den Bombenanschlägen im Sommer 2005 galt Sharm el-Sheikh als absolut sicher.

Und da ist Alexandria, die Stadt, die Alexander der Große gegründet hat, in der er sich beerdigen ließ und die dann zur Hauptstadt des Reiches der Ptolemäer wurde, der Nachfolger Alexanders, die gleichzeitig die letzten Pharaonen waren. Sie fügten den schon vorhandenen Pyramiden mit dem in Alexandria errichteten Leuchtturm ein weiteres Weltwunder der Antike hinzu und errichteten zudem eine Bibliothek, die als Leuchtturm des Wissens alles in dieser Hinsicht bis dahin Vorhandene weit in den Schatten stellte. Die Stadt geriet aber unter römischer und dann arabischer Herrschaft immer mehr ins Hintertreffen. Der Pharos, der Leuchtturm, überdauerte immerhin fast sechzehnhundert Jahre, bis ein Erdbeben ihn zum Einsturz brachte. Die Bibliothek wurde zum größten Teil unter byzantinischer Herrschaft zerstört.

Als Hafenstadt hatte Alexandria immer einen kosmopolitischen

Charakter, war und blieb geprägt durch das Neben- und Miteinander von Muslimen und Kopten, Arabern, Griechen und Juden. Alexandria erlebte mit der napoleonischen Eroberung von 1798 – die interessanterweise als Ausgangspunkt der Moderne im Nahen Osten gilt –, dann unter Muhammad Ali und seinen Nachfolgern, den Khediven, im neunzehnten Jahrhundert einen Wiederaufstieg und zu Beginn des zwanzigsten Jahrhunderts eine kulturelle und architektonische Blütezeit.

Alexandria, sagt Yusuf Zaidan, der Leiter der Manuskriptabteilung in der heutigen Biblioteca Alexandrina, »war immer ein Traum: Alexander selbst war ein Träumer, der eine Stadt seiner Träume bauen wollte.« Auch Zaidan, der 1958 im Said geborene und in Alexandria aufgewachsene Intellektuelle, ist ein solcher Träumer, dem ein ptolemäischer Kosmopolitismus vorschwebt, der alle zusammenführt und dabei einen alexandrinischen Geist befördert.

In den fünfziger und sechziger Jahren, unter Abd al-Nasser, wurde Alexandria erneut vernachlässigt, da die Entwicklungsprogramme des neuen Regimes sich auf Kairo konzentrierten. Erst ganz zu Ende des zwanzigsten Jahrhunderts setzte die Zentralregierung einen neuen Gouverneur ein, der nicht in die eigene Tasche wirtschaftete, sondern – so beschreibt es Zaidan der Träumer – wie mit einem Zauberstab der Stadt innerhalb von sechs, sieben Jahren zu einer neuen Renaissance verhalf. Öffentliche Anlagen und Gebäude wurden renoviert und Staatsgeld in die Stadtkasse geleitet. Der Wiederaufstieg und das neue Interesse des Staates spiegelten sich nicht zuletzt im Bau der gewaltigen Biblioteca Alexandrina.

Die technisch und architektonisch beeindruckende Einrichtung bietet sehr viel mehr als nur Platz für Bücher. Sie ist ein intellektueller Treffpunkt und bemüht sich, durch die Organisation von Konferenzen zur geistigen Erneuerung nicht nur der Stadt, sondern auch Ägyptens und zu einem gewissen Grade sogar der arabischen Welt beizutragen. Alexandria und die Bibliothek sind seit 2004 Sitz der euro-mediterranen Anna-Lindh-Stiftung für den Dialog der Zivilisationen, der ersten Institution des so genannten Barcelona-Prozesses, die in einem arabischen Land angesiedelt und von europäischer, arabischer, israelischer und türkischer Seite gemeinsam finanziert wird.

Die an der Küste verlaufende Corniche mit ihren Hotelpalästen vom Beginn des zwanzigsten Jahrhunderts und den großartigen Jugendstil-Teehäusern mit den reich verzierten Wänden und den hohen, bemalten Decken macht mittlerweile wieder einen einladenden Eindruck. Obwohl Alexandria ständig wächst und mittlerweile wohl fünf Millionen Einwohner zählt, wirkt die gesamte Stadt sauberer, wohlhabender und geordneter als Kairo und die Städte Oberägyptens. In den älteren Stadtvierteln ist die Armut dennoch nicht zu übersehen. Hier verkaufen die Metzger die Füße, Köpfe und Innereien der Kälber und Hammel, und die Mietshäuser machen den Eindruck, als würden sie kurz vor dem Zusammenbruch stehen. Ägyptens Hausbesitzer haben aufgrund der Mietpreisbindung, die unter Abd al-Nasser eingeführt wurde, in der Tat wenig Interesse, in den Erhalt ihrer Häuser zu investieren. Lieber lassen sie die Bauten herunterkommen, hoffen auf den Kollaps und darauf, das frei werdende Grundstück lukrativ zu verkaufen oder neu darauf zu bauen.

Im nicht sehr reichen Souk von Alexandria werde ich auf den Laden aufmerksam, den Ahmad mit seinen Brüdern und seinem Vater betreibt, weil er mit einem Frauengesicht aus Pappe wirbt, das in die Marktgasse hineinragt und verschleiert ist: »Saudischer Niqab«, steht darauf, »nur zehn Pfund.« Der Niqab-Laden, in dem die Frauen sich die Kopfbekleidung auch schneidern lassen können, läuft offenbar gut. Ja, solche Niqabs trügen die Frauen in Saudi-Arabien, aber hier in Ägypten ließen sie sich billiger herstellen. Auch sei es richtig, erklärt der gut dreißigjährige Ahmad, dass die Zahl der ägyptischen Frauen wachse, die den Hijab, bei dem das Gesicht frei bleibt, gegen den Gesichtsschleier tauschen. Im letzten Jahrhundert, unter Abd al-Nasser vor allem, habe es eine Abwendung von der Religion und von konservativer Kleidung gegeben. Selbst kurze Röcke hätten die Frauen damals getragen – »Mini-Jupe«, sagt Ahmad, doch »Dank des *dish*«, des Satellitenfernsehens, sehe man jetzt, was die Saudierinnen oder Jemenitinnen tragen.

Ahmad findet die Verbreitung des Schleiers richtig, nicht nur, weil er Schleier verkauft. So etwa fünf bis zehn setzt er jeden Tag ab. Man kann bei ihm ferner Schals, Hijabs und Khurmas kaufen, große Kopftücher, die auch den Oberkörper weitgehend bedecken. Der

Händler, der seine strenge Gläubigkeit nicht nur durch einen kräftigen Gebetsfleck auf der Stirn, sondern auch durch einen ordentlich geschnittenen Bart kundtut, hält den Niqab für ein angemessenes Kleidungsstück. Mir gewährt er nach einer umfassenden Erklärung zu den Formen und Farben weiblicher Bekleidung – »in Saudi-Arabien gehen alle in Schwarz, bei uns gibt es Kopftücher und Schleier in verschiedenen Farben, Farbe ist nicht *haram* (verboten)« – Einblick in das konservative Denken eines zumindest nicht ungewöhnlichen Vertreters des ägyptischen Mittelstandes.

Der Schleier, erklärt Ahmad, sei keine religiöse Pflicht; Pflicht im Islam sei nur der Hijab. Hände und Gesicht dürfe die Frau durchaus zeigen, da sei nichts dabei. Der Schleier sei *sunna*, entspreche also der Tradition des Propheten, denn dessen Frauen seien verschleiert gewesen. Und manche Frau wolle eben, um Gott gefällig zu sein, das Beispiel der Frauen des Propheten nachahmen, so wie er und viele Männer einen Bart trügen – aus Liebe und Verehrung für den Propheten, Gott segne ihn und gebe ihm Frieden. Pflicht sei das nicht, nur Zugabe gewissermaßen. Der Schleier sei zudem nützlich fürs Eheleben, er schütze das Vertrauen zwischen den Eheleuten und damit die Gesellschaft im Ganzen. »Stell' dir vor«, führt Ahmad aus, »mein Nachbar behauptet, er habe meine Frau allein auf der Straße gesehen, während ich sie zu Hause wähne. Wahrscheinlich hat mein Nachbar eine Frau gesehen, die meiner ähnelt, oder er ist kein guter Mensch, der in mir Zweifel an meiner Frau auslösen will. Meine Frau kann natürlich auf die Straße gehen, wenn ich das weiß, ich habe ja Vertrauen zu meiner Frau, aber andere Männer haben das vielleicht nicht, und da können solche Gerüchte schon schwere Zweifel auslösen. Das alles kann nicht passieren, wenn die Frau einen Schleier trägt, denn dann kann niemand sagen, er habe sie gesehen.«

Schleier und züchtige Kleidung verhinderten überdies, dass Frauen aufeinander eifersüchtig werden und Männer Frauen auf der Straße mit ihren eigenen vergleichen und dabei feststellen, »dass diese blondere Haare hat und jene eine weißere Haut als ihre eigene Frau«. Wenn sie sich dann von der Ehefrau abwendeten, kein Verlangen mehr nach ihr zeigten, leide das eheliche Verhältnis und die Familie. Es sei schon wichtig, dass der Mann nach der Frau und die Frau nach dem Mann verlange. Gerade Frauen, die sich verschleierten, erklärt der Kopftuchhändler, kauften oft die neuesten und hübschesten Miederwaren. Es gehe schließlich darum, dass sie zu Hause, wenn sie sich ihrem Mann zeigen, diesen auch anregen. Das sei nicht nur *halal*, religiös erlaubt und korrekt, sondern praktisch ein religiöses Gebot, und zwar nicht nur für die Frau: »Der Prophet, Gott segne ihn und gebe ihm Frieden, sagt, dass, wie sie sich für dich schön macht, du dich für sie schön machen sollst.« Der Mann solle auf seinen Körper achten, auch gut riechen, um für seine Frau attraktiv zu bleiben. Bei alldem gehe es vor allem um den Erhalt der Familie, die im Islam nun einmal die Grundlage der Gesellschaft darstellt: »Wenn die Familie intakt ist, dann gibt es auch keine Vergewaltigungen, keine Unzucht, keine Ungerechtigkeit.«[6]

Letztlich, betont Ahmad, komme es darauf an, dass man überzeugt ist von dem, was man tut, sonst stehe man am Jüngsten Tag schlecht da. Ohne innere Überzeugung mache auch der Schleier eine Frau nicht zur guten Muslimin. Der Islam baue auf Freiwilligkeit und gewähre, von bestimmten Regeln abgesehen, weite Spielräume, erlaube viel Flexibilität, auch bei der Kleidung. Eine Frau, die sich öffentlich im Badeanzug zeige, wo jeder Mann sie sehen kann, weise schon selbst darauf hin, dass sie keine gute Frau ist. Und wahrscheinlich sei auch ihr Mann nicht gut. So habe der Prophet – es folgt die Segensformel – in einem *hadith* (einer religiösen Überlieferung) gesagt: »Die Unzüchtige heiratet nur ein Unzüchtiger oder ein Polytheist.« Was schlimmer ist, frage ich nicht.

Natürlich, fährt Ahmad fort, gebe es Leute, die »Halbgelehrten« nennt er sie, die den Islam zu einer starren und strengen Religion machen wollen. Das seien letztlich dieselben, die den Terrorismus legitimierten oder terroristische Aktionen ausüben. Der Islam erlaube natürlich keinen Terrorismus. Und wer Gewalt gegen Zivilisten oder gegen Andersgläubige rechtfertige, der habe den Koran nicht richtig oder nicht vollständig gelesen: »Das ist, als würde jemand von dem Koranvers ›Und nähere dich nicht dem Gebet, wenn du betrunken bist‹ nur den ersten Teil lesen und daraus schließen, dass man nicht beten gehen soll.«

Der junge Händler liest viel, und er spricht, wenn er sich über religiöse Dinge äußert oder Hadithe zitiert, ein fast literarisches Arabisch. Nein, studiert habe er nicht, sagt er, er sei nach der Schule zur Fachhochschule des Gesundheitswesens gegangen und könne jetzt eigentlich Beamter in der Gesundheitsbehörde sein, habe sich aber entschlossen, in das väterliche Gewerbe einzusteigen. Das sei materiell einfach besser. Aber er informiert sich. Nicht nur das Satellitenfernsehen helfe ihm bei der Vertiefung seines religiösen Denkens, auch das Internet: »Da kann man sich zu allen Fragen eine Fatwa von der ägyptischen oder der saudischen Fatwa-Behörde einholen. Innerhalb von 48 Stunden bekommst du Antwort auf jede Frage, die du per E-Mail einreichst.«

Ob er mir ein Beispiel dafür geben könne?

Aber sicher, antwortet Ahmad, kürzlich habe er sich mit der Frage der Hosen an das ägyptische Fatwa-Amt gewandt.

Der Hosen?

Ob Frauen Hosen tragen dürften oder ob das *haram* sei. Aus allgemeinem Interesse habe er gefragt, aber auch, weil man ja vielleicht das Geschäft erweitern wolle. Und die Antwort habe gelautet, dass Hosen, die weit geschnitten sind und keine Formen zeigen, für Frauen erlaubt seien: »Kein Stretch«, der Männer verführe, die Figur anderer Frauen mit der ihrer eigenen zu vergleichen.

Yusuf Zaidan, der Alexandriner Intellektuelle, hat seinen eigenen Kommentar zum Vordringen religiöser Vorschriften im Alltag. Er sieht darin eine Reflexion gesellschaftlicher Krisen. Der Einzelne suche »in eine Zitadelle zu flüchten, die ihm Sicherheit gibt«, und dies demonstriere er durch Äußerlichkeiten, eben Bart und Schleier. So gebe es in Alexandria beides: das kulturelle Erblühen, die Rückkehr des Kosmopolitischen, und die islamischen Gruppen, die Slogans wie »Der Islam ist die Lösung« bereithielten, ohne auch nur einmal zu fragen, was denn das Problem sei, das es zu lösen gilt. Die Stadt und letztlich ganz Ägypten stehe im Spannungsfeld dieser Kräfte: »Wenn es uns gelingt, den alexandrinischen Geist durchzusetzen, wird die Stadt wieder werden, was sie war. Wenn aber die anderen sie gewinnen, verlieren wir die Stadt noch einmal für einige Zeit.«

DIE KAIROER BUCHMESSE ist stolz darauf, seit über dreißig Jahren die größte Buchmesse der arabischen Welt zu sein. Sie ist alljährlich ein kultureller Höhepunkt für die ägyptische Hauptstadt, ein Markt und ein Forum für die intellektuelle Auseinandersetzung. Sie ist eine Publikumsmesse, nicht in erster Linie ein Ort für Buchhändler und Verleger. An einem Freitagnachmittag sieht man das besonders deutlich; da wird die Messe zum Familienausflugsziel. Der Eintritt ist frei, es gibt etwas zu sehen, auch Unterhaltungsprogramme für die Kinder, und die Bücher werden mit einem Nachlass von zwanzig Prozent auf den Ladenpreis verkauft. In fünfzehn Hallen sowie in unzähligen Zelten, Kiosken und Holzverschlägen kleiner und kleinster Verlage werden Bücher für jeden Geschmack angeboten. Es gibt eine gewisse internationale, vor allem aber eine große arabische Präsenz, wobei der Libanon mit seinen Qualitätsverlagen und Saudi-Arabien mit einem massiven Angebot preiswerter religiöser Literatur dominieren. Saudis im religiösen Gewand sind unter den Besuchern zahlreich vertreten.

Das alles heißt nicht, dass Bücher in Ägypten ein Massengut sind. Die Hälfte der ägyptischen Bevölkerung kann weder schreiben noch lesen. Wenn ein Roman oder ein Sachbuch sich tausendmal verkaufen würde, sagt Muhammad Zaghloul, ein unabhängiger Verleger, dann sei das ein guter Erfolg. Das gelte allerdings nicht für religiöse Literatur, die oft unter dem Herstellungspreis angeboten werde. Vor allem in Saudi-Arabien flösse viel privates und wohl auch staatliches Geld in die Subvention von Verlagen, die islamische Klassiker und neuere islamische Literatur in aufwendigen Ausgaben herstellen und verbreiten.

Die religiöse Literatur scheint das Angebot insgesamt zu dominieren; die größeren Buchhandlungen und Verlage haben zumindest einige religiöse Titel im Angebot, einige konzentrieren sich allein darauf. Die Auswahl ist groß: Im Zelt eines ägyptischen, allein auf geistliche Literatur spezialisierten Verlags etwa gibt es unter anderem die bekannten Hadith-Sammlungen, die gesammelten Rechtsgutachten (Fatwas) Ibn Taymiyyas (1263–1328) in siebenundzwanzig umfangreichen Bänden, Korane natürlich und eine Vielzahl von Werken zur Erläuterung des Korans sowie – und hier scheint die Nachfrage am stärksten zu sein – eine große Zahl von Büchern, die dem gläubigen Muslim Rat in Alltagsfragen erteilen: zu Begegnungen von jungen Männern und Frauen in der Öffentlichkeit, zu Ehe und Erbschaft, zum Verhalten bei Reisen in andere Länder und zum Umgang mit Andersgläubigen sowie zu Wucher und Zins. Ein knappes Dutzend christlicher Verlage – koptische, katholische, evangelikale – halten ein ähnliches Angebot bereit: Kassetten und Videos vom koptischen Papst Shenouda, Werke über das Leben Jesu und der Propheten, religiöse Kinderbücher und religiöse Popmusik.

Am Stand eines islamischen Verlages gibt es eine Musikecke, aus der Musik mit harten Rhythmen herübertönt, zu der man durchaus tanzen könnte. Ich lausche den Texten und frage mich bald, ob ich richtig gehört habe. Es läuft ein Band der Gruppe *Kunuz* (Schätze), die im fröhlichen Rhythmus auffordert: »Sharon, Sharon, töten wir Sharon, mit drei Kugeln töten wir Sharon.« Nein, erklärt mir der junge Verkäufer, das sei keine palästinensische Gruppe, sondern eine ägyptische. Im nächsten Stück werden die Palästinenser aufgefordert, im Kampf nur nicht nachzulassen. Ägypten hat seit fünfundzwanzig Jahren Frieden mit Israel.

In einem zentralen, großen Zelt, das als Kulturcafé hergerichtet ist, werden literarische und politische Diskussionsveranstaltungen abgehalten. Die Veranstaltung zum Erstlingsroman einer jungen Autorin, der von der Selbstfindung einer Studentin handelt, zieht sich so in die Länge, dass die Veranstalter des nächsten Termins eine halbe Stunde warten müssen. Ihr Thema – »Die Zukunft im Lichte der geistigen Revision« – ist gar nicht so unkonkret wie der alles und nichts sagende Titel. Es geht um die Revision des Denkens und der Strategie der radikalislamistischen und einst terroristischen *Jamaat al-Islamiyya*, deren führende Kader sich 1997 von der Gewalt losgesagt haben.

Die Podiumsteilnehmer sind sämtlich säkulare Autoren. Sie begrüßen, dass die *Jamaat* ihr Denken revidiert und sich vom Terrorismus losgesagt haben, nur seien sie in ihrer Selbstkritik nicht weit genug gegangen. Nicht akzeptabel sei, so Samir Murkus, ein bekannter linker Autor, dass Christen und andere Andersgläubige weiterhin als *ahl al-dhimma*, als Schutzbefohlene des muslimischen Staates oder Herrschers, und nicht, wie es einem modernen Staatsverständnis entspricht, als gleichrangige Bürger betrachtet würden. Vielleicht, so ein anderer Podiumsteilnehmer, könne man zunächst gar nicht mehr erwarten als die grundsätzliche Absage an die Gewalt, und vielleicht sei es jetzt an den staatlichen Stellen, den Tausenden ehemaliger Anhänger und Aktivisten dieser Gruppen Brücken zu bauen, die es ihnen ermöglichen, sich wieder ins zivile Leben einzuordnen.

Diejenigen im Publikum, um die es hier geht, nämlich die Islamisten, die ihre Gesinnung als salafitische Muslime zeigen – als Muslime also, die sich den *salaf al-salih*, den guten Altvorderen, verpflichtet fühlen –, treten eher defensiv auf. Sie sind nicht nur ihrem islamistischen Habitus nach einander ähnlich, sondern gehören auch überwiegend derselben Generation an, haben das vierte und gelegentlich wohl das fünfte Lebensjahrzehnt erreicht. »Sind denn«, fragt einer von ihnen rhetorisch, »die *Jamaat* wirklich gescheitert?« Schließlich hätten die islamischen Gruppen doch gar keine Gewalt angewandt, und Konfrontationen habe es auch nur gegeben, weil die Sicherheitskräfte angegriffen haben und man sich habe verteidigen müssen. So sei es dann doch nicht gewesen, widerspricht einer der Podiumsteilnehmer, man könne Gewalt und Terror nicht einfach leugnen.

Ein jüngerer Mann will den radikalen Islamisten ihre Wandlung nicht abnehmen. Alle, auch die Islamisten, redeten heute von Demokratie und Menschenrechten, sagt der knapp Dreißigjährige, aber wenn sie an die Macht kämen, würden sie Wahlen nicht mehr zulassen – nicht anders als die Faschisten in Europa. Oder sie würden sich verhalten wie die putschistischen Islamisten im Sudan und die Taliban in Afghanistan. Niemand applaudiert dem jungen Mann, aber man lässt ihn ausreden.

Applaus und Zustimmung bekommt dagegen einer aus der Gruppe der Bärtigen. Entstehung und Ausbreitung des Terrorismus in Ägypten, meint er, müsse man doch wohl eher als Ergebnis der politischen Verhältnisse verstehen. Ob man davon ausgehen könne, fragt er dann, dass die terroristischen Organisationen verschwänden, wenn der Zustand der Alleinherrschaft einer Person beendet werde? Seien intellektueller Extremismus und politischer Terrorismus nicht letztlich nur eine Spiegelung des autoritären Staates? Ja, antwortet Muhammad Sayyid Ahmad, einer der ältesten und ein allenthalben respektierter politischer Kolumnist Ägyptens kurz, »mit ihrem ersten Punkt haben Sie Recht. Und bei Ihrem zweiten stimme ich zu.«

Vielleicht machen der Fragesteller und der Kolumnist es sich zu leicht. Politische Reformen sind zweifellos überfällig, aber die diversen Oppositionsgruppen werden mehr tun müssen, als auf Veränderungen im Regime zu warten: Intellektuelle und politische Stagnation ist kein Privileg der Regierenden. Die Gegner Pharaos wirken oft wie seine um die Macht betrogenen Brüder.

Führerkult und Neues Denken, oder: Wie reformiere ich eine Staatspartei?

»NEUES DENKEN« versprechen die Banner, die Logos auf den Broschüren und auf den Delegiertenausweisen. Die regierende NDP, die nicht eigentlich eine Einheitspartei, wohl aber die Partei des Regimes und des Präsidenten ist, hat ihre zweitausenddreihundert Delegierten zu einer dreitägigen Konferenz geladen, die im Zeichen der Reform und, wie es explizit heißt, der »Reformprioritäten« steht. Und tatsächlich ist manches neu bei diesem Parteitag im Herbst 2004. So zeigt sich, dass und wie eine Gruppe junger Politiker um den Präsidentensohn versucht, aus einer verstaubten Staatspartei ein modernes Politinstrument zu formen. Kein leichter Versuch und keiner, der mit Sicherheit zum Erfolg führt, aber ein interessantes Experiment, das Einblicke in die politischen Substrukturen des Landes gibt. Es zeigt, wie Politik in diesem Land funktioniert und vermittelt wird, wie Reformen nicht einfach nur verordnet werden können und wie die ägyptische Führung darauf hinarbeitet, sich in Stil und Ton und ansatzweise auch im Inhalt den Anforderungen einer moderneren, globalisierten Welt anzupassen, ohne sich selbst allzu sehr zu verändern oder gar die Macht aufzugeben.

»Die Welt verändert sich immer schneller«, erklärt Safwat Sharif in der Ansprache zur Eröffnung der Konferenz, und das zwinge auch die Partei, sich zu »entwickeln«. Sharif ist Generalsekretär der NDP, einer der Dinosaurier des Regimes. Ursprünglich war er beim Militär, dann zweiundzwanzig Jahre lang Informationsminister, bis er diese Tätigkeit 2004, mit einundsiebzig Jahren, aufgab und in das ruhige Amt des Senatspräsidenten wechselte. Seine Spitzenfunktion in der Partei, die er zwei Jahre zuvor übernommen hatte, behielt er. Er ist einer der engsten Vertrauten Präsident Husni Mubaraks. Wenn er dessen Namen ausspricht, tut er das mit so viel Betonung – »unter der Leitung unseres Führers, des Präsidenten M-u-h-a-m-m-a-d H-u-s-n-i M-u-b-a-r-a-k« –, dass sich fast automatisch rasender Applaus einstellt. Ägypten, führt er aus, habe viele Reformen umgesetzt. Interventionen des Auslands, das der ganzen Region ein Reformmodell aufzwingen wolle, lehne man ab. Im Übrigen, das habe der Präsident gesagt, werde jede Reform im Dienste der Arbeiter und Bauern stehen. Hier fühlen die Delegierten sich angesprochen, und es gibt besonders viel Beifall.

Natürlich ist die regierende Partei Ägyptens keine sozialistische Partei der Industriearbeiterschaft und der Fellachen, der ägyptischen Kleinbauern und Landarbeiter. Sie ist eine autoritäre, aber auch eine populistische Massenpartei, ein Transmissionsriemen zwischen der Staats- und Parteiführung und dem Volk – nicht zuletzt in den Dörfern und Kleinstädten. Die Parteifunktionäre vermitteln dabei der Basis, was in Kairo gedacht und entschieden wird, sie artikulieren aber auch Bedürfnisse, Sorgen und Wünsche, die sich dort unten ausbilden. Ein Blick in den Konferenzsaal zeigt, dass die Delegierten ganz verschiedene Bevölkerungsgruppen repräsentieren: Die überwiegende Mehrheit ist männlich – unter den weiblichen Delegierten finden sich etwa gleich viele mit und ohne Kopftuch –, und mehr als die Hälfte der Männer, so schätze ich, trägt Anzug, was in Ägypten immer noch ein Ausweis der Zugehörigkeit zu den gebildeten Schichten ist. Aber es gibt auch eine große Zahl Delegierter im antibürgerlichen »Nasser«- oder Safari-Anzug – eine uniforme Kombination aus Hose und Hemdjacke, die aus der Zeit Abd al-Nassers stammt und bis heute vor allem von Funktionären und Angestellten des öffentlichen Dienstes getragen wird –, oder in der Galabeyya, dem langen Hemdgewand der einfachen Leute in Stadt und Land. Großbauern und mittlere Landbesitzer kleiden sich nicht selten in dieser Weise, oft noch mit einem zum Turban geschlungenen Kopftuch, um ihre Verbundenheit zu den Ackerbauern zu unterstreichen. Einige Beduinen im weißen Gewand und mit rot-weiß-kariertem Kopftuch, die wie saudische Prinzen einherschreiten, repräsentieren die Parteiorganisation im Sinai. Das Durchschnittsalter liegt eher über fünfzig; nicht wenige der Delegierten kennen die Partei noch aus der Zeit, als sie Arabische Sozialistische Union hieß und tatsächlich – unter Abd al-Nasser wie in den ersten Jahren unter Sadat – noch Einheitspartei war.

Die Parteiführung weiß, dass eine Verjüngung notwendig ist, wenn die NDP den Anspruch, das ganze Volk zu repräsentieren, aufrechterhalten will. Immerhin vierundsechzig Prozent der Parteimitglieder seien jung, erklärt Kamal Shazli, der als stellvertretender Generalsekretär einen statistischen Überblick über die innere Entwicklung der Partei gibt. Zu den »Jungen« zählt der Parteifunktionär ausdrücklich alle Mitglieder unter vierzig. Aus seiner Perspektive stimmt dies auch: Shazli, selbst siebzig Jahre alt, ist seit 1968 Parteifunktionär und seit dreißig Jahren stellvertretender Generalsekretär – er wurde dies also schon, als die Partei noch die Arabische Sozialistische Union war. Dreizehn Prozent der Mitglieder, erfahren die Delegierten weiter, seien Frauen. Der Anteil wachse und solle auch weiter wachsen. Tatsächlich ist fast die Hälfte der weiblichen Parteimitglieder unter fünfundzwanzig – unter den jungen Mitgliedern ist der Frauenanteil also größer.

Im Grunde ist die NDP nicht eine, sondern zwei Parteien. Da gibt es die Partei der alten Garde um den Präsidenten und der traditionellen, aber durchaus repräsentativen Basis: Dorfvorsteher, mittlere Bauern und Parteifunktionäre aus den Provinzen, alt gewordene Jugendverbandsführer, Lehrer und Kommunalbeamte, Angestellte der staatlichen Unternehmen, Offiziere und gediente Diplomaten – und natürlich die Bauern und Arbeiter, die die Partei zur Massenpartei machen. In gewisser Weise stellen die Mitglieder durchaus einen Querschnitt der Bevölkerung dar. Die Statistik bestätigt auch dies, denn sie zeigt unter anderem, dass fast ein Viertel der Parteiangehörigen keinerlei Schulabschluss hat. Dies ist der strukturkonservative, behäbige Teil der Partei, letztlich eben – trotz der Namensänderung – die alte nasseristische Einheitspartei, die zwar akzeptiert, dass seit Mitte der siebziger Jahre auch andere Parteien erlaubt sind, aber tief verwurzelt ist in dem Gefühl, den Staat seit Nassers Zeiten beherrscht und aufgebaut zu haben. Diese Partei spricht von sich als »der Mehrheitspartei« – so als sei die absolute Mehrheit, die die NDP im Parlament besitzt, eine Verfassungsbestimmung.

Wie die NDP ihre Mehrheit erreicht, ist letztlich egal. Bei den Wahlen von 2000, die erstmals richterlich überwacht wurden, was die Möglichkeiten der Wahlfälschungen erheblich einschränkte, gab es ursprünglich ein anderes Ergebnis: Die NDP erhielt weniger als die Hälfte der Sitze, da sich in den meisten Wahlkreisen parteiunabhängige Kandidaten gegen die Vertreter der Staatspartei durchsetzten. Nach der Wahl schlossen sich dann viele der Gewählten der NDP an. Das sicherte den Abgeordneten den Zugang zu Machtpositionen, die nur die Staatspartei zu verteilen hat, und der Staatspartei die Mehrheit.

Der andere Teil der Partei ist die Partei Gamal Mubaraks, den der Vater nach dem erschütternden Wahlergebnis von 2000 in das Generalsekretariat berufen hat, um eine Modernisierung der Partei auf den Weg zu bringen. Der junge Mubarak, 1963 geboren, hat eine Bankausbildung gemacht und als Banker gearbeitet. Er ist intelligent, weltgewandt, spricht perfekt Englisch, ist elegant und demonstrativ modern. Sein rascher Aufstieg in der Partei – als *amin al-siyasat*, als Sekretär für die Politikentwicklung, nimmt er dort mittlerweile eine herausragende Stellung ein – widerspricht allen Beteuerungen, dass sein Vater, von dem er immer als »Präsident Mubarak« spricht, keineswegs daran denke, ihn, den Sohn, für eine dynastische Erbfolge vorzubereiten. Sicher ist, dass Gamal Mubarak sich in der Partei eine Machtbasis aufbaut und mit ihrer Hilfe versucht, die ägyptische Politik zu ändern. Er stützt sich auf ein Gruppe jüngerer Leute, die wie er westlich ausgebildet und welterfahren sind. Zu diesen gehören schwerreiche Geschäftsleute wie Rashid Mohammad Rashid, der ehemalige IMF-Ökonom Yusuf Boutrous-Ghali – der eine wurde 2004 zum Wirtschafts-, der andere zum Finanzminister – oder der Stahlunternehmer Ahmad Ezz. Sie alle waren nicht in der Partei, bevor

Gamal Mubarak sie in sein Team holte, um mit ihnen die Partei umzukrempeln und mittels dieser das Land auf Reformkurs zu bringen.

In die Massenpartei der mittleren Bauern, Angestellten und Parteifunktionäre scheinen die Freunde des Präsidentensohns nicht zu passen. Ahmad Ezz etwa, der hoch verschuldete Milliardär und Stahlbaron, ist als Mitstreiter des jungen Mubarak zum Sekretär für Mitgliedschaftsfragen geworden. Bislang, erklärt mir Ezz im Gespräch, orientierte sich die Politik der Partei an den Armen. »Die Armen aber sind keine Kraft der Veränderung«, und die Herausforderung sei, die Partei zu einem Instrument des Wandels zu machen. Dabei sei man schon ein Stück vorangekommen. Das Regierungsprogramm sei nun deutlich mittelschichtsorientiert, und die Regierungsmitglieder würden sich nicht scheuen, eine Politik, die Forderungen der Mittelschichten aufgreife – Bürgerrechte genauso wie Zoll- oder Steuersenkungen –, auf dem Parteitag zu vertreten.

Ägyptische und ausländische Beobachter fragen sich in erster Linie nach den persönlichen Ambitionen des jungen Mubarak und nach seinen Chancen, dem Vater ins Präsidentenamt zu folgen. Wichtige Fragen zweifellos, für die es allerdings kaum endgültige Antworten gibt. Karim Haggag, ein ägyptischer Karrierediplomat, arbeitet seit einiger Zeit als Assistent von Gamal Mubarak und vertritt das Projekt seines Chefs mit einiger Überzeugung. Von der Zukunft Gamal Mubaraks zu reden, ist für Haggag nicht ganz leicht. Ob es ein Projekt der präsidentiellen Nachfolge gebe? Er wisse das »ganz ehrlich« nicht – nicht einmal, ob es ein solches Projekt auf Seiten des Präsidenten oder auf Seiten Gamals selber gebe. Natürlich, ergänzt er, möchten insbesondere Leute aus dem Kreis der Reformer und jüngerer Parteimitglieder Gamal Mubarak als zukünftigen Präsidenten sehen. Dieser aber äußere sich zu dem Thema nicht einmal im Kreis seiner engsten Mitarbeiter.

Kaum weniger wichtig als die Nachfolgefrage – für Ägyptens mittelfristige Zukunft jedenfalls – dürfte das laufende Experiment, der Versuch Gamal Mubaraks und seiner Freunde sein, die schwerfällige Staatspartei auf liberalen Kurs zu trimmen und zum Instrument politischer Veränderung zu machen. So wenig der Erfolg dieses Experiments gesichert ist, so gewiss ist, dass der junge Mubarak es nur in

Angriff nehmen konnte, weil er der Sohn des Präsidenten ist. Die einfachen Parteimitglieder und Delegierten, das spürt man, achten den jungen Mann, und sie hören ihm zu – vor allem, weil er der Sohn ist und weil man schon vermutet, dass er letztlich im Namen des Präsidenten spricht, selbst wenn sie skeptisch sind oder gar fühlen, dass er eine andere Politik und wahrscheinlich sogar eine andere Partei will.

Gamal Mubarak spricht eleganter, mit weniger Dialekt und in besserem Arabisch als die alten Funktionäre; er spricht auch mit mehr rhetorischem Einsatz als sein Vater, der der Partei zum Abschluss der Veranstaltung einen Auftritt beschert. Gamals Beiträge haben vor allem aber andere Inhalte als die der Parteialtvorderen: Er spricht von Rechtsstaatlichkeit und Bürgerrechten, von Transparenz und Reform, von der Öffnung zum Weltmarkt und der Konkurrenzfähigkeit in der Globalisierung zumal, und er spricht vom Umgang des Staates mit dem Bürger. Seine Auftritte, und davon gibt es zahlreiche auf dem Parteitag, strahlen Modernität aus. Es heißt, dass der junge Mubarak von den Ratgebern Tony Blairs Unterstützung erfahren habe – weshalb es manchmal so wirkt, als werde hier New Labour auf ägyptisch lanciert. Das gilt für die Computeranimation, die seinen Hauptauftritt einleitet, das gilt aber auch für den Einzug der ägyptischen Olympiasieger, die er auf der Bühne in Empfang nimmt. Tosender Beifall brandet auf; die erfolgreichen Sportler sind ganz unbestritten Helden, und sich mit ihnen zu zeigen heißt, an ihrem Ruhm teilzuhaben. Gamal Mubarak ist der einzige Parteiführer, der Teleprompter benutzt und ins Publikum schauen kann, wenn er spricht. Die Melodie seiner Worte ist angenehm, er steht gerade, liebt aber auch den lehrerhaft ausgestreckten Zeigefinger, wenn er über Politik als solche philosophiert: »Politische Arbeit«, erklärt er dem Parteitag, »ist letztlich die Auswahl von Alternativen.« Das geht ein wenig über die Köpfe der Delegierten hinweg.

Der Präsidentensohn spricht die Delegierten und Funktionäre aber auch als Mitstreiter an. Man brauche die Anstrengung eines jeden, betont er. Es gebe Zweifel am Reformwillen der Partei und der Regierung, und die müsse man ausräumen: »Ihr habt dabei eine große Rolle, lasst uns die Initiative ergreifen, lasst uns dem ägyptischen Volk die Botschaft vermitteln, dass unser neues Denken echt ist.« Das sind neue Töne für eine Partei, die weder innerparteilicher Überzeugungsarbeit bedurfte noch die Bürger zu überzeugen versuchte, da ihr politische Inhalte allenfalls mitgeteilt wurden und sie diese ihrerseits weitergab. Der Kontrast zwischen den »zwei Parteien« scheint wieder auf, als Kamal Shazli, der altgediente stellvertretende Generalsekretär, den Delegierten im besten Kaffeehausstil und ein wenig, als würde er seinen Dorfnotabeln Nachrichten aus der großen Welt bringen, erklärt, wie »wir jetzt auf Befehl des Präsidenten demokratische Reformen umsetzen«. Gamal dagegen versucht zu überzeugen, betont, wie wichtig es ist, die Probleme der Menschen anzusprechen, auch Übergriffe der Polizei nicht auszuklammern, unter denen die Bürger litten, und – man merkt, dass ihm dieses Thema wichtig ist – sich mit Bürgerrechten zu befassen. Ein entsprechendes Gesetz, das die »Rechte des ägyptischen Bürgers« auflistet, sei in Vorbereitung.

Das ist nicht unbedingt das, was die Parteibasis umtreibt. Für die Delegierten aus den Untergliederungen stehen drei andere Themen im Vordergrund. Erstens – und hier liegt am ehesten ein direkter Bezug zur Frage von Bürgerrechten und Demokratie – wollen sie als Vertreter des herrschenden Systems vor Ort nicht mehr den Unmut abfangen, der sich entfacht, wenn Wähler an den Wahlurnen abgewiesen werden, weil man ihre Namen nicht oder nicht richtig geschrieben in den Wählerlisten finden kann. Da helfe es wenig, so die Kritik einer Reihe von Delegierten im Arbeitskreis, wenn man die Wahlen von Richtern überwachen lasse, denn was wolle man mit einem Richter, der Leute, die wählen wollten, wegen geringer Namensabweichungen von der Wahl ausschlösse? Das sei ein ernstes Problem, erklärt mir Ahmad Taufiq, ein Delegierter aus Beni Sueif, einer mittelgroßen Stadt im Niltal. Der Enddreißiger ist Rechnungsprüfer und Parteifunktionär. Viele Frauen hätten keinen Personalausweis, was eigentlich kein Problem sei, schließlich könnten immer Nachbarn und andere Ortsbewohner die Identität der Frauen bestätigen. Nur diese Richter akzeptierten das eben nicht. Ähnliches gelte für Fehler in den Wählerlisten – und die seien häufig. Die Beamten machten einfach Fehler bei der Eintragung des »Vierernamens« – Vorname, Vatersname, Großvatersname und Familienname –, da werde aus Hussein Hassan oder Hassanein, wenn zwei Punkte unter den Buchstaben fehlten oder einer darüber zuviel sei. Und wenn Hussein dann sein Wahlrecht nicht bekomme, ließe er seinen Ärger an den Parteifunktionären aus.

Ein zweites Thema, das die Delegierten umtreibt, sind mangelhafte öffentliche Dienstleistungen; schließlich sind die Parteivertreter eben auch die Vertreter örtlicher Belange. Ganz ungeplant entwickelte sich eine Plenumssitzung, in der Gamal Mubarak und sein junges Team der Partei zu erklären versuchten, wie Entscheidungsprozesse in den Führungsgremien ablaufen, zu einer Klagestunde über fehlende Schulen, Lehrermangel, schlechte Wasserversorgung und die Wahlgeschenke unabhängiger Kandidaten, die, wie ein ziemlich erregter Delegierter moniert, »die Wähler mit Millionen überhäufen«. Was Partei und Staat gegen solche Konkurrenten zu unternehmen gedenken, will er wissen.

Und drittens hegt ein großer Teil der Parteitagsbasis ganz offensichtlich Zweifel, ob der neue Kurs, den der junge Mubarak und seine Mitstreiter der Partei verordnen wollen, der richtige ist und die Partei, wenn sie so reformiert wird, noch ihre Partei ist. Diese Delegierten fühlen sich bei den Vertretern der alten Führung einfach sicherer und heimischer als bei den jungen, so ostentativ modernen Politmanagern. In den Reden, die Vertreter der alten Garde halten, fehlt selten der Hinweis auf die in der Verfassung verankerte Rolle der Arbeiter und Bauern. Gamal Mubarak und seine Leute mögen Verfassungsbestimmungen, wonach die Hälfte der Parlamentsabgeordneten Arbeiter oder Bauern zu sein haben, nicht mehr zeitgemäß finden, die alte Parteiführung wird sich also hüten, solche Passagen zu streichen. Lieber definiert man flexibel, was ein Arbeiter ist – nämlich letztlich jeder, der Lohn oder Gehalt bezieht.

Bei aller Achtung, die man dem Präsidentensohn entgegenbringt, bleibt Skepsis gegenüber dem, was in seiner »Küche« – so nennt einer aus Gamals Mannschaft dessen »Politiksekretariat« tatsächlich – angerichtet wird. Skepsis, nicht weil man sich daran stört, dass Entscheidungen auf höchster Ebene und ohne direkte Mitwirkung der Basis getroffen werden – das ist akzeptiert –, sondern weil diese reichen, verwestlichten Neuankömmlinge in der Parteiführung, die Gamal um sich schart, vielen suspekt sind. Dazu trägt im Vorfeld des Parteitags die Idee bei, das Bildungsniveau der Volksvertreter zu heben und im Wahlgesetz einen Grund- oder gar Mittelschulabschluss zur Voraussetzung einer Kandidatur zu machen. Beunruhigter Fragen, die dazu aus dem Plenum gestellt werden, nimmt sich Kamal Shazli, der altgediente stellvertretende Generalsekretär, an. Ja, sagt er, so etwas stehe tatsächlich in den Papieren, die dem Parteitag vorgelegt worden seien. Aber »das sind nur Gedanken, die in der Partei diskutiert werden«. Großer Applaus.

Stehende Ovationen, das könnte anders nicht sein, gibt es für den Präsidenten und Parteivorsitzenden Husni Mubarak, der der Parteikonferenz zum Abschluss die Ehre erweist. Mubarak liest seine kurze, nicht einmal halbstündige Rede uncharismatisch vom Blatt ab – wie ein älterer Unternehmenschef, der seiner Aktionärsversammlung Bericht erstattet. Es ist eine eher belanglose Rede, allen Ankündigungen Generalsekretär Sharifs zum Trotz, der in der Begrüßung des »Präsidenten, des Führers der arabischen Renaissance, des Wächters der Würde der Nation« nicht versäumt hat, darauf hinzuweisen, dass »nicht nur Ägypten, nein, die ganze Welt« auf diese Rede Mubaraks warte.

Es gehört zur Tradition oder – wie manche Kritiker sagen mögen – zur Unart autoritärer arabischer Regime, dass Vertreter der Basis die Führer bei Auftritten unterbrechen, um sie öffentlich zu preisen und ihnen zu huldigen. Ägyptens alte Staatspartei macht da keine Ausnahme. Eine laute Stimme braucht man dazu, ausreichend Selbstbewusstsein und vielleicht noch poetische Ambitionen. Das alles hat eine ganze Reihe der Delegierten, und als einer von ihnen aufsteht, den Arm ausstreckt, in Pose geht und Mubarak anspricht: »Du bist unser Führer, der Verteidiger der Nation …«, fühlen sich gleich drei, vier, sechs andere Delegierte aufgerufen, ihrerseits aufzuspringen und den Präsidenten zu preisen. Mancher gibt wieder auf, wenn er übertönt wird, aber ein Volksdichter, Typ Grundschullehrer im Nasseranzug, zeigt besonders viel Ausdauer. Er hat ein Gedicht geschrieben, das ganz vorzulesen er sich nicht nehmen lassen will: »Du bist der Führer der Nation«, heißt es darin unter anderem, und »du stehst in einer Reihe mit den Führern der Nationen – mit Nasser, mit Nehru, mit Hitler …« und so weiter und so weiter. »Ich hatte gehofft«, sagt Abd al-Monem Said, der Chef des al-Ahram-Zentrums für Strategische und Politische Studien, als ich ihn nach dem Parteitag auf dieses Machwerk anspreche, »du würdest gerade diesen Beitrag nicht verstehen.«

Pharaos Kontrahenten: zwischen Regimepartei und alter Ideologie

WENN MAN ÄGYPTISCHE INTELLEKTUELLE nach der politischen Opposition fragt, hört man häufig, es gebe keine – keine echte jedenfalls, keine massenwirksame. Tatsächlich kommen auch bei »großen« Demonstrationen, die sich gegen die Regierungspolitik oder das Regime richten, allenfalls fünfhundert bis siebenhundert Menschen zusammen – es sei denn, die illegale Muslimbruderschaft organisierte sie.

Mona Makram Obeid, eine ehemalige Parlamentsabgeordnete, die heute als Generalsekretärin der liberalen *al-Ghad*-Partei wirkt (der Name bedeutet »morgen« – und zwar im Sinne von »der morgige Tag«, nicht, wie es in der deutschen Presse regelmäßig heißt, »der Morgen«, also früh am Tage), macht die politische Kultur des Landes für den Stillstand verantwortlich: Alle Sozialisationsinstanzen, schreibt sie in einem Kommentar,[7] also Familie, Schule und Staat, seien autoritär; in allen Parteien, nicht nur in der Regimepartei, fehle es an innerparteilicher Demokratie; die Zivilgesellschaft sei durch das Gegeneinander von liberalen und islamistischen Kräften geschwächt und habe selbst keine demokratischen Werte entwickelt. Wenn es auch in Zukunft keine Konkurrenz unterscheidbarer politischer Parteien gebe, drohe eine Abwendung der Bevölkerung von der Politik insgesamt. Politikverdrossenheit auf Ägyptisch also.

Ja, erläutert Gamal Abd al-Gawad, es fehle tatsächlich ein Mindestmaß an ziviler Kultur, und das beeinflusse letztlich auch die Reformchancen des Landes. Ägypter kooperierten schon nicht als Nachbarn – »wenn ein Ägypter für eine Woche seine Wohnung verlässt, gibt er den Schlüssel nicht etwa dem Nachbarn, sondern einem Verwandten, der in der Zeit nach der Wohnung sieht, auch wenn er weiter entfernt wohnt«. Die vorherrschenden sozialen Bindungen seien entweder familiär oder, in Oberägypten, auch tribaler Natur oder durch religiöse und religiös vermittelte Vereinigungen geschaffen. Wie wollen wir, fragt er, politische Reformen durchführen, ohne ein Mindestmaß an ziviler Kultur zu haben? Die Leute haben sich zudem daran gewöhnt, dass die Regierung letztlich für alles verantwortlich ist. Das ist, wenn man so will, ein »Erziehungserfolg« des etatistischen Staates.

Die *Ghad*-Partei von Nour und Makram Obeid, so urteilt der Politologe Abd al-Gawad, war die einzige Oppositionspartei, die den bürgerlich-liberalen Mainstream erreichte, die einzige auch mit einem Vorsitzenden, der statt Dogmatismus eine Vision anbot für jüngere gebildete Leute, die sich in den anderen Parteien nicht engagieren würden. Seine Verhaftung machte Nour dann weltweit bekannt, setzte die Partei aber unter gehörigen Druck, denn der Rest des Parteivorstandes geriet unmittelbar danach in Streit, wer in Abwesenheit des Vorsitzenden eigentlich für die Partei sprechen solle.

Die Ägypter, sagt Abd al-Gawad, seien wohl einfach noch nicht reif für die Demokratie. Er als Akademiker sei persönlich natürlich für mehr Liberalität und ein demokratisches Regierungssystem. Wenn man das System, wie es heute existiere, aber rasch verändere und gar ohne Übergangsphase freie Wahlen abhalte, würden nur die Populisten davon profitieren. Diese sind, da hat Abd al-Gawad Recht, in der Opposition tatsächlich tonangebend.

Das Gebäude der ägyptischen Journalistenunion ist ein protziger, Anfang dieses Jahrhunderts fertig gestellter Bau. Stilisierte griechische Säulen in voller Höhe des zehngeschossigen Gebäudes säumen den Marmoreingang. An den Wänden des hohen Foyers sind Mosaike mit Motiven aus der altägyptischen Geschichte und aus dem modernen Ägypten der Journalistenunion eingelassen: Computer mit den Titelseiten der offiziellen oder, wie es hier gern heißt, »halbamtlichen« Zeitungen, eine Satellitenstation. Auf der Anschlagtafel im Foyer hängt ein Solidaritätsaufruf mit Unterschriftenlisten für einen kürzlich bei einer Demonstration festgenommenen Journalisten, ferner ein Computerausdruck mit zwei groß gesetzten Zeilen: »Keine Verlängerung, keine Vererbung!« Keine weitere Amtszeit für den Präsidenten, heißt das, und keine Übertragung des Präsidentenamts vom Vater auf den Sohn. Dies ist der Slogan der Kampagne, die sich schlicht »Kifaya!« nennt – »Genug!«.

Abd al-Halim Qandil ist Sprecher der Kifaya-Kampagne. Der 1955 geborene Redaktionschef der nasseristischen Zeitung *al-Arabi* ist ein kleiner, bebrillter, gutgekleideter und extrem schnell redender Mann, dessen weiche, nahezu zarten Gesichtszüge nicht recht zu den harten und scharfen Worten passen wollen, die mit viel Verve aus ihm heraussprühen. Da er dazu neigt, sehr nahe an den Gesprächspartner heranzurücken, muss dieser sich das Gesagte gleich mehrfach aus dem Gesicht wischen. Eines kann man Qandil nicht absprechen: Er ist ein couragierter Vertreter seiner Sache, legt sich mit dem Präsidenten und anderen Größen an und hat sich auch durch üble Demütigungen von seiner Mission nicht abbringen lassen. Kurz nach dem Beginn der Kifaya-Kampagne haben Unbekannte ihn entführt, geschlagen, ausgezogen und dann nackt in einem Randbezirk der Stadt ausgesetzt. Qandil aber hat sich nicht davon abhalten lassen, in immer neuen Zeitungskolumnen »Genug!« zu rufen: Wenn der Präsident, heißt es da, verlauten lasse, sein Sohn Gamal helfe ihm nur bei seiner schweren Arbeit, dann müsse man sich doch fragen, ob Ägypten auf das Niveau eines Kosheri-Ladens gesunken ist (Kosheri ist ein billiges ägyptisches Volksgericht aus Reis und Nudeln; in Deutschland entspräche dem Kosheri-Laden wohl eine Pommesbude), da gebe es Familienwirtschaft, in der ägyptischen Verfassung allerdings nicht. Insofern sei es an der Zeit, »dass wir ›Genug!‹ zur Herrschaft von Präsident Mubarak sagen. Es ist kein Problem, wenn der Sohn Gamal Mubarak seinem lieben Vater beim Schultern der Familienlasten hilft – aber das gilt nicht, wenn es um die Prärogativen des Präsidentenamtes geht.«[8] Das grenzt schon an Majestätsbeleidigung.

Der Mann ist Nasserist – oder Neo-Nasserist, wie man wohl eher sagen müsste, denn als Gamal Abd al-Nasser, der legendäre ägyptische Präsident, der panarabischen Heldenstatus genießt, 1971 starb, war Qandil gerade einmal fünfzehn. Aber Nasser habe er gesehen, sagt er, und sein Vater habe ihn, als er noch ein Kind war, auf den Schultern zu einer Versammlung getragen, auf der Nasser sprach. Der Vater war ein armer Bauer; die Reformen der Nasser-Ära erlaubten ihm, seinen Kindern eine Ausbildung zukommen zu lassen. Qandil, der Bauernjunge, studierte Medizin. In den siebziger Jahren, als andere Studenten aus Protest gegen die Politik Anwar al-Sadats, der Ägypten nach dem politisch erfolgreichen Oktoberkrieg von 1973 auf den Weg des Friedens mit Israel führte, islamistischen Organisationen beitraten, schloss sich Qandil den Nasseristen an. Kein Wunder, dass Qandils Kritik am gegenwärtigen Regime mit einer etwas idealisierten Wahrnehmung der nasseristischen Periode und ihrer Errungenschaften einhergeht.

Unter Nasser habe das Land alle notwendigen Industrien aufgebaut, Eisen und Stahl, Fernseher, Autos und anderes, erklärt Qandil mir einleitend auf die Frage, warum er sich für ein Ende der Amtszeit Mubaraks engagiere. Unter Mubarak ließen sich dagegen keine Leistungen vorweisen, vielmehr sei Diebstahl öffentlichen Eigentums, der Ausverkauf auf dem Staatssektor und die »Zerlegung« der produktiven industriellen Basis zu beklagen. Qandils Kritik an der Korruption im Staate Mubaraks ist zweifellos angebracht, seine Kritik an der nach Ansicht internationaler Finanzorganisationen eher schleppenden Privatisierung eines Teils des Staatssektors leugnet allerdings, dass das, was er die »produktive staatswirtschaftliche Basis« des Landes nennt, nicht sonderlich produktiv ist und auch den Beschäftigten kein Einkommen bietet, das sie ernähren könnte. Ägypten hat eher zuviel Etatismus und Staatswirtschaft. Letztlich steht das Land aber ungefähr so da, wie Qandil es mit großem Zorn beschreibt: »Wir«, sagt der Nasserist, »waren damals eine Nummer in der Geschichte der Welt. In den letzten dreißig Jahren hat es wirklich Fortschritte gegeben, außerhalb des Westens ist etwas Neues entstanden, in Südasien, Südostasien und China. Und wir gehörten zur Avantgarde dieser Bewegung – aber jetzt sind wir und ist die arabische Welt ganz hinten.« Anfang der siebziger Jahre habe Ägypten noch das gleiche Bruttosozialprodukt erwirtschaftet wie Südkorea und, was Entwicklung und Industrialisierung angeht, weit vor einem Staat wie Malaysia gelegen. Heute sei das Land im Vergleich zu diesen beiden und vielen anderen Ländern in Asien und Lateinamerika weit abgeschlagen. Um die Stagnation im Land zu überwinden, reiche es nicht mehr, von Reformen zu reden. Man müsse von der Spitze, vom Kopf des Regimes her, beginnen.

Das ist das Ziel der »Ägyptischen Bewegung für Veränderung – Kifaya«, die Qandil und eine Reihe anderer Intellektueller im Herbst 2004 ins Leben gerufen haben. Es ist keine Organisation mit Mitgliedskarten und Strukturen. Wer immer den Aufruf unterschreibt, und das seien bis jetzt etwa dreihundert Intellektuelle, den betrachte man als Mitglied. Es gehe darum, den politischen Druck zu erhöhen, für die Grundfreiheiten und für freie Wahlen einzutreten. Man brauche eine neue Verfassung, die auch eine echte kompetitive Wahl des Präsidenten vorsehe; man wolle verhindern, dass Präsident Mubarak nach vierundzwanzig Amtsjahren noch eine sechsjährige Amtsperiode antrete oder seinem Sohn Gamal das Amt vererbe. Wenn das eine oder das andere doch eintrete, werde man den Präsidenten eben nicht mehr anerkennen und zum zivilen Widerstand aufrufen.

Westliche, insbesondere amerikanische Beobachter sollten bedenken, dass, wer in Ägypten so auftritt wie der Sprecher der Kifaya-Bewegung, nicht unbedingt ein Freund des Westens oder gar ein Anhänger amerikanischer und europäischer Reformprojekte für den Nahen und Mittleren Osten ist. Das ist Qandil nämlich ganz und gar nicht. Es sei richtig, erklärt er, dass man neuerdings auch aus Amerika Kritik an der Despotie Mubaraks höre. Aber im Krieg – das sagt er wirklich – profitiere man eben gelegentlich von den taktischen Zügen des Feindes. Dass die USA ein Feind Ägyptens sind, daran besteht für den Nasseristen kein Zweifel. »Im arabischen Volk«, sagt er, »gibt es heute keinen Freund Amerikas.« Natürlich, fährt er fort, »sind wir für den bewaffneten Widerstand im Irak und in Palästina«. Man befinde sich schließlich unter fremder Besatzung, faktisch unter amerikanischer im Irak und unter israelischer in Palästina, und indirekt – politisch – habe Amerika auch Ägypten seit Mitte der siebziger Jahre besetzt – seitdem Sadat das Land nach Westen ausrichtete und Frieden mit Israel schloss.

Wen er denn mit »wir« meine, die »Genug!«-Bewegung oder seine eigene, nasseristische Partei? Schließlich gebe es liberale Ägypter, die mit ihm für konstitutionelle und freie, demokratische Präsidentenwahlen einträten, gleichwohl die Beziehungen Ägyptens zu Israel aufrechterhalten wollten.

Nein, antwortet Qandil, mit solchen Leuten, die die »Partei

Amerikas« bildeten, wolle er nichts zu tun haben. Er spreche als Nasserist, aber auch als Mitglied der »Genug!«-Bewegung. Gegenüber Amerika und Israel hätten Nasseristen, Islamisten und auch »patriotische Liberale« denselben Standpunkt. Und wenn tatsächlich einer, der den Kifaya-Aufruf unterzeichnet habe, für die »Normalisierung« (der Beziehungen mit Israel) eintrete, »dann wird seine Unterschrift von unserer Erklärung entfernt«. Natürlich sei er ein Demokrat: Man wolle jetzt Demokratie und eine neue, nationale Unabhängigkeitsbewegung, die »das nasseristische Projekt mit voller Demokratie vollendet«.

Islamistische Alternativen?

WIR BETRETEN EIN sechsstöckiges, einst prächtiges Gebäude aus der Kolonialzeit, das wie die meisten Häuser in Kairos Innenstadt heruntergekommen ist. Im Innern finden wir einen müden, wohl hundertjährigen Aufzug und ein Treppenhaus, dessen Marmorstufen in vielen Jahrzehnten rund geworden sind. Jetzt wird es von den Mietern als Müllablage genutzt. Im fünften Stock befindet sich das geräumige, saubere und in hellen Farben gestrichene Büro des Anwalts Muntassir al-Zayyat. Der rundliche Herr in Anzug und Krawatte, kurzem Haupthaar und längerem, an den Enden aber doch gestutztem Islamistenbart ist ein freundlicher und geduldiger Gesprächspartner, der zuhört und gerne lacht. Er sieht keinesfalls aus wie ein finsterer, zum Präsidentenmord entschlossener Verschwörer. Ein solcher aber war der Sohn eines Schuldirektors aus dem oberägyptischen Aswan einstmals, zumindest war er als Mitglied der gewaltbereiten *Jamaat al-Islamiyya* informiert über die Vorbereitungen zu dem Mordanschlag, dem Präsident Anwar al-Sadat 1981 zum Opfer fiel. Zayyat kam mit anderen Mitgliedern der *Jamaat* ins Gefängnis, wo er Zeit hatte zum Nachdenken. Er begann schließlich, den eigenen Gewaltkurs zu kritisieren, sagte sich öffentlich davon los und half, eine allmähliche Abkehr der verbleibenden Gefangenen von Mord und Terror zustande zu bringen. Ende der neunziger Jahre haben die Führer von damals sich auch öffentlich von den Methoden der Vergangenheit losgesagt. Islamist ist Zayyat geblieben.

OB DER POLITISCHE ISLAM besiegt ist oder vor einer neuen Renaissance steht, möchte ich von Zayyat wissen. »Beides ist richtig«, antwortet er, »der politische Islam hat zweifellos eine Niederlage erlebt. Aber jede Bewegung hat Phasen der Ausdehnung und Phasen der Regression, derzeit befindet er sich sicher eher in einer Regressionsphase.« Die Stärke des politischen Islam käme daher, dass er sich nicht ausmerzen ließe, nicht verschwinde. Er ändere sich und profitiere von den Fehlern der Vergangenheit: »Das allgemeine Projekt, die Gesellschaft entsprechend der Lehre der Altvorderen zu erziehen, ist weiterhin da.« Gemeint sind die »guten Altvorderen« *(al-salaf al-salih)*, also der Prophet Muhammad und seine vier »rechtgeleiteten« Nachfolger (Kalifen), die für einen sunnitischen Salafiten die Beispiele abgeben, an denen er und die Gemeinde sich in allen Fragen des Lebens orientieren.

Er, so Zayyat, nehme teil an der Entwicklung des politischen Islam, sehe seine Rolle aber eher in Kritik und Selbstkritik, ohne die Kontakte zu der organisierten islamischen Bewegung und insbesondere der *Jamaat al-Islamiyya* abzubrechen, die für einen großen Teil der politischen Gewalt im Ägypten der siebziger, achtziger und neunziger Jahre verantwortlich waren. Sein Wirken ziele zuerst auf die Mitglieder der *Jamaat*, damit diese aus den Fehlern der Vergangenheit lernen, darüber hinaus richte er sich aber auch an die weitaus größere Gruppe der nicht politisierten Menschen. Denn die Kraft der islamischen Bewegung, erklärt der Anwalt, »kommt von den Sympathisanten, nicht von den organisierten Mitgliedern. Wahlen in den Rechtsanwalts- oder Ingenieursvereinigungen gewinnen wir nicht wegen unserer Mitgliederzahl.«

Zayyat legt sich in seinem Verhältnis zu den *Jamaat* nicht eindeutig fest. Das ist auch nicht zu erwarten, schließlich ist die Gruppe weiterhin illegal. Er, Zayyat, habe 1984, als er aus dem Gefängnis entlassen wurde, alle organisatorischen Bindungen zu den *Jamaat* aufgegeben und fühle sich seitdem unabhängig. Schon im Gefängnis sei er angesichts der Spaltungen der Islamisten in die *Jamaat* einerseits und den *Jihad al-Islami* andererseits neutral geblieben. Als Unabhängiger und als Anwalt sei er mit den Gruppen weiterhin in Kontakt, was ihm drei weitere Gefängnisaufenthalte für jeweils einige Monate, zuletzt 1994, eingebracht habe. Insofern, sagt er und lacht, »werde ich natürlich immer sagen, dass ich keine organisatorischen Kontakte zu den *Jamaat* habe. Mir ist wichtig, dass diese Beziehungen historische bleiben, keine organisatorischen.«

Enttäuschend sei, dass der Beschluss, der Gewalt abzuschwören, den Mitgliedern der *Jamaat* keine politischen Horizonte geöffnet habe. Es wäre gut gewesen, meint Zayyat, wenn die *Jamaat* sich in eine friedliche politische Opposition hätten verwandeln können. Das Regime habe das aber nicht zugelassen, habe keinen politischen Umgang mit den *Jamaat* gesucht, sondern sie weiter mit polizeilichen Maßnahmen bedacht. Eine politische Öffnung des Staates hätte der Umkehr der *Jamaat* mehr Glaubwürdigkeit gegeben. Nun sähe es so aus, als hätten die *Jamaat* schlicht dem Druck des Staates nachgegeben oder einen Deal mit dem Regime gemacht, das die *Jamaat* lediglich ausnutze. Es verlange und erhalte von den verbliebenen Führern der Gemeinschaften hin und wieder Erklärungen, diesen oder jenen Anschlag, Bin Laden oder al-Qaida zu verurteilen.

Ob er es ablehne, al-Qaida-Anschläge zu verurteilen, frage ich. »Keineswegs«, antwortet Zayyat, er selber habe nicht nur den 11. September, sondern auch andere Anschläge der Qaida verurteilt, aber es sei ein Unterschied, ob man solche Äußerungen im Auftrag des Staates oder »für den Islam« mache.

Der Form nach, erklärt der ehemalige Aktivist, gebe es die *Jamaat* noch, aber die Kader seien auseinander gelaufen. Die meisten versuchten ein einigermaßen normales Leben zu leben, ohne sich politisch zu betätigen, der größte Teil sei religiös geblieben, nur wenige hätten ihr religiöses Denken gänzlich aufgegeben.

Ich möchte von Zayyat wissen, warum er früher als die anderen den Weg der Gewalt für falsch erklärt habe, auf welcher Grundlage er zu dieser Einsicht gekommen sei. Ihm sei bewusst geworden, antwortet Zayyat, dass der Islam – und für ihn ist dies gleichbedeutend mit der politisch-islamischen Bewegung – von »Gewalt, Blut und Kugeln« nicht habe profitieren können: »Die Leute auf der Straße fürchten sich, wenn es überall Terror gibt – sie kommen dann nicht zu uns.

Die Gewalt, die bewaffnete Aktion, ist eine Falle gewesen, die das Regime uns gestellt hat, um leichter mit uns fertig zu werden.« In den achtziger Jahren habe es eigentlich ein gutes Klima für die Entwicklung des politischen Islam gegeben. Der Slogan »Der Islam ist die Lösung« sei überall verbreitet gewesen, nicht nur bei den Muslimbrüdern, die ihn zu ihrem Wahlslogan gemacht hatten. Dann habe das Regime die Aktivisten zu bewaffneten Aktionen provoziert, um sie zu delegitimieren, besser bekämpfen und erledigen zu können.

Ob das heißen soll, dass die Abwendung von der militanten Gewalt das Ergebnis rein zweckrationaler Überlegungen war, also wenig mit religiösem Denken oder religiöser Ethik zu tun hatte? Vielleicht, antwortet Zayyat etwas nachdenklich, sei er tatsächlich zu seiner Überzeugung gekommen, weil er erkannt habe, dass »die Gewalt uns schadet, dass die bewaffnete Gewalt die islamische Bewegung noch an keiner Stelle zum Ziel geführt hat«. Die Regeln, die der Islam für den Jihad vorgebe, setzten der Gewalt ohnehin enge Grenzen, beschränkten das Recht zur Gewaltausübung auf bestimmte Situationen der Besetzung, der religiösen Unterdrückung und ähnliche Situationen. Er habe das früher anders gesehen, aber man sei älter geworden. So wie heute für arabische Jugendliche Bin Laden ein Held sei, so seien auch sie damals revolutionärer gewesen als die ältere Generation. Aber man mache einen Fehler, wenn man das verallgemeinere: Weder würden nur Jugendliche Bin Laden heroisieren, noch fiele es allen Mitgliedern und Ex-Mitgliedern der *Jamaat al-Islamiyya* leicht, sich von den alten Überzeugungen oder Aktivitäten zu distanzieren. Viele aus seiner Generation hätten Angst, als Verräter gestempelt zu werden. Ihm sei das nicht so wichtig. Nach dem Erscheinen seines kritischen Buches über Ayman al-Zawahiri, den Chef des *Jihad* und Stellvertreter Bin Ladens, hätten ihm viele vorgeworfen, den alten Weggenossen verraten zu haben, aber das müsse man wohl ertragen.

Vielleicht ist der heutige Anwalt einfach nur duldsamer geworden und hat es nicht mehr so eilig. Große, rasche Umwälzungen erwartet er jedenfalls nicht. Es müsse sich sehr viel ändern in Ägypten, sagt er, aber das hieße keineswegs, dass die Islamisten regieren müssten oder sollten. »Was wir brauchen«, erklärt er, »ist eine ehrliche Regierung, die die Wahlen nicht manipuliert, die die Moral des Volkes nicht ruiniert und die Korruption ernsthaft angeht. Wenn dies durchgesetzt würde, dann wären wir schon ein viel islamischerer Staat als heute etwa Saudi-Arabien.«

Er persönlich akzeptiere den gesellschaftlichen Pluralismus Ägyptens und trete zudem für politischen Pluralismus ein; ein solcher Pluralismus, sagt er, »ist schließlich auch eine Garantie für mich«, eine Garantie, nicht verfolgt zu werden. Im Übrigen müsse Religiosität von innen kommen, sie ließe sich den Bürgern nicht befehlen. Saudi-Arabien befinde sich in der Misere, weil das Regime einen bestimmten religiösen Weg vorschreibe. Er glaube an die Islamisierung der Demokratie, erklärt er auf Nachfrage. Im Islam gebe es keine festgegossene Form für das Regierungssystem; jedes konstitutionelle System sei im Islam akzeptabel, egal, ob es sich um eine konstitutionelle Monarchie oder eine parlamentarische Demokratie handele. Aber in eine europäische, westliche Form der Demokratie solle und dürfe das System sich nicht verwandeln.

Auf die Frage, was an der europäischen Demokratie so schlecht sei, weiß er keine überzeugende Antwort. Vieles, räumt Zayyat ein, sei schon gut und richtig in Europa, aber die europäische Demokratie erlaube auch sexuelle Promiskuität und gleichgeschlechtliche Ehen, und das sei nun einmal nicht akzeptabel. Demokratie solle islamischen Werten nicht widersprechen, und natürlich müsse die Scharia die Grundlage der Gesetzgebung sein. Die Scharia sei keineswegs nur ein System harter Strafen, wie man das in Europa völlig zu Unrecht sehe. Für ihn lasse die Scharia sich auf wenige Begriffe zusammenfassen: Gerechtigkeit, das Recht, die Herrschenden zu wählen und abzuwählen, eine Einkommensverteilung, bei der die Kluft zwischen Armen und Reichen nicht zu groß sei, und *la ikrah fi al-din*, kein Zwang in der Religion. Die Leute sollten als Glauben annehmen, was sie wollten: »Der Islam ist toleranter, und er ist gnädiger, als sie euch das in Saudi-Arabien sagen.«

Die Frage der Macht stelle sich für die islamische Bewegung Ägyptens heute nicht. Man arbeite hier und da mit den Muslimbrüdern zusammen, respektiere sie, unterstütze sich gegenseitig bei den Wahlen in den Berufsverbänden. »Aber wenn wir an die Regierung kämen«, sagt Zayyat und meint damit die *Jamaat al-Islamiyya* und andere salafitische Gruppen, »das wäre eine Katastrophe. Uns fehlt nicht nur die Erfahrung, uns fehlt, das hat sich bei den Spaltungen der islamischen Bewegung gezeigt, auch die notwendige Reife.« Am ehesten seien wohl die Muslimbrüder in der Lage, Regierungsfunktionen zu übernehmen oder selbst zu regieren. Die hätten immerhin erfahrene Leute und gut ausgebildete Kader.

Generationen von Brüdern

DIE MUSLIMBRUDERSCHAFT bleibt verboten, aber sie ist unübersehbar da: Sie hat eine Adresse, einen Vorstand und eine Zeitschrift, und der Staat duldet ihre Aktivitäten in einem gewissen Umfang, hält aber ihre Mitglieder und Funktionäre mit der permanenten Drohung von Verfolgung und Inhaftierung unter Druck. Das Urteil Zayyats, wonach die »Brüder« nicht nur erfahrener seien als die reformierten militanten Gruppen, sondern im Zweifelsfall sogar regierungs- oder *mit* regierungsfähig, wird tendenziell von anderen säkularen Beobachtern geteilt. Insgesamt gebe es in Ägypten kaum Demokraten, keinen einflussreichen »demokratischen Trend«, sagt Hani Shukrallah, der Journalist. Dazu wiege das Erbe autoritärer Staatstraditionen und der nicht weniger autoritären nasseristischen und islamistischen Ideologien viel zu stark. Die Muslimbruderschaft aber sei erstaunlich flexibel. Die Basis der Organisation sei zwar stockkonservativ, die Führung aber veränderungsfähig, und sie könne die Bruderschaft oder eine aus ihr hervorgegangene Partei sogar auf den Weg der türkischen Islamisten bringen, die unter Recep Tayyip Erdogan die Verwandlung in eine demokratisch-konservative Partei geschafft haben. Welche Tendenz sich innerhalb der Bruderschaft durchsetze, sei wiederum von den allgemeinen politischen Umständen abhängig. Ein demokratischer Prozess mit echtem Wettbewerb würde die Muslimbrüder zwingen, sich als demokratische Partei zu entwickeln; eine Machtbeteiligung qua Kooptierung durch das Mubarak-Regime dagegen wäre katastrophal. Es würde, so der Journalist, nur dazu führen, dass die konservativsten Tendenzen in Regime und Opposition zusammenflössen und allenfalls den Autoritarismus des Regimes »islamisierten«.

Bei wirklich freien Wahlen dürfte eine moderate islamistische Partei oder Entsprechendes wohl tatsächlich, so jedenfalls das Urteil professioneller Ägypten-Beobachter, die Chance haben, zur stärksten Kraft zu werden.[9] Tatsächlich erhielten Kandidaten der Bruderschaft bei den Parlamentswahlen von 2005 knapp neunzig von insgesamt vierhundertvierundvierzig Sitzen – und dies trotz ganz offensichtlicher Manipulationen zugunsten der regierenden NDP. Eine absolute Mehrheit traut den Muslimbrüdern aber auch bei freien Wahlen kaum jemand zu, etwa ein Drittel der Stimmen dagegen schon. Der halblegale Zustand, in dem sie sich befinden, verhindert indes eine grundlegende Umorientierung der 1928 gegründeten Organisation, die ohnehin in vieler Hinsicht der Vergangenheit verhaftet ist. An der Spitze der Muslimbruderschaft steht bis heute die erste Generation. Der Murshid, der geistige Führer der Organisation, Muhammad Mehdi Akef, kam 2004 mit siebenundsiebzig Jahren in diese Position. Er übernahm das Amt von Mamun al-Hudaibi, als dieser mit dreiundachtzig Jahren starb, nachdem er nur zwei Jahre zuvor an die Stelle seines im selben Alter verschiedenen Vorgängers getreten war.

Hudaibi habe ich Ende 2002, kurz nachdem er sein Amt angetreten hatte, im öffentlich bekannten Hauptquartier der offiziell verbotenen Organisation getroffen. Das Haus in einer Seitenstraße auf der Nilinsel Roda hat keine Hausnummer. Wer nach der Nummer zwanzig fragt, wird im entsprechenden Haus sogleich in den ersten Stock links verwiesen. An der Wohnungstür ist kein Namensschild angebracht, aber ein Aufkleber: »Gott ist unser Ziel; der Prophet ist unser Führer.« Zudem ist ein Pappschild mit der Aufschrift: »Bitte warten Sie, denn wir beten«, herausgehängt worden. Ich warte, bis sich nach einigen Minuten die Tür öffnet. Man zieht die Schuhe aus in dieser zur Parteizentrale umfunktionierten Wohnung, der größte Raum ist ein Gebets- und Versammlungsraum, die gesamte Einrichtung ist bescheiden, auch in dem Büro, in dem mich der Murshid empfängt.

Das sei nett, sagt er, als ich ihm zu seiner Wahl gratuliere; seine Leute würden aber lieber »Gott hilf dir« sagen, denn die Bedingungen der politischen Arbeit seien schwierig. Zu Beginn der Mubarak-

Periode seien die Freiräume größer gewesen, mittlerweile aber lasse die Regierung immer wieder Führungsmitglieder und Kader verhaften. Bei Wahlen, bei denen sie als »Unabhängige« antreten müssen, erhielten die Kandidaten der Bruderschaft keine faire Chance. Er gleitet ins Historische, über das er sich sehr gern auslässt: Unter allen Präsidenten Ägyptens habe es mal Erweiterungen, mal Einschränkungen der Freiheitsspielräume gegeben. Vor Gamal Abd al-Nassers Revolution von 1952 hätten die Muslimbrüder am Befreiungskrieg gegen die Briten teilgenommen, natürlich auch am Krieg um Palästina. Einfluss habe man gehabt, auch und gerade auf die Leute um Nasser. Der wahre Charakter von dessen Regime sei dann allerdings allmählich deutlich geworden. Nasser sei ein »Professor der Taktik« gewesen, habe die einzelnen Kräfte, die ihn unterstützten, nach und nach ausgeschaltet, zuletzt die Muslimbruderschaft. Daraufhin habe es dann Zusammenstöße, Verhaftungen, Folterungen gegeben.

Nassers Nachfolger Anwar al-Sadat, so Hudaibi, habe zunächst die Freiheitsspielräume wieder erweitert. Diese Chance nutzten die Muslimbrüder und reorganisierten sich. Die Gründung einer Partei der Muslimbrüder erlaubte Sadat hingegen nicht. Und dann setzte er, kurz bevor er 1981 von radikalen Islamisten ermordet wurde, wieder auf die Unterdrückung der Bruderschaft. Husni Mubarak, der Sadat folgte, musste für eine gewisse Beruhigung sorgen, was wiederum eine gewisse Öffnung bedeutete. Aber auch er habe von Beginn an »rote Linien« gezogen, sich etwa mit allen politischen Kräften, außer eben den Muslimbrüdern, getroffen. Man erlaubte der Bruderschaft aber, sich in den Berufsgenossenschaften der Ärzte, Ingenieure und Anwälte zu betätigen. Mit dem Kuwaitkrieg habe sich das geändert, so Hudaibi weiter: »Da kamen dann die Leute mit den Bomben, verübten Anschläge. Das hat dem Regime geholfen, die Freiheiten wieder einzuschränken.«

Wie er zu den anderen islamistischen Gruppen in Ägypten stehe, will ich wissen. »Unsere Basis«, beginnt er und unterbricht sich sogleich, da Basis im Arabischen »al-qaida« heißt, »nein, sagen wir unser Prinzip – damit du nicht meinst, wir hätten etwas mit al-Qaida zu tun – ist, dass wir zu allen, die Gewalt anwenden, die eine Politik betreiben, die zur Gewalt führt, und die Herrscher oder andere Leute verketzern, keine Beziehungen unterhalten.« Mit einigen der radikaleren islamistischen Kräfte, die sich erst in jüngerer Zeit von der Gewalt abgewendet haben, gebe es keine Konflikte, aber man habe eigentlich auch nichts mit ihnen zu tun, man sage: »Friede sei mit euch«, und das war's. Darunter seien Gruppen, die mit Demokratie nichts zu tun haben, die nicht einmal an das Prinzip der *shura* – der vom Koran vorgeschriebenen Beratung des Herrschers – glaubten und die Frauen im Haus belassen wollten. »Vielleicht glauben diese sogar«, und da lacht Hudaibi, »dass wir keine richtigen Muslime sind.«

Die Muslimbrüder hätten die Unterdrückung durch das System nie mit Waffengewalt beantwortet. In den fünfziger Jahren habe man gegen die britische Besatzung gekämpft, aber das sei ein nationaler Befreiungskampf gewesen. Die Muslimbruderschaft werde sich deshalb von niemandem vorwerfen lassen, je Gewalt angewandt zu haben: »Selbst wenn sie uns verhaftet haben – wir haben nie geschossen.«

Geschossen und gebombt haben in den siebziger, achtziger und vor allem den neunziger Jahren, soweit hatte Hudaibi Recht, tatsächlich die anderen, radikaleren islamistischen Organisationen, zuletzt vor allem die *Jamaat al-Islamiyya*, in der Muntassir al-Zayyat mitwirkte, und der so genannte *Jihad*. Die Muslimbruderschaft ist als Reformbewegung entstanden, die vor allem durch Bildung zu einer gerechteren, an islamischen Werten orientierten Gesellschaft beitragen wollte und will. Als solche wurde sie bereits in den vierziger Jahren des zwanzigsten Jahrhunderts eine der wichtigsten Kräfte in Ägyptens politischer Szene. Schon damals bildete sich an ihrem Rand aber der gewaltbereite »Spezialapparat« der Bruderschaft aus, der kaum zu Unrecht für Anschläge auf Regierungsmitglieder und Vertreter der jüdischen Minderheit verantwortlich gemacht wird. Nicht zuletzt deshalb wurde die Muslimbruderschaft zweimal, einmal Ende der vierziger Jahre, einmal unter Abd al-Nasser, verboten. Erst Anfang der siebziger Jahre, unter Anwar al-Sadat, erhielt sie dann ihren halblegalen Status, so dass ihre Mitglieder als Parlamentskandidaten oder für Führungspositionen in den Berufsverbänden der Rechtsanwälte, Ärzte oder Ingenieure antreten können, offiziell als »Unabhängige«, tatsächlich aber weiß jeder, welche Richtung sie vertreten. Seither betonen Vertreter der Bruderschaft nachdrücklich, dass sie sich als »friedliche, veränderungsorientierte Organisation« verstehen und politische Gewalt – im eigenen Land zumindest – ablehnen.

Schon unter Hudaibi orientierte die Führung der Muslimbruderschaft sich an einem modernen, gewissermaßen globalisierten politischen Diskurs, der Demokratie und Menschenrechte achtet. Solange es keine Freiheit gebe, so der Murshid, solange die Menschenrechte nicht gewahrt seien, würden wirtschaftliche Reformen nichts bewirken. Auf meine Frage, ob denn der Muslimbruderschaft, die einen dreiundachtzigjährigen durch einen einundachtzigjährigen Führer ablöse, die zweite oder dritte Generation fehle, lacht der alte Mann etwas gequält: Ja, gewisse Medien würden dies so schreiben. Tatsächlich aber gebe es keinen Generationenkonflikt, lediglich Meinungsverschiedenheiten, wie sie überall vorkommen, eventuelle interne Demokratiedefizite seien auf die politischen Rahmenbedingungen zurückzuführen, innerhalb derer die Bruderschaft operieren müsse, insbesondere auf den Mangel an politischer Freiheit. Alles, selbst jede Erklärung, die er, der Murshid, herausgebe, werde im Prinzip durch die *Shura* der Bruderschaft beschlossen. Diese habe aber hundert bis hundertzwanzig Mitglieder. »Wo sollen wir uns mit so vielen Leuten treffen? Hier in dieser Wohnung etwa?« 1995, da sei die *Shura* der Bruderschaft einmal zusammengekommen, um Führungsentscheidungen zu treffen. Damals seien dreiundachtzig der Anwesenden nach dem Treffen verhaftet worden. Praktisch fielen Entscheidungen also im kleinen Kreis des achtzehn- bis zwanzigköpfigen Führungsbüros.

Wie fast alle moderaten Islamisten hat auch Hudaibi keine politische Eile. Irgendwie, davon scheint er fest überzeugt, werden sich die Dinge mit Gottes Hilfe schon regeln. Man fordert und kämpft für Veränderungen, wobei es gleichgültig zu sein scheint, ob man diese noch selbst erlebt. Gelegentlich wird dem europäischen Gesprächspartner auch vermittelt, dass auf kurze Zeithorizonte gerichtete Fragen unrelevant sind. »Und wenn es morgen in Ägypten freie Wahlen gäbe …«, setze ich an, aber der Murshid unterbricht mich sogleich: »Wie viel Sitze wir dann bekämen?« Freie Wahlen seien einfach nicht möglich in einem Land, das keine freie Presse habe und dessen Fernsehstationen unter staatlicher Kontrolle seien. Freiheit brauche Zeit.

Auf freie Wahlen seien die Leute nicht vorbereitet, und wenn es sie dennoch geben sollte, »dann werden wir die Ergebnisse eben abwarten«.

Brüder und Ärzte

ÄGYPTENS ÄRZTESYNDIKAT ist 1940, wenige Jahre nach der formellen Unabhängigkeit von Großbritannien, gegründet worden und residiert in einem kurz darauf errichteten Gebäude, das den Geist dieser Unabhängigkeit in einer Mischung aus islamischen und, wenn man so will, neo-altägyptischen Elementen zu symbolisieren sucht: Die Rundbögen der Fenster erinnern an ein osmanisches Bauwerk, das über alle drei Stockwerke reichende Eingangsportal an einen pharaonischen Tempel. Als Standesvertretung ist das Ärztesyndikat vor allem Dienstleister für seine Mitglieder. Großflächige Plakate werben für das Projekt »Internet für jeden Arzt«. Gleichzeitig ist das Ärztesyndikat stark politisiert; in allen anderen ägyptischen Berufsverbänden ist das ähnlich. Der Wettbewerb zwischen verschiedenen politischen Richtungen ist innerhalb der Syndikate tendenziell offener als bei den Parlamentswahlen. Die Muslimbruderschaft hat als die älteste und wichtigste politisch-islamische Organisation bei Vorstandswahlen der Berufsverbände immer wieder deutliche Wahlerfolge erzielt, auch wenn ihre Vertreter offiziell als Unabhängige antreten mussten.

Issam al-Erian ist Anfang der siebziger Jahre als Medizinstudent zu den Muslimbrüdern gekommen, hat als Labormediziner gearbeitet, saß Anfang der achtziger Jahre wegen seiner Mitgliedschaft in der offiziell verbotenen Bruderschaft für ein Jahr im Gefängnis, Ende der achtziger Jahre zog er für vier Jahre als Abgeordneter ins Parlament und in der zweiten Hälfte der neunziger Jahre für fünf Jahre wiederum ins Gefängnis. Erian stammt aus einem kleinbürgerlichen Elternhaus. Der Vater war Volksschullehrer in einem Dorf und hat an der Azhar, der religiösen Universität Ägyptens, studiert. Erian selbst hat neben dem Medizinstudium auch Rechts- und Schariakurse belegt. Ein paar Wochen nach unserem Gespräch wird er wieder einmal festgenommen und kurz nach den Präsidentenwahlen im Herbst freigelassen.

Issam al-Erian, der kleine Mann mit dicker Brille und dunkler Krawatte, dem deutlichen Gebetsfleck auf der Stirn und dem kurzen islamistischen Vollbart, ist heute für das politische Komitee der Bruderschaft verantwortlich, und er ist der Schatzmeister des Ärztesyndikats. Einen solchen Posten vertraut man gern einem Islamisten an. Die Muslimbrüder ziehen einen großen Teil ihrer Popularität im korruptionsgeplagten Ägypten gerade daraus, dass sie im Unterschied zu Vertretern anderer politischer Parteien und Organisationen als »sauber« gelten. Der Vorstand des Ärztesyndikats ist aus einer Koalitionsliste hervorgegangen, auf der Mitglieder der regierenden Nationalpartei und Muslimbrüder vertreten waren.

Ich will mit Erian, der im Führungskreis die mittlere Generation repräsentiert, über Wandlung und Entwicklung der Bruderschaft sprechen. Natürlich habe sich die Vereinigung gewandelt, sagt er. Bis in die siebziger Jahre sei man eine im Stillen oder Geheimen operierende Organisation gewesen, die ihre Mitglieder zu traditionellen islamischen Lebens- und Politikvorstellungen erzogen habe. Dann, mit dem Eintritt seiner Generation, habe sich einiges geändert; heute seien zum Beispiel Allianzen mit anderen Parteien, der Parteienpluralismus als solcher akzeptiert und auch die Kandidatur von Frauen selbst aus den eigenen Reihen, für das Parlament oder andere politische Ämter. »Wenn man uns als Organisation legalisiert hätte, wären weitere, große Veränderungen möglich gewesen«, meint Erian. Das ist zwar etwas apologetisch, doch er könnte Recht haben.

»Wenn man«, fährt Erian fort, »wie die Bruderschaft ständig unter Belagerung steht, sich ständig verfolgt fühlt, wie soll man da eine Programmdiskussion führen, die die Mitgliedschaft insgesamt und die Öffentlichkeit involviert?« Man brauche als ernsthafte politische Alternative ein Programm, aber genau das wolle die Regierung nicht. Anfang der neunziger Jahre, »als wir angefangen haben, pragmatische Ideen zu entwickeln, als wir Überlegungen angestellt haben, was bei einer Regierungsbeteiligung zu tun wäre«, da schlug die Regierung zu, beschlagnahmte die entsprechenden Papiere und Computerdisketten, verhaftete führende Mitglieder und behinderte die weitere

Entwicklung in diese Richtung. Eine pragmatische, möglicherweise regierungsfähige Muslimbruderschaft hält das Regime offensichtlich für gefährlicher als eine, die ausschließlich Slogans anzubieten hat.

Issam al-Erian gehört zweifellos zum pragmatischen Flügel und gibt zu, dass bestimmte Diskussionen zwischen Erneuerern und Traditionalisten in der Organisation noch nicht abgeschlossen sind. Tatsächlich ist Erian schon Mitte der neunziger Jahre für die Umwandlung der Bruderschaft in eine Partei eingetreten, allerdings sowohl an der Regierung, die ihn wieder einmal verhaften ließ, als auch an der Führung der Organisation gescheitert, die das ganze Konzept politischer Parteien als unislamisch ablehnte.[10] Heute, erklärt Erian, der der Bruderschaft trotz dieser Differenzen die Treue hielt, sei man sich einig, dass man eine Partei haben sollte, nicht aber, ob die Muslimbruderschaft sich selbst in eine solche Partei verwandeln oder aus ihrer Mitgliedschaft heraus eine von der Bruderschaft unabhängige Partei aufbauen solle. Er sei dafür, aus der Bruderschaft eine moderne Partei zu machen, die für alle offen ist und niemanden aus religiösen oder ethnischen Gründen diskriminiere, die sich aber wohl um eine Renaissance des Landes auf der Grundlage von Islam und Scharia bemühe. Die konservative Basis befürchte jedoch, dass man am Ende gar nichts mehr habe, weder die Bruderschaft als traditionelle Gemeinschaft noch eine an deren Prinzipien ausgerichtete Partei.

Der Bruderschaftsführer sucht gegenüber dem Regime eine pragmatische Haltung einzunehmen. Einige seiner Kollegen hätten sich schon mit Gamal Mubarak getroffen, zwar nicht in ihrer Funktion als Mitglieder der Bruderschaft, aber als Vertreter diverser Berufsverbände. Mit der Nationaldemokratischen Partei des Präsidenten bildet man Wahlallianzen, wenn es um die Vorstände dieser Verbände geht. Die Haltung zu den Mubaraks ist weder von prinzipieller Zustimmung noch von prinzipieller Abneigung gekennzeichnet: »Vielleicht ist Gamal Mubarak schwächer als sein Vater«, stellt Erian fest, was nicht für den Präsidentensohn spräche, vielleicht habe er aber ein besseres Verständnis in Wirtschaftsfragen und sei reformfreudiger, was für ihn spräche. Und was die Korruption angehe, da könne man sich noch kein Urteil erlauben: »Wer weiß? Der Mann ist schließlich Banker.«

Erian und andere Repräsentanten der Bruderschaft bemühen sich, wenn es um ihre politischen Projekte geht, weder ausländische Besucher noch politisch Andersdenkende im eigenen Land zu verschrecken. Man strebe einen Staat auf der Grundlage von Islam und Scharia an. Da Ägypten bereits ein islamischer Staat sei, brauche man keinen mehr daraus zu machen. Die Scharia umfasse ja lediglich allgemeine ethische Regeln fürs Leben. Man wolle von den Erfahrungen anderer Nationen lernen und stehe fest zu den Prinzipien der Menschenrechte, die in einer Verfassung verankert werden sollen. Man werde dennoch an einigen der traditionellen Begriffe festhalten, etwa dem der *ahl al-dhimma*, der »Schutzbefohlenen« anderer Religionen im Islam. Das werde oft falsch verstanden. Der Begriff sei schließlich in einer Zeit entstanden, als die Religionen und Konfessionsgemeinschaften sich gegenseitig verketzerten und bekämpften. Der Islam aber habe die anderen Religionen, das Christentum und das Judentum anerkannt und die *ahl al-kitab*, die Angehörigen dieser Buchreligionen, zu *ahl al-dhimma* erklärt, deren Religion und Lebensrechte toleriert wurden. Das Konzept sei gut, dennoch müssten die Rechte der Bürger in einer Verfassung geregelt werden.

Erians Vision und die der Muslimbrüder ist eine der religiösen Toleranz, die im Islam durchaus Tradition hat. Toleranz aber ist nicht Gleichberechtigung, und das beunruhigt Angehörige anderer Religionsgemeinschaften, Religionslose und Säkularisten nicht zu Unrecht. Konzeptionell zumindest bietet die Bruderschaft nur die Duldung der Andersgläubigen an, nicht – zumindest noch nicht – gleiche Bürgerrechte für alle.

Ich bitte Erian, sich zu den Sorgen zu äußern, die man sich im Westen in Bezug auf den Frieden zwischen Ägypten und Israel und den Friedensprozess insgesamt macht angesichts der Aussicht, dass es den Muslimbrüdern gelingen könnte, zukünftige freie Wahlen zu gewinnen oder per Kooptation an der Macht in Ägypten beteiligt zu werden.

Erian mag die Frage nicht. Was eigentlich, fragt er zurück, »ist das Interesse des Westens an der Fortexistenz Israels«? Weshalb halte der Westen an der »unbegrenzten Unterstützung dieses fremden Gebildes fest, das nicht in die Region passt«? Man hege keine Feindschaft gegen die Juden, die immer ihren Platz in den arabischen und muslimischen Staaten gehabt haben. Das Problem sei Israel. Meine Frage, wie eine von den Muslimbrüdern getragene Regierung sich Israel gegenüber verhalten werde, wenn Palästinenser und Israelis Frieden schlössen, sei rein theoretisch und unrealistisch: Palästinenser und Israelis würden sich nie einigen – »jedenfalls nicht über die Zukunft von fünf Millionen palästinensischen Flüchtlingen«. Ich solle mir dennoch keine Sorgen machen. Wenn eine islamische Regierung an die Macht komme, bedeute dies nicht zwangsläufig Krieg mit Israel. Der Friedensvertrag zwischen Israel und Ägypten werde allerdings »sehr kalt« umgesetzt oder gar aufgehoben werden. Das bedeute nicht Krieg, wohl aber volle Unterstützung der Palästinenser.

Das lässt sich vielleicht sogar wörtlich nehmen. Im Foyer des Ärztesyndikats liegt eine Reihe von Broschüren über die humanitären Aktivitäten des Verbandes – nicht zuletzt in Palästina und im Irak – aus. Krankenwagen und medizinisches Gerät hat man gespendet sowie ärztliche Hilfe an palästinensischen Krankenhäusern geleistet. In einer Broschüre vom humanitären Hilfskomitee des ägyptischen Ärztesyndikats, die von einem Azhar-Professor verfasst worden ist, erfährt man, dass Geldspenden für derartige Zwecke als »wirtschaftlicher Jihad« gelten können und der wirtschaftliche Jihad eine »Chance für denjenigen bietet, der das Gewand der Mujahidin (der Kämpfer) anziehen will, auch wenn er in seinem Hause bleibt«.[11] Der wirtschaftliche Boykott Amerikas und Israels gehöre ebenfalls zu dieser Art des Jihad, denn »jeder Groschen, der für eine in Israel oder Amerika hergestellte Ware bezahlt wird, ist eine Kugel im Körper eines muslimischen Kindes«.

Die Broschüre ist eine traurige Fundgrube antiamerikanischer und antisemitischer Vorurteile. Hier wird nicht die israelische Politik kritisiert oder verurteilt, hier werden »den Juden« pauschal alle möglichen Übeltaten zugeschrieben. Unterstützt wird zudem die gefährliche und nicht nur auf arabischer Seite anzutreffende Tendenz, den arabisch-israelischen Konflikt wie auch andere internationale Konflikte als Kultur- oder Religionskampf zu verstehen: Amerika ist ein Feind der Muslime, die Mujahidin in Palästina opfern sich zum Schutz ihres Glaubens, »und der Kampf zwischen uns und den Juden ist ein religiöser Kampf«. Wenn darauf verwiesen werde, dass ein Wirtschaftsboykott sich angesichts der mit Israel geschlossenen Abkommen verbiete, müsse man einwenden, »dass die Juden diejenigen sind, die kein Abkommen und keinen Vertrag respektieren«. Die Broschüre des Azhar-Gelehrten endet mit Kurzgebeten, die dem Gläubigen zur Auswahl vorgeschlagen werden. Sie bitten um Unterstützung der palästinensischen Brüder, um den Sieg des Islam, die Stärkung der Muslime und die Demütigung der Ungläubigen. Hier haben die Herausgeber wohl übersehen, dass nicht alle Mitglieder ihres Berufsverbandes Muslime sind und die muslimischen Mitglieder keineswegs sämtlich, möglicherweise nicht einmal mehrheitlich Anhänger der Muslimbruderschaft oder anderer und radikalerer islamistischer Gruppierungen.

In der Mitte verloren

NEBEN DER MUSLIMBRUDERSCHAFT gibt es noch *al-Wasat*, den Versuch, eine liberal-konservative Partei auf muslimisch-kultureller Grundlage zu schaffen. Der Gründer und Vordenker Abu al-Alaa Madi ist der Sohn eines Schmieds aus dem oberägyptischen Minya. Der Ingenieur kam Ende der siebziger Jahre als Student zu den Muslimbrüdern. Mit dem etwas älteren Erian von der Muslimbrüderschaft ging er ein Stück Weg gemeinsam und teilt für dieses Stück auch dessen Biographie. Wie Erian kam Madi im Zuge verschiedener Verhaftungswellen mehrmals für einige Zeit ins Gefängnis, wie dieser gehörte er zu den jungen, reformorientierten Mitgliedern in der Bruderschaft und engagierte sich in den Berufsgenossenschaften. Madi aber begann schließlich, an der Reformfähigkeit der Bruderschaft zu zweifeln. Er sah diese von einer alten Garde beherrscht, die der Entwicklung zur modernen Partei im Wege steht. 1996 beantragte er die Lizenzierung einer Partei unter dem Namen *al-Wasat* (die Mitte). Der Antrag wird abgelehnt, dasselbe geschieht mit zwei Nachfolgeanträgen. Seither versucht Madi, seine Parteigründung über die Gerichte durchzusetzen. Eine endgültige Entscheidung steht noch aus.

Dass die Partei bislang nicht lizenziert worden sei, sagt ein Mitarbeiter Gamal Mubaraks, liege vor allem an den Vorbehalten der Sicherheitskräfte, die alles, was aus der islamischen Ecke kommt, in einen Topf werfen würden. Selbst wenn *al-Wasat* die Lizenzierung durchsetzen könne, urteilt der Forscher Gamal Abd al-Gawad, werde die Partei wohl nicht besonders populär werden, weil sie den Anhängern der Muslimbruderschaft nicht islamisch genug sei, und diejenigen, denen die Muslimbrüder zu illiberal sind, nicht überzeugen könne, solange sie keine Möglichkeit erhalte, sich öffentlich zu äußern.

Madis Parteigründungsbemühungen sind gleichwohl bemerkenswert, weil sie die traditionellen Wege der Muslimbruderschaft verlassen, und zwar nicht nur, weil er neben Muslimen auch einzelne Christen zu den Gründern seiner Partei zählt, sondern auch, weil *al-Wasat* die Religion in einen Rahmen setzt, der mit einem modernen politischen System vereinbar ist – einem System, das auf individuellen und gleichen, nicht etwa durch Konfessionszugehörigkeit bestimmten Bürgerrechten beruht.

Al-Wasat, die man im dritten Gründungsanlauf mittlerweile *hizb al-Wasat al-Jadid* (die neue Partei der Mitte) nennt, solle keine religiöse und keine muslimische, sondern eine »islamische, zivile Partei« werden, sagt Madi. Man glaube an demokratische Prinzipien, an regelmäßige Wahlen, die Regierungswechsel ermöglichen. Niemand, keine Partei habe einen göttlichen Auftrag. Ein Vorbild habe man in der Partei des türkischen Ministerpräsidenten Erdogan. Und wenn ich Vergleiche ziehen wolle: »Eigentlich sind wir die arabische Ausgabe der christlich-demokratischen Parteien Europas.« Auch die seien konservativ und bezögen sich in ihrem Namen auf die kulturelle Prägung ihrer Länder. Inhaltlich unterscheide man sich ohnehin nicht sehr von konservativen Christen: Ehe und Familie gelte ein besonderer Schutz, man öffne sich der Welt, wenn diese Welt die Besonderheiten Ägyptens und der islamischen Welt achte; Ehen zwischen Gleichgeschlechtlichen zu tolerieren, solle man diesen Ländern jedoch bitte nicht abverlangen. Auch außenpolitisch betont Madi seine Übereinstimmung und die seiner Partei mit westlichen, konservativen Parteien: »Mäßigung« nennt er als wichtigstes Charakteristikum. Und damit sieht er sich im Einklang mit der Mehrheit seiner Landsleute: Eine demokratisch gewählte Regierung, da ist er sich sicher, wäre auch keine Gefahr für den arabisch-israelischen Friedensprozess. »Die Leute wollen doch zusammenarbeiten.«

Kein Krieg mehr

ES IST KEINESWEGS SICHER, dass die populistischen Gruppen, von denen die Islamisten zweifellos eine breitere Basis haben als die Nasseristen, in Fragen der großen Politik dem Volk aus der Seele sprechen. »Wir können einfach kein genaues Gefühl dafür entwickeln, wie die einfachen Leute denken«, sagt Hani Shukrallah, der Journalist, »wir haben schließlich keine regelmäßigen Meinungsumfragen und keine politische Öffentlichkeit, die den Namen verdient« – jenseits der intellektuellen, politischen und wirtschaftlichen Elite jedenfalls nicht. Man kann davon ausgehen, dass es bei der Mehrheit der Bevölkerung ein echtes Gefühl der Solidarität mit den Palästinensern und wahrscheinlich auch mit dem Irak gibt. Aber die Unterstützung militanter Widerstandsgruppen in Palästina oder im Irak mag genauso ein Elitenthema sein – eines der nationalistischen und islamistischen Eliten eben –, wie die Forderung nach Verfassungsänderungen ein Thema der liberalen intellektuellen Elite ist. Auch das lässt sich nicht nachweisen, allenfalls anekdotisch belegen.

Auf dem Sinai, am westlichen Ufer des Suez-Kanals gegenüber der Stadt Ismailia, befindet sich ein Mahnmal für den Oktoberkrieg von 1973, das der Form nach wie eine abschussbereite Interkontinentalrakete aussieht. Dahinter ist Wüste. Bis zum Krieg stand hier die israelische Armee. Wenn man jetzt mit der Fähre den Kanal kreuzt, sieht man auf der Uferbank zur Linken in großen Lettern den englischen Schriftzug »Welcome to Egypt« und zur Rechten in Arabisch: »Die Zweite Armee begrüßt Sie«.

Am Fuße des Denkmals treffe ich Said, der mit seiner Familie einen mittelgroßen Landwirtschaftsbetrieb unterhält und gleichzeitig als Immobilienmakler in Ismailia arbeitet. Er ist Anfang zwanzig, hat seinen Armeedienst hinter sich und neigt ein wenig dazu, dem anderen die Welt zu erklären. Nach Deutschland würde er gerne reisen, weil die Deutschen so ein arbeitsames Volk sind. Wo Deutschland liegt, weiß er nicht so genau: Ob es bei uns auch den Nil gebe, ob Deutschland am Roten Meer oder am Mittelmeer liege? Aber in einem ist er sich sicher: Dass die Menschen alle gleich sind – alle sind »Söhne Adams« –, dass alle gern nach Ägypten kommen, weil Ägypten so schön und das ägyptische Volk so gut ist und dass es für Krieg und Zerstörung keinen Grund gibt. Das sei zwischen den Staaten letztlich nicht anders als zwischen den Mitgliedern einer Familie, es sei, »als ob ich und mein Bruder um das Erbe oder um ein Stück Land streiten, obwohl wir alle auf dem Land leben und zusammenarbeiten müssen«. Wäre es nicht besser, wenn das ägyptische, das deutsche, das französische, das irakische und auch das amerikanische und das israelische Volk zusammenarbeiten? Früher seien hier israelische Stellungen gewesen, man könne noch Reste davon entdecken, heute kämen gelegentlich israelische Touristen: »Das ist doch ganz normal.«

Israel und Palästina
Schwierige Scheidung

»SIND SIE SICHER, dass wir Ihren Pass stempeln sollen?«, fragt die junge Grenzpolizistin bei der Einreisekontrolle am Flughafen. »Ja, warum nicht?«, frage ich zurück. Die Beamtin blättert meinen Pass mit den vielen Visa ein zweites Mal von hinten nach vorne durch, stolpert über das Visum aus Saudi-Arabien oder eins aus Iran und ruft deshalb einen Vorgesetzten an. Die freundliche Frage, ob sie in meinem Pass tatsächlich einen israelischen Sichtvermerk anbringen soll, ist berechtigt. Man erwähnt das nicht, aber die Grenzerin weiß natürlich, dass ein israelischer Stempel den Pass für eine Reihe nah- und mittelöstlicher Staaten ungültig macht, die sich offiziell noch im Kriegszustand mit dem jüdischen Staat befinden. »Ihr Pass ist noch fünf Jahre gültig.« Aber er hat ohnehin keine freien Seiten mehr. »Nur zu«, sage ich, »das sieht doch dann so aus, als hätten wir Frieden im Nahen Osten.« Die Grenzerin lacht – und ich erhalte, so scheint es mir jedenfalls, einen besonders deutlichen Einreisestempel.

Der neue Ben-Gurion-Flughafen bei Tel Aviv – viel Stahl, viel heller Sandstein, Glas und Licht und eine überaus großflächige, ein wenig an babylonische Tempelanlagen erinnernde Raumgestaltung – ist modern und komfortabel. Er vermittelt ein anderes Bild von Israel als das alte Terminal, das eher den Pioniergeist der ersten Jahre ausstrahlte und jede Form von Luxus oder eine großzügige Raumnutzung vermissen ließ. »Die glauben wohl, das sei hier Hongkong«, meint ein jüdischer Geschäftsmann aus Frankfurt, »viel zu groß!« Vielleicht, wendet meine Kollegin Muriel Asseburg ein, ist der neue Flughafen ja für die Zukunft gebaut, für einen friedlichen Nahen Osten, in dem dann Tel Aviv ein *hub*, ein Drehkreuz des nahöstlichen

Flugverkehrs, werden könnte. »Ach, Frieden«, sagt der Geschäftsmann, »vergessen Sie das. Der alte Flughafen hat doch völlig ausgereicht.«

Momentaufnahmen oder: Der Eindruck kann trügen

ICH WEISS NICHT, ob wieder Krieg herrscht, wenn dieses Buch auf den Markt kommt. Im »Heiligen Land« gibt es viele, die sicher sind, die Zukunft genau zu kennen. Nicht wenige von ihnen sagen eine dritte Intifada, einen weiteren palästinensischen Aufstand, voraus. Neue Gewalt, ja ein weiterer Krieg oder Kleinkrieg lassen sich tatsächlich nicht ausschließen, aber zwingend ist es auch nicht, dass es dazu kommt. Ein Krieg würde bedeuten, dass die israelische, palästinensische und internationale Politik ein weiteres Mal versagt hätten.

Im Frühsommer 2005, zur Zeit meiner letzten, hier niedergeschriebenen Promenaden in israelischen und palästinensischen Städten, ist der Augenschein ein anderer. In Tel Aviv und Herzliya sind die Cafés gefüllt, weil Israelis wieder ohne – oder zumindest mit weniger – Angst vor Selbstmordanschlägen ausgehen. In der provisorischen palästinensischen Hauptstadt Ramallah wie in Qalqiliya, der durch Israels Sperranlagen ummauerten kleinen Stadt in der Westbank, sind die Grünanlagen, die während der letzten militärischen Auseinandersetzungen von israelischen Panzern platt gewalzt wurden, mit frischen Blumen und Bäumen bepflanzt, und die Märkte quellen über von Menschen. Im Gazastreifen zeigen sich Führer der radikal-islamistischen Hamas,[12] die sich aus Angst vor israelischen Liquidierungskommandos Monate im Untergrund versteckt hielten, wieder in der Öffentlichkeit, und der Strand ist freitags so voll wie der von Tel Aviv an den Samstagen. In Jerusalems Altstadt sind die Touristen zurückgekehrt, und auch Israelis gehen wieder in arabische Läden. Die durch Barttracht, Kleidung und Kopfbedeckung als Fundamentalisten, Orthodoxe, Ultraorthodoxe und nationalistische Anhänger ihrer Gemeinschaften ausgewiesenen selbst ernannten Rechtgläubigen aller nahöstlichen Religionen, die Jerusalem als ihre – oder allein ihre – Heilige Stadt betrachten, begegnen sich auf den Straßen zwar mit Misstrauen, verzichten aber zumeist auf offene Feindseligkeiten. Frieden herrscht nicht, wohl aber eine Form der Ruhe,. Die Mehrheit in beiden Bevölkerungsteilen empfindet dies ganz offenbar als Erleichterung.

Es ist ein Augenblicksbild, eine grobkörnige Momentaufnahme – wie Berichte aus Israel und den palästinensischen Gebieten es eigentlich immer sind. Umfragen unter Israelis und Palästinensern spiegeln dies wider: Das Meinungsbild beider Völker gilt als ausgesprochen volatil, die Einstellungen zueinander, zum Frieden und zur Anwendung auch extremer Formen von Gewalt verändern sich sehr rasch. Wer die Dynamiken des israelisch-palästinensischen Verhältnisses verstehen will, muss nach den Tiefenstrukturen dieser Aufnahme schauen, den geographisch-politischen genauso wie den gesellschaftlichen in beiden Völkern.

Ein israelischer Gesprächspartner fragte mich mit einem Anklang von Unverständnis, warum ich Israel und den palästinensischen Gebieten ein gemeinsames Kapitel widmen wolle. Die Antwort ist, dass die beiden Völker sich so sehr miteinander beschäftigen, in ihren inneren Entwicklungen so eng aufeinander bezogen sind und sich teilweise auch so spiegelbildlich verhalten, dass eine Auflösung des Gesamtbildes in zwei einzelne zwar die politische Trennung vorausnähme, die beide in ihrer Mehrheit wollen, der heutigen Realität aber nicht gerecht würde. Man kann Israel besuchen, ohne die palästinensischen Gebiete zu betreten – umgekehrt ist das schon sehr viel schwieriger –, nicht aber ohne dem israelisch-palästinensischen und dem arabisch-israelischen Konflikt zu begegnen.

Konfliktstationen

KEIN BEGRIFF, schon gar kein politisch-geographischer, der hier nicht umstritten wäre. Wenn ich von Israel spreche, meine ich den Staat Israel in seinen von der internationalen Gemeinschaft anerkannten Grenzen; das sind, von geringen Abweichungen abgesehen, die Waffenstillstandslinien, die 1949 nach dem ersten arabisch-israelischen Krieg oder israelischen Unabhängigkeitskrieg vereinbart wurden und Israel seine territoriale Gestalt gaben. Dabei spricht man auch, nicht zuletzt mit Blick auf das israelisch-palästinensische Verhältnis, von den Grenzen (oder korrekter Linien) von 1967. Die palästinensischen Gebiete sind dementsprechend die im Krieg von 1967 von Israel eroberten Gebiete des historischen Palästina, die so genannte Westbank und der Gazastreifen also, wobei zur Westbank auch der Ostteil der Stadt Jerusalem gehört. Israel hat den östlichen Teil der Stadt nach der Eroberung annektiert und betrachtet ihn als Teil des eigenen Staatsgebietes, steht damit aber international allein. Wenn er überhaupt entsteht, wird der künftige Staat Palästina aus der Westbank und dem Gazastreifen bestehen, ohne dass allerdings die Linie von 1949 exakt wiederhergestellt werden könnte.

Frieden und ein »Endstatusabkommen« – praktisch wäre das ein Friedensvertrag –, das unter anderem die Grenzen zwischen Israel und einem Staat Palästina und die Zukunft Jerusalems bestimmen würde, stehen 2005 nicht auf der Tagesordnung. Noch einige Jahre zuvor war das anders. Was in der allerjüngsten Geschichte zum Stand der Dinge in diesem Sommer 2005 geführt hat, will ich hier kurz Revue passieren lassen.[13]

Ein wichtiges Datum ist das Jahr 1987, in dem die so genannte Intifada, der Aufstand der Palästinenser gegen die israelische Besatzungsherrschaft in Westbank und Gazastreifen, beginnt. Der weitgehend zivile Aufstand – heute spricht man von der ersten Intifada – brachte die Verhältnisse nach Jahren der Stagnation in Bewegung. Er zeigte vor allem, dass die Palästinenser in Westbank und Gazastreifen bereit waren, ihr Schicksal selbst in die Hand zu nehmen und nicht mehr nur Objekt israelischer Besatzungsprojekte und hohler arabischer Solidaritätsbekundungen sein wollten.

Andere Faktoren kamen hinzu: der Krieg zur Befreiung Kuwaits von der irakischen Besatzung, in dem US-Präsident George Bush den Startschuss für eine neue Weltordnung sah, zu der auch eine friedliche Regelung des Nahostkonflikts gehören würde, oder die aktive Nahostdiplomatie seines Außenministers James Baker. Ohne den überwiegend von Jugendlichen und jungen Erwachsenen getragenen Aufstand aber hätte es die Friedenskonferenz von Madrid, die im Herbst 1991 zusammentrat und sich dann in mehrere bilaterale (israelisch-palästinensische, israelisch-syrische, israelisch-jordanische) und multilaterale »Verhandlungsschienen« aufteilte, in dieser Form kaum gegeben. Israel wäre nicht bereit gewesen, mit einer eigenständigen palästinensischen Delegation zu sprechen; die Führung der Palästinensischen Befreiungsorganisation (PLO) unter Yasir Arafat hätte das Existenzrecht Israels nicht anerkannt und auch nicht auf eine sichtbare eigene Rolle auf der Konferenz verzichtet. Letztlich wäre das Oslo-Abkommen, das erste und bislang wichtigste Abkommen zwischen Israel und der PLO, wohl nicht zustande gekommen.

»Oslo« ist eine weitere bedeutende Station. Der Name der norwegischen Hauptstadt steht eigentlich für zwei Abkommen und für den so genannten Oslo-Prozess. Kurz nach dem Antritt einer Regierung der Arbeitspartei unter Yitzhak Rabin begannen dort mit tatkräftiger Unterstützung der norwegischen Regierung geheime Gespräche israelischer und palästinensischer Unterhändler. Ihr Ergebnis war die »Israelisch-Palästinensische Prinzipienerklärung«, die Rabin und Arafat am 13. September 1993 in Washington feierlich unterzeichneten. Bereits wenige Tage zuvor hatten Israel und die PLO sich gegenseitig anerkannt. In dem seither so genannten Oslo-Abkommen erklärten beide Parteien, dass sie Konfrontation und Konflikt beenden wollten, dass sie ihre »legitimen und politischen Rechte« gegenseitig anerkannten und nach einer »gerechten, dauerhaften und umfassenden Friedensregelung« sowie »historischer Versöhnung« streben würden. »Oslo« war also – auch wenn Politik und Medien es gelegentlich so bezeichnen – kein Friedensabkommen, sondern wies vielmehr einen Weg, der zum Frieden führen sollte.

In der Folgezeit zog sich Israel auf der Basis des Abkommens und seiner späteren Ergänzung durch das Gaza-Jericho-Abkommen von 1994 und das Interimsabkommen (Oslo II) vom September 1995 zunächst aus Gaza-Stadt und aus dem Städtchen Jericho im Jordangraben, später aus den anderen palästinensischen Städten im Gazastreifen und in der Westbank (mit Ausnahme Hebrons) zurück; Arafat und ein großer Teil der PLO-Führung kamen aus dem tunesischen Exil und errichteten in dem von Israel geräumten Gebiet die palästinensische Autonomieverwaltung oder Palästinensische Autorität (PA); im Januar 1996 fanden die ersten Präsidentschafts- und Parlamentswahlen in den palästinensischen Gebieten statt. Die schwierigsten Fragen, die in einem echten Friedensabkommen zu regeln wären, wurden allerdings vertagt: Man vereinbarte lediglich, und auch das war wichtig, dass diese so genannten Endstatus-Themen, darunter der Status Jerusalems, die Grenzen zwischen Israel und – wie seit Oslo angenommen werden konnte – einem zukünftigen palästinensischen Staat, die jüdischen Siedlungen und das Schicksal der palästinensischen Flüchtlinge, Gegenstand weiterer Verhandlungen sein würden. Ein Endstatus-Abkommen sollte bis Mai 1999 ausgehandelt werden.

Dieses Datum ist, wie wir wissen, ergebnislos verstrichen. Aber auch wenn »Oslo« immer wieder für tot erklärt wurde – vor allem seitens der israelischen Rechten, die die Abkommen von Anfang an ablehnte –, ist es bis heute die zwar immer wieder verletzte, aber doch gültige völkerrechtliche Grundlage für das israelisch-palästinensische Verhältnis und für die internationale Anerkennung der PA – des palästinensischen Noch-nicht-Staates. Mit Bezug auf Oslo hat auch Präsident George W. Bush Israel darauf hingewiesen, dass so zentrale Fragen wie die Grenzen oder der Status Jerusalems nicht einfach unilateral festgelegt werden können, sondern verhandelt werden müssen.

Tatsächlich schwand die Euphorie, die sich nach der Unterzeichnung des Oslo-Abkommens international einstellte, recht bald. Nach der Ermordung von Ministerpräsident Rabin durch einen israelischen Rechtsextremisten im November 1995, einer ersten Serie palästinensischer Selbstmordanschläge gegen israelische Zivilisten und der Wahlniederlage von Shimon Peres, der Rabin nachgefolgt war, gegen den Likud-Politiker Benjamin Netanjahu geriet der Friedensprozess ins Stocken. Als Netanjahu 1999 durch Ehud Barak, den Kandidaten der Arbeitspartei, abgelöst wurde, atmeten die Palästinenser und die meisten internationalen Beobachter auf. Man hoffte, dass Arafat und Barak, der als Israels höchstdekorierter General aus dem Militärdienst geschieden war und deshalb großes Vertrauen bei der israelischen Bevölkerung genoss, bald in neue Verhandlungen eintreten und mit Unterstützung von US-Präsident Bill Clinton, der den Friedensprozess im Nahen Osten zur Chefsache erklärte, noch vor den amerikanischen Präsidentenwahlen im Herbst 2000 zu einem Abkommen gelangen würden.

Die Hoffnungen trogen. Ministerpräsident Barak konzentrierte seine Energien zunächst auf Verhandlungen mit Syrien – die im Frühjahr 2000 scheiterten – und den von ihm versprochenen und planmäßig durchgeführten Abzug der israelischen Streitkräfte aus dem Libanon. Erst danach, im Sommer 2000, richtete er seine Energien wieder auf die Verhandlungen mit der palästinensischen Seite. Mittlerweile begann seine Mehrheit in der Knesset, dem israelischen Parlament, allerdings zu bröckeln; auf palästinensischer Seite wuchs die Enttäuschung, dass es auch unter Barak keine Fortschritte zu geben schien. Keine guten Voraussetzungen für den israelisch-palästinensisch-amerikanischen Gipfel, zu dem es auf Drängen von Barak und Clinton im Juli 2000 im amerikanischen Camp David kam. Die Verhandlungen scheiterten, gleichwohl wurde Camp David zu einer der wichtigsten und wegen des Scheiterns auch heftig umstrittenen Stationen der jüngeren israelisch-palästinensischen Beziehungen.

Israelische, palästinensische und amerikanische Verhandlungsteilnehmer haben den Ablauf und das Scheitern aus ihrer Sicht dargestellt und werden dies wohl auch weiterhin tun. Tatsächlich haben alle Beteiligten versagt: Barak machte zwar weiterreichende territoriale Vorschläge als je ein israelischer Premier vor ihm und war als erster israelischer Regierungschef auch bereit, überhaupt mit den Palästinensern über Jerusalem zu verhandeln, aber insgesamt waren seine Vorschläge, die auf eine fortgesetzte Oberhoheit Israels über Ostjerusalem und die Annexion wichtiger Teile der Westbank hinausliefen, für die palästinensische Seite unannehmbar. Die Palästinenser befanden sich in der Klemme. Sie standen unter massivem israelischen und amerikanischen Druck, die Barak-Vorschläge zu akzeptieren – was sie nicht konnten – oder ein Scheitern des Gipfels zu verursachen. Selbst Vorschläge zu unterbreiten, die sie aus dieser Lage hätten herausführen können, darauf waren sie nicht vorbereitet.

Clinton machte am Ende des vierzehntägigen Gipfels allein Arafat für das Scheitern verantwortlich und versäumte es während des Gipfels wie unmittelbar danach, mit eigenen Vorschlägen die Differenzen zwischen den israelischen und den palästinensischen Positionen zu überbrücken. Als er das im Dezember des Jahres nachholte, befanden sich beide Seiten bereits in einem blutigen Kreislauf der Gewalt. Anstatt festzustellen, dass der Camp-David-Gipfel auch echte Fortschritte gebracht hatte – dazu hätte man ihn allerdings als Station in einem schwierigen Annäherungs- und Verhandlungsprozess und nicht als Alles-oder-nichts-Ereignis verstehen müssen –, und auf diese Fortschritte zu bauen, versagte sich der Präsident als Vermittler und überließ die Parteien wieder sich selbst, ihrer Innenpolitik und ihrer Frustration. Israels Barak erklärte im Nachhinein öffentlich, Arafat demaskiert zu haben. Die meisten Palästinenser waren fortan überzeugt, dass Barak gar kein Interesse an einer auch für sie annehmbaren Lösung hatte und Clinton nur Baraks Lösung habe durchdrücken wollen.[14]

Die nächste Station war der 28. September 2000. An diesem Tag inszenierte der damalige israelische Oppositionsführer Ariel Sharon einen Besuch auf dem Tempelberg in Jerusalem, wo sich die al-Aqsa-Moschee, eines der weltweit wichtigsten muslimischen Heiligtümer, befindet. Schon weil ihn annähernd tausend Sicherheitsbeamte begleiteten, wurde daraus eine gezielte und wirkungsvolle Provokation. Es kam zu Steinwürfen und heftigen Demonstrationen. Die israelische Polizei schoss scharf, die Zahl der Toten stieg schnell. Zuerst waren dies ausschließlich Palästinenser und arabische Israelis; so schwere Auseinandersetzungen zwischen der israelischen Polizei und arabischen Israelis waren neu. Während die palästinensischen Sicherheitskräfte zunächst versuchten, eine Ausweitung der Unruhen zu vermeiden, sahen die aufgebrachten jungen Leute vor allem aus Arafats eigener Partei, der Fatah, eine Chance, den allgemeinen Zorn über die festgefahrene Lage zu schüren. Seit Baraks Amtsantritt war eben, entgegen den Erwartungen und Ankündigungen, kein weiteres Stück palästinensischen Landes freigegeben worden, stattdessen ging der Bau jüdischer Siedlungen in den besetzten Gebieten unvermindert weiter. Und auch ihrem Unmut über die eigene Führung wollten sie Luft machen, die weder Verhandlungserfolge erzielte noch in der Lage oder bereit zu sein schien, ein ordentliches Gemeinwesen ohne Misswirtschaft und Korruption aufzubauen.

Die heftigen Demonstrationen und Proteste, die bald zur al-Aqsa-Intifada erklärt und damit in quasi-religiöser Weise verbrämt wurden, richteten sich zweifellos gegen die Besatzungsherrschaft, waren aber auch eine direkte Herausforderung für den palästinensischen Präsidenten Yasir Arafat. Dieser entschied – so scheint es jedenfalls im Rückblick –, lieber auf der Welle des neuen Aufstands zu reiten als sich von ihr wegspülen zu lassen.

Die Gewalt eskalierte schnell: Aus einem Massenaufstand, bei dem Steine werfende Jugendliche schwer bewaffneten Soldaten gegenüberstanden, wurde bald eine quasi-militärische Auseinandersetzung. Bewaffnete Fatah-Mitglieder mischten sich unter die Demonstranten und gingen allmählich zum Guerillakrieg gegen israelische Soldaten und Siedler über. Es kam zu Lynchmorden. Die israelische Armee setzte zunehmend schwere Waffen ein, nahm bald auch palästinensische Polizeistationen ins Visier, zerstörte Wohnhäuser, Felder und Plantagen und liquidierte einzelne palästinensische Aktivisten. Versuche, der Entwicklung, die auf Krieg hinauslief, Einhalt zu gebieten, blieben nicht aus: Im Dezember stellte Präsident Clinton seine Vermittlungsvorschläge vor – die später so genannten Clinton-Parameter; im Januar versuchten israelische und palästinensische Politiker der zweiten Reihe im ägyptischen Taba unter Berücksichtigung dieser und anderer Vorschläge eine für beide Seiten annehmbare Grundlage für den Endstatus zu finden. Man kam sich dabei deutlich näher. Die israelische Seite reduzierte ihre Annexionsforderungen und gestand entsprechend der Formel Clintons zu, dass, was in Jerusalem arabisch sei, auch zum palästinensischen Staat, was jüdisch sei, zum Staat Israel gehören solle. Die palästinensische Delegation unterbreitete ihrerseits konkrete Vorschläge und machte Zugeständnisse bei den vorgesehenen Sicherheitsvereinbarungen. Konturen eines Abkommens wurden klar – so deutlich, dass zumindest die Europäische Union in der Folge vom »Taba-Acquis« sprach: den Ergebnissen von Taba, die Grundlage eines jeden zukünftigen Abkommens sein sollten.

Barak ließ die Verhandlungen aber schließlich abbrechen, denn er hatte keine parlamentarische Mehrheit und damit auch kein Mandat mehr. Israel stand unmittelbar vor Neuwahlen. Im Februar 2001 wählten die Israelis Ariel Sharon zum neuen Ministerpräsidenten. Dieser setzte nicht mehr auf Verhandlungen, sondern auf militärischen Sieg. Das Weitere ist eine vierjährige Geschichte der militärischen und terroristischen Eskalation, die von wiederholten Bemühungen um Vermittlung und Waffenstillstand und von den Friedensplänen lokaler, regionaler und internationaler Akteure nur mäßig beeinflusst wurde. Israel setzte schwerstes Kriegsgerät und die Luftwaffe ein, besetzte im Laufe der Auseinandersetzungen die palästinensischen Städte wieder, hielt die Einwohner wochenlang unter Ausgangssperre, liquidierte zahlreiche palästinensische Führer und zerstörte das Hauptquartier Arafats in Ramallah bis auf einen Gebäuderest, in welchem dieser, belagert und zunehmend isoliert, seine letzten zweieinhalb Lebensjahre verbrachte.

Auf palästinensischer Seite ging die Führung bald in die Hände der Milizen von Fatah und Hamas über. Arafats Versagen lag nicht darin, dass er – wie Israelis sich und anderen gern zu erklären versuchten – den Aufstand steuerte, sondern vielmehr in seiner Weigerung oder seinem Unvermögen, die Dinge wirklich in die Hand zu nehmen und der Militarisierung sowie vor allem dem Terror gegen israelische Zivilisten Einhalt zu gebieten. Stattdessen ließ er zu, dass die islamistische Hamas und später auch die Aqsa-Brigaden seiner eigenen Fatah zunehmend auf Selbstmordanschläge innerhalb Israels und damit auf die brutalste Waffe setzten, die einer Guerillabewegung zur Verfügung steht. Letztlich schlug der Terror gegen die Palästinenser selbst zurück: Er trug zur Brutalisierung der eigenen Gesellschaft bei und raubte ihnen einen großen Teil der internationalen Sympathie. Die Anschläge in israelischen Städten veranlassten die israelische Regierung zudem, die Einwohner der besetzten Gebiete so weit wie möglich von Israel fernzuhalten. 2002 begann sie eine Sperranlage zu errichten, die Israel von der palästinensischen Bevölkerung in der Westbank abtrennen sollte. Bis Anfang 2005 war diese Sperranlage auf mehr als zweihundert Kilometer gewachsen; mehr als hundert weitere Kilometer waren im Bau. Die nördliche Westbank und Ostjerusalem waren weitgehend umzäunt und ummauert.

Im März 2005 einigten sich die palästinensischen Parteien und Gruppen in Kairo auf die einseitige Verkündung einer Waffenruhe. Es gab zwar weiterhin noch gelegentlich palästinensische Anschläge und Angriffe oder Übergriffe israelischer Soldaten und Siedler, aber das Ausmaß der Gewalt nahm spürbar ab. Der Krieg der vergangenen vier Jahre war offenbar zu Ende.

Tatsächlich waren die Auseinandersetzungen der Jahre 2000 bis 2004 eher ein Krieg als ein Aufstand, ein Krieg mit ungleichen Mitteln zweifellos, wie so viele der neuen Kriege, die wir seit Ende des zwanzigsten Jahrhunderts erleben. Palästinenser und Israelis sprechen dennoch häufig von der Intifada – Palästinenser, um dem Ganzen den Anstrich von Heroismus angesichts eines überlegenen Feindes zu geben, Israelis, um zu bedeuten, dass die Palästinenser »angefangen« und sie selbst nur reagiert haben, um ihre Sicherheit zu wahren. Auf israelischer Seite gibt es aber auch Bekundungen des Stolzes, den Krieg in Stärke überstanden zu haben: Die israelische Gesellschaft, heißt es etwa in einer religiös-nationalen Publikation, habe eine Widerstandskraft gezeigt, die wenige andere Gesellschaften in vergleichbarer Situation aufzubringen in der Lage gewesen wären; gleichzeitig »trug das militärische Israel den Krieg von den Cafés und innerstädtischen Straßen an die palästinensische Heimatfront«.[15] Das ist wohl wahr.

Auch die Zahl der Toten, die es auf beiden Seiten vor allem an der »Heimatfront« – sprich unter Zivilisten – gab, ist eher die eines Krieges als eines Aufstandes, wenn man sie in Relation zu der Bevölkerung beider Gesellschaften setzt: ungefähr 3,8 Millionen Palästinenser, ungefähr 6,9 Millionen Israelis. Zwischen dem Beginn der Auseinandersetzungen im September 2000 und der von den palästinensischen Gruppen im Februar 2005 erklärten Waffenruhe wurden 3241 Palästinenser von Israelis und 949 Israelis von Palästinensern getötet.[16] Die wirtschaftlichen Schäden sind vor allem für das palästinensische Gemeinwesen immens. Nach Schätzungen israelischer Ökonomen sank das Bruttosozialprodukt in Israel kriegsbedingt um zehn, das der palästinensischen Gebiete, wo die Auseinandersetzungen sich abspielten, um dreißig Prozent. Ende 2004, so die Weltbank, lebte die Hälfte der Palästinenser mit einem Einkommen von zwei Dollar pro Tag; 1999 hatte das für nur zwanzig Prozent gegolten.[17]

An sein Ende kam der Krieg vor allem durch Erschöpfung, Ermüdung und die letztlich nicht völlig ignorierbare Erkenntnis, dass eine militärische Lösung des Konflikts nicht möglich war. Der Beitrag internationaler Diplomatie blieb unzureichend – Europäer und Amerikaner verzichteten darauf, Vorschläge für eine international akzeptierte und unterstützte Lösung des Konflikts vorzulegen, die US-Administration machte wenig Anstalten, ihren Einfluss auf Israel auszuschöpfen. Der Einsatz der Europäer und des internationalen Nahostquartetts für eine innere Reform der PA sowie die Bereitschaft von US-Präsident Bush, trotz aller Parteinahme für Israel die Schaffung eines palästinensischen Staates, der Seite an Seite mit dem Staat Israel lebt, zum Ziel amerikanischer Politik zu erklären, halfen – waren aber für den Gang der Ereignisse kaum entscheidend. Wenn aus der gespannten Ruhe wieder ein Friedensprozess, der diesen Namen verdient, werden soll, wenn ein lebensfähiger palästinensischer Staat entstehen und ein Endstatusabkommen verhandelt und umgesetzt werden soll, wird die internationale Gemeinschaft sehr viel mehr Einsatz zeigen müssen.

Die vielleicht vorübergehende und durchaus relative Ruhe erklärt sich in erster Linie aus Entwicklungen innerhalb Israels und der palästinensischen Gebiete. Zwei weitere Stationen sind hier für die Zukunft von Bedeutung: der Tod Yasir Arafats im November 2004 und die Vorbereitung und Durchführung des schon Anfang desselben Jahres angekündigten Abzugs Israels aus dem Gazastreifen.

Arafat hat 1958 die Fatah-Bewegung mitbegründet, 1969 wurde er zum Vorsitzenden der PLO gewählt, seit 1994 amtierte er als Präsident der PA. In seinen letzten Lebensjahren war er bereits eine Ikone der palästinensischen Nationalbewegung. Er hat die palästinensische Sache aufs internationale Parkett gebracht und mit den Oslo-Abkommen den Weg zur palästinensischen Staatlichkeit eingeschlagen; er war es auch, wie zu oft vergessen wird, der in der palästinensischen Nationalbewegung die Anerkennung Israels und der Zweistaatenlösung – Israel und das zukünftige Palästina als Nachbarn – durchsetzte. Dass er nicht fähig oder nicht willens war, das Abgleiten in immer mörderischere Formen der Auseinandersetzung zu verhindern, dass er autoritär regierte, Korruption sowie Misswirtschaft duldete und Reformen hintertrieb, steht auf der anderen Seite seiner Bilanz. Abu Ammar, wie die Palästinenser ihn nannten, ist für sein Volk zu einer Vaterfigur – und in seinen letzten Jahren zu einer Belastung geworden. So haben die israelische und die amerikanische Regierung erklärt, dass sie »keinen Verhandlungspartner« hätten, solange Arafat an der Spitze der Palästinenser stehe – zu Unrecht, wie sich ausführen ließe, aber sehr wirksam: Gespräche und Verhandlungen auf hoher Ebene blieben bis zum Tod Arafats blockiert.

Im Januar 2005 wählten die Palästinenser Mahmud Abbas, allgemein bekannt als Abu Mazin,[18] zum neuen Präsidenten. Abbas, einer der Väter des Oslo-Abkommens, hat sich von Anfang an gegen die Militarisierung der Intifada gewandt. Er ist eher ein Zögerer, ein Diskutierer, einer, der Kompromisse sucht, als ein Kämpfer und ein Mann der heroischen Pose. Sein Aufstieg war auch ein Zeichen dafür, dass die Zeit charismatischer Führerschaft in Palästina und in der Region allmählich zu Ende geht.

Mit der Wahl von Mahmud Abbas und der Beruhigung des Konflikts, die infolge der von ihm mit Hamas und anderen radikalen palästinensischen Organisationen ausgehandelten Waffenruhe eintrat, verlangten die USA und auch israelische Stimmen wieder, dass der angekündigte Abzug israelischer Siedler und Soldaten aus dem Gazasteifen mit der palästinensischen Seite zumindest abgesprochen werden müsse. Offensichtlich sahen die Israelis dort wieder einen Partner. Verhandeln wollte Israel diesen Abzug allerdings nicht. Israels Ministerpräsident Sharon hatte den Abzug Anfang 2004, also als Arafat noch lebte, in einem Interview öffentlich angekündigt – als unilaterale Maßnahme und nicht als Teil einer ausgehandelten Lösung oder eines neuen Friedensprozesses. Es ging dabei auch nur um etwa siebentausend von insgesamt mehr als vierhunderttausend Siedlern in den gesamten besetzten Gebieten. Sharons Erklärung, die Siedlungen im Gazastreifen (und, wie später ergänzt wurde, vier kleinere Siedlungen in der nördlichen Westbank) würden »in israelisches Territorium verlegt« und er, Sharon, gehe davon aus, dass keine Juden im Gazastreifen bleiben würden,[19] war dennoch ein geradezu revolutionärer Schritt, zumal für einen Likud-Ministerpräsidenten, der gemeinhin als »Vater der Siedlungsbewegung« gilt. Dass Israel im August 2005 dann tatsächlich vollständig aus dem Gazastreifen abziehen würde, hatten viele bis zuletzt nicht erwartet.

Palästinenser wie Israelis sind bis heute unsicher, wie sie Sharons neue Politik interpretieren sollen. Ging und geht es dem Ministerpräsidenten nur um eine Art Frontbegradigung mit dem Ziel, umso fester an Westbank und Ostjerusalem festzuhalten? Wollte er im Alter zum Friedensstifter werden? Antizipierte er internationalen Druck, dem er zuvorkommen wollte? Oder ist er letztlich zu der Einsicht gelangt, dass aus eigenen politischen Staats- und Sicherheitsinteressen die Besetzung der palästinensischen Gebiete aufgegeben werden muss, weil nur bei einer lebensfähigen Zweistaatenlösung Israel als mehrheitlich jüdischer Staat überdauern wird? Immerhin hat Sharon bereits ein Jahr zuvor vor erstaunten Mitgliedern seiner Partei mitgeteilt, dass die Okkupation »nicht gut für Israel« sei, und ergänzt: »Vielleicht gefällt euch das Wort nicht, aber was (dort) stattfindet, ist Okkupation.«[20]

Was immer Sharons Beweggründe gewesen sein mögen, seine Bereitschaft, den Gazastreifen und einige Westbanksiedlungen zu räumen, brach ein Tabu der israelischen Rechten, das auch von ihm gepflegt worden war. Hatte er nicht noch Monate zuvor davon gesprochen, dass, wer Netzarim (eine Siedlung im Gazastreifen) aufgeben wolle, gleich auch Tel Aviv aufgeben könne? Ein heilsamer Tabubruch, der es ihm oder – wahrscheinlicher – späteren Regierungen erleichtern dürfte, die Besetzung der palästinensischen Gebiete irgendwann tatsächlich zu beenden.

Sharons Vorgehen blieb unilateral: Die Aufgabe einzelner Siedlungen wie auch der Bau des Sperrzauns und der Mauer entsprachen Sharons Prinzip, nicht zu verhandeln, sondern Lösungen und Teillösungen selbst zu bestimmen. Ihm ging es, anders als seinen Koalitionspartnern aus der Arbeitspartei, auch nicht um eine abschließende Lösung, ein Ende des Konflikts. Vielmehr schwebte ihm, wie er mehrfach betont hat, eine lange Interimsphase vor, ein Übergangszustand, in dem Israel möglichst wenig an territorialer Kontrolle aufgeben würde. Das ist im besten Fall eine Illusion, im schlechtesten eine Mogelpackung. Wichtige Determinanten des israelisch-palästinensischen Verhältnisses lassen sich nicht einfach einfrieren. Das gilt für die demografischen genauso wie für die infrastrukturellen Entwicklungen. Die palästinensische Bevölkerung in Westbank und Gazastreifen und die Zahl der israelischen Araber, die derzeit knapp zwanzig Prozent der Israelis ausmachen, wird stärker wachsen als die der jüdischen Israelis. In wenigen Jahren wird es in Israel und den palästinensischen

Gebieten zusammen mehr Araber als Juden geben. Einige israelische Beobachter sagen, dies gelte faktisch schon heute.

Die Demografie ist in der israelischen Debatte zum wichtigsten Argument für einen eigenen Staat Palästina – neben Israel – geworden: Nur durch die Trennung von den besetzten Gebieten und eine Zweistaatlichkeit lässt sich der zionistische Traum eines jüdischen Staates, der demokratisch ist, aufrechterhalten. Israelische Politiker wissen das, dennoch ist die israelische Politik hier voller Widersprüche: Der fortgesetzte Bau jüdischer Siedlungen in der Westbank ist ein großes Hindernis für die Errichtung eines lebensfähigen palästinensischen Staates; Kontrollpunkte, Siedlerstraßen und Siedlungsblöcke zerteilen und zerschneiden das palästinensische Gebiet, nehmen Wasser und wertvolles Land in Beschlag. Das wird es schwierig oder sogar unmöglich machen – insbesondere wenn der in den vergangenen Jahren entstandene Ring jüdischer Siedlungen, der das arabische Ostjerusalem zu etwa drei Vierteln umfasst, geschlossen würde –, die territoriale und wirtschaftliche Einheit der Westbank zu bewahren.

Der Gaza-Abzug wie der Bau des Sperrzauns, der eben auch einzelne Siedlungen jenseits der von Israel gezogenen Linien belässt, verdeutlichen, dass der Trennungsprozess tatsächlich begonnen hat. Wenn dieser Prozess nicht angehalten wird, dürften aus ihm zwei unabhängige, aus ihrer blutigen Verklammerung befreite Einheiten hervorgehen. Wie mühsam das sein wird und wieviel Gewalt noch ausgeübt werden wird, bis es so weit ist, hängt wesentlich von den handelnden Politkern ab. Sicher scheint derzeit nur, dass beide Gesellschaften zwar mit unterschiedlichen Nuancen, aber mehrheitlich diese Scheidung wünschen.

Israel hat sich verändert

FRIEDENSPROZESS UND KRIEG haben in der israelischen Gesellschaft Spuren hinterlassen. Zu Beginn der neunziger Jahre, insbesondere in der Folge der Oslo-Abkommen, mischten sich Friedenshoffnungen mit spürbaren Veränderungen des eigenen Wertekanons:

Die israelische Gesellschaft wurde, wie der israelische Historiker Tom Segev das genannt hat, in vieler Hinsicht »amerikanischer«.[21] Zugleich hofften viele, allen voran Shimon Peres, auf die Realisierung eines »nahöstlichen europäischen Traums«, der Israel und seine Nachbarn zu einer Art regionaler Benelux-Gemeinschaft zusammenführen würde.[22] Das Interesse an den arabischen Nachbarländern wuchs. Bereits seit 1979 konnten Israelis Ägypten, seit 1995 auch Jordanien besuchen, und viele hofften, in naher Zukunft nach Damaskus und Beirut reisen zu können.

Die kriegerischen Auseinandersetzungen seit dem September 2000 zerstörten die meisten dieser Hoffnungen – bei manchen auch den Wunsch nach Ausgleich und Zusammenarbeit mit den Nachbarn. Ein befreundeter Wissenschaftler, der einst ein Tabu gebrochen hatte, indem er als einer der ersten in Israel öffentlich für die Errichtung eines palästinensischen Staates eintrat und dafür gemeinsam mit palästinensischen Kollegen warb, wurde zum Zyniker. Heute gibt er palästinensischen Partnern zu verstehen, dass ihr Schicksal ihm gleichgültig ist. Europa, meint er, solle sich um seinen eigenen Kram kümmern, Israel nicht länger zum Frieden drängen und »uns bitte nicht mehr Aufmerksamkeit widmen, als wir finden, dass uns gebührt«.

2005 herrschte auf israelischer Seite sicher mehr Ablehnung als 1995, teilweise sogar offener Hass gegen die Palästinenser; die israelische Friedensbewegung war verkümmert. Doch zugleich löste die rechte, von Ariel Sharon geführte Regierung jüdische Siedlungen in den besetzten Gebieten auf – begann also gewissermaßen damit, eine Forderung der Friedensbewegung zu erfüllen. Israels Bevölkerung war Umfragen zufolge bereit, einem palästinensischen Staat, der Räumung der meisten Siedlungen und selbst einer Teilung der Souveränität über Jerusalem zuzustimmen, wenn das Teil einer Vereinbarung werden würde, die Israel genügend Sicherheit versprach.[23] Die Israelis, so erklärt das ein hoher Beamter im Verteidigungsbereich, hätten erkannt, »dass militärische Stärke nicht alles ist«, deshalb seien sie insgesamt kompromissbereiter als zu Beginn des Friedensprozesses. Gleichzeitig wollten sie heute, anders als Mitte der neunziger Jahre, eben »nicht mehr Teil des Nahen Ostens sein. Die Mehrheit will keine Integration, sondern die Scheidung.«

Tatsächlich habe man mittlerweile zwei Gesellschaften, eine israelische und eine palästinensische, die im Wesentlichen nach innen schauten, sagt Hirsh Goodman, ein Forscher am Jaffee-Institut für Strategische Studien der Universität von Tel Aviv: »In keiner der beiden Gesellschaften gibt es heute irgendein Interesse, die andere anzusprechen.« Auf keiner Seite habe es Bemühungen um eine Erziehung zum Frieden gegeben, im Gegenteil: »Die Palästinenser werden mit allem möglichen antisemitischen Müll vergiftet.« Und sein eigener Sohn, so der Forscher, habe ihm zu seinem Entsetzen kürzlich nach dem Schulbesuch mitgeteilt: »Die Araber wollen uns töten! Sie sind Tiere, nicht wahr?«

Israelis machten sich, sagt sein Kollege Shlomo Brom, ein Akademiker und ehemaliger Brigadegeneral, keine Illusionen mehr. Der »Zaun« schaffe eine neue Realität, die sie zunehmend akzeptierten: »Eine Realität der Trennung. Und am Ende wird es nur noch um den genauen Verlauf der Trennungslinie gehen.«

Aus demselben Grund erklärt Yossi Alpher, dass der Abzug aus dem Gazastreifen ihn »begrenzt optimistisch« stimme. Natürlich dürfe das »Disengagement« – so der offizielle Terminus für den Gaza-Abzug – nicht auf den Gazastreifen beschränkt bleiben. Denn ohne eine Trennung von den Palästinensern sei eine »Südafrikanisierung« des Landes zu erwarten, ein Apartheidregime, bei dem die Mehrheit der Gesamtbevölkerung von der jüdischen Minderheit regiert werde. Alpher, ein langjähriger Operateur in Israels Geheimdiensten, später Mitarbeiter und Direktor eines Forschungsinstituts und Repräsentant des American Jewish Congress in Israel, ist heute Mitherausgeber des israelisch-palästinensischen Internetmagazins *Bitter Lemons*. Nein, antwortet er auf meine Frage, ob er und sein palästinensischer Partner, Ghassan Khatib, mit dieser Initiative versuchten, gegen den allgemeinen Trend wieder eine gemeinsame, die beiden Völker verbindende Agenda zu finden: »Wir unterscheiden uns von denjenigen, die gemeinsame Friedensentwürfe entwickeln. Ghassan und ich sind uns über gar nichts einig. Wir glauben aber, dass wir trotz des Zauns einen Dialog brauchen. Auch wenn es keinen Friedensprozess gibt.« Dafür biete ihr Internetmedium eine Plattform. Der israelische Mainstream, ergänzt Alpher, sei derzeit überzeugt, dass ein echter Friedensprozess gar nicht vordringlich ist, weil es dafür einfach nicht genug Gemeinsamkeiten gibt. Israels Öffentlichkeit sei deshalb eher für begrenzte, unilaterale Schritte zu gewinnen, die die Trennung befördern. Hier sehe er sich durchaus im Einklang mit der Mehrheit.

Efraim Inbar, ein nationalreligiöser Professor, der in einer jüdischen Siedlung in Ostjerusalem wohnt und wenig für Sentimentale und Sanftmütige übrig hat, geht noch ein ganzes Stück weiter: »Frieden«, sagt er, »wollen wir nicht. Das ist ein schmutziges Wort geworden.« Wir essen in einem kleinen koscheren Restaurant in der Nähe des Mahane Yehuda-Markts in Westjerusalem, einem ziemlich religiösen, ziemlich konservativen Viertel der unteren Mittelschicht. Inbar, mit dem ich mich seit Jahren freundschaftlich, aber heftig streite, hat das Lokal gewählt. Er sei im Prinzip nicht gegen den Abzug aus Gaza, sagt er. Eigentlich sei er immer für eine territoriale Teilung gewesen. Nur frage er sich, ob Israel, wenn es Territorium aufgebe, nicht seinerseits dafür etwas erhalten solle? Eine Art Interim-Deal, bei dem man den Palästinensern nur so viel gibt, wie Israels ehemaliger Außenminister Yigal Allon in einem nach ihm benannten Plan einmal vorgeschlagen habe. Praktisch wären das etwa vierzig Prozent der Westbank; der Rest, einschließlich Jerusalem, bliebe vollständig unter israelischer Kontrolle. Provisorien, das weiß der bekennende politische Realist, halten tendenziell ziemlich lange.

»Und wenn«, entgegne ich, »wir über die Möglichkeit einer fairen Lösung für Jerusalem nachdenken …?« Aber Inbar unterbricht mich: »Nein, eine faire Lösung wird es nicht geben.«

Eine umfassende Lösung stehe auf absehbare Zeit ohnehin nicht auf der Tagesordnung, meint auch Ehud Yaari, der wohl erfahrenste Nahostreporter und -kommentator des israelischen Fernsehens. Nur die »blauäugigen Linken« glaubten noch immer an einen Friedensprozess. Ein Friedensabkommen sei auch nicht unbedingt nötig. Es gebe schließlich die Option eines Waffenstillstands, nach dem Israel sich aus einigen weiteren Teilen der palästinensischen Gebiete zurückziehen und die Palästinenser dort einen Staat mit provisorischen Grenzen errichten könnten. Möglicherweise lasse sich eine solche, unilateral bestimmte längerfristige Zwischenlösung sogar eher mit der islamistischen Hamas umsetzen als mit der palästinensischen

Führung um Mahmud Abbas – schließlich sei es für die Islamisten sehr viel attraktiver, sich auf einen Waffenstillstand einzulassen (der eine Anerkennung Israels nicht voraussetzt) als auf den Gedanken an Frieden, ein »Ende des Konflikts« oder auch nur Verhandlungen mit Israel.

Identität und Ideologie: Israels neue Stammesstruktur

DIE ISRAELISCHE GESELLSCHAFT lässt sich als eine Addition kultureller Segmente oder, wie mancher hier sagt, Stämme verstehen, wobei Stamm verstanden wird im Sinne von Abstammung, realer oder imaginierter, und von kultureller Identität. Damit passt diese Gesellschaft besser in den Nahen und Mittleren Osten als vielen Israelis recht ist, die mit ihrer Umgebung lieber wenig zu tun haben wollen. Da sind die zionistischen Juden europäischen Ursprungs, die sich als Erben europäisch-aufklärerischer Traditionen verstehen, die orthodoxen und ultra-orthodoxen osteuropäischen Juden in ihren je nach Schule unterscheidbaren Kaftanen, dunklen Hüten und Pelzmützen, die Sephardim oder Mizrahim mit orientalischen und nordafrikanischen Wurzeln, die schwarzen Einwanderer aus Äthiopien, die »neuen Russen«, die nach dem Zusammenbruch der Sowjetunion nach Israel gekommen sind und nicht nur aufgrund ihres Hangs zum Schweinefleischkonsum von vielen ihrer Mitbürger nicht als richtige Juden anerkannt werden, und natürlich die arabischen Israelis oder israelischen Araber, die sich weiterhin als die eigentlich legitimen Besitzer des Landes verstehen, de facto aber nicht einmal gleichberechtigte Bürger im Staat sind.

Die kulturelle Segmentierung sei ein Fakt, konstatiert der Journalist und Geschichtsprofessor David Witzthum, schließe aber politische Integration nicht aus. Die Vorstellung, dass Israel Heimat und Schmelztiegel für alle Juden sein solle und die Gesellschaft sich politisch einem europäischen Rechts-Links-Muster gemäß organisiere, sei abgelöst worden durch die Akzeptanz unterschiedlicher Identitäten: »Unsere Politik ist sehr viel mehr Identitätspolitik als Ideologiepolitik.« Dabei habe die kriegerische Auseinandersetzung mit den

Palästinensern die Stämme in gewisser Weise zusammenrücken lassen, innergesellschaftliche Spaltungen überbrückt und somit zum *nation building*, zum Gefühl nationaler Zusammengehörigkeit, beigetragen.

Das mag im Allgemeinen so sein, jedenfalls wenn man von den jüdischen Segmenten spricht. Allerdings, so Dov Khenin, ein Anwalt und, wie es scheint, einer der letzten bekennenden Linken, leben die unterschiedlichen Segmente dieser multikulturellen israelischen Gesellschaft eher neben- als miteinander; einzelne Segmente akzeptieren sich gegenseitig überhaupt nicht. Auch steht seit Anfang der neunziger Jahre, spätestens aber seit der Ermordung Yitzhak Rabins die Frage im Raum, ob ein Ende des Konflikts mit den Palästinensern oder Schritte dorthin die äußeren Konflikte, mit denen Israel seit seiner Gründung lebt, nach innen verlagern wird.

Wer die politischen Reden in Israel verfolgt, dem fällt auf, wie oft dabei von »Bürgerkrieg« oder »Bruderkrieg« gesprochen wird. In den Monaten vor dem Gaza-Abzug sprach selbst Ministerpräsident Sharon von einer »Bürgerkriegsatmosphäre«.[24] Tatsächlich ist ein echter Bürgerkrieg wie im Libanon oder in Algerien in Israel nicht zu erwarten, denn das System ist stabil, und als demokratischer Staat ist Israel in der Lage, inneren Protest institutionell aufzufangen. Das Gerede vom Bürgerkrieg ist eher Teil einer politischen Rhetorik und politischen Kultur, die nicht immer von zivilen Umgangsformen geprägt ist. Manche Politiker und Kommentatoren wollen auch warnend darauf hinweisen, dass innenpolitische Auseinandersetzungen aus dem Ruder laufen und Teile des politischen Spektrums – nicht zuletzt bei der Siedlerbewegung – bewaffnete Gewalt auch gegen den Staat und seine Bürger richten könnten, wenn die politische Führung eines Tages die für einen Frieden mit den arabischen Nachbarn notwendigen Entscheidungen treffen und einen Abzug aus der Westbank und von den syrischen Golanhöhen beschließen sollte.

Ein Zusammengehörigkeitsgefühl des jüdischen Teils der Gesellschaft und des arabischen Bevölkerungsteils gibt es nicht, nicht einmal das erforderliche Maß an Achtung. »Arabische Symbole werden nirgendwo respektiert«, erklärt Dov Khenin, der selbst bei den letzten Knessetwahlen für die »Demokratische Front für Frieden und

Gleichheit« kandidiert hat, ein Wahlbündnis um die Kommunistische Partei, das drei arabisch-israelische Abgeordnete ins Parlament brachte: »Weder die Nationalfahne noch die Hymne erlauben der arabischen Bevölkerung eine Identifizierung mit dem Staat.« Wenn man die eigentliche jüdische und arabische Multikulturalität des Landes anerkennen würde, dann, so Khenin, »könnten wir Israel in einen großartigen, phantastischen Platz verwandeln«.

Vertreter der arabischen Minderheit machen ihrerseits klar, dass sie sich keinesfalls aus Israel hinausdrängen lassen. Ich besuche die vierzigjährige Architektin Butheina Dobit in Lod. Die Kettenraucherin trägt eine olivgrüne Hose und eine gleichfarbige ärmellose Bluse, so dass ich sie beim Eintritt in ihr Büro zunächst für eine israelische Soldatin halte. Sie ist israelische Staatsbürgerin, aber Araberin. Ihr erstes eigenes Projekt als Architektin, erzählt sie, sei eine Synagoge für tunesische Juden in der Nachbarstadt Ramla gewesen. Das habe gewisse Empfindlichkeiten in der jüdischen Gemeinde ausgelöst, sei aber nicht wirklich ein Problem gewesen: »Wir sind schließlich im selben Viertel aufgewachsen.«

Dobit arbeitet in einer jüdisch-arabischen Organisation, die sich um das Zusammenleben in Israels »gemischten Städten« kümmert. Praktisch geht es darum, auf die Diskriminierungen, die den arabischen Einwohnern stadtplanerisch widerfahren, aufmerksam zu machen und dagegen anzugehen. Das biblische Lod und auch Ramla waren vor der israelischen Staatsgründung mittelgroße arabische Städte. Aus dieser Zeit stehen heute in Lod nur noch eine Kirche, eine Moschee und wenige Bürgerhäuser. Die arabischen Altstädte wurden, als Israel sich etabliert hatte, zerstört. Stattdessen wurden Neubauviertel für jüdische Einwanderer errichtet. Heute sind die arabischen Einwohner in der Minderheit. Die Architektin führt die Diskriminierung anhand von Fotos und Flächennutzungsplänen aus beiden Städten auf ihrem Laptop vor: Hier sieht man, wie ein arabisches Wohnviertel auf Planungskarten schlicht nicht ausgewiesen, dort, wie eines durch Eisenbahngleise und Autobahn faktisch eingemauert wird – ohne beschrankten oder anderswie gesicherten Zugang. »Die Planungskarten«, sagt sie, »sind für mich Ausdruck eines Krieges gegen die Araber, einer militärischen Planung.« Dagegen begehrt sie mit ihrer Organisation auf – durch Medien- und Öffentlichkeitsarbeit, kulturelle Veranstaltungen und Selbsthilfeprojekte, dem üblichen Kanon einer gut organisierten Bürgerinitiative also.

»Wir müssen erreichen, dass die jüdische Gesellschaft unsere Existenz akzeptiert«, sagt Dobit. Sie sei Einwohnerin Ramlas, sei dort groß geworden, erst zu einer arabischen, dann zu einer jüdischen Schule gegangen, fühle sich als Teil der Stadt. Natürlich seien die Araber innerhalb Israels eine Minderheit geworden und würden nicht wieder zur Mehrheit. Aber selbst wenn es demnächst einen palästinensischen Staat gebe, würde sie doch in ihrer Stadt und damit in Israel bleiben wollen: »Ich will nur, dass sie mich als Menschen, als Bürger gleichen Rechts anerkennen.« Doch das wird noch dauern, befürchtet sie. Juden und Araber misstrauen sich bis an die Grenze zur Hysterie: »Und dabei haben wir doch alle den Traum, normal zu leben.«

Bei allen Unterschieden gibt es ein kulturelles Zusammenwachsen. »Levantinisierung der Gesellschaft«, nennt das ein israelischer Diplomat, der nach Jahren im Ausland nach Israel zurückgekehrt ist. Das spricht in erster Linie auf die Rhythmen populärer Musik und auf die kulinarischen Eigenheiten an, die im Gebiet des östlichen Mittelmeers (der Levante) vorherrschen und auch in Israel dominant geworden sind. Arabische Alltagsausdrücke sind ins Hebräische aufgenommen worden, hebräische Begriffe haben ihren Platz in der Sprache israelischer Araber gefunden. Auch das »westliche« Israel ist »orientalischer« geworden.

In der Praxis entsprechen die einzelnen Bürger aber oft nicht mehr dem Bild, das man sich aufgrund ihrer Gruppenzugehörigkeit von ihnen macht. Die Shas-Partei etwa, sagt Witzthum, sei das israelische Gegenstück zur palästinensischen Hamas, sei gleichzeitig Sozial-, Protest- und religiöse Bewegung. Wie die Hamas-Führung sei auch die der Shas ausgesprochen pragmatisch, wenn es darum gehe, die Loyalität ihrer sozialen Basis zu erhalten. So gebe Ovadia Yusuf, der spirituelle Führer der Partei, der israelischen Fußballmannschaft regelmäßig seinen Segen – auch wenn er natürlich wisse, dass sie am Samstag spiele, am Sabbat also, den orthodoxe Juden durch Fußballturniere und Fernsehübertragungen entehrt sehen.

Natürlich entspricht auch nicht jeder, der sephardischen Ursprungs ist, eine schwarze Kipa trägt und sich damit als potentieller Shas-Anhänger zu erkennen gibt, den Vorstellungen, die die politische und religiöse Führung der Partei von einem guten orthodoxen Juden hat. Das gilt zweifellos für die jungen Männer, die in der Innenstadt von Tel Aviv ein Internetcafé betreiben, dabei in schwarzer Kipa und Feinripp-Unterhemd bedienen und selbst die besten Kunden ihrer elektronischen Kriegs- und Gewaltspiele zu sein scheinen. Genauso wenig ist die junge Frau, die in einem der schicken kosmopolitischen Cafés von Tel Aviv Capuccino trinkt, die Gruppe U2 hört und Europa bereist hat, unbedingt eine Anhängerin des Ausgleichs mit den arabischen Nachbarn. Tatsächlich hat sie noch nie einen Palästinenser aus den besetzten Gebieten getroffen – und hat auch kein Interesse, einen kennen zu lernen.

Jugendbegegnungen (1): Normal werden!

EIN TREFFEN MIT STUDENTEN an der Bar-Ilan-Universität außerhalb Tel Avivs, die sich selbst als religiös bezeichnet und allgemein als rechte Kaderschmiede gilt, kann helfen, die Verschiedenartigkeit der israelischen Gesellschaft zu verstehen. Dort unterhalte ich mich mit David, Shelly, Ofir, Avishai, Einat, Gabriella, Oskar, Alex, Ilad und Idar über ihre jeweiligen Zukunftsvorstellungen und die Zukunft ihres Landes. Allen ist die Frage wichtig, was Israel ist: Wie es sich definiert, was es sein wird, und wie man sich mit den palästinensischen Nachbarn arrangieren wird. Sie sind keine Friedensbewegten, sind eher »friedensskeptisch« und betrachten die Konflikte mit ihrer Umgebung zum Teil als unabänderlich. Aber sie sind offen für Diskussionen und entsprechen in ihrer Mehrheit nicht der vorgefassten Meinung, die liberale Israelis von Bar-Ilan-Studenten haben.

David etwa könnte man mit seiner buntbestickten Kipa und dem sprießenden Bart für einen nationalreligiösen Siedler halten. Er ist aus den USA eingewandert, studiert Politikwissenschaft sowie »Armee-Strategie« und will zu Letzterem auch promovieren. Wenn es um Politik mit und gegenüber den arabischen und palästinensischen Nachbarn geht, diskutiert David aber nicht wie ein rechter Falke, sondern wie eine »Taube« aus dem linken Lager: »Wir haben den Palästinensern«, sagt er, »von 1948 an beigebracht, dass wir nur Gewalt verstehen.« Und so sei auch der palästinensische Terror letztlich eine Konsequenz aus der Art und Weise, wie Israel die Palästinenser behandelt hat. »Wir gehen eben nicht politisch mit den Bedrohungen um, sprechen nicht miteinander. Wir haben nicht einmal gelernt, in der eigenen Gesellschaft miteinander zu reden.«

Davids Äußerungen stoßen bei einigen seiner Kommilitonen auf Widerspruch. Einat etwa ist der Ansicht, dass das Problem mit den Palästinensern nicht lösbar ist: »Ich glaube, eines Tages werden wir wieder nach Gaza gehen müssen. Der palästinensische Terror wird einfach nicht aufhören.« Die Palästinenser, hört man heraus, sind einfach so. Den israelischen Staat kritisiert sie allerdings auch, er gehe nämlich, so weiß sie, mit der drusischen und der beduinischen Minderheit schlecht um; diese hätten nicht die gleichen Rechte wie andere Israelis. Tatsächlich werden die arabischsprachigen Beduinen und Drusen in der israelischen Statistik nicht als Araber oder arabische Israelis, sondern als ethnische Sondergruppen geführt; anders als die übrige arabische Bevölkerung dienen sie in der israelischen Armee. Einats Feststellung, diese zwei Gruppen würden diskriminiert, mag auf persönliche Bekanntschaften zurückgehen. Von den Diskriminierungsklagen der arabisch-israelischen Bevölkerung insgesamt scheint sie nichts zu wissen.

Ofir, der aus Deutschland kommt, ist dagegen der Ansicht, dass der Konflikt mit den Palästinensern sich lösen lässt. Er ist nur nicht sicher, ob das wirklich gut ist: »Nach meiner persönlichen Auffassung«, meint er vorsichtig, »wird Israel von externen Konflikten zusammengehalten.« Wenn es Frieden mit den Palästinensern gebe, werde die israelische Gesellschaft wohl Desintegrationserscheinungen zeigen. Er wisse, dass sich das seltsam anhöre, aber er hoffe, dass der Konflikt mit den Palästinensern anhalte, damit die israelische Gesellschaft nicht auseinander bricht. »Natürlich bin ich gegen Gewalt, aber zumindest ein politischer Konflikt muss aus diesem Grund bleiben.«

Avishai, der ukrainischen Ursprungs ist, sieht nicht die Palästinenser, sondern Iran als die größte zukünftige Herausforderung Israels. Das gelte insbesondere, wenn Iran eine Atombombe entwickelt: »Die wollen hier jeden töten.« Deshalb seien alle anderen Probleme Israels, ob soziale oder ökonomische, gar nicht so wichtig. Er sehe Extremisten auf beiden Seiten, sagt Avishai, bei Israelis und Palästinensern. Aber es gebe eine stille Mehrheit – offensichtlich zählt er sich selbst dazu –, »die wollen einfach allein gelassen werden. Was wir nicht wollen, ist, dass alle möglichen Links- und Rechtsextremisten unseren Seelenfrieden durcheinander bringen.« Avishai ist trotz seines Misstrauens gegen die Araber und Iran aber weder militaristisch noch expansionistisch eingestellt: Natürlich sei er zur Armee gegangen, aber er habe den Militärdienst gehasst. Er findet es »einfach nicht gesund«, wenn eine Gesellschaft sich über den gemeinsamen Armeedienst identifiziere.

Alle diese Studenten und Studentinnen haben das Gefühl, dass Israelis und die Palästinenser früher oder später wieder eine Art politischen Dialog aufnehmen werden und Israel dabei mehr aufgeben müsse als nur den Gazastreifen und ein paar isolierte Siedlungen in der Westbank. Natürlich werde irgendwann auch Jerusalem zur Debatte stehen, meinen David und Avishai. Einat, die eben noch prophezeite, dass die israelische Armee ohnehin eines Tages wieder in Gaza einmarschieren müsse, findet diese Perspektive gar nicht gut. Sie würde, meint sie, den Palästinensern gerne sagen: »Nehmt Gaza – aber lasst uns dafür die Westbank!«

Die palästinensischen Nachbarn sind für diese Studenten weit weg. Man hat keinen Kontakt zu Palästinensern, sie sind allenfalls Teil einer Bedrohung, die man – vielleicht – los sein wird, wenn man eine Grenze zieht. Gedanken macht man sich in erster Linie um die Zukunft der eigenen Gesellschaft, Fragen beziehen sich auf die eigene Identität. Ofir etwa sieht in den Auseinandersetzungen zwischen radikalen Siedlern und der Regierung erste Zeichen für die »soziale Desintegration« des Landes. Das sei doch ein ernsthaftes Problem, wenn einzelne Gruppen Entscheidungen der Knesset nicht akzeptieren. Shelly, die aus Österreich stammt, und Avishai widersprechen. »Wir sind eine Demokratie«, sagt Shelly, »und können deshalb die

Probleme bewältigen.« Und Avishai meint, dass solch kleine Gruppen zwar »sehr viel Krach« machen, aber keine Gefahr für die Demokratie darstellen.

Gabriella, eine eher schweigsame junge Frau, ist skeptischer. Es fehle an der nötigen Erziehung zum Frieden: »Es könnte sogar einen Bürgerkrieg geben. Ich bin nicht optimistisch. Immerhin wurde ja auch Rabin ermordet. Hat das etwa jemand erwartet?« Avishai hält dagegen: »Chaos, ja, das kann man nicht ausschließen, aber Bürgerkrieg? Nein, das ist kaum möglich.« Die Menschen würden die Katastrophen, die sie in der Vergangenheit erlebt haben, nicht vergessen, und außerdem seien da ja noch die Araber da: »Die werden uns nicht in Frieden lassen. Nicht weil sie böse sind oder so, sondern einfach weil sie nicht mögen, dass wir hier sind.« Wie bei Ofir schwingt hier die Vorstellung mit, dass eine äußere Bedrohung am Ende die israelische Gesellschaft zusammenhalten wird.

Ein Student namens Oskar sieht größere globale und regionale Entwicklungen am Werk, die letztlich auch Israels Zukunft und Identität beeinflussen werden. Es gebe einen demokratischen Trend im Nahen und Mittleren Osten, der mit der orangenen Revolution in Kiew begonnen habe. Wenn alle Staaten demokratisch würden, werde man die Auseinandersetzungen um den Abzug aus Gaza in einigen Jahren wohl als kleines Problem der Vergangenheit betrachten. Ein Israel, das in Frieden mit seinen Nachbarn lebe, werde dann vielleicht Mitglied der Europäischen Union sein. Das erregt Widerspruch. »Nein«, sagt Avishai, »aus Europa sind wir doch gerade erst herausgekommen.« Für ihn und seine Familie trifft das tatsächlich zu, aber auch andere bezweifeln, dass Israel zu Europa gehört oder gehören sollte: Israel spiele zwar im UEFA-Cup und nehme am European Song Contest teil, aber doch nur, weil man keinen Platz in entsprechenden asiatischen Institutionen habe, sagt Ilad und fährt fort: »Israel ist nicht Teil Europas. Wir bauen hier keine westliche Kolonie im Nahen Osten. Wir bilden eine neue Gemeinschaft.« Das Neue lasse sich am ehesten als »mediterran« bezeichnen, »nicht nur von der Geografie her, auch mental. Ja, wir sind mediterran.«

Es gibt andere Attribute, die den Studenten und Studentinnen bei ihrer Diskussion um das Israelisch-Sein einfallen. »Irgendwie kommen wir alle aus der Diaspora«, sagt einer, »egal wo wir herkommen. Und daher kommt auch unsere Mentalität, kommen unsere Ängste.« »Pogrom-Mentalität«, ergänzt David. Israeli zu sein heiße »in erster Linie, Jude zu sein«, sagt Avishai, das schließe ganz unterschiedliche Hintergründe ein – und deshalb sei letztlich auch alles verhandelbar. »Nur eines ist klar«, schließt er: »Wir sind hier!«

Alex sieht den Memorial Day als deutlichsten Ausdruck israelischer Identität: »In welchem anderen Land gibt es so etwas schon«, fragt er, »dass an einem Tag im Jahr das ganze Land fünf Minuten lang stillsteht?« Dies zeige doch, »dass wir, egal welche Konflikte wir untereinander haben, alle sagen: Wir teilen die gleiche Vergangenheit und die gleiche Zukunft. Israel ist unser Staat, auf den wir, als Juden, so lange gewartet haben. Israel ist das Haus für jeden Juden.« Die Zukunft dieses Staates sehen die Israelis allerdings sehr unterschiedlich, ergänzt Idar. Er zum Beispiel sehe es als jüdischen, nicht als religiösen Staat. »Ein Staat der Juden also?«, fragt David. Alle nicken.

Israeli zu sein, fügt Elad hinzu, das heiße zur Zeit leider auch »nicht normal zu sein«. Drei Jahre Militärdienst, zwanzig Tage Reserveübung im Jahr – sei das etwa normal? Er hoffe, dass der Gaza-Abzug weitere Friedensschritte bringe und Israel damit näher an die Normalität heranreiche. Israelis, erklärt er, »wollen sich nicht ständig über Politik und Sicherheit Gedanken machen müssen. Wir schauen doch immer auf die moderne, gesunde Welt: wo Leute nicht immer nur über Politik reden, normal ihr Geld verdienen und keine Angst haben, einen Bus zu besteigen.«

Die Normalität, die man wünscht, ist – darüber besteht kein Dissens – sehr eng mit der Frage des Friedens mit den Nachbarn verbunden. Mit den Palästinensern habe man dazu den *point of no return* sogar überschritten. Vielleicht brauche es noch zehn Jahre, aber das Ende der »israelischen Besetzung der PA« – Idar benutzt hier die Abkürzung für die Palästinensische Autorität – sei absehbar. »Ob wir uns sehr lieben werden in den nächsten vierzig, fünfzig Jahren«, ergänzt er, wisse er nicht. Wenn es einen »kalten Frieden« gebe wie mit Ägypten, dann sei das schon in Ordnung. »Immerhin stirbt niemand an der Grenze zu Ägypten.«

DER VIERJÄHRIGE KRIEG, den Israelis und Palästinenser sich vom September 2000 an geliefert haben, hat die palästinensischen Gebiete viel stärker getroffen als Israel: Die menschlichen und materiellen Verluste waren auf palästinensischer Seite höher. Die Auseinandersetzungen fanden im Wesentlichen in den palästinensischen Städten und Dörfern statt. Die Palästinenser verloren ihre Bewegungsfreiheit durch die Absperrungen der Gebiete gegenüber Israel und die »inneren« Absperrungen der palästinensischen Städte gegeneinander, zeitweise auch durch wochenlange Ausgangssperren in den wiederbesetzten palästinensischen Städten. Fast alle Palästinenser, die in Israel arbeiteten, verloren ihren Arbeitsplatz. Reisen ins Ausland, vom Gazastreifen in die Westbank, Fahrten nach Jerusalem oder auch zwischen den Städten der Westbank waren nur mit israelischer Genehmigung und deshalb für viele gar nicht möglich.

Die palästinensische Hochschullehrerin Suad Amiry hat ihre alltägliche Erfahrung mit Besetzung und Wiederbesetzung, mit verweigerten Reisegenehmigungen, Kontrollpunkten und Ausgangssperren, die ihr Leben in diesen Jahren prägten, in leichtem Stil, aber mit bitter-ironischem Unterton in ihren »Ramallah-Tagebüchern« verarbeitet: Vielleicht, so spricht sie darin Israels Ministerpräsidenten Sharon an, »werde ich Ihnen eines Tages vergeben, uns 42 Tage lang unter Hausarrest gehalten zu haben. Aber ich werde Ihnen nie vergeben, dass sie uns gezwungen haben, meine Schwiegermutter für 42 Tage, die mir wie 42 Jahre vorkamen, aufzunehmen.«[25]

Der kriegerische Konflikt unterbrach auch den mit den Oslo-Verträgen eingeleiteten Prozess des graduellen Aufbaus eines unabhängigen, souveränen palästinensischen Gemeinwesens. Die Palästinenser erlebten eine Art Staatszerfall ohne Staat. Die PA blieb zwar als Institution erhalten, erfüllte aber immer weniger die Anforderungen, die Bürger an eine quasi-staatliche Verwaltung stellen.

Die fünfzehn Jahre von Friedensprozess und Krieg haben die palästinensische Gesellschaft verändert. Sie ist politisch desillusioniert, die Gewaltbereitschaft hat zugenommen, die islamischen Tendenzen haben sich verstärkt, und es hat sich eine erstaunliche Bereitschaft herausgebildet, abzuwarten und durchzuhalten. Diese Entwicklungen sind nicht allein durch den äußeren Konflikt mit Israel zu erklären. Zugleich haben diese Auseinandersetzungen die innerpalästinensischen Prozesse befördert, überall, im bürgerlich-kosmopolitischen Ramallah aber weniger als in Gaza.

Autoritätsverluste in Gaza

DER ABZUG DER ISRAELISCHEN SIEDLER aus dem Gazastreifen schafft dort mehr Platz, auch mehr Bewegungsraum, und er macht die bislang durch den Siedlungsblock Gush Katif blockierte freie Durchfahrt über die Küstenstraße möglich. Anstelle der Einfamilienhäuser in den Siedlungen wollen die Palästinenser mehrstöckige Wohnblocks bauen. Das ist auch nötig, denn der insgesamt nur fünfundvierzig Kilometer lange und fünf bis zwölf Kilometer breite Streifen hat eine Bevölkerungsdichte, die neunmal so hoch ist wie die der Westbank, zwölfmal so hoch wie die Israels.

Gaza-Stadt ist so viel konservativer und so viel ärmer als vor allem Ramallah, der Hauptsitz der PA. Die Straßen sind voller Schlaglöcher, die Kläranlage im Norden des Streifens ist durch die kriegerischen Auseinandersetzungen außer Betrieb gesetzt worden, so dass das Abwasser direkt ins Meer fließt.

Der Souk von Gaza stellt wie alle Märkte einen Indikator für Kaufkraft und gesellschaftliche Moden dar. Das Angebot an frischem Obst und Gemüse ist über alle Maßen reichhaltig, so dass dem Besucher das Wasser im Mund zusammenläuft, und die Ware ist billig. Aber das ist hier kein gutes Zeichen. Ohne eigenen Hafen und Flughafen können die Gaza-Bauern ihre Produkte nämlich nicht exportieren; die Ausfuhr nach und via Israel ist eingeschränkt, und die israelischen Kontrollen sind langwierig. Vieles verdirbt auf den Feldern, anderes auf dem Lkw am Kontrollpunkt. Neben Lebensmitteln findet man im Souk viel billiges Spielzeug, Modeschmuck und Kleidung aus chinesischer Produktion. Auch die grünen Baseballkappen mit der kalligraphischen Aufschrift »Kein Gott außer Gott und Muhammad ist sein Prophet«, die die Hamas-Kämpfer auf ihren Paraden tragen, sind »Made in China«. Überall wird solche Ware angeboten, der Import ist offenbar kein Problem.

Über Gaza stehen Drachen im Wind, denn Wind und Meer sind umsonst und erlauben eine preiswerte Freizeitgestaltung. Anders als in den Jahren der Intifada sind die Strände voll. Jungen baden, Mädchen und Frauen bleiben bedeckt im Trockenen, halten allenfalls die Füße in die Wellen – sofern sie nicht zu den wenigen Privilegierten gehören, die in einem privaten Club baden gehen. Auf Straßenlaternen weht die grüne Fahne der Hamas, an den Leitungsmasten hat die Elektrizitätsgesellschaft Schilder angebracht mit der Aufschrift: »Stromdiebstahl ist gemäß der Scharia verboten.«

Bis spät in die Nacht sind die sommerlichen Straßen und der Strand voller Menschen, man drängt sich zwischen Garküchen, Restaurants und Moscheen. Paare flanieren am Meer entlang, er mit islamischem Bart, Sweatshirt, lockerer Hose, sie ganz in Schwarz, gelegentlich auch mit dem »saudischen« Gesichtsschleier. Kinos gibt es nicht, Alkohol in den Restaurants auch nicht mehr. Der Besucher fragt sich gelegentlich, ob sich überhaupt etwas verändern würde, wenn Hamas den Stadtrat oder die Regierung im Gazastreifen übernähme. Schon heute werden öffentliche Veranstaltungen – auch in Intellektuellenkreisen – selbst überwiegend von Männern besucht, auch wenn hier und da eine Professorin – der Kleiderordnung gemäß mit Kopftuch – auftaucht.

Von den Jugendlichen in Räuberzivil trägt gelegentlich einer die Kalaschnikow mit sich herum. Gehört er zum Sicherheitsapparat, zu den Qassam-Brigaden der Hamas, den Aqsa-Brigaden der Fatah oder zu einer Gang? Wer weiß das schon. Während der vier Kriegsjahre waren die jungen Männer, die sich den bewaffneten Organisationen anschlossen, respektiert. »Heute wollen sie nicht am Straßenrand Tomaten verkaufen«, so Fawwaz Abu Sitta, ein Hochschullehrer an der Azhar-Universität in Gaza, »sie wollen einen respektablen Job, wollen heiraten.« Einige kann die PA in den Polizeidienst aufnehmen oder in die Reihen der regulären Sicherheitskräfte, aber längst nicht alle sind dafür qualifiziert. Dennoch behalten sie ihre Waffen. »Die sind Pulver«, sagt der Professor.

Die Verwaltung funktioniert in vielen Bereichen. Am Postamt

etwa kann man palästinensische Briefmarken in einer nicht-existierenden palästinensischen Währung kaufen; bezahlt wird mit israelischen Schekel. Briefe gelangen nach entsprechenden Sicherheitskontrollen über Israel sogar ins Ausland. Auch in Bereichen, wo man das nicht vermutet, herrscht Ordnung: »Die Autos mit den weißen Nummernschildern sind geklaut«, erklärt ein Freund. Sie wurden in besseren Zeiten, als die Grenzen noch offen waren, in Israel gestohlen und in Gaza dann ordentlich registriert. In entscheidenden Bereichen versagt die Autorität aber zusehends, nämlich bei der Aufrechterhaltung von Ordnung und Sicherheit für die Bürger. Der von Mahmud Abbas ernannte Innenminister beschwerte sich öffentlich, dass er eigentlich keine Sicherheitskräfte, sondern einen Haufen bewaffneter Gangs übernommen habe. Wahrscheinlich hat er Recht: Einzelne Offiziere tun, was sie wollen, und nutzen die Dienste ihrer Einheiten weiter, obwohl die palästinensische Führung sie längst von ihrem Kommando entbunden hat. Als Musa Arafat, ein Verwandter des verstorbenen Palästinenserpräsidenten, der als Chef der Sicherheitsdienste im Gazastreifen wirkte und als besonders korrupt galt, von der neuen Regierung entlassen wurde, rebellierten seine Leute offen. Anderen Einheiten fehlt es an Mitteln, gegen Gesetzesbrecher vorzugehen, und als die »Präventive Sicherheit« – eine Mischung aus Inlandsgeheimdienst und Kriminalpolizei – das Mitglied einer Großfamilie verhaftete, griffen deren Mitglieder das Haus des Polizeichefs mit Panzerabwehrraketen an. Teile dieser Familie gehören zu Hamas.

Hamas selbst und die Aqsa-Brigaden der Fatah lassen sich von den regulären Sicherheitskräften nichts sagen. Hamas, so Yusuf Isa, ein ziviler Berater der »Präventiven Sicherheit«, sei nicht nur mit besseren und neueren Gewehren bewaffnet als die palästinensische Polizei, sondern hätte auch mehr Munition und setze immer wieder das Gesetz des Stärkeren in Kraft: Polizisten würden an ihrer Arbeit gehindert, Hamas demonstriere in voller Bewaffnung und vertreibe die vom Religionsministerium eingesetzten Prediger und Imame aus den Moscheen. Darüber hinaus habe sie während der »Waffenruhe« gelegentlich Mörsergranaten auf israelische Siedlungen abgeschossen.

Die Folgen solcher Übergriffe der Hamas tragen die Einwohner von Khan Yunis oder anderer Orte in der Nähe der jüdischen Siedlungen oder Israels, von denen aus Hamas operiert, denn Israels Armee schießt zurück. Einwohner, die Hamas aufforderten, doch von solchen Angriffen aus Khan Yunis abzusehen, seien von bewaffneten Hamas-Mitgliedern angegriffen worden. Im Juli 2005 forderte eine Bürgerversammlung in Rafah, im südlichen Gazastreifen, alle »Gruppen und Parteien auf, denjenigen, die die öffentliche Sicherheit verletzen, den organisatorischen Deckmantel zu entziehen«.[26] Man müsse von einem sicherheitspolitischen Zusammenbruch sprechen, meinte dazu der gereizte Polizeiberater.

Eigenverantwortlichkeiten: Was lief schief?

ISRAELIS UND PALÄSTINENSER geben auf die Frage, warum die Palästinensische Autorität gerade nach Arafat so schwach wirkt, ganz verschiedene Antworten. Liegt es, wie der israelische Journalist Ehud Yaari meint, daran, dass die Palästinenser schlicht keinen Mut haben, »ihr eigenes Leben in die Hand zu nehmen«? Wohl kaum. Oder liegt es daran, dass die israelische Armee die Infrastruktur palästinensischer Sicherheit – Polizeistationen, Gerät und Fahrzeuge – zum großen Teil zerstört hat, wie Abdallah Franji erklärt, den Mahmud Abbas nach vielen Jahren als Generaldelegierter Palästinas in Deutschland nach Gaza zurückberufen hat, damit er dort dessen eigene Partei, Fatah, reorganisiere? Wohl nur zum Teil.

Fast jeder Palästinenser, ob in Gaza oder in der Westbank, hat darauf eine eigene Antwort. Dass Israel es darauf angelegt habe, die Palästinensische Autorität zu schwächen – »ihr die Füße abzuschneiden«, wie ein Redakteur aus Gaza das nennt – und vor allem keinen territorial und politisch integrierten palästinensischen Staat entstehen zu lassen, gilt als Fakt. Aber Israel, so die ebenfalls weitgehend einhellige Meinung, ist nicht allein dafür verantwortlich, dass die Autorität der palästinensischen Institutionen zerfällt.

In einer Gesprächsrunde in Gaza, zu der sich neun Männer zwischen dreißig und sechzig Jahren im Gebäude des privaten Palästinensischen Rats für Auswärtige Politik treffen, hört man offene

Worte. Die Redakteure der lokalen Zeitungen, politischen Berater und Analysten sprechen über die Korruption, wobei es nicht in erster Linie um Geld und Bereicherung geht, sondern um mangelnde Transparenz und um die Art und Weise, wie Posten und Positionen in der Palästinensischen Autorität verteilt worden sind: Dabei, so Akram Atallah, der als Beamter im Informationsministerium beschäftigt ist, habe die Loyalität und nicht die Fähigkeiten der Kandidaten eine Rolle gespielt. Das habe, ergänzt Mustafa Sawwaf, ein moderater islamistischer Journalist, fatale Folgen gehabt: Die Autorität sei zu einer Art »feudaler« Herrschaft geworden, man habe die Entstehung persönlicher »Fürstentümer«, nicht zuletzt im Sicherheitsbereich, erlaubt. Ja, sekundiert Nasir Alioua, ein politischer Analyst, man habe sich beim Aufbau der diversen Polizei- und Geheimdienste vor allem in Gaza auf die großen Familienclans gestützt, was dazu geführt habe, dass diese Clans mittlerweile ganze Einheiten der Dienste unter ihre Kontrolle gebracht hätten. Die PA habe zudem, so Yusuf Isa, der Polizeiberater, von Anfang an die Prinzipien von Rechtsstaatlichkeit oder Rechtssicherheit unterlaufen – durchaus mit Zustimmung Israels, solange die palästinensischen Sicherheitskräfte Gegner des Friedensprozesses rasch hinter Gitter brachten, letztlich aber als Teil der eigenen Herrschaftsstrategie.

Kritik dieser Art konzentriert sich zunehmend auf eine Person: auf Yasir Arafat und auf dessen hoch personalisierte Herrschaft. Arafat, klagt George Giacaman, ein liberaler Intellektueller aus Ramallah, »hat uns ein unglaubliches Chaos hinterlassen«. Der PLO-Chef habe alles irgendwie kontrolliert, über direkte Zahlungen, vor allem aber über persönliche Beziehungen und Loyalitäten. Es gab Opposition gegen Arafat, echten politischen Pluralismus, eine lebendige Zivilgesellschaft, aber Fatah, Arafats eigene Partei also, und die weitgehend aus Fatah-Leuten zusammengesetzten Sicherheitskräfte waren Elemente eines sehr personalen Führungssystems, das mit Arafats Tod zusammenbrach. Schon als er noch lebte gab es einzelne, jüngere Fatah-Führer, die in Städten wie Nablus oder Jenin faktisch ihre eigene Milizherrschaft errichteten, Arafat aber als oberste Autorität akzeptierten. Das »Chaos« wurde insofern erst richtig deutlich, als Arafat nicht mehr da war. »Eigentlich«, so Giacaman, »müsste man alles demolieren – die Bürokratie, die Sicherheitskräfte –, dann neu aufbauen und neu trainieren.«

Arafat, wenn er noch lebte, könnte bestimmte Gesetzlosigkeiten, die von Mitgliedern seiner Fatah begangen werden, wahrscheinlich verhindern. Trotzdem wünscht niemand ihn zurück. Schon im Frühjahr 2003, anderthalb Jahre vor seinem Tod, als ich ihn in seinem größtenteils zerstörten Hauptquartier in Ramallah besuchte – praktisch lebte und arbeitete er in zwei noch intakten mittelgroßen Büroräumen –, war er für seine Landsleute nur noch ein Symbol der palästinensischen Nationalbewegung. Es war eine Visite bei einem alten, kranken Mann, der das Reden weitgehend seinen Vertrauten überließ. Zeitweilig schien er sogar abwesend zu sein, griff in das Gespräch aber immer wieder ein, indem er seine Mitarbeiter unterbrach und die Dinge richtig stellte, wenn diese sich zu sehr in Propagandafloskeln flüchteten.

Die Palästinenser respektierten Arafat und hielten zu ihm, auch wenn viele dabei die Zähne zusammenbissen, gerade weil Israel ihn faktisch unter Hausarrest gestellt hatte. Arafat war Geschichte, bevor er starb. »Gehst du zu Madame Tussaud's?«, fragte mich Muhammad Shtayyeh damals. Shtayyeh, zu der Zeit Chef des Palästinensischen Rats für Entwicklung und Wiederaufbau, mittlerweile unter Mahmud Abbas auch Minister für Wohnungsbau und Öffentliche Arbeiten, gehört zur Technokratenriege der Autorität. Er war sich der Schwäche seines Präsidenten voll bewusst und würdigte den »Alten« *(al-khityar)*, wie seine Umgebung ihn liebevoll nannte, dennoch: »Ja, du solltest ihn besuchen«, ergänzte er, »er ist unsere Ikone.«

Heute ist Arafats Grabstätte auf dem Gelände seines Hauptquartiers eine Art Wallfahrtsort. Ob Fatah den Tod ihres Gründers lange überleben wird, ist fraglich. Abdallah Franji, der die Bewegung im Gazastreifen reorganisieren soll, ist zuversichtlich, dass das gelingen kann. Blauäugig ist er nicht. Er wisse, sagt er beim Frühstück in seiner bürgerlichen Etagenwohnung, dass man viele der jungen Leute zurückgewinnen müsse, die in den vergangenen Jahren gekämpft haben, heute aber eine Perspektive suchen und vom opulenten Lebensstil einiger hoher Tiere abgestoßen sind. Natürlich sei es nicht akzeptabel, wenn ein hoher Offizier sich mehrere Villen kauft und auch noch einen neuen Swimmingpool anlegt, obwohl im benachbarten Flüchtlingslager Wassermangel herrscht. Mit sauberen innerparteilichen Wahlen, die den jungen Kräften eine Chance bieten, werde man Fatah aber revitalisieren und auch die politische Mehrheit sichern.

Andere sind skeptischer: Fatah stehe seit dem Tod Arafats ohne einheitliche Führung da und ohne Programm. Mahmud Abbas genieße zwar das Vertrauen der Fatah-Basis, habe aber, so formuliert es einer seiner Vertrauten, »keine Zähne«. Ohne energische Führung, meint Ziad Abu Amr, ein nicht parteigebundener Abgeordneter im palästinensischen Legislativrat und ehemaliger Kulturminister, werde Fatah wohl zerfallen und dabei nicht in zwei oder drei immer noch große Parteien auseinander brechen, sondern »in zweihundert Stücke zersplittern«. Im öffentlichen Bewusstsein werde Fatah zudem mit dem Scheitern des Friedensprozesses in Zusammenhang gebracht.

Die Kritik an Arafat und seiner Partei geht bei manchen mit harscher Selbstkritik einher. »Hätte man damals doch«, meint Professor Abu Sitta, »auf Abu Mazin gehört.« Der sei schließlich von Beginn an gegen Gewalt gewesen, und vielleicht wäre den Palästinensern ja die Wiederbesetzung ihrer Städte durch Israels Militär erspart geblieben. Ja, räsoniert auch Muhammad Abu Hmeid, ein jüngerer, frisch promovierter Akademiker, der sich zu Fatah bekennt: »Die Intifada hat uns, meiner Ansicht nach, nichts gebracht.« Aber sie hat schwerwiegende Folgen wie die Veränderung des Wertesystems hinterlassen. Die Akzeptanz von Gewalt, und zwar nicht nur nach außen, sondern auch innerhalb der palästinensischen Gesellschaft, hat zugenommen. Im Gazastreifen werden persönliche Streitigkeiten immer häufiger zu Familienfehden – und mit Waffengewalt ausgetragen. Khalil Shiqaqi, der in Ramallah ein international und auch in Israel anerkanntes Meinungsforschungsinstitut leitet, sieht hier klare Zusammenhänge: »Gewaltbereitschaft korreliert mit der Erfahrung von Gewalt. Je mehr und je länger die Leute überzeugt waren, dass zentrale Werte wie Leben, Land, Bewegungsfreiheit bedroht waren, desto größer war die Unterstützung der Gewalt.«

Deutlich ist auch die Verschiebung im politischen Spektrum. Als im Dezember 2004, dann im Januar und im Mai 2005 die ersten Kommunalwahlen in den palästinensischen Gebieten stattfanden, trat auch die islamistische Hamas an. Erstmals ließ sich die Popularität dieser Bewegung messen. Hamas-geführte Listen erhielten insgesamt ein Drittel der Stimmen und setzten sich in vierundzwanzig der vierundachtzig Städte und Orte, in denen gewählt wurde, klar durch, Fatah-Listen in fünfundvierzig. Für die Regierungspartei Fatah, die zuvor praktisch alle Gemeindevorstände gestellt hatte, war das Ergebnis bitter, für Hamas dagegen ein eindeutiger Erfolg.

Als politische, religiöse und soziale Bewegung, die auch zahlreiche karitative Einrichtungen unterhält, hat Hamas eine feste gesellschaftliche Basis – in westlichen Demokratien würden wir von einer »Stammwählerschaft« sprechen –, die wohl bei zehn bis fünfzehn Prozent der Bevölkerung liegen dürfte. Gleichwohl gehören die Straßen in Gaza, wie einer der Journalisten es ausdrückt, heute schon Hamas, nicht mehr Fatah. Der Zuwachs an Popularität und Einfluss der islamistischen Bewegung nährt sich aus verschiedenen Quellen. Anders als man vermuten könnte, so weiß der Meinungsforscher Shiqaqi, ist die palästinensische Gesellschaft in den letzten Jahren nicht religiöser geworden, vielmehr hat die Eskalation der Gewalt ihren Teil zu dieser Entwicklung beigetragen. »Die Leute akzeptieren und achten Hamas«, erklärt auch der Redakteur Hani Uqal, »nicht zuletzt wegen der Konsequenz, mit der ihre Mitglieder Widerstand leisten – bis hin zu Selbstmordaktionen.«

Hamas habe sich in diesen Jahren als »Widerstandsprojekt« darstellen können, meint einer seiner Kollegen, und so die Konfrontation mit Israel nutzen können, um ihre eigene innenpolitische Agenda zu befördern. Dazu kommt die Enttäuschung über die Leistungen der PA. Viele Leute sollen bei den Wahlen ihren Zorn ausgedrückt, ja sich an Fatah und der Autorität »gerächt« haben. PA-Funktionäre, so Shiqaqi, seien bislang kaum bereit anzuerkennen, wie sehr die Korruption zum Verfall der Autorität und der Partei des Präsidenten und zur Stärkung der islamistischen Alternative beigetragen habe.

Hamas und ihre Mitglieder gelten als »sauber«, als relativ effektiv und – im Gegensatz zur Fatah-Basis – als diszipliniert. Hamas gebe damit, sagt einer der Journalisten, einfach ein besseres Führungsbeispiel. Das bestätigt auch Salah Abd al-Shafi, ein den Islamisten gar nicht wohlgesinnter politischer Analyst. In den Kommunen, die neuerdings von Hamas regiert werden, habe es erfreuliche Veränderungen gegeben, die ohne viel Geld umgesetzt wurden: Die Straßen seien sauberer, die Beamten kämen pünktlich zum Dienst, und die Dienstwagen würden nur noch für Dienstliches eingesetzt, vorerst jedenfalls.

Hamas gilt zudem als ausgesprochen pragmatisch. Es handelt sich um eine ideologische Bewegung, deren Führer wissen, dass sie auch von Leuten gewählt und akzeptiert werden müssen, die weder die Errichtung einer islamischen Ordnung noch eine Perpetuierung von Krieg und Gewalt wollen. Die Ironie der Geschichte will es, dass Hamas durch ihre terroristischen Aktionen Ansehen erworben, gleichzeitig aber die Autorität der PA unterminiert und israelische Vergeltungsaktionen provoziert hat. Mittlerweile erfährt sie Zustimmung, weil man ihr eher als der PA zutraut, Ordnung und Disziplin wiederherzustellen. Vieles spricht dafür, dass sie bereit ist, diese Aufgabe zu übernehmen.

Hier und da liebäugeln inzwischen sogar prinzipiell säkular eingestellte Intellektuelle mit dem Gedanken an eine islamistische Mehrheit. Höflich geht man ohnehin miteinander um. Mahmud Zahar, der nach der Liquidierung zahlreicher anderer Hamas-Führer wohl wichtigste Vertreter der Organisation im Gazastreifen, ist in dieser Hinsicht durchaus ein Vorbild. Dem unabhängigen bürgerlich-liberalen Abgeordneten, in dessen Begleitung ich Zahar besuche, möchte der Islamist gern einen Platz auf der Hamas-Liste anbieten. »Das würde meine Wiederwahl sicherstellen«, säuselt dieser zurück. Als ich nach dem Treffen wissen will, ob der Liberale sein politisches Schicksal wirklich mit dem der Hamas verbinden will, ist die Antwort verhalten: »Nein, natürlich nicht. Ich habe politisch mit den Islamisten nichts zu tun. Aber eine breite, nationale Liste ...« – was wohl heißen soll: Wenn Hamas eine Koalitionsliste anführt, auf der ich nicht der einzige säkulare Kandidat bin, könnte ich mir auch ein Zusammengehen vorstellen.

Hamas weiß, dass sie in einer zentralen Frage nicht für die Mehrheit der Palästinenser spricht. Diese Mehrheit hat Israel nämlich längst anerkannt und tritt auch, trotz der Enttäuschungen und des Hasses, die über die Jahre der Intifada auf beiden Seiten gewachsen sind, weiterhin für einen Staat in Westbank und Gaza ein, neben Israel also. Die Bereitschaft, Israel zu akzeptieren, erklärt Khalil Shiqaqi mit Blick auf seine regelmäßigen Umfragen, habe nicht nur während des Friedensprozesses, sondern auch nach dessen Zusammenbruch zugenommen. Anders als die Israelis wollen die meisten Palästinenser dabei zwar staatliche Eigenständigkeit, also eine politische Trennung von Israel, aber keine vollständige Abschottung. Selbstverständlich »will man hier offene Grenzen zum Nachbarn. Die Palästinenser wollen keine ökonomische Trennung, sie wollen Israel besuchen können, schließlich gibt es dort eine Million Palästinenser.«

Vor allem will man den Zugang zum israelischen Arbeitsmarkt nicht endgültig verlieren: In guten Zeiten arbeiteten bis zu hundertfünfzigtausend Palästinenser oder ein Viertel der palästinensischen Erwerbstätigen in Israel. In den Kriegsjahren ließ Israel nur noch sehr wenige Palästinenser einreisen; mittlerweile, im Zuge der Trennungspolitik, hat die israelische Regierung beschlossen, von 2008 an überhaupt keine Arbeitsgenehmigungen mehr für Einwohner der Westbank oder des Gazastreifens auszustellen. Die Wirtschaft eines unabhängigen palästinensischen Staates wird dies ernsthaft belasten.

Es sei eigentlich erstaunlich, meint Shiqaqi, dass sich trotz der vierjährigen gewaltsamen Auseinandersetzungen auf palästinensischer Seite im Grunde die psychologische Disposition in Bezug auf zukünftige Kontakte zu Israel nicht verändert habe. Vielleicht hängt damit auch zusammen, dass Israel bei Shiqaqis Umfragen in der palästinensischen Bevölkerung immer noch auf Platz eins rangiert, wenn nach der »besten Demokratie in der Welt« gefragt wird. Man mag die Israelis nicht, aber man hätte gerne eine Demokratie wie sie, mit starken parlamentarischen Kontrollen und unabhängigen Gerichten. »Die eigene Demokratie«, ergänzt der Wissenschaftler, »kommt dagegen ganz hinten.«

Shiqaqi ist im Übrigen optimistisch, dass die Israelis sich nicht auf ewig abschotten werden. Schließlich gehe der Wunsch nach Separation dort fast vollständig auf die Gewalterfahrung während der Intifada zurück. Nach einer längeren Phase ohne Gewalt könne sich das Bild wieder ändern. Mit Blick auf die rationalen Interessen aller Beteiligten ist auch Mustafa Barghouti überzeugt, dass Israel früher oder später »eine Union, eine Form regionaler Kooperation mit seinen Nachbarn eingehen wird«. Der Arzt und Politiker Barghouti trat bei den palästinensischen Präsidentschaftswahlen gegen Mahmud Abbas an, präsentierte sich dabei als »dritte Kraft«, als demokratische Alternative zu Fatah und Hamas, und erzielte mit knapp zwanzig Prozent der Wählerstimmen ein respektables Ergebnis. »Warum«, fragt er, »bietet ihr uns – Israelis und Palästinensern – nicht gemeinsam die Mitgliedschaft in der EU an?« Die meisten palästinensischen Gesprächspartner sind solch weit reichenden, hoffnungsvollen Visionen gegenüber skeptisch. Sie stellen sich eher auf eine längere Phase der politischen Stagnation ein – die Schattenseite des »langen Interimszustands« gewissermaßen, von dem Ariel Sharon und seine Anhänger so häufig gesprochen haben.

Zweckpessimismus paart sich dabei zuweilen mit starkem Durchhaltewillen. »Wir bereiten uns darauf vor«, konstatiert Mahdi Abd al-Hadi, der in Ostjerusalem ein wichtiges palästinensisches Forschungszentrum zu Fragen der internationalen Politik leitet, »in einem großen Gefängnis zu leben und dabei unsere Kultur, unsere Identität zu erhalten.« Es würden sogar mehrere Gefängnisse sein, die sich politisch-kulturell durchaus unterscheiden: Gaza könne dabei unter dem Einfluss von Hamas stehen, Nablus unter dem konkurrierender Milizen. Ramallah werde »ein kosmopolitisches Gefängnis voller Kultur, mit Kinos und Theatern, Diplomaten und ausländischen Kulturorganisationen und zahlreichen internationalen Veranstaltungen« sein, und in Hebron werde eine traditionelle, islamisch-bürgerliche Unternehmer- und Handwerkergesellschaft überleben. Jerusalem dagegen werde wohl isoliert sein, und die einzelnen Teile der Westbank würden kein zusammenhängendes Territorium bilden, was unerlässlich sei für einen funktionsfähigen Staat. Stattdessen werde Israel wohl vorschlagen, die einzelnen Städte der Westbank durch Tunnel und Überlandstraßen miteinander zu verbinden.

Es gibt auch andere Stimmen. Nazmi Jubeh, ein in Deutschland ausgebildeter Historiker, spricht von strategischem Optimismus – vielleicht verfügt jemand, der in langen geschichtlichen Zeiträumen zu denken gelernt hat, eher darüber. Jubeh lebt, wie Abd al-Hadi, in Ostjerusalem. »Was hier jeden Tag geschieht«, sagt er, »die allmähliche Schließung der Mauer um den Ostteil der Stadt, die Trennung Ostjerusalems von der Westbank, das ist eine Katastrophe.« Wie er dann sagen könne, dass er »strategisch«, auf längere Sicht, optimistisch sei? »Weil Israel am Ende des Tages die Besetzung aufgeben wird. Sicher, Ostjerusalem wird dann vielleicht eine Enklave sein, nur durch einen Korridor mit dem Rest des palästinensischen Staates verbunden. Aber wir sind hier – und die Zahl der arabischen Einwohner Jerusalems wächst. Wir gehen nicht weg, und für Israel wäre es doch nur ein Problem, uns zu behalten. Was wollen sie denn mit uns anfangen?«

Manches ist letztlich eine Frage der Grundeinstellung. Selbst der Zaun – oder die Mauer –, das deutlichste Zeichen einseitiger israelischer Maßnahmen und damit auch eine Demonstration überlegener Macht, kann diejenigen nicht entmutigen, die immer schon überzeugt waren, dass Israelis und Palästinenser irgendwann das Vernünftige und Richtige tun werden.

Muhammad Shtayyeh, der palästinensische Minister, gehört zu diesen. Wir sitzen in einem der freundlichen Restaurants von Ramallah, in der Ferne sieht man die Lichter von Jerusalem. Der Weg dorthin ist den meisten Palästinensern versperrt. »Sharon«, sagt Shtayyeh fröhlich, »hilft uns ja auch mit der Mauer. Sicher, er hat damit noch mal zwölf Prozent der Westbank geklaut, aber er zieht eine Grenze. Und in Qalqiliya oder in Tulkarm, da verläuft die Mauer praktisch auf der Linie von 1967. Es gibt ja auch verschiedene Typen von Mauer. Die Mauer zwischen Qalqiliya und Israel ist ganz massiv gebaut, kaum wieder zu entfernen. Aber die Mauerteile, die Ostjerusalem durchschneiden, die sind zwar hoch, aber es sind einzelne Bauteile. Die lassen sich mit schwerem Gerät auch an einem Tag wieder abbauen.« Shtayyeh ist Bauminister – und wird das zumindest technisch beurteilen können.

Zaunperspektiven (1): »Nicht in Partnerschaft«

»BITTE NOTIEREN SIE DIE ZEIT«, sagt Reservemajor Michael Vromen, »es ist jetzt Viertel vor drei. Merken Sie sich das, bis wir an dem Teilungspunkt sind, den wir Ihnen zeigen werden.« Die Besucher sollen ein Gefühl dafür bekommen, wie »schmal« Israel ist – oder wäre –, wenn es sich aus den besetzten Gebieten zurückzöge. »Wir sind ein kleines Land. Deshalb müssen wir schneller reden.«

Major Vromen ist eigentlich Banker. Im freiwilligen Reservedienst arbeitet er für den Sprecher der IDF – der Israelischen Verteidigungskräfte, wie die Streitkräfte offiziell heißen. In dieser Funktion zeigt er Besuchern den »Zaun«, wie Israelis das Bauwerk gemeinhin nennen, Palästinenser sprechen von der »Mauer« oder »Apartheidmauer«. In offiziellen israelischen Verlautbarungen wird etwas kompliziert von *defensive obstacle* oder *separation barrier* – Trennbarriere – gesprochen. Letzteres ist gar kein unpassender Begriff für die Sperranlage, die Israel seit 2002 baut, um die Westbank physisch fast vollständig abzutrennen. Sie besteht zum Teil aus einer Mauer, insbesondere rund um Jerusalem, wo sie die alte Berliner Mauer in den Schatten stellen würde. Über die längsten Strecken ist sie eine Zaunanlage. Diese, erklärt Major Vromen, ist »fünfundfünfzig Meter breit, besteht aus einem Drahtzaun, einem Kontrollweg für Militärfahrzeuge und einem Sandweg, der täglich geharkt wird: Hier bleibt jeder Fußabdruck sichtbar. Zusätzlich ist die Anlage mit elektronischen Sensoren gesichert; jede Berührung wird unmittelbar registriert und kann von unbemannten Flugkörpern aus überprüft werden. Und an manchen Stellen ist es eben eine Mauer.«

Sinn und Erfolg des Zauns, so Major Vromen, beurteile man anhand der Statistik: »Bevor der Zaun gebaut wurde, haben wir Infiltrationen erfasst« – vom palästinensischen Gebiet nach Israel. »Heute weist die Statistik Infiltrationsversuche aus, gescheiterte Infiltrationen also.« Der Schönheitsfehler der Anlage liegt nicht so sehr in der Höhe der Betonmauer oder der Breite des Trennstreifens, der die Landschaft über mittlerweile gut zweihundert Kilometer durchschneidet. Israel hat das Recht, seine Grenzen so zu befestigen, wie es selbst das für nötig hält. Der Makel, das völkerrechtliche, politische –

vor allem mit Blick auf mögliche Friedensperspektiven – und in vielen Fällen humanitäre Problem liegt darin, dass Israel die Trennanlage nicht auf eigenem Gebiet entlang der eigenen Grenzen, sondern mal tiefer, mal weniger tief, aber fast immer im besetzten Gebiet gebaut hat oder bauen lässt. Teile der Westbank liegen damit heute schon auf der »israelischen Seite« des Zauns. Ostjerusalem wird von seiner Westbank-Nachbarschaft abgetrennt. Insgesamt schneidet der Zaun – israelische und palästinensische Angaben differieren hier, schon weil Israel das annektierte Ostjerusalem nicht mehr zu den besetzten Gebieten zählt – neun bis zwölf Prozent der Westbank ab.

Eine neue Form der Landnahme, der stillen Annexion, sagen Palästinenser. Major Vromen sieht das anders: »Das ist alles temporär«, meint er, »die Anlage kann ja auch, wenn das das Ergebnis von Verhandlungen sein sollte, nach Osten oder Westen verschoben werden.«

Tatsächlich hat es einzelne Gerichtsurteile gegeben, aufgrund derer die Anlage hier und da um einige hundert Meter verlegt werden musste – um ein Dorf nicht zu teilen oder von seinem Hinterland abzutrennen. Einige palästinensische Dörfer sind dennoch auf der israelischen Seite des Zauns geblieben. Die Einwohner sind durch die Barriere vom Rest der Westbank getrennt, brauchen eine Genehmigung des Militärs, um durch eines der streng gesicherten Tore auf die palästinensische Seite zu gelangen. Nach Israel fahren können sie auch nicht, sie sind schließlich keine Einwohner Israels. Eine gewaltige Infrastrukturanlage wie die Teilungsbarriere mal eben »zurückzuschieben«, wird in der Praxis nur an wenigen Stellen möglich sein.

Die Anlage trennt nicht nur. Sie zieht entgegen allen offiziellen Verlautbarungen, dass ihr Verlauf allein aufgrund von Sicherheitserwägungen, nicht aus politischen Überlegungen festgelegt worden sei, eine Grenze. Und sie zieht diese Grenze unilateral – ohne Verhandlungen mit der anderen Seite. Auch einige Westbank-Siedler, deren Siedlungen sich plötzlich jenseits des Zauns befinden, haben das gemerkt.

Wir gelangen nach knapp fünfundzwanzig Minuten Fahrt von Tel Aviv in die Nähe von Qalqiliya. Die palästinensische Stadt liegt in einem Zipfel der Westbank, der relativ weit nach Westen und damit wie eine Nase nach Israel hineinragt; Israelis sprechen hier gern von

»Israels schwacher Taille«. Unmittelbar westlich der Stadt verläuft Israels wichtigste Nord-Süd-Autobahn. Ortsunkundige Fahrer mögen die graue Betonmauer, die sich hier neben der Schnellstraße erhebt, für eine Schallschutzwand halten, aber der eine oder andere Wachturm offenbart, dass dies der westliche Teil der »Umzäunung« Qalqiliyas ist.

Wenn man von der Autobahn abbiegt – Qalqiliya ist nicht ausgeschildert – und zur Siedlung Alfei Menashe, die sich wie die meisten Siedlungen auf einer Anhöhe befindet, hinauffährt, kann man nicht nur bis zum Mittelmeer blicken, sondern beinahe mit bloßem Auge erkennen, dass Qalqiliya, gleich unterhalb der Siedlung, nahezu vollständig umzäunt ist. Von hier oben erklärt uns Major Vromen noch einmal die sicherheitspolitische Rationalität des Zauns. Einige der jüdischen Siedlungen in der Westbank, die jetzt auf der anderen Seite der Trennbarriere liegen, würden in Zukunft wohl tatsächlich aufgegeben werden – wie die Siedlungen im Gazastreifen –, weil sie sonst auf dem Gebiet eines palästinensischen Staates liegen würden, aber, ergänzt er, nicht alle. Die Siedlungen hätten schließlich auch einen strategischen Sinn: »Wir können dem Volk, das auf den Hügeln Samarias lebt« – gemeint ist der nördliche Teil der Westbank –, »nicht so viel Kontinuität erlauben, dass es unsere Wasserressourcen kontrolliert.«

Zurzeit stehe ein Friedensabkommen noch nicht auf der Tagesordnung, immerhin sei es ja möglich, dass die Palästinenser ein drittes Mal den Aufstand proben. Auf die Frage, ob denn, seiner Ansicht nach, da gar kein Zusammenhang sei zwischen dem Zorn der Palästinenser und der israelischen Okkupation der palästinensischen Gebiete, verliert der Major die Contenance, und plötzlich wird ihm alles zu einer einzigen Plage: die Palästinenser, der internationale Terrorismus, die Muslime im Allgemeinen. »Ja, natürlich, sie mögen unsere Präsenz hier nicht. Sie wollen nicht, dass wir hier sind. Es gefällt ihnen nicht, dass wir, als Juden und Christen, hier keinen Dhimmi-Status mehr haben. Sie mögen auch unsere Hochhäuser nicht. Deshalb haben sie am 11. September doch die Twin Towers in New York zerstört. Das war deren Protest gegen das, was sie die ›Arroganz des Westens‹ nennen.«

So gesehen wird die Auseinandersetzung mit den Palästinensern zum Teil eines globalen Kulturkonflikts. Aber Major Vromen und wir kehren erst einmal auf den Boden der Tatsachen zurück, an den Zaun, hinter dem sich die Stadt Qalqiliya befindet. Ein Wachturm, eine vielleicht acht Meter hohe Mauer, die in die Zaunanlage übergeht, Asphaltstraße, Sandstreifen, ein doppeltes, schwer gesichertes Tor. Diesseits, außerhalb, und jenseits, innerhalb der Umzäunung, Treibhäuser, die Landwirten in Qalqiliya gehören. »Sometimes it's inconvenient for them«, sagt Major Vromen, das ließe sich gar nicht bestreiten. Aber man öffne das Tor mehrmals am Tag, um die Bauern zu ihren Feldern oder Treibhäusern zu lassen. »Den Zaun«, so der Major, »wollen weder sie noch wir. Aber vergessen Sie nicht: Wir bauen den Zaun auf unsere Kosten, nicht in Partnerschaft mit den Palästinensern.«

Zaunperspektiven (2) – Qalqiliya von innen

»DAS IST EIN REINER MILITÄRÜBERGANG«, sagt Samih Nasser, der Stellvertreter des Provinzgouverneurs von Qalqiliya, als wir, von Qalqiliya kommend, vor dem Tor stehen, das ich Tage zuvor, von Tel Aviv aus, mit Major Vromen besucht habe, »hier lassen sie keine Bauern zu ihren Treibhäusern.«

Ich weiß nicht, wer Recht hat. Die im Süden des Zauns gelegenen Treibhäuser und Felder lassen sich vergleichsweise leicht erreichen, wenn man sich über den einen der zwei »Stadtausgänge«, der Qalqiliya mit ein paar Nachbardörfern verbindet, zurück an den die Stadt umschließenden Zaun begibt. Andere Bauern haben längere Wege, etwa Khalid Abu Scheich. Er sitzt auf seinem Grund, wo er Gemüse und Blumen anbaut, und schaut auf den Zaun und die Sperranlage im Norden der Stadt. Insgesamt zehn Dunum besitzt er – ein Dunum sind tausend Quadratmeter –, zwei davon innerhalb der umzäunten Stadt, weitere acht auf der anderen Seite. Um zu diesen Feldern zu gelangen, muss er durch Qalqiliya, nach Norden an der Mauer entlang, die hier ein ganzes Stück in die Westbank hineinreicht, bis zu einem der »landwirtschaftlichen Übergänge«, die die Besatzungssoldaten dreimal am Tag für fünfzehn bis zwanzig Minuten für Bauern öffnen, die eine Genehmigung vorweisen. Der Übergang ist nur zu Fuß, mit Handwagen oder Eselskarren gestattet, aber nicht mit dem Auto. Er benötigt anderthalb Stunden für den Hin- und ebenso lange für den Rückweg von seinem Feld, das wir auf der anderen Seite des Zaunes sehen. Profitable Landwirtschaft läßt sich so nicht betreiben.

Qalqiliya ist vollständig umzäunt; neben der Unterführung zu den kleinen Dörfern im Süden gibt es nur einen Eingang. Bei unserem Besuch im Frühsommer 2005 – ich fahre zusammen mit Jörg Bremer, dem *FAZ*-Korrespondenten in Israel und Palästina – gelangen wir an einen nur dünn besetzten israelischen Checkpoint unweit der Stadtgrenze, an dem alle Autos durchgewinkt werden. Die Lage habe sich tatsächlich verbessert, sagt der Vizegouverneur. Von März 2002 bis Ende 2003 – in dem Jahr ist die Mauer um Qalqiliya geschlossen worden – hätten die Israelis überhaupt keine Fahrzeuge in die Stadt gelassen; Waren habe man »back to back« von einem Lkw auf den anderen laden müssen. Seit Ende 2003 dürfen palästinensische Autos wieder passieren, seit Anfang des Jahres lasse die israelische Armee auch Autos mit gelben Nummernschildern – israelische also – durchfahren. Das seien überwiegend israelische Araber, die hier einkaufen; schließlich seien vor allem Lebensmittel, aber auch viele Dienstleistungen hier sehr viel billiger als in Israel. Früher, vor der zweiten Intifada, seien auch viele jüdische Israelis gekommen. »Wir hätten gar nichts dagegen, im Gegenteil«, der Einkaufstourismus aus Israel sei einer der drei Hauptwirtschaftsfaktoren der Stadt neben der Landwirtschaft – Qalqiliya ist bekannt für Obst, Gemüse und Blumen – und der Arbeit in Israel: bis zu siebzehntausend Arbeiter aus der Provinz (fast neunzig Prozent der Erwerbstätigen unter den insgesamt neunzigtausend Einwohnern) hätten früher in Israel gearbeitet. Seit der Intifada ist diese Einkommensquelle fast völlig versiegt; nur noch wenige Arbeiter haben eine Genehmigung, nach Israel einzureisen.

Die israelische Armee habe die Stadt entgegen ihren Versprechungen noch nicht wieder an die Palästinensische Autorität übergeben. Die palästinensischen Polizisten dürften zwar Streife laufen, aber keine Waffen tragen. Tatsächlich ist selbst die Wache vor dem Gouverneurssitz nur mit einem Handy ausgestattet. In Notfällen hole man eine Waffe aus dem Versteck, aber man versuche, jede Auseinandersetzung mit den Israelis zu vermeiden, schließlich soll der »Eingang« zur Stadt offen bleiben.

Samih Nasser ist fünfundfünfzig, ein offener Typ, der praktische Lösungen sucht. Er empfängt uns im Büro des Gouverneurs, obwohl wir nicht angemeldet sind, und fährt uns dann selbst in seinem klapprigen Toyota durch die Stadt. Wie der Gouverneur wird er von der PA eingesetzt und gehört zu Fatah. Seit er siebzehn ist, ist er dabei, erzählt er. Er hat wegen seiner politischen Tätigkeit im israelischen Gefängnis gesessen, wurde dann nach Jordanien ausgewiesen, ging mit Arafat in den Libanon und kämpfte dort für die PLO. Die Organisation schickte ihn schließlich zum Ingenieurstudium nach Russland. Nach einem weiteren Aufenthalt in Jordanien kam er im Zuge der Friedensverhandlungen Anfang der neunziger Jahre mit einer ersten Gruppe von Fatah-Kadern in die palästinensischen Gebiete zurück, um die Autonomieverwaltung aufzubauen. Diesen Aufbau will er fortsetzen, auch wenn er durchaus nicht optimistisch ist: Die zweite Intifada habe der Stadt und der palästinensischen Sache insgesamt geschadet. Israel habe während der kriegerischen Auseinandersetzungen mehr Land unter seine Kontrolle gebracht. Ohne die Terroranschläge, die in dieser Zeit verübt wurden – das sagt Nasser so nicht, aber er weiß es –, wäre Qalqiliya heute nicht umzäunt. An einer neuen Intifada, so der Vizegouverneur, könne allenfalls Israel Interesse haben – oder vielleicht Hamas. Deren Kalkulationen kenne er zwar nicht, aber neue kriegerische Auseinandersetzungen würden Hamas wohl weiter stärken.

Stark sind die Islamisten schon heute. Bei den Stadtratswahlen im Mai 2005 haben sie in Qalqiliya ungefähr sechzig Prozent der Stimmen erhalten und damit alle Sitze im Stadtrat erobert. Natürlich werde er mit dem neuen Bürgermeister und mit dem Stadtrat zusammenarbeiten, die seien schließlich ordentlich gewählt, und, na ja, vielleicht bemühten die sich ja sogar, ein paar Dinge besser zu machen als ihre Vorgänger, die der Fatah angehörten.

Warum Fatah denn die Wahlen in Qalqiliya so eindeutig verloren habe? Nasser lacht: »Sagen wir mal, einige Repräsentanten der Stadtverwaltung und der Sicherheitskräfte haben sich nicht korrekt verhalten. Sie sind aufgetreten, als sei Fatah für immer die herrschende Partei, und haben bei Personaleinstellungen die eigenen Leute bevorzugt. Es hat auch zum Teil willkürliche Verhaftungen gegeben.« Natürlich habe auch die Politik Israels – die anhaltende Besatzung und der Siedlungsbau – die Extremisten gestärkt. Viele Bürger hätten Hamas letztlich »nicht aus Liebe« gewählt, sondern aus Protest gegen die *sulta*, gegen die Palästinensische Autorität.

In dem Büro, in dem der Vizegouverneur uns bei reichlich Kaffee und Tee die Lage erklärt, hängen zwei große Bilder von Yasir Arafat – ein Porträt und eine Collage, in der ein sehr groß geratener Arafat über den Tempelberg spaziert und dabei den Felsendom deutlich zu überragen scheint. Warum er kein Foto von Abu Mazin (Mahmud Abbas) aufgehängt habe, will ich wissen. Nasser lacht sein gewinnendes, offenes Lachen: »Das ist doch nicht mein Büro«, sagt er, »sondern das des Gouverneurs. Wenn es meins wäre, hinge da ein Bild von Abu Mazin. Ich mag Abu Mazin eigentlich mehr als Abu Ammar (Arafat). Abu Mazin ist Pragmatiker; er will Ordnung schaffen, und er ist gegen Durcheinander und Anarchie.«

Auch im Büro des Bürgermeisters, in der Stadtverwaltung ein paar Straßen weiter, hängt ein Arafat-Foto, keines oder noch keines des neuen palästinensischen Präsidenten. Dafür gibt es eine Reihe von Glückwunsch- und Erinnerungstafeln mit Bildern der von der israelischen Armee ermordeten Hamas-Führer. Der Bürgermeister, der mit der Liste des »Islamischen Blocks für Veränderung und Reform« die Stadtratswahlen gewonnen hat, Scheich Wajih Kawas, kann uns allerdings nicht empfangen. Er sitzt seit zweieinhalb Jahren in israelischer »Administrativhaft« – ohne Anklage und ohne Gerichtsverfahren also. Man erwartet hier allgemein, dass er bald freigelassen wird.

Bislang, sagt der Leiter der Öffentlichkeitsarbeit in der Stadtverwaltung, habe sich durch den Wahlsieg der Islamisten nichts geändert: »Die arbeiten sich erst ein.« Auch er meint, dass die Einwohner von Qalqiliya in erster Linie gegen die Palästinensische Autorität gestimmt haben, mit der der alte Bürgermeister und der alte Stadtrat nun einmal assoziiert werden. Die Intifada habe der Wirtschaft der Stadt geschadet, die Arbeitslosigkeit sei enorm gestiegen. Wer keine Arbeit habe, sei eher bereit, sich von Hamas unterstützen zu lassen und wohl auch Hamas zu wählen. Natürlich wollen die Leute Frieden, aber doch nur einen Frieden, dessen Früchte sie ernten können, wirtschaftlich und in Bezug auf die Reisefreiheit etwa.

Der Stadtverwaltungsbeamte ist zweifellos kein Anhänger der neuen Mehrheit im Rat. Aber der Stadtrat sei ja nun nicht eigentlich für Politisches zuständig, erklärt er, sondern für städtische Dienstleistungen, und da sei die »politische Farbe« nicht so wichtig. Er sei wirklich »glücklich, dass wir Demokratie praktiziert haben«. Man habe die Wahl zwischen drei konkurrierenden Listen gehabt, und das sei doch schön. Ihm mache die Wahlfreiheit Spaß. Und plötzlich fällt ihm ein lustiger englischer Spruch ein: »Drop the gun, it's time for fun.«

Dann hat Hisham al-Masri, der amtierende Vertreter des inhaftierten Stadtvorstehers, Zeit für uns. Masri, stiernackig, mit dichtem Bart, ist Apotheker, und als solcher wird er wie ein Arzt »Doktor« genannt. Der Vierundvierzigjährige ist seit seiner Jugend bei der islamischen Bewegung. Auf Einzelheiten will er nicht eingehen, er klärt aber, auch wenn wir danach nicht gerade gefragt haben, gern über den Islam als solchen und über die Unterschiede zwischen Sozialismus, Kapitalismus und Islam auf. Schwerer fällt es ihm, konkrete Projekte der Stadtregierung zu beschreiben oder das Gebäude der Stadtverwaltung auf dem Luftbild von Qalqiliya zu finden, das eine Wand ziert. Er arbeitet sich noch ein. Natürlich wolle man die Projekte der alten Stadtverwaltung weiterführen, erklärt er, vielleicht »etwas aktiver« als die Vorgänger, schließlich habe man Leute mit gutem Ruf in den Stadtrat gebracht. »Wenn Gott will, werden wir eine gute Verwaltung aufbauen.«

Ein wenig geniert ist Masri von unseren Fragen nach Koordination und Kooperation mit den zivilen und militärischen Behörden Israels. Als Bürgermeister, sagt er, sei man schließlich den Gesetzen der Palästinensischen Autorität unterworfen; und wenn es im Interesse der Stadt liege, koordiniere man auch mit israelischen Stellen. Qalqiliya bekommt seinen Strom aus Israel, und wenn man die Öffnungszeiten der »landwirtschaftlichen Übergänge« verlängern will, muss man das mit den Militärbehörden arrangieren: »Ich muss doch Israel nicht anerkennen, wenn ich Verwaltungskontakte habe. Das ist doch keine Politik. Schließlich geht es darum, dass die Leute hier leben wollen und bestimmte Dienstleistungen brauchen.«

Ob Israel ihn, den Hamas-Vertreter, als Bürgermeister akzeptiere? »Ja, warum nicht? Israel muss doch mit uns zusammenarbeiten, wir sind schließlich Teil der palästinensischen Administration und frei gewählt.«

Qalqiliya ist, trotz Umzäunung, eine freundliche Stadt geblieben. Die während der letzten israelischen Invasion zerstörten grünen Mittelstreifen auf den beiden Hauptstraßen hat man wieder hergerichtet und mit Palmen bepflanzt, die von den Panzern platt gewalzten Ampelanlagen wurden wieder aufgebaut – die Autos halten sogar. Einzäunung und wirtschaftliche Misere aber lassen sich nicht durch ein paar städtische Verschönerungen wettmachen. Ein großes Gefängnis sei die Stadt, meint der Vizegouverneur, zurzeit sei der Ausgang zwar geöffnet, aber er könne jederzeit wieder geschlossen werden.

Zum Abschluß gehen wir in den Zoo von Qalqiliya, den einzigen in den palästinensischen Gebieten. Mit der Frage des deutschen Journalisten, ob von der Herrschaft der Hamas im Stadtrat am Ende der Zoo, ein Erholungsgelände für alle Einwohner, betroffen sein könnte, weiß der Aufseher wenig anzufangen. Also vertiefen wir das Gespräch beim Rundgang nicht. Wir sehen die Giraffe, die über den Zaun ihres Geheges Kontakt mit den Besuchern aufnimmt. Über den Zaun, der die Stadt umschließt, könnte auch sie nicht hinwegschauen. Es gibt ein paar Affen, Gazellen, Strauße, selbst mehrere Bären und Löwen, die allerdings in nicht sehr raubtierfreundlichen Käfigen untergebracht sind. Der syrische Braunbär und die Braunbärin laufen in ihrer Zelle unablässig im Kreis herum. Irgendwie scheint der Zoo dem Rest der Stadt ganz ähnlich.

Jerusalem ist verloren

IN DER STADTVERWALTUNG von Jerusalem treffe ich mich mit Herrn G., der nicht namentlich genannt werden möchte. Herr G. ist ein gebildeter Mann, säkular, weltoffen und unter anderem für die Beziehungen der Stadtoberen zum arabischen Bevölkerungsteil zuständig. Herr G. findet es bedauerlich, dass die Araber an den Stadtratswahlen nicht teilnehmen. Das ist tatsächlich so: Die Palästinenser, die 1967 mit der Eroberung Ostjerusalems und der restlichen Westbank Einwohner des nun »vereinigten« Jerusalem würden, haben die Besetzung und die folgende Annexion Ostjerusalems durch Israel nie akzeptiert. Sie haben israelische Identitätskarten und Anspruch auf bestimmte Sozialleistungen, die den Einwohnern Israels zustehen, von relativ wenigen Ausnahmen abgesehen haben sie aber nie die Einbürgerung nach Israel beantragt. Nach internationaler Auffassung gelten Ostjerusalem und der Rest der Westbank als besetzt. Israel betrachtet die Gebiete aber als Teil des eigenen Staates und verlangt von den Einwohnern, Steuern an Israel zu zahlen. Es hat brachliegendes Land an die Israel Land Authority übertragen und spricht von jüdischen Siedlungen, die seit 1967 im östlichen beziehungsweise arabischen Teil der Stadt entstanden sind, nicht als »Siedlungen«, sondern als »jüdische Nachbarschaften«.

Er glaube, sagt Herr G., der Widerstand der Araber gegen die Teilnahme am politischen Prozess in Gesamtjerusalem werde allmählich nachlassen: »Die könnten doch viel mehr Druck machen, wenn sie im Stadtrat vertreten wären.« Mit Blick auf die Zukunft sei die Situation sogar »ganz faszinierend.« Der Bevölkerungsanteil der orthodoxen Juden und der Araber wachse tendenziell: »Ein Drittel Orthodoxe, ein Drittel Araber. Die werden die Stadt gemeinsam führen, die haben schließlich die gleichen Probleme.« An »sektoraler Politik« hätten schließlich noch alle Gruppen Gefallen gefunden: Die Araber könnten dann mehr kommunales Geld für die arabischen Viertel abzweigen und ihre Situation akzeptieren.

Ob denn die arabische Bevölkerung, frage ich, nicht Recht habe, wenn sie über Diskriminierungen klage – darüber vor allem, dass es für Araber besonders schwer ist, eine Baugenehmigung zu erhalten, und dass im arabischen Teil Jerusalems, pro Einwohner und absolut, sehr viel weniger Geld für Schulen, Straßen und andere städtische Einrichtungen ausgegeben wird als in Westjerusalem oder in den jüdischen Siedlungen der Stadt. Die Siedlungen werden nämlich administrativ wie Teile Westjerusalems behandelt, auch wenn sie im Osten der Stadt liegen. »Diskriminierung«, sagt G., das sei doch wohl ein zu scharfes Wort. Der Weg durch die Instanzen sei zweifellos sehr lang. Die Araber würden ihn zuweilen abkürzen, indem sie illegal bauen – und illegale Gebäude würden eben schon einmal abgerissen.

Erst auf Nachfrage wird Herr G. deutlicher: Natürlich liege der Vergabe von Baugenehmigungen und der Ausweisung bestimmter Flächen als Bauland eine »geopolitische Planung« zugrunde. Selbstverständlich gehe es seit 1967 darum, in Jerusalem eine jüdische Mehrheit zu garantieren »und den Weg zurück zu versperren«, räumt er ein: »Zuerst hat man die Hügel besiedelt«, die Ostjerusalem umgeben und mit dem Westjordanland verbinden, »dann hat man die Täler aufgefüllt.«

Der »Zaun« sei ein weiterer Schritt gewesen zur Festigung der jüdischen Dominanz in Jerusalem. Damit kommt Herr G. auf seinen Eingangsgedanken zurück, zu der von ihm erwarteten allmählichen Akzeptanz des Status quo durch die Araber. »Egal wie lang der Zaun stehen wird« – Herr G. spricht immer vom »Zaun«, auch wenn hier, in Jerusalem, eine bis zu acht Metern hohe Mauer steht –, »er wird Fakten schaffen, die ich positiv sehe: Zum einen wird die arabische Bevölkerung von ihrem Hinterland getrennt, zum andern wird sie deshalb ein neues Verhältnis zu Jerusalem entwickeln.«

Seit die Mauer Ostjerusalem weitgehend umschließt, kommen tatsächlich viele Palästinenser, die in den neunziger Jahren nach Ramallah oder in die Vororte Jerusalems gezogen sind, zurück in die Stadt, um den angekündigten Verlust ihrer Bürgerrechte zu vermeiden und nicht ausgesperrt zu werden. Herr G. findet das »bemerkenswert«, denn offensichtlich versprächen diese Leute sich doch wirtschaftliche Vorteile davon, innerhalb der Stadtgrenze zu leben: »Es fällt auf, dass man in Kauf nimmt, umzäunt und abgetrennt zu sein« und »instinktiv« versuche, nicht außerhalb des Zauns zu verbleiben. Das werde Folgen haben. Die arabische Bevölkerung werde an der »Stadtpolitik« teilnehmen – dazu brauche man ja nicht einmal Israeli zu werden. Und auch die jüdische Bevölkerung, prophezeit Herr G., werde ein anderes Verhältnis zur arabischen entwickeln: »Denn wer drin ist, den kann man nicht mehr aus der Welt schaffen.«

Zwei Dinge möchte ich von Herrn G. noch wissen: Was seine Vision von der Entwicklung Jerusalems für ein zukünftiges israelischpalästinensisches »Endstatusabkommen« bedeute und ob er nicht, wie einige Beobachter aus dem israelischen Sicherheitsapparat, befürchte, dass es zu einem neuen palästinensischen Aufstand, diesmal in Jerusalem, kommen könne. »Darf ich das ganz brutal beantworten?«, fragt G.: »Jerusalem ist verloren – für die Araber natürlich. Wir haben beim Bau des Zauns ja auch auf einige Stadtteile verzichtet.«

Insgesamt dürften einige zehntausend arabische Einwohner Jerusalems außerhalb der neuen Stadtmauern bleiben. Israels stellvertretender Ministerpräsident Ehud Olmert hat ihre Zahl mit fünfundfünfzigtausend angegeben; sie müssen, wenn die Anlage fertiggestellt ist, einen der bewachten Übergänge benutzen, um zu ihren Arbeitsplätzen, zu Krankenhäusern oder zu den Behörden in der Innenstadt zu gelangen. Zu den ausgegrenzten Stadtteilen gehört das Flüchtlingslager Shuafat, in das sich schon jetzt kein israelischer Polizist traut. Niemand sage das so, erklärt Herr G., aber natürlich könne man solche Viertel, die seit 1967 innerhalb der administrativen Grenzen Groß-Jerusalems liegen, gern an den zukünftigen Palästinenserstaat abgeben.

Und eine Intifada in Jerusalem? Herr G. verzieht das Gesicht. Nein, das glaube er eigentlich nicht. Vielleicht müsse man trotzdem daran denken. Man »muss die Leute besser behandeln«, denn die arabischen Einwohner Jerusalems lebten jetzt, »wo sie vom Hinterland abgetrennt sind«, natürlich unter schlechteren Bedingungen. Man müsse ihnen deshalb das Gefühl geben, »im selben Boot zu sitzen«, dazu müsse man auch auf jüdischer Seite umdenken. Die Aussichten seien gar nicht so schlecht, denn »wenn die Furcht der Juden schwindet, dass Jerusalem verloren geht« – ja, natürlich meine er die Teile der Stadt, »die 1967 dazugekommen sind« –, diese Furcht, die bislang noch bestehe, weil Israel mit seiner Position ja international isoliert sei, dann »können wir auch großzügiger sein«, was wohl heißen soll, dass die Diskriminierungen – die es offiziell natürlich nicht gibt – nachlassen würden. »Historisch gesehen«, schließt Herr G., seien das alles – der Bau des Zauns und die »Definition des Terrains« – »sehr bedeutende Schritte«, und dann fügt er nachdenklich hinzu: »Ich frage mich, warum die Palästinenser das schlucken. Ich glaube, sie sind sehr schwach …«

Tatsächlich ist die Offenheit, mit der Herr G. sich äußert, bemerkenswert. Er selbst ist am Ende erschrocken darüber und dringt darauf, ihn nicht namentlich zu nennen. Letztlich bestätigt der hohe Beamte, was Kritiker der israelischen Regierungspolitik ohnehin behaupten: Dass man die hohen Mauern in Jerusalem nicht nur errichtet habe, um Terrorgefahren abzuwehren. »Ihr Hauptziel«, so der israelische Historiker Tom Segev in einem Zeitungsbeitrag, »ist es, die ›demografische Gefahr‹ zu reduzieren: und das heißt, die Zahl der Araber, die in der Stadt leben.«[27] Es gehe darum, wer die Stadt kontrolliert.

Jugendbegegnungen (2): Kultur gegen Ghetto

IM ARABISCHEN TEIL DER STADT sitzen sechs junge Leute um einen Konferenztisch in einer Ostjerusalemer Einrichtung, die den Raum zur Verfügung gestellt hat. Eigentlich sei man zu Zwölft in der Gruppe, die sich *Ufuq Maqdissiya* (Jerusalemer Horizonte) nennt, und man hat auch sehr ordentlich an zwölf Plätzen Papier und Bleistift ausgelegt. Aber es kommt dann doch nicht jeder. Die sechs Anwesenden haben eine Tagesordnung erstellt, die sie nun abarbeiten. Fadi, mit achtundzwanzig der Älteste und heute auch der einzige Mann in der Gruppe, leitet die Diskussion. Die jungen Leute haben sich vor drei Monaten zusammengefunden, einige kannten sich, einige nicht, um etwas für Jugendliche zu machen in Jerusalem – im arabischen Ostjerusalem, um genau zu sein, aber auch hier redet man nur von Jerusalem, auf Arabisch *al-Quds*.

Man will einen Kulturtag ausrichten, der in zwei Monaten stattfinden soll. Heute ist eine der wöchentlichen Planungssitzungen. Man geht Ablaufpläne durch, die Liste der Teilnehmer, Fragen zum Konzept und zur Botschaft, die von der Veranstaltung ausgehen soll, und man verteilt die Aufgaben. »Also sind wir uns einig«, fragt die sechsundzwanzigjährige Elise, »dass die Pfadfinderband den Anfang macht?« Ja, denn »die machen Krach, und das bringt Aufmerksamkeit«, sagt Fadi. Die eigene Gruppe wolle man vielleicht lieber mit einem Sketch vorstellen als durch eine Rede. Alle halten das für eine gute Idee, nur Fadi hätte vor dem Sketch gern noch eine Ansprache. Aber wie macht man einen Sketch? Ruba kennt jemanden, der Theaterwissenschaft studiert hat und sich jetzt Regisseur nennt. Also soll sie sich mit ihm treffen und herausfinden, ob er der Gruppe helfen will, kostenlos natürlich.

Was soll der Sketch, was soll die ganze Veranstaltung überhaupt ausdrücken? »Wir wollen die Ambitionen der Jugend darstellen«, sagt Khulud, siebenundzwanzig Jahre alt und die einzige Frau, die hier ein Kopftuch trägt. Man verständigt sich zunächst auf das Motto »Jerusalemer Horizonte« und den Untertitel »Das jugendliche Leben in Jerusalem«. Da es um die Besonderheit Jerusalems geht, will man keine Künstler aus Ramallah oder anderen Orten in den palästinensischen Gebieten einladen. Ein Komitee, das die Musiker, Bands, Dichter und bildenden Künstler auswählt, muss noch gebildet werden. Junge Leute, die gerne auftreten oder ihre Bilder ausstellen wollen, gibt es offenbar genug, doch man legt Wert auf Qualität. »Wir wollen doch deutlich machen«, sagt Fadi, »dass die Jerusalemer Jugendlichen etwas zu bieten haben und nicht nur ein Haufen von Kiffern sind.« Man will sich politisch nicht vereinnahmen lassen und verzichtet daher nach Möglichkeit auf Sponsoren: »Es geht schließlich darum zu zeigen, was wir Jugendlichen selbst können«, meint Khulud.

Die sechs Mitglieder der Gruppe sind selbstbewusst und gut ausgebildet. Fadi ist Betriebswirt und bei einer internationalen Organisation angestellt; Khulud hat Biologie und Kunst studiert und arbeitet als Kunsterzieherin; Ruba hat einen Abschluss in »Tourismuswirtschaft« und verdient ihr Geld in einem Reisebüro, Hayat hat einen Bachelor of Arts (BA) in Englisch und Journalistik und ist als Verwaltungsassistentin tätig; Elise, die als Einzige im Ausland studiert und ein Magisterexamen in Soziologie in Amsterdam abgelegt hat, arbeitet als Programmmanagerin in einer wissenschaftlichen Einrichtung; Yasmin, mit dreiundzwanzig Jahren die Jüngste in diesem Kreis, hat einen Bachelorabschluss in Psychologie und verbindet zwei Halbtagsjobs in unterschiedlichen Sozialeinrichtungen.

Als die Tagesordnungspunkte abgehakt sind, ist noch Zeit für ein Gespräch mit mir. Man wolle etwas auf die Beine stellen, erklärt Ruba, weil in Ostjerusalem »nichts los« sei. Es gebe kein Kino und nur wenige, aber teure kulturelle Events, die im Wesentlichen von den Ausländern besucht würden. Natürlich könnten die Jugendlichen nach Westjerusalem ins Kino gehen, aber da seien sie als Araber grundsätzlich verdächtig, fühlten, dass sie nicht willkommen seien. Ihr Ziel sei es, ergänzt Fadi, das kulturelle und soziale Niveau der Jugendlichen in Jerusalem – sprich Ostjerusalem – mit Hilfe kultureller, nicht politischer Veranstaltungen anzuheben.

»Nicht politisch« heißt aber keineswegs unpolitisch zu sein. Man will sich vielmehr von der etablierten Politik der oft monopolistischen Parteien und Bewegungen frei machen. Keinen Augenblick verlieren die jungen Leute der *Ufuq*-Gruppe den politischen Hintergrund der Situation aus den Augen, die sie ändern wollen, und sie begreifen sich selbst und ihre Bemühungen auch als politische Aktivität.

Die Situation von arabischen Jugendlichen in Jerusalem beschreiben die sechs vor allem mit einem Begriff: Identitätsverlust. »Wir in Ostjerusalem sind weder ein Teil der Palästinensischen Autorität, noch erkennt Israel uns an«, meint Khulud. »Die Jugendlichen hier wissen nicht, wohin sie gehören«, sagt Yasmin, und Khulud führt aus: »Du bist Palästinenser, hast eine israelische Identitätskarte als Einwohner Jerusalems und vielleicht einen jordanischen Pass. Da weißt du wirklich nicht, was du bist.« Mit dem Identitätsproblem vermische sich, zumal im arabischen Teil der Altstadt, wo ganze Familien gelegentlich in einem Raum hausten, die blanke Not. Zudem seien die Drogen ein Riesenproblem, erklärt Yasmin, und sie halte es wie viele andere nicht für unwahrscheinlich, dass es einen israelischen Plan gebe, Ostjerusalem durch die Verbreitung von Drogen zu ruinieren und zu »judaisieren«. Einige widersprechen, aber das Drogenproblem bestreiten sie nicht. Es sei Teil des sozialen und kulturellen Verfalls, meint Fadi.

Ein überdurchschnittlich hoher Teil der Ostjerusalemer Jugendlichen bricht die Schule ab, spricht weder Arabisch noch Hebräisch besonders gut und arbeitet in schlechten Jobs und zum Mindestlohn oder darunter bei israelischen Arbeitgebern. Es gebe wenig, mit dem Jugendliche sich identifizieren können: »Sie hören israelische Musik, wissen aber, dass sie bei den Israelis Bürger zweiter Klasse sind.«

Von den Israelis sei man besetzt, von der Palästinensischen Autorität werde die Stadt vernachlässigt. Politische Parteien, die glaubwürdig die Sache der arabischen Jerusalemer vertreten, gebe es nicht. Insofern, sagt Elise, sei es schwer vorstellbar, dass man über die Politik – gar über die Mitarbeit im israelischen Stadtrat – etwas ändern könne. Man würde damit letztlich nur Besatzung und Annexion anerkennen. Politische Aktivisten der palästinensischen Sache würden regelmäßig verhaftet, und sich mit den Drogenbanden anzulegen, sei auch nicht zu empfehlen. Im kulturellen Bereich etwas zu tun sei aber möglich – und nötig. »Sonst«, stimmt Hayat ihr zu, »stirbt hier nämlich alles.«

»Vielleicht«, überlegt Khulud, die Kunstlehrerin, »öffnest du den jungen Leuten mit der Kultur den Blick auf etwas Neues«, darauf, dass sie etwas anderes tun können, als auf der Salah-al-Din-Straße (der Hauptstraße Ostjerusalems) herumhängen und Mädels belästigen. »Kultur«, wirft Fadi ein, »ist auch eine Art des Widerstands.« Khulud stimmt zu: »Ich könnte kein Gewehr nehmen«, ohnehin sei die Militarisierung der Intifada ein großer Fehler gewesen und habe die Palästinenser international als Gewalttäter, nicht als Gewaltopfer erscheinen lassen. Dennoch müsse jeder Widerstand leisten, »und mein Platz ist eben in der Kultur«. Die israelische Regierung suche die arabischen Charakteristika Jerusalems nach und nach auszulöschen – wie in Jaffa, dessen arabische Architektur zum pittoresken Programmpunkt im israelischen Tourismus geworden sei. In der gegenwärtigen Situation gelte es, die eigene – palästinensische – Kultur als Element der Identität zu pflegen. Fadi sieht da durchaus historische Parallelen: »Auch wenn sie uns in Ghettos oder Kantonen zusammensperren, so bleiben die Palästinenser doch. Das ist wie bei den Juden. Die haben doch – ich will das gar nicht gleichsetzen – auch alle Massaker überstanden und ihre jüdische Identität bewahrt.«

Auch hier stelle ich, wie Stunden zuvor in der Stadtverwaltung, die Frage, ob Ostjerusalem, wie die Palästinenser fordern, einst die Hauptstadt des palästinensischen Staates sein wird. Die Antwort kommt rasch, sie ist bitter, realistisch und einhellig: »Keine Chance«, sagt Hayat, »die Judaisierung wird fortschreiten. Das wird hier nicht anders als in jeder anderen arabischen Stadt in Israel.« Mit der weiteren Errichtung jüdischer Siedlungen und dem Bau der Mauer rund um das arabische Jerusalem, ergänzt Yasmin, »werden wir nur eins werden: eine Insel«.

Zaunperspektiven (3): Nicht zwei Melonen in einer Hand

DER MANN, der auf palästinensischer Seite versucht, Bürgerproteste und juristische Maßnahmen gegen die »Mauer« zu koordinieren, hat eine etwas ungewöhnliche Biografie, die gleichwohl die jüngste palästinensische und israelisch-palästinensische Geschichte spiegelt. Israelis schätzen ihn als Gesprächspartner, und auf palästinensischer Seite, das merkt man, wenn man ein paar Schritte mit ihm durch Ramallah geht, wo ihn jeder zu kennen scheint, ist er wirklich populär.

Qaddura Faris wurde 1962 in einem Dorf auf der Westbank geboren, der Vater war ein kleiner Bauer. Ein wenig Land und ein paar Schafe habe man gehabt, erzählt der hagere Mann mit der Brille. Mit achtzehn besorgen er und einige Freunde sich »ein paar primitive Waffen« und bilden eine kleine Widerstandsgruppe gegen die israelische Besatzung. »Wir fühlten uns unglaublich gut dabei, denn wir waren jung und«, so Faris heute, nahezu entschuldigend, »ungebildet, einfache Leute, Bauern. Die Schule habe ich doch nach der zehnten Klasse verlassen.« Die Waffen seien zum Einsatz gekommen. Man habe mit einer Pistole mehrfach auf eine Gruppe israelischer Soldaten geschossen, aber nicht getroffen, und dann eine alte Handgranate in den Bus der Soldaten geworfen, die aber nicht explodiert sei.

Die Israelis nehmen die jungen Männer fest. Faris wird zu siebzehn Jahren Haft verurteilt, vierzehn davon verbüßt er, von 1980 bis 1994. Als die erste Intifada beginnt, 1987, sitzt er im Gefängnis, als sie sechs Jahre später endet, sitzt er noch immer. Gleichwohl verbinden Israelis und Palästinenser ihn mit dem Aufstand. »Wir haben den Aufstand aus dem Gefängnis heraus mit Erklärungen und Aufrufen unterstützt«, sagt er. Ansonsten habe die Haftzeit ihm seine Jugend gestohlen, diesen Verlust aber gleichzeitig irgendwie kompensiert: »Ich war doch immer nur ein mittelmäßiger Schüler, der kein Interesse an der Ausbildung hatte. Das Gefängnis hat das geändert. Ich habe Hebräisch gelernt, habe das Abitur nachgemacht und begonnen, alles zu lernen, was man lernen konnte.«

Im Gefängnis unterrichten die palästinensischen Gefangenen sich gegenseitig; Faris versucht alles über Israel zu erfahren und zu verstehen. Als man ihn freilässt, nach den Oslo-Abkommen, schreibt er sich an der palästinensischen *al-Quds*-Universität für einen Magisterstudiengang in »Israel-Studien« ein. »Die haben mir besondere Bedingungen gegeben«, erinnert er sich, »wegen der langen Zeit im Gefängnis. Haben mich geprüft, in Hebräisch und Faktenkenntnis, und mich dann zugelassen, obwohl ich doch keinen BA hatte.« Einen Magister darf er dennoch nicht machen, das lässt der Rat für Hochschulerziehung nicht zu, den die neue Palästinensische Autorität eingerichtet hat. Man achtet auf Standards. Immerhin bekommt Faris ein Diplom.

Bei der Entlassung aus der Haft haben die Israelis ihm eine Aufenthaltsbeschränkung auferlegt. Er darf Jericho, die Kleinstadt im Jordantal, die der Palästinensischen Autorität infolge der Oslo-Abkommen zuerst übergeben wird, nicht verlassen. Als er versucht, sich mit einer gefälschten Identitätskarte größeren Bewegungsspielraum zu verschaffen, wird er ein weiteres Mal verhaftet, nach gut drei Monaten aber wieder freigelassen. Es ist das Jahr 1995, und die Zeichen stehen auf Entspannung und Kooperation. Faris kommt beim palästinensischen Sicherheitsdienst unter und wird nach kurzer Zeit zum Verbindungsoffizier im Liaisonkomitee, das die Koordination zwischen den israelischen Besatzungsbehörden und der PA übernehmen soll. Als die Wahlen zum Palästinensischen Legislativrat vorbereitet werden, steht sein Name auf der Fatah-Liste für den Bezirk Ramallah, doch als die von der alten Garde dominierte Führung mit Arafat aus dem tunesischen Exil zurückkehrt, wird er gestrichen. Faris kandidiert daraufhin als »Fatah-Unabhängiger« mit der stillen Unterstützung von Marwan Barghouti (mit dem erwähnten Mustafa Barghouti nicht direkt verwandt), dem etwa gleichaltrigen, charismatischen Fatah-Aktivisten, der die Liste anführt. Er präsentiert sich als Kandidat der Gefangenen, was Kritik an der Führung von Arafat impliziert, nämlich den Vorwurf, sich vor allem um Status und Privilegien der »Rückkehrer«, aber nicht sonderlich um das Schicksal der palästinensischen Mitbürger in den israelischen Gefängnissen zu kümmern.

Faris gehört zur Fatah-Fraktion im palästinensischen Parlament, erhält sich aber den Ruf, eine unabhängige, kritische Stimme zu sein. Für die Israelis wird er ein wichtiger Gesprächspartner – nicht nur, weil er so gut hebräisch spricht. Vermutlich liegt das an seiner Glaubwürdigkeit, aber auch an seiner Bereitschaft, die israelische Sicht der Dinge zu verstehen, was ja nicht heißt, die eigene Sicht oder gar die eigene Sache aufzugeben. Faris ist nicht grundsätzlich gegen Gewalt. Wenn Israel sich weigere zu verhandeln, sagt er, sei Widerstand gegen die Besatzung, gegen Soldaten und Siedler, legitim. »Man muss die israelische Gesellschaft zu der Überzeugung bringen, dass das Projekt der Besatzung ein Verliererprojekt ist, und zwar durch Dialog, aber eben auch durch andere Mittel, wo nötig. Keine Selbstmordattentate, keine Attentate auf Busse, auf Cafés, ich will überhaupt keine Israelis töten, aber wenn die israelische Armee eine Ausgangssperre über ganze Städte und Dörfer verhängt – warum machen wir dann nicht das Gleiche mit jüdischen Siedlungen? Das geht durch Sit-ins vor den Zufahrten, aber notfalls auch, indem man eine Siedlerstraße oder eine Brücke zu einer Siedlung sprengt.«

Warum die zweite Intifada nicht diesen Weg genommen habe, sondern eben den anderen, den der Militarisierung und den der Terroranschläge in Israel? »Weil wir bekloppt sind«, entfährt es ihm. Allenfalls Israel habe ein Interesse an der Militarisierung haben können und deshalb Chancen zur Beruhigung, die es immer wieder gegeben habe, durch Provokationen – gezielte Liquidationen von Hamas- oder Fatah-Kadern etwa – zerstört. »Die können das Militärische einfach besser, sie sind nun einmal eine militärische Macht, und sie haben auf unsere Dummheit, unseren Zorn und unsere Emotionen gebaut.«

Vieles habe dazu beigetragen, dass sich schließlich auch Fatah-Führer wie Marwan Barghouti, die auf die Oslo-Abkommen und ein friedliches Zusammenleben zweier Staaten setzten, auf die Militarisierung einließen. »Marwan ist von Teilen der Basis damals beschuldigt worden, ein ›Normalisierer‹ zu sein, der für den Ausgleich mit Israel eintritt. In der Fatah-Führung gab es Leute, die versuchten, seine Stellung zu untergraben, indem sie andere lokale Kader ermutigten, sich radikaler zu geben. Marwan hatte zudem Angst, Hamas das Feld zu überlassen. Er hat sich zunehmend als Revolutionär präsentiert und radikal gegeben. Am Ende hat er akzeptiert, dass einige seiner Anhänger tatsächlich ähnliche Aktionen wie Hamas unternehmen wollten – und unternahmen.«

Barghouti wurde im April 2002 von der israelischen Armee gefangen genommen und zwei Jahre später von einem israelischen Gericht zu mehrfach lebenslanger Haft verurteilt. Faris, der vor der Militarisierung gewarnt hat, sich gleichwohl weiter als Freund Barghoutis versteht, ist einen anderen Weg gegangen. Ende 2002, als die Israelis die »Mauer« oder den »Zaun« zu bauen begannen, nahm er sich als Abgeordneter im Legislativrat und später zeitweise als Minister ohne Portefeuille dieses Themas an: Er traf sich mit den Bewohnern der in Mitleidenschaft gezogenen Dörfer, unterstützte die Bildung lokaler Komitees. Damals, auf dem Höhepunkt der Auseinandersetzungen – »überall wurde gekämpft und gestorben« –, hätten die meisten Palästinenser dem Bau der Anlage wenig Aufmerksamkeit geschenkt. Als Bedrohung wahrgenommen hätten sie den Mauerbau erst, als er »sensible Gegenden« betraf: Jerusalem und die Orte, die plötzlich vom Rest der Westbank oder von ihrem Agrarland abgetrennt wurden.

Faris übernahm im Auftrag der PA die Rolle eines Koordinators der Komitees, die sich gegen den Mauerbau wehren. Er bezahlt israelische Rechtsanwälte, die im Namen Betroffener und ganzer Dörfer Klagen vor israelischen Gerichten einreichen. »Wenn die Mauer direkt vor den Häusern hochgezogen wird«, erklärt Faris, »und die Felder und Olivenplantagen liegen auf der anderen, der israelischen Seite, dann wird das Dorf praktisch zum Flüchtlingslager. Dann müssen wir uns darum kümmern, dass die Bewohner nicht wegziehen. Wenn wir es schaffen, die Mauer durch Gerichtsbeschluss verschieben zu lassen, können wir das Dorf und ein Stück palästinensischen Landes erhalten. Außerdem halten die Gerichtsverfahren den Mauerbau hier und da auf.«

Unausgesprochen geht man auf israelischer wie auf palästinensischer Seite davon aus, dass die Trennanlage in weiten Teilen die zukünftige Grenze determiniert – so lange jedenfalls, bis es eine verhandelte und einvernehmliche Lösung gibt. Dass es Israel dabei auch um Landgewinn und nicht allein um seine Sicherheit geht, ist schwer von der Hand zu weisen. Manchmal, erklärt Faris, erhalten die betroffenen Dörfer Hilfe von israelischen Organisationen wie dem »Rat für Frieden und Sicherheit«, den ehemalige Offiziere der IDF ins Leben gerufen haben. Die könnten von den Gerichten als Gutachter zu Rate gezogen werden und würden häufig auch für israelische Richter glaubwürdig demonstrieren, dass der von der Armee geplante Verlauf der Mauer sicherheitspolitisch nicht immer alternativlos ist.

Es sei unerlässlich, so weit wie möglich auf die israelische Gesellschaft zuzugehen, sie zu überzeugen, dass Frieden möglich ist, dass die fortgesetzte Okkupation der palästinensischen Gebiete dieses Ziel aber in weite Ferne rückt. »Es gibt ein Sprichwort bei uns«, sagt Faris, der Bauernsohn: »Du kannst nicht zwei Wassermelonen in einer Hand halten, das heißt: Ihr könnt nicht beides haben, Frieden und die palästinensischen Gebiete.«

Berater (1): »Draw your own borders«

AUCH IN ISRAEL gibt es sie noch, die Friedensoptimisten. Avi Gil ist fünfzig Jahre alt und brachte es als Karrierediplomat bis zum Generaldirektor des Außenministeriums in der Regierung von Yitzak Rabin und Shimon Peres. Letzteren berät er weiterhin. Ich treffe ihn im Café Ephraim an einer lebhaften Kreuzung in Tel Aviv. Jovial ist er, ein wenig rundlich, flink im Kopf. Da er kein Jackett trägt, hält er Autoschlüssel, Handy und Sonnenbrille beständig in der Hand.

Gil arbeitet für die Organisation eines amerikanischen jüdischen Milliardärs, der Frieden und Kooperation im Nahen Osten fördern will. Eines der Projekte, auf die Gil besonders stolz ist, beinhaltet die Entwicklung einer auf GPS-Technologie basierenden elektronischen Landkarte Israels und der besetzten Gebiete, bei der, je nach Nutzerbedarf, unterschiedlichste Informationen sichtbar gemacht werden: Bevölkerungszahlen, Straßen, Eisenbahnen, Industrie und Siedlungen, ja selbst, wenn man sich darauf »einzoome«, der Swimmingpool einer bestimmten Siedlung im Gazastreifen. »Wir sagen den Politikern, wenn wir ihnen das vorführen, immer: *Draw your own borders.* Sie sollen selbst sehen, was dabei herauskommt, wenn man eine bestimmte Grenzlinie adoptiert oder den Zaun entlang einer bestimmten Linie baut.« Die meisten Politiker verstünden nichts von den topografischen und geografischen Realitäten, die sie durch Grenzziehungen verändern. Mit der Landkartensoftware werde aber sofort klar, was sich demografisch zwischen jüdischen und arabischen Einwohnern Israels ändere, je nachdem, wie man die Grenze ziehe.

Gil ist optimistisch in Bezug auf die vernünftige Aufteilung des Landes zwischen Israel und dem Staat Palästina. Im Februar 2004, als Israel und die Palästinenser noch einen blutigen Kleinkrieg führten, habe seine Organisation eine Umfrage in Auftrag gegeben. Dabei hätten immerhin fünfundsechzig Prozent der befragten Israelis sich für eine Lösung ausgesprochen, die prinzipiell eine Rückkehr zu den Linien von 1967, einen gewissen Gebietsausgleich, eine administrative Teilung Jerusalems und den Verzicht der Palästinenser auf ein Rückkehrrecht palästinensischer Vertriebener und Flüchtlinge in den heutigen Staat Israel beinhaltet. Er habe sich angesichts dieser Ergebnisse gesagt: Wenn die Israelis vor allem an Sicherheit interessiert sind, dann lasst uns noch ein wenig mehr Sicherheit hinzugeben: einen Zaun und ein Sicherheitsabkommen mit den USA. Ein solches Paket habe dann sogar eine Zustimmung von sechsundsiebzig Prozent erhalten. Für ihn stehe außer Frage, dass die Israelis bereit seien, Jerusalem zu teilen, wenn das als Teil eines *package deals* daherkomme: »Die Israelis in ihrer Mehrheit wollen lieber eine permanente Lösung als ein Interim.«

In der fehlenden Bereitschaft, die Endstatusfragen anzugehen, liege die Problematik der Oslo-Verträge, die 1993 zwischen Israel und der PLO geschlossen wurden. Gil hat Oslo nicht mitverhandelt, gehörte aber als enger Mitarbeiter des Außenministers zu denjenigen, die man heute auf israelischer Seite für dieses Abkommen verantwortlich macht. Der gradualistische Ansatz der Verträge habe jeder Seite erlaubt, eine permanente Lösung zu antizipieren, die mit der anderen Seite eben nicht ausgehandelt war. Die Israelis, so Gil, »haben *facts on the ground* geschaffen, Siedlungen vor allem und Siedlerstraßen; die Palästinenser haben mit Terror reagiert«.

Man habe sich damals auf beiden Seiten die schmerzhaften Zugeständnisse, die eine permanente Lösung fordere, nicht zumuten wollen. Das aber sei falsch gewesen. Und dann erzählt Gil eine kleine, metaphorische Geschichte: »Sehen Sie, da ist der Jude, der eine junge Bulldogge geschenkt bekommen hat. Man erklärt ihm, er müsse dem Hund den Schwanz kupieren lassen. Er fährt also mit dem Welpen zum Tierarzt und fragt diesen, warum das denn notwendig sei, warum man dem Hund denn unnötig Schmerzen bereiten müsse. Der Tierarzt erklärt, dass der Eingriff für den Hund und für dessen Gesundheit gut sei. Na, sagt der Jude darauf, wenn es sein muss, dann machen Sie es bitte graduell – immer nur ein Stückchen.«

Mit dem Gaza-Abzug, sagt Gil, sei ein Prozess in Gang gesetzt worden, der sich letztlich nicht aufhalten lasse. Israel nähere sich der Entscheidung über eine permanente israelisch-palästinensische Lösung, den Endstatus. Der Inhalt eines Endstatusabkommens sei letztlich allen klar. Es bleibe deshalb nur zu fragen, wer dafür und wer dagegen sei. Darüber werde sich wohl die israelische Parteienlandschaft neu formieren. Es sei auch völlig irrelevant, was Ariel Sharon, Israels Premierminister, der diesen Prozess ausgelöst habe, mit dem unilateralen Abzug aus Gaza eigentlich bezwecke. Allzu viel werde da hineininterpretiert: Die einen seien überzeugt, er wolle mit dem Gaza-Abzug die Westbank umso fester in israelischer Hand behalten, andere vermuteten einen echten Sinneswandel auf Seiten des alten Haudegens.

Gil, der in der politischen »Küche« von Rabin und Peres gearbeitet hat, meint, dass man oft viel zu viel strategische Planung, zu viel komplizierte, sophistizierte Überlegungen in Dingen sehe, die sich tatsächlich einfach entwickelten. Sharon habe wahrscheinlich gar keinen langfristigen, strategischen Plan. Das Gleiche gelte übrigens für die israelische Wahrnehmung der Palästinenser, besonders ihres langjährigen Führers Yasir Arafat: »Da haben wir doch immer gedacht, der hätte unter seiner Keffiyeh einen Super-Pentium-Prozessor, der ständig Kosten und Nutzen jeder Aktion kalkuliert und danach das Feuer kalibriert.« Unsinn sei das alles. Auf der palästinensischen Seite seien manche Dinge einfach geschehen, und die führenden Leute hätten vieles nicht geplant – das gelte ganz sicher für die zweite Intifada –, sondern einfach laufen lassen.

Die Israelis, erklärt Gil mit Blick auf die Entwicklungen in seinem eigenen Volk, seien heute, nach viereinhalb Jahren Krieg mit den Palästinensern und angesichts der unilateralen Schritte Sharons, sehr viel weniger enthusiastisch, was Frieden und die Zusammenarbeit mit ihren Nachbarn angehe, als 1993, nach den Oslo-Verträgen. Dennoch, solche Kooperation werde stattfinden: »Ich glaube, die Leute werden überrascht sein, wie schnell Israelis und Palästinenser ihre Feindschaft überwinden und zusammenarbeiten. Wenn nur ein Jahr Ruhe herrscht und die Grenzen wieder offen sind, werden die Israelis auch wieder nach Qalqiliya fahren, um dort einzukaufen und ihre Autos reparieren zu lassen.«

Der Grenzzaun – oder die Mauer –, die Israel heute baue, werde dann als große Idiotie erscheinen. Das spreche nicht unbedingt gegen den Zaun, ohnehin seien das eigentliche Problem die Tore, die Übergänge, letztlich die Frage, wie man trotz einer Grenze mit der anderen Seite kommunizieren könne. Auch andere Staaten hätten Grenzen, die man nicht einfach überall überschreiten könne. Man müsse bestimmte Übergänge nutzen. Der Zaun werde Israelis und Palästinenser gewahr werden lassen, dass sie solche Übergänge brauchen.

Israel, davon ist Gil überzeugt, sei gerade in den zehn Jahren nach Oslo zunehmend »normal« geworden. Das Land sei heute weniger kollektivistisch, sehr viel individualistischer, welt- und globalisierungsoffener als das Israel der Jahrzehnte zuvor. Er wolle, ergänzt Gil nach einigem Überlegen, nicht sagen, dass Israelis heute weniger patriotisch seien als in den Gründungsjahrzehnten, es gebe aber »andere Wege, diesen Patriotismus auszudrücken, als für das geliebte Vaterland zu sterben«.

Er habe in der Schule noch viel über das Heldentum der israelischen Soldaten lesen müssen. Heute sei man nicht mehr »durch eine solch nationalistische Religiosität vergiftet«. Israel und die Israelis wollten normal sein, was nicht bedeute, dass ihre Skepsis gegenüber den Intentionen der »anderen Seite« geringer geworden ist.

EYAL ARAD TREFFE ICH in seinem Büro im Norden von Tel Aviv. Auch er strahlt Zuversicht aus. Der sportliche Endvierziger (»Ich bin genau zehn Jahre nach der Unabhängigkeit Israels geboren worden.«) hat seine eigene Werbefirma, macht PR-Kampagnen für Elektrofirmen, Hamburgerketten, Hotels und politische Akteure. Inoffiziell berät er Ariel Sharon, den derzeitigen Ministerpräsidenten Israels. Arad ist selbst Likud-Mitglied – »natürlich, seit ich siebzehn bin« – und ein quintessenzieller Yuppie: Jeans und Polohemd, getrimmter Fünftagebart, kurz geschorene Haare, etwas moderne Kunst im Büro und um sich herum nur junge Leute.

An einer Wand seines Büros hängt eine Reproduktion einer Verwaltungskarte des britischen Mandatsgebiets Palästina von 1938. »Wir können das ganze Gebiet Palästina nennen«, sagt Arad, »wie die Briten das getan haben oder vorher die Römer. Hadrian hat schließlich im Jahre 135 den Namen Palästina eingeführt, um nach der blutigen Rebellion dieses kleinen unbekannten Stammes der Juden den Namen Judäa auszulöschen. Oder wir können das ganze Gebiet hier Israel nennen, so wie wir das tun. Aber ich finde auf dieser Landkarte keinen Bezirk, der Westbank heißt.« Dann tritt er näher an die Karte heran und weist auf die administrativen Einteilungen: »Wir haben hier Jerusalem, den Bezirk Gaza und den Bezirk Samaria – nicht etwa Nablus, was doch die größte Stadt in diesem Bezirk war. Nicht wir haben also den Namen Samaria erfunden; das, was Sie die nördliche Westbank nennen mögen, hieß schon immer so. Es gibt historisch keine Westbank. Die Jordanier haben das Gebiet, das sie nach dem Waffenstillstand von 1949 illegal – ich wiederhole illegal – annektiert haben, so genannt. Müssen wir uns deshalb daran halten, wenn wir versuchen, das Land mit den Palästinensern zu teilen?«

Er könne, ergänzt Arad, intellektuell wohl verstehen, dass die Palästinenser genauso viel Recht auf das ganze Land hätten wie die Juden. Er könne auch Empathie empfinden – mitfühlen mit den Palästinensern, im Gegensatz übrigens zu diesen: »Die Palästinenser sind total unfähig, Empathie zu fühlen«, so sein sehr eindeutiges Urteil. Aber sich darauf einzulassen, das »Land Israel« entlang eher zufälliger Waffenstillstandslinien zu teilen, das sehe er nicht ein. Man sei ja bereit, Konzessionen zu machen, schmerzhafte Konzessionen – hier benutzt er einen Begriff, den auch Ariel Sharon immer wieder im Munde führt –, und das Land zu teilen. Das solle die andere Seite doch bitte anerkennen.

Ich frage Arad, seit wann er als langjähriges Likud-Mitglied denn davon überzeugt ist, dass eine Teilung des Landes zwischen Israelis und Palästinensern notwendig sei. »Irgendwann nach Oslo«, antwortet Arad, »die Oslo-Abkommen von 1993 waren für uns natürlich ein großer Schock. Wir haben uns klar werden müssen, dass diese Abkommen objektiv irreversibel sein werden. Damals, vor Oslo, gab es drei wesentliche Konfliktpunkte in der innerisraelischen Debatte: Erstens, wie viel Land man den Palästinensern geben soll. Da haben wir, die Rechte, natürlich gesagt: gar nichts. Andere wollten ihnen praktisch alles geben, bis hin zu den Linien von 1967. Zweitens, was für eine Art von politischem Gemeinwesen die Palästinenser haben würden. Da haben wir gesagt: Autonomie. Andere haben von einem Staat geredet. Und drittens, wer wohl das palästinensische Gemeinwesen kontrollieren werde. Wir haben nach einer lokalen Führung gesucht, aber die Möglichkeit, dass es die PLO oder Hamas sein würde, war auch damals vorhanden.«

Oslo, erklärt Arad, gab klare Antworten auf einige dieser Fragen: Es würde eine territoriale Teilung geben, und es würde ein Territorium mit »absoluter palästinensischer Herrschaft« geben. Damit sei zu klären gewesen, wie viel des Territoriums jede Seite erhalten sollte. Das Konzept einer funktionalen Aufgabenteilung – klar gesagt, ein Konzept, dem zufolge die Palästinenser unter israelischer Herrschaft bleiben würden, aber selbstständig für Schule, Gesundheitswesen und die Müllabfuhr zuständig sein sollten – war vom Tisch: »Je schneller wir uns damit abfinden«, habe er sich damals gesagt, »desto besser.« Mit den Oslo-Verträgen sei aber auch klar geworden, dass die PLO die palästinensischen Territorien kontrollieren würde. Und das, meint Arad, der frisch aus seinem Likud-Herzen spricht, sei »vielleicht das Schlimmste, das wir den Palästinensern angetan haben: Dass wir der PLO, dieser Gruppe von Mördern und Vergewaltigern, die Kontrolle über die Territorien gegeben haben.«

Immerhin hätten die Westbank-Palästinenser ja unter israelischer Herrschaft Meinungsfreiheit und Rechtsstaatlichkeit kennen gelernt. »Nicht absolut«, räumt er ein, aber doch mehr als in den umliegenden arabischen Staaten. Die PLO aber entstamme nun einmal »der despotischen Tradition arabischer Regime«. Also habe mit dem Oslo-Abkommen eine neue Phase begonnen. Man habe damals realisieren können, dass es einen existentiellen Konflikt über die Trennlinie zwischen Israel und dem zukünftigen palästinensischen Staat geben werde: »Das machen Staaten schließlich so: Sie führen Krieg gegeneinander, sitzen dann zusammen und einigen sich auf eine Grenzlinie.«

Schlimm an Oslo sei vor allem gewesen, dass es auf beiden Seiten falsche Erwartungen geweckt habe. Hier ist seine Analyse gar nicht so weit von der des Peres-Beraters Gil entfernt. »Ich habe nie gesagt«, erklärt Arad seine Haltung weiter, »Oslo sei gegen Gottes Gebote oder so. Das ist nicht meine Linie. Ich bin totaler Atheist. Meine Linie war, dass Oslo falsch sei, zur Explosion führen werde, aber gleichzeitig Realitäten geschaffen hat.« Und so sei es gekommen.

Alle Regierungen, die von Rabin, die von Peres, die von Netanjahu und die von Barak, hätten versucht, die Explosion zu verhindern. Sie habe aber irgendwann kommen müssen. Ariel Sharon, hier verteidigt der Berater seinen prominenten Freund, habe damit gar nichts zu tun. Dem heutigen israelischen Ministerpräsidenten vorzuwerfen, sein damaliger Besuch auf dem Tempelberg sei der Funke gewesen, der die Dinge in die Luft gejagt habe, sei einfach falsch. Sie wären so oder so explodiert. Die Realität sei doch, erklärt Arad weiter, dass Palästinenser und Israelis mit echter Angst um ihre Existenz leben. Nicht nur um ihre persönliche Existenz, sondern auch um die Existenz ihres Staates und die ihrer Gemeinschaft. Beide kämpften deshalb ums Überleben, »und in einem Überlebenskrieg ist alles erlaubt. Deshalb war der Krieg so viel bitterer und blutiger als die Kriege, die wir früher zu kämpfen hatten. Und dieser Krieg, die zweite Intifada, hat bei uns das Gefühl gestärkt, dass wir für die andere Seite kein Mitgefühl haben müssen.«

Früher, nach 1993, hätten die Israelis von einem echten Friedensvertrag geträumt, hätten gehofft, »dass wir die Araber danach umarmen können oder nach Damaskus fahren, um Hommos zu essen«. Daran glaube heute keiner mehr. Ein »relativer Friede«, bei dem man seine Ruhe habe, sei gerade recht. Für einen solchen relativen Frieden sei man auch bereit zu zahlen, aber eben weniger als für ein umfassendes Friedensabkommen: »We don't give a fuck for them. Die Israelis wollen einen hohen Zaun, und sie wollen nicht wissen, was da auf der anderen Seite des Zaunes geschieht. Wir wollen nicht, dass Israelis dort leben, und es interessiert uns nicht, wie es denen auf der anderen Seite des Zaunes geht.«

Das sei, sagt Arad – hier ganz der Kommunikationswissenschaftler und Werbemann, der er ja auch ist –, natürlich der Subtext, nicht der offizielle Text, in dem weiterhin von Koexistenz und Sorge für das Schicksal der anderen Seite gesprochen werde.

Mit dem Trennungsprozess von den Palästinensern lebten israelische Araber und Israelis sich auseinander. Zunehmend gewinne deshalb die Idee Unterstützung, dass eine Gemeinde wie Umm al-Fahm – die nach Nazareth zweitgrößte arabische Stadt in Israel – nicht mehr Teil Israels sein solle. Wenn man das »Land Israel« schon mit den Palästinensern teilen müsse, dann könne man ihnen diese Stadt auch geben, ein Stück mit seinen Einwohnern abgeben und dafür anderes Land mit jüdischen Siedlungen behalten.

»Man muss eben die Realitäten akzeptieren, und dazu gehört es, sich mit dem Ende des Gedankens an eine Koexistenz anzufreunden. Das *Disengagement*« – der einseitige Abzug Sharons aus dem Gazastreifen also – »und der Zaun berücksichtigen diese Realität.« Die Europäer, meint Arad, da er gerade einen solchen vor sich hat, seien natürlich gegen den »Zaun«, weil sie ohnehin nichts dagegen hätten, wenn Juden getötet werden: »Das haben sie schließlich seit 2000 Jahren getan.« Meine Erklärung, dass Europa keineswegs das Recht Israels bestreite, sich notfalls auch mit einem Zaun oder einer Mauer zu schützen, allerdings Einwände dagegen vorbringe, dass der Zaun in besetztem Territorium errichtet werde und eine zukünftige Grenzziehung vorwegnehme, wischt Arad vom Tisch. Er will zum Ende des Gesprächs kommen. »Einige Intellektuelle«, hebt er noch einmal an, »beschäftigen sich auch mit der Frage der Demokratisierung der palästinensischen Gebiete.« Die Israelis in ihrer Mehrheit seien daran allerdings wenig interessiert und wollten schlicht nichts mehr mit den Arabern zu tun haben: »Wir bauen einen hohen Zaun, wir kämpfen, wir töten so viele Araber wie nötig. Und wann immer wir das Wort ›Flüchtlinge‹ oder ›Recht auf Rückkehr‹ hören, hören wir Auschwitz. Das mag richtig sein oder falsch, aber es ist da. Und wir interessieren uns nicht für deren Leiden oder Beschwerden, selbst wenn sie Recht haben, zu klagen.«

Israel habe den Gedanken an zwei Staaten, die nebeneinander existieren, akzeptiert, sei sogar bereit, Siedlungen aufzugeben. Wenn die Palästinenser sich darauf einließen, Reformen durchsetzten, Hamas entwaffneten und die Forderungen auf ein Rückkehrrecht für ihre Flüchtlinge aufgäben, gelange man vielleicht zu einem Abkommen. Wenn nicht, »bauen wir den Zaun, wo wir es wollen, isolieren euch dahinter, und wenn ihr dann erstickt, ist es uns auch egal. We don't give a shit.« Die Palästinenser müssten sich entscheiden, Israel werde seinerseits entscheiden, unilateral, wo nötig: »Wir sind Israel. Wir sind stark.«

Die Europäer werde man auch überleben. Ob Europa in tausend Jahren noch existiere, das wisse man nicht, Israel aber werde es noch geben. Zählen könne man auf Europa nicht, schließlich habe es auch keine Hand für die Weißen in Südafrika oder in Namibia gerührt. Dass Europa den Friedensprozess in Südafrika aktiv unterstützt hat, will er nicht hören: »Die habt ihr massakrieren lassen, sie ihrem Schicksal überlassen. Mit uns wäre es dasselbe. Ein paar Tränen würdet ihr vergießen und vielleicht ein Denkmal bauen.« Israel müsse sich auf sich selbst verlassen, dann werde es überleben: »Das zionistische Projekt hat Zukunft, auch wenn wir jetzt für unsere Sicherheit ein wenig Territorium aufgeben.« Es gebe immer, hier ist Arad dann wieder Geschäftsmann, einen *trade-off,* möglicherweise ja auch einen lukrativen Deal mit Vertretern der anderen Seite.

»Gestatten Sie mir«, sagt Arad, als wir beim Hinausgehen einem hoch gewachsenen arabischen Besucher begegnen, »Ihnen Sulaiman Abu Isa vorzustellen. Ihm gehört das Wakil-Hotel in Ostjerusalem.« Der Hotelier (dessen Name hier geändert ist) trifft sich mit Sharons Berater, um eine Werbekampagne in Auftrag zu geben.

Berater (3): Fünfzig Jahre Waffenstillstand?

DEN BERATER VON MAHMUD ABBAS treffe ich in Ramallah; wie Gil und Arad ist er hauptberuflich mit anderen Dingen beschäftigt. Er ist Ende vierzig und mit Arafat und der PLO nach »Oslo« aus dem tunesischen Exil zurückgekehrt. Er möchte keinesfalls namentlich genannt werden. Schon Arafat zählte ihn zu seinem weiteren Beraterkreis; unter Abu Mazin aber hat er an Einfluss gewonnen, wahrscheinlich schon deshalb, weil er mit dem neuen palästinensischen Präsidenten eher auf einer Linie liegt. Er ist Teil einer dreiköpfigen Brainstorming-Gruppe, mit der Mahmud Abbas regelmäßig zusammensitzt. Gemeinsam mit einem Minister der palästinensischen Regierung hat er die Vorgespräche geführt, die den ersten Besuch von Präsident Abbas in Washington möglich und zu einem Erfolg gemacht haben. Das hat sein Image als einer der wichtigsten Leute in Abbas' Umfeld gestärkt.

Im Gegensatz zu seinen israelischen Kollegen ist der palästinensische Berater nicht optimistisch. Er fürchtet, dass der – zur Zeit unseres Gesprächs noch bevorstehende – israelische Abzug aus dem Gazastreifen nicht zu einer positiven Dynamik, sondern in eine längere Phase der Stagnation führen wird, der schließlich wieder eine Konfrontation folgt. Er will die Konfrontation nicht, und er hält sie nicht für unvermeidbar, im Gegenteil: Es sei ausgesprochen wichtig, einen neuen Gewaltausbruch zu verhindern, nur läge es eben nicht in der Macht von Abu Mazin, darüber zu entscheiden: »Er kann beschließen und anordnen, dass es keine Gewalt gibt. Aber oft entwickeln die Dinge sich von selbst, ohne dass sie jemand plant.«

Die Israelis könnten ihren Teil zur Mäßigung beitragen, sagt der Berater, aber er habe nicht das Gefühl, dass sie sich überhaupt bemühen, Abu Mazin zu unterstützen. »Wenn die Straßensperren bleiben, wenn Israel uns in endlose Verhandlungen über die Wiedereröffnung des Flughafens (im Gazastreifen) verwickelt, ohne dass wir ihn wirklich eröffnen können, die Siedlungen in der Westbank weiter ausbaut und keine echte freie Verbindung zwischen dem Gazastreifen und der Westbank erlaubt – dann hat Abu Mazin seinen Leuten letztlich wenig zu bieten, dann wird die Frustration zunehmen.«

Im Übrigen seien die Israelis – hier urteilt der palästinensische Berater über die andere Seite wie diese in der Vergangenheit oftmals über die Palästinenser geurteilt hat – einfach nicht gut organisiert: »Du hast da einfach nicht das Gefühl, mit *einer* Regierung zu sprechen. Der Ministerpräsident sagt etwas anderes als der Außenminister, der Geheimdienst Shin Bet etwas anderes als die Armee und die Armee etwas anderes als die Leute im Büro Sharons, und die widersprechen sich sogar während der Gespräche mit uns.«

Eigentlich gebe es eine echte Chance für Frieden: »Wir sind doch auf beiden Seiten müde, und beide Völker wollen Frieden.« Wirklich Frieden? »Na ja, vielleicht eher eine Trennung als einen richtigen Frieden, jedenfalls auf israelischer Seite. Aber dafür sind doch die meisten Israelis bereit, uns 99 Prozent der besetzten Gebiete zu geben. Die Leute auf beiden Seiten kennen die Formel für ein Abkommen.« Was fehle, auf israelischer Seite, sei ein »mutiger Führer« – auch dies ein Urteil, das man zu Lebzeiten Arafats eher von Israelis über die Palästinenser gehört hat –, einer, »der bereit ist, die Mythen beiseite zu räumen«, den Mythos etwa, dass man Sicherheit gewinne, wenn man nur genug Mauern baue.

»Vielleicht dauert es noch zwei, drei oder mehrere Jahre, bis die Israelis realisieren, dass sie einen richtigen Frieden brauchen, und vielleicht noch länger, bis sie wieder so einen mutigen Führer finden wie Ehud Barak.« Der sei zwar kein guter Politiker gewesen, habe aber bei den gescheiterten Camp-David-Verhandlungen im Sommer 2000 zumindest den Mut gehabt zu sagen, dass er den größten Teil Ostjerusalems und den größten Teil der Westbank aufzugeben bereit sei. Für den Absturz des Friedensprozesses nach Camp David macht der palästinensische Berater übrigens nicht den damaligen israelischen Ministerpräsidenten verantwortlich, sondern die amerikanischen Vermittler: »Wenn die amerikanische Seite die so genannten Clinton-Parameter nicht erst im Dezember, sondern vor dem Ausbruch der Intifada präsentiert hätte, hätte das den Lauf der Dinge völlig verändern können.«

Eine Zwei-Staaten-Lösung auf Grundlage dieser Formel sei weiterhin möglich, auch wenn sie durch fortgesetzten Mauer- und Siedlungsbau immer schwieriger werde. Den Palästinensern bleibe nichts anderes übrig, als den eigenen Reformprozess fortzusetzen und im Übrigen die Welt zu sehen, wie sie ist – und nach den Regeln der Amerikaner zu spielen: »Wir müssen denen zeigen, dass wir die netten Kerle sind. Und – das hört sich an wie *mission impossible*, aber dennoch – die Amerikaner ermutigen, ihre eigene Vorstellung eines israelisch-palästinensischen *final status* zu definieren«, klar zu machen also, wie sie sich die Umsetzung der Bush-Vision vom Sommer 2002 vorstellen, als der amerikanische Präsident von zwei Staaten sprach, Israel und Palästina, die friedlich Seite an Seite leben.

Die palästinensische Seite, meint der Berater weiter, sei gar nicht auf schlechtem Weg: Der von Abu Mazin eingeschlagene Reformkurs komme auch in Washington an. Der palästinensische Präsident habe bereits erheblichen Erfolg bei der Eindämmung der Gewalt, die in den Jahren der zweiten Intifada entstanden sei. »Selbstmordanschläge gelten heute nicht mehr als legitim. Und Hamas, die solche Anschläge durchgeführt und legitimiert hat, ist sehr pragmatisch: Wenn sie merken, dass die Öffentlichkeit solche Anschläge ablehnt, werden sie davon absehen.«

Außerdem habe man die palästinensische Demokratie zu bieten. »Unsere Botschaft an Präsident Bush ist, dass wir die einzige effektive arabische Demokratie sind, die er als Erfolg seiner Politik verbuchen kann. Irak ist nicht effektiv, und die politischen Entwicklungen im Libanon können die Amerikaner sich nicht auf ihre Fahnen schreiben.« Ohne große Entwicklungen auf der israelischen Seite bleibe den Palästinensern schließlich nur noch, auf die USA zu setzen.

Wird die amerikanische Unterstützung denn ausreichen, wenn auf israelischer Seite nicht die »mutige«, zum Frieden bereite und fähige Führung antritt, die die Palästinenser sich wünschen? Nein, soweit geht auch das Vertrauen des Palästinensers in die Durchsetzungskraft amerikanischer Politik nicht: »Aber, wenn es keine Verhandlungen gibt und auch nicht die dritte Möglichkeit – Krieg und endlose Intifada –, vielleicht werden wir dann zwar keinen Frieden haben, aber eine Art Waffenstillstand für vierzig, fünfzig Jahre …«

IN LANGEN ZEITRÄUMEN zu denken ist für Islamisten nicht ungewöhnlich. Überzeugte muslimische wie auch nichtmuslimische Fundamentalisten neigen sogar dazu, sich selbst und ihre Aktivitäten im diesseitigen Leben als Element eines historischen, gottgewollten Prozesses zu betrachten, der erst am Jüngsten Tag abgeschlossen sein wird. Sie müssen ihren Anhängern und Wählern daher erst gar nicht vormachen, dass sie ihre Ziele zu Lebzeiten erreichen können.

Die Teilnahme der Hamas an den Kommunalwahlen in Westbank und Gazastreifen und die erklärte Bereitschaft, auch an den palästinensischen Parlamentswahlen teilzunehmen, haben indes unterstrichen, dass die größte islamistische Gruppe in Palästina sich nicht mehr von der Tagespolitik fernhalten will. Palästinensischen Regierungsvertretern bereitet das durchaus Sorgen: Einerseits sind sie daran interessiert, die Islamisten politisch einzubinden, und halten es für besser, sie im Parlament und sogar in der Regierung zu haben, als zu riskieren, dass ihre Milizen einen Privatkrieg gegen Israel oder gar gegen die Autorität führen. Andererseits haben gerade säkular eingestellte Fatah-Mitglieder wie Muhammad Shtayyeh Angst vor der Etablierung eines »Islamisches Emirats« in Gaza, einer Art Klein-Afghanistan unter Hamas-Führung.

Bei Gesprächen mit Hamas – und das ist ähnlich bei Hizbullah (»Partei Gottes«) im Libanon – fällt immer wieder deren Professionalität auf. Anders als etwa Fatah-Politiker scheinen Vertreter der Hamas sich auszutauschen: Meine Gesprächspartner wissen, wen aus ihrer Partei ich bereits vorher gesehen habe. In der Regel kommt der Gesprächspartner mit einem Begleiter, der das Gespräch protokolliert; offensichtlich werden diese Protokolle weitergereicht, also zum Nutzen der Organisation erstellt, nicht nur zum eigenen. Das hat etwas Uneitles; es demonstriert, dass die Sache, nicht der einzelne Politiker im Vordergrund steht. Gleichzeitig ist es ein wenig beunruhigend, wenn man im Gespräch das Individuum sucht und nicht den Funktionär. Vielleicht hat die Gewohnheit, Informationen zu teilen, Hamas aber auch befähigt, Führungsmitglieder schnell zu ersetzen, die von den israelischen Streitkräften gefangen genommen oder getötet wurden.

Mahmud Zahar gilt heute als wichtigste Stimme der Hamas im Gazastreifen. Er vertritt den Kurs seiner Organisation sehr viel deutlicher als andere, die ich vor ihm gesehen habe.

Was ich eigentlich meine mit der Frage nach dem »Islamischen Emirat«, mit der ich nach dem einleitenden Austausch von Höflichkeiten ins Gespräch einsteige, will er wissen: »Ein ›Hamasstan‹ à la Afghanistan vielleicht?« Und nebenbei bemerkt er: »Glaubst du nicht, dass Afghanistan unter den Taliban besser dran war als unter amerikanischer Besetzung?«

Das glaube ich nicht, aber wir vertiefen diese Meinungsverschiedenheit nicht weiter, zumal es ihm um etwas anderes geht. Auf keinen Fall sei man das Abbild irgendeiner anderen Bewegung, schon gar nicht der Taliban: »Einige hoffen, dass man uns wie die Taliban erledigen kann. Wir sind mit denen aber nicht vergleichbar. Wir gehören zur Muslimbruderschaft, unser Hintergrund ist derselbe wie der der ägyptischen Muslimbrüder. Und die Muslimbrüder haben immer ihre Position in der Mitte bewiesen. Wir sind eine Reformbewegung, die in Ägypten und in Jordanien auch im Parlament vertreten ist.« Im Übrigen stehe man für eine gesellschaftliche Elite – ich solle doch nur mal schauen, wie viele Intellektuelle sich in den Reihen der Muslimbrüder und eben auch der Hamas befinden. Der Unterschied zu den Taliban oder auch zu saudischen Fundamentalisten zeige sich doch schon, wenn man die Stellung der Frau betrachte. Konkret beweist der untersetzte, vollbärtige Mittfünfziger das mit seinen drei Töchtern: Die erste ist Ingenieurin, die zweite Englischlehrerin, die dritte Buchhalterin: »Das entspricht den westlichen Vorurteilen wohl kaum, oder?«

Ob Hamas bereit sei, die palästinensischen Gebiete zu regieren oder mitzuregieren, will ich wissen.

Man habe ein Reformprogramm, antwortet Zahar, ein Programm zur gesellschaftlichen Reform: »Und wozu hat man wohl ein Programm? Glaubst du, dass wir als Dekor ins Parlament gehen wollen?« Zum Programm gehöre vor allen Dingen, die Korruption zu bekämpfen und mit dem Nepotismus aufzuräumen. Anders als Fatah wolle man Macht und Ressourcen nicht monopolisieren, auch Fatah nicht ausschließen. Innenpolitisch gehe es vor allem um Gerechtigkeit und insgesamt im Sinne des Koran und der Hadithe darum, »das Gebotene zu tun und das Falsche zu verbieten«.

Außenpolitisch wolle man die arabischen und islamischen Beziehungen Palästinas stärken. Das sei nicht, ergänzt er mit Blick auf den deutschen Besucher, gegen Europa oder den Westen gerichtet, aber kulturell und wirtschaftlich gehöre man nun einmal zur arabischen Welt. Mit dem Westen habe man kein Problem: »Es sollte dich nicht stören, dass ich faste und den Koran lese; es stört uns auch nicht, wenn du das Evangelium liest.« Der Koran gebe in dieser Hinsicht eine klare Leitlinie, sagt Zahar und paraphrasiert einen Vers, den moderate islamische Schriftgelehrte gern und oft zitieren: Es gelte, so das koranische Gebot, denjenigen gegenüber gerecht zu sein und sie nicht zu bekämpfen, »die nicht der Religion wegen gegen euch gekämpft und die euch nicht aus euren Wohnungen vertrieben haben. Gott liebt die, die gerecht handeln.« Aus welcher Sure dies stamme, frage ich. Aus der Sure Al Imran, antwortet Zahar, der Sure, die sich mit der Familie Jesu beschäftige. Da irrt er ein wenig, aber er ist ja auch kein Schriftgelehrter, sondern Chirurg.[28] Im Übrigen sei er überzeugt, dass Europa eines Tages das Programm seiner Bewegung lesen und davon profitieren werde, sagt der Hamas-Führer.

Ob er das bitte erklären könne?

»Ganz einfach, so wie ich es sage, wie man von medizinischen oder von technischen Entdeckungen anderer Länder profitiert. Die Muslime haben schließlich kein Problem, die technischen Errungenschaften Europas zu nutzen. Der Islam ist eine menschliche Erfahrung, die Europa sicher eines Tages nutzen will.« Und er fährt fort: »Wir sind keine Sklaven der Gegenwart«, es gebe mittel- und langfristige Ziele: Mittelfristig verfolge man »die Vervollständigung der Befreiung« Palästinas, langfristig die Einheit der islamischen Welt. Israel könne man natürlich nicht anerkennen: »Das ist nicht einfach ein Standpunkt, sondern Religion. Wir können Israel aus religiösen Gründen nicht anerkennen. Ganz Palästina ist ein islamisches Erbe. Da kann es keinen Kompromiss geben.«

Temporär gibt es selbst für einen dermaßen überzeugten Muslim Auswege: Man könne auf jedem Teil des besetzten Landes, der befreit werde, einen Staat bauen. Natürlich könne man eine Waffenruhe –

hudna heißt der koranische Begriff – vereinbaren, aber die Bedingung sei, dass beide Seiten sich daran halten: »Sie kann lange dauern, zehn Jahre zum Beispiel oder auch länger. Das ist übrigens auch Sharons Idee.«

Habe ich den letzten Satz richtig verstanden?

»Ja sicher, Sharon will doch einen langen Übergangszustand. Er will keinen palästinensischen Staat, und ich will Israel nicht anerkennen, nicht in den Grenzen von 1949, nicht in denen von 1967 oder in irgendwelchen Grenzen.«

»Heißt das«, frage ich, »dass Hamas und Sharon besser miteinander klar kommen würden als Sharon und Mahmud Abbas?«

Zahar stutzt, lacht heftig, bricht dann plötzlich ab. Er nimmt einen Stapel Fotos, die sein von einer israelischen Rakete zerstörtes Haus zeigen, und erzählt von seinem Sohn, dessen Leiche sie aus den Trümmern des Hauses gezogen haben. Zahar, den die Rakete erwischen sollte, entkam, seine Frau wurde schwer verletzt. »Und du meinst, wir und Sharon kämen miteinander aus? Nein, wir und Sharon haben uns auf gar nichts geeinigt, im Gegenteil: Unser Widerstand hat Israel zum Abzug gezwungen. Ihr redet immer von Terrorismus, aber wir haben Widerstand geleistet. Und wer leugnet, dass dieser Widerstand Israel zum Abzug gezwungen hat, der macht sich lächerlich.« An der Frage von Widerstand und Terrorismus scheiden sich im Gespräch mit Hamas und anderen palästinensischen Islamisten die Geister eigentlich immer.

Ob Hamas, frage ich Zahars Kollegen in Ramallah, Hassan Yusif, der israelischen Zivilgesellschaft gegenüber eigentlich eine andere Botschaft habe als Selbstmordattentate. Yusif findet die Frage ungerecht, denn für ihn wie für eigentlich alle Beteiligten dieses Konflikts trägt die »andere Seite« die Schuld: »Es ist die Besatzungsmacht, die, wenn sie tötet und bombardiert, die jungen Leute dazu bringt, nach Tel Aviv zu gehen und sich zu töten.« Hamas sei durchaus bereit, Zivilisten zu schonen – im Rahmen einer Waffenruhe, die für beide Seiten gelten müsse. Eine generelle moralische Delegitimierung von politisch motivierter Gewalt gegen Zivilisten – vulgo: Terror – ist dies nicht.

Gewaltverzicht, eine Waffenruhe eben, schließen die Hamas-Vertreter nicht mehr aus, wenn sie sich meist auch noch ein wenig gewunden ausdrücken: »Wenn wir eine Vorstellung haben und andere teilen die«, so Zahar, »dann ist vieles möglich: ein Ausgleich oder eine Regelung für bestimmte Zeit etwa«, für zehn Jahre oder auch mehr, und natürlich ließe sich eine solche Regelung auch verlängern. »Das ist aber etwas anderes als Frieden. Frieden beruht auf Gerechtigkeit«, und die kann es, aus Hamas-Sicht, eben nicht geben, wenn Israel auch nur einen Teil Palästinas »besetzt«.

Das bringt uns zu einer entscheidenden Frage: Wird, will Hamas mit Israel verhandeln? Die Antwort ist überraschend deutlich: »Das Zusammensitzen«, so drückt Zahar das aus, »auch das Verhandeln ist nicht *haram*. Verboten ist, Konzessionen zu machen, also etwa auf Jerusalem oder auf den vollen Rückzug Israels zu den Grenzen von 1967 zu verzichten.« Verhandlungen seien eine Sache, ergänzt Zahar, »das Land verkaufen« eine andere, eine verbotene. »Aber mit jemanden zusammensitzen? Da gibt es kein Tabu.« Es sei übrigens auch kein Tabu, Herrn Sharon zu grüßen.

Noch steht nicht auf der Tagesordnung, ob Ariel Sharon eines Tages Mahmud Zahar die Hand schütteln wird. Arafat die Hand zu reichen, den er 1998 im Rahmen amerikanisch unterstützter Verhandlungen traf, hat Sharon, der damals Israels Außenminister war, abgelehnt. Aber auch Israel lässt sich nicht von den Tabus der Gegenwart blockieren. Es ist möglich, dass dem heutigen Ministerpräsidenten oder einem seiner Nachfolger nichts anderes übrig bleibt, als mit Hamas zu verhandeln – insbesondere dann, wenn Mahmud Abbas und andere palästinensische Führer, die echte Zweistaatlichkeit und einen fairen Ausgleich suchen, keinen Erfolg haben. Verhandlungen mit Hamas werden schwieriger sein, als sie mit Arafat je waren, weil Hamas Israel eben nicht akzeptiert und eher auf langfristige Faktoren setzt, unter anderen auf den demografischen. Für eine Zweistaatenlösung, die allein Israels Existenz sichern wird, braucht der jüdische Staat aber einen Partner, der bereit ist, das »Heilige«, »verheißene« oder »gelobte« Land zu teilen.

ISRAEL KONTROLLIERT DIE ZUGÄNGE zum Gazastreifen fast vollständig. Nur am Grenzübergang Rafah, der die palästinensischen Gebiete mit Ägypten verbindet, sind seit Ende 2005 palästinensische und ägyptische Grenzer selbst für den Grenzverkehr zuständig – bis auf weiteres unter der Aufsicht einer europäischen Beobachtermission und mit einer Videoübertragung der Vorgänge an isrealische Sicherheitskräfte. Palästinenser, die über den nördlichen Kreuzungspunkt Erez nach Israel reisen wollen, brauchen ein Permit, eine Genehmigung der israelischen Streitkräfte. Gleiches gilt für Ausländer, die nicht als akkreditierte Journalisten, Mitarbeiter internationaler Organisationen oder Diplomaten registriert sind und von Israel aus den Gazastreifen besuchen wollen. Die wenigen Ausländer werden in einem doppelten Trailer abgefertigt, dem so genannten VIP-Schalter, wo etwas gelangweilte Soldaten und Soldatinnen sie freundlich, aber mit gereiztem Unterton abfertigen: »Nein, Sie sollen dieses Formular nicht ausfüllen, das ist für Journalisten und Mitarbeiter von Hilfsorganisationen.« Fast hätte ich, wie der Journalist, mit dem ich reise, meine Unterschrift auf ein Papier gesetzt, das die israelische Armee von Vornherein von jeder Verantwortung für Schäden an Leib und Leben freispricht, die dem Unterzeichnenden durch etwaige Maßnahmen der Streitkräfte zugefügt werden. Mit dem Permit, das mir die deutsche Vertretung für die Reise nach Gaza besorgt hat, brauche ich dagegen eventuellen Zwangsmaßnahmen der IDF gegen meine Person nicht zuzustimmen. Wie beruhigend.

Die meisten Besucher und die Soldaten kennen sich schon, die Maßnahmen sind Routine. Nach der Registrierung begibt man sich, an ein paar Betonsperren vorbei, auf den Fußgängerweg durch den »Terminal« oder den »Hangar«, wie die insgesamt gut einen halben Kilometer lange Grenzanlage genannt wird, durch die früher nur die Palästinenser, heute alle laufen müssen. Von Diplomatenlimousinen abgesehen, gibt es fast gar keinen Autoverkehr mehr über den Checkpoint.

Der Rückweg, die Einreise oder Wiedereinreise nach Israel, ist für den an Grenzerlebnissen interessierten Beobachter der aufregendere, für Palästinenser allerdings der beschwerlichere Weg. An dem Tag, an dem ich Gaza verlasse, lässt er sich sogar nur mit diplomatischer Hilfe antreten. Bereits am Vortag haben die israelischen Streitkräfte den Übergang nämlich geschlossen – für Palästinenser und Ausländer gleichermaßen. Das geschieht von Zeit zu Zeit, Begründungen werden nicht gegeben, jedenfalls nicht öffentlich. Ausländischen Botschaften gegenüber wird auf eine Terrorwarnung verwiesen. Tatsächlich nimmt die israelische Armee zwei Tage später, als der Übergang wieder geöffnet ist, dort eine Palästinenserin fest, die sich selbst mit Sprengstoff vermint hat.

Auf der palästinensischen Seite, wo die Rückreise beginnt, sind die Grenzanlagen zum größten Teil während der kriegerischen Auseinandersetzungen zerstört, die Felder und Freiflächen von israelischen Panzern umgepflügt worden. Die drei palästinensischen Soldaten, die dort auf einer Bank im Schatten sitzen, haben nicht viel zu tun, solange der Übergang geschlossen ist. Es ist zwölf Uhr mittags. Ein amerikanischer Lehrer, der in Gaza unterrichtet, sitzt seit acht Uhr früh im Grenzhäuschen. Die Israelis haben den Palästinensern bislang nicht erlaubt, ihn in den Tunnel zu schicken. »Seid ihr sicher, dass sie euch durchlassen?«, fragt der Wachhabende Salah Abd al-Shafi den palästinensischen Intellektuellen, den die amerikanische Botschaft zu einem Treffen mit der durchreisenden US-Außenministerin eingeladen hat, und mich. Sind wir, denn die US-Botschaft hat für ihn, die deutsche Botschaft für mich eine Sondergenehmigung erwirkt. Auch ein schwedischer Entwicklungshelfer, der später am Nachmittag nach Hause fliegen will, hat sich über seine Botschaft beim israelischen Verbindungsbüro anmelden lassen. Keine westliche Botschaft schätzt es, wenn die israelischen Behörden ihre Staatsangehörigen oder Gesprächspartner daran hindern, zu ihren Reisezielen zu gelangen.

Der diensthabende Palästinenser spricht per Walkie-Talkie mit der anderen Seite, gibt in gutem Hebräisch unsere Koordinaten durch, und dann warten wir. Allerdings nicht lange, die Antwort kommt bereits nach zehn Minuten. »Ein gutes Zeichen«, sagt der Palästinenser. Ja, der Schwede und der Deutsche können kommen. Salah wartet weiter – man wird ihn etwa anderthalb Stunden später hereinlassen. Wir ziehen los. Um ein paar Stacheldrahtrollen herum gelangen wir zum Eingang des »Tunnels«. Dort sitzen drei weitere palästinensische Soldaten an einem Blechschreibtisch, vor sich eine große Kladde, in die die Daten der Ein- und Ausreisenden handschriftlich eingetragen werden. »Friede sei mit euch.«

Vielleicht zweihundert Meter geht es durch den palästinensischen Teil des Tunnels, dann beginnt der israelische. Die Anlage ist etwa zehn Meter breit, Betonfertigelemente rechts und links, wohl acht Meter auf der linken, sieben auf der rechten Seite hoch, wo der fehlende Meter Frischluftzufuhr erlaubt, darüber ein Plastikdach. Nach ungefähr hundertfünfzig Metern gelangen wir zu einem massiven Gitterzaun mit Tor. Dort warten wir. Es ist jetzt 12.20 Uhr. Niemand ist zu sehen, zwei Kameras haben uns im Bild. Wir winken in Richtung Kamera, rütteln auch mal am Tor, aus dem Lautsprecher in etwa sechs Metern Höhe ertönt eine Stimme, aber was sie sagt, bleibt unverständlich. Rechts Betonmauer, links Betonmauer, vor uns der Stahlzaun mit dem geschlossenen Tor, gut fünfzehn Meter weiter ein zweites, dahinter sieht man die Fortsetzung des Tunnels. Das Ganze hat etwas von einem Käfig oder der Schleuse eines Hochsicherheitsgefängnisses.

Wir warten. Nach zwanzig Minuten naht von ferne eine einzelne Palästinenserin auf der israelischen Seite. Das Gittertor vor ihr öffnet sich, sie tritt in den Raum zwischen den beiden Toren, dann schließt sich das Tor wieder, und das zweite geht auf – elektrisch, quietschend und ruckelnd, aus der Ferne gesteuert. Wir machen Anstalten, ebenfalls durch das geöffnete Tor zu treten, als uns – plötzlich gut verständlich – die Stimme aus dem Lautsprecher anherrscht: »Stop! It's not for you!« Das Tor schließt sich wieder.

Die Palästinenserin berichtet, dass sie nach einer Operation in Israel trotz Sperrung des Übergangs nach Gaza zurückkehren dürfe. Sie überlässt uns ihre Wasserflasche: »Vielleicht müsst ihr ja noch länger warten.« Wir warten. Nach zehn Minuten fordert uns die Lautsprecherstimme auf, die letzten drei Ziffern unserer Passnummer einzeln, laut und deutlich vorzulesen. Wir richten uns wie konditioniert auf und sprechen in Richtung des Lautsprechers, weil wir vermuten, dass dort, wo die Stimme herkommt, auch die Ohren sein müssen.

Der Lautsprecher geht aus mit dem knackend-kratzenden Geräusch, das solche Geräte eben machen. Zwanzig Minuten später knackt es erneut im Lautsprecher, und das Tor öffnet sich: »Now go!«

Einzelne Kommandos aus dem Lautsprecher dirigieren uns weiter. Hinter dem nächsten Tor wird der Tunnel durch einen Gitterzaun in zwei Hälften geteilt, eine für den Verkehr nach Gaza, eine für den nach Israel. Die Spur nach Israel ist durch metallene Relings in vier Bahnen unterteilt, jede einen knappen Meter breit und durch ein zweieinhalb Meter hohes Drehkreuz erreichbar, wie man es aus älteren Londoner U-Bahnausgängen kennt. Nach kurzem Warten wird es aus der Ferne freigeschaltet. Es ist ganz schön eng. Bei meiner Einreise nach Gaza hatte sich hier eine korpulente Palästinenserin verfangen und Hilfe suchend zu mir herübergeschaut, nur stand ich auf der Gegenspur, zwischen uns der Metallzaun, vor mir das Gatter.

Von diesen Drehkreuzen gibt es noch drei weitere, zwischendurch eine Metalldetektorenschleuse. Der restliche Weg ist noch einmal wohl zweihundertfünfzig Meter lang. Am Schluss sind die Absperrungen zwischen den Bahnen so geführt, dass die dort angebrachte Kamera den Grenzgänger erst von hinten, dann von vorn betrachten kann. Die Stimme aus dem Lautsprecher fordert noch einmal dazu auf, das Gepäck abzustellen, die Arme hochzuheben, sich nach rechts und nach links zu drehen, dann geht es weiter, und ganz am Ende, wo man schon einen israelischen Soldaten sieht – endlich jemand, mit dem man Blickkontakt aufnehmen kann –, erwartet uns der Gepäckscanner. Der freundliche Soldat schaut den Pass an und weist den Weg zur »Border Control« am VIP-Schalter. Hier dauert alles – wir sind wegen der Schließung die einzigen Reisenden – weniger als zehn Minuten. Ob wir lange gewartet haben, will die Soldatin wissen, die die Formalitäten erledigt. Nur eine knappe Stunde im Käfig, antworte ich. Ja, sagt sie, das kenne sie schon. Das seien »die von der Sicherheit«, die Grenzkontrolle habe damit nichts zu tun: »Have a nice day.«

Saudi-Arabien

Ein Land diskutiert mit sich selbst

»IN ZEHN JAHREN«, sagt der saudische Geschäftsmann, mit dem ich von der raumschiffähnlichen Kuppel des Faisal Tower aus, gute zweihundertfünfzig Meter über Riad, die Welt betrachte, »werden wir über vieles lachen, was wir heute noch diskutieren und was uns inakzeptabel und rückständig erscheint. Dass Frauen nicht Auto fahren dürfen oder kein Wahlrecht haben, die fehlende Bereitschaft lokaler Arbeitgeber, saudische Staatsangehörige zu beschäftigen, und vieles mehr.«

Was ist das für ein Staat, der im höchsten Maße von westlicher Technologie und amerikanischen Sicherheitsgarantien abhängig ist, aber von tiefstem Antiamerikanismus gepackt zu sein scheint? Der das Taliban-Regime in Afghanistan genauso unterstützt hat, wie er den israelisch-palästinensischen Friedensprozess unterstützt? Der seinen Frauen das Autofahren verbietet, Männer und Frauen soweit wie möglich separiert und eine Religionspolizei – den *hayy'at al-amr bi-l-ma'ruf wa-l-nahy 'an al-munkar* (etwa: der Autorität zum Befehl des Gebotenen und zum Verbot des Abzulehnenden) – mit der Durchsetzung von Bekleidungs- und Verhaltensvorschriften beschäftigt? Der seine Bürger zwar nicht besteuert, sie aber in vielfacher Hinsicht bevormundet? Was ist das für ein Staat, in dem die öffentliche Langeweile ein Politikum ist? Der sich selbst, das eigene monarchische System, als Hüterin der heiligen Stätten (des Islam) legitimiert, den Koran zur Verfassung erklärt, den intolerantesten Staatsislam pflegt und verbreitet und der dennoch von bürgerlichen Liberalen verteidigt, aber zum Angriffsziel islamistischer Ultras wird? Ein Staat im Übrigen, der beharrlich den inneren Konsens sucht, ob im Königshaus oder sogar mit gewaltbereiten Herausforderern, und der selten schnelle und eindeutige Entscheidungen trifft. Was ist das für ein Staat, der sich im »Ein-Schritt-vor-und-einen-halben-zurück«-Takt bewegt und deshalb oft bewegungsunfähig erscheint?

Das erste kurze Jahrhundert

ALS AUSGANGSPUNKT der Geschichte des modernen Saudi-Arabien gilt allgemein die Eroberung Riads durch den Staatsgründer Abd al-Aziz bin Saud im Jahre 1902. Im Jahre 1999 feierte der saudische Staat deshalb seinen hundertsten Geburtstag, denn auf Grundlage des Mondkalenders entsprach das Jahr 1319 nach der Hijra dem Jahr 1902 christlicher Zeitrechnung; das »christliche« 1999 dem saudischen Jahr 1419. Zwei frühere Staatsgründungsversuche der Vorväter Ibn Sauds, der erste im achtzehnten, der zweite im neunzehnten Jahrhundert, sind im Konflikt mit regionalen Mächten beziehungsweise konkurrierenden Stämmen auf der arabischen Halbinsel gescheitert. Erhalten blieb die Allianz zweier Familien, auf die sich auch schon der erste saudische Staat gegründet hat: das Bündnis der im zentralarabischen Najd beheimateten Al Saud[29] mit der Familie des Predigers und religiösen Reformers Muhammad bin Abd al-Wahhab (1703–1792), den Al Sheikh (wörtlich: der Familie des Scheichs). Das streng konservative religiös-politische Denken Ibn Wahhabs, der so genannte Wahhabismus, wurde zur herrschenden Lehre des Königreichs. Dass einige der striktesten Anhänger dieser Lehre die Bezeichnung »Wahhabiten« und »Wahhabismus« ablehnen, steht auf einem anderen Blatt.

Der Einnahme Riads durch Abd al-Aziz folgte die allmähliche Eroberung weiterer Landesteile – erst der Ostprovinz, dann des Hijaz mit den heiligen Städten Mekka und Medina, schließlich der südlichen Grenzgebiete zum Jemen. Seit 1932 firmiert der Staat nach der herrschenden Familie als Königreich Saudi-Arabien; 1934 war die Expansion bis zu den heutigen Grenzen des Landes abgeschlossen.[30]

Saudi-Arabien erlebte in dem Jahrhundert seit der Staatsgründung und insbesondere seit den sechziger und siebziger Jahren des zwanzigsten Jahrhunderts einen überaus raschen und tief greifenden sozioökonomischen Wandel. Das nach dem Zweiten Weltkrieg noch weitgehend nomadisch geprägte Land ist heute zu über fünfundachtzig Prozent urbanisiert. Bis in die sechziger Jahre lebte der größte Teil der Bevölkerung in bescheidenen Verhältnissen, die Mehrheit konnte weder lesen noch schreiben. Die meisten Saudis, das gilt zumindest für die zentralarabischen Gebiete, hatten so gut wie keinen Kontakt zu Ausländern und zu anderen Kulturen. Die erste staatliche Mädchenschule wurde erst 1960 gegen erheblichen Widerstand der konservativen *ulama* (Rechtsgelehrten) gegründet – mehr als fünfundachtzig Jahre später als etwa in Ägypten. Heute ist Saudi-Arabien die größte arabische Volkswirtschaft, seine Bürger gehören, im Durchschnitt jedenfalls, zu den materiell bestgestellten in der arabischen Welt. Die Alphabetisierungsrate bei Männern liegt über, bei Frauen knapp unter achtzig Prozent. Man folgt weitgehend amerikanischen Konsummustern: Die McDonald's- und Starbucks-Dichte dürfte an kaum einem anderen Ort der Welt höher sein als in Riad, und die Zahl der Internet-Nutzer ist höher als in anderen arabischen Staaten. Gleichzeitig scheinen Veränderungen politischer und gesellschaftlicher Art immer zu langsam zustande zu kommen. Im Lande selbst fragt man sich inzwischen, ob Saudi-Arabien überhaupt (noch) genug Zeit hat für die notwendigen Reformen.

Der Staatsgründer, Abd al-Aziz bin Saud, regierte bis zu seinem Tod im Jahre 1953. Er führte das Land wie eine Großfamilie, brachte Saudi-Arabien dabei aber auf die internationale Landkarte. Er begründete die besondere Beziehung des Königreichs zu den USA, und er band die Stämme der eroberten Gebiete ein – im Wesentlichen durch eine sehr aktive Heiratspolitik. Bis heute ist die Nachfolge des Königs auf den Kreis seiner Söhne beschränkt geblieben: Saud bin Abd al-Aziz führte erste moderne Regierungsinstitutionen ein, bis ein Familienrat ihn 1964 absetzte. Faisal, der 1975 von einem Verwandten ermordet wurde, versprach einen weitergehenden politischen Modernisierungsprozess, unter anderem Kommunalwahlen und eine Verfassung. Dazu kam es nicht. Dagegen begann in seiner Regierungszeit der Ölboom, mit dem ein enormer Ausbau der wirtschaftlichen und sozialen Infrastruktur und der Aufstieg Saudi-Arabiens zur – neben Ägypten – wichtigsten arabischen Führungsmacht einherging. Faisals Bruder und Nachfolger Khalid konsolidierte die neue Position des Königreichs. In seiner Ägide erlebten die Saudis enorme Einkommenszuwächse.

Mit den Einkommen wuchs die Kritik aus oppositionellen, radikal-islamistischen Kreisen an Korruption und »unislamischen« Verhaltensweisen im Königshaus. 1979 besetzten einige Hundert radikale junge Islamisten die Große Moschee von Mekka. Die saudischen Sicherheitskräfte brauchten zwei Wochen und die Hilfe französischer Spezialtruppen, um die Moschee von den Aufständischen zu befreien, die eine Rückkehr des Landes zum »wahren« Islam forderten. Für das Regime war die nach ihrem Anführer als »Bewegung des Juhaiman« benannte Rebellion ein ernstes Warnzeichen. Denn offensichtlich stießen die Moscheebesetzer mit ihrer Kritik an der Korruption der Prinzen und der Amerikabindung des Königreiches auf einige Sympathie sowohl beim wahhabitischen religiösen Establishment und an den religiösen Hochschulen als auch bei Teilen der ländlich-tribalen Bevölkerung.

König Khalid starb 1982. Ihm folgte sein Bruder Fahd. Dieser galt ebenfalls als Modernisierer, gab aber mit Blick auf die islamistische Herausforderung im Innern und aus regionalpolitischen Erwägungen konservativen Kräften zunehmend Raum. Der Einfluss der wahhabitischen Religionsgelehrten nahm zu, nicht zuletzt in gesellschaftspolitischen Fragen. Während der achtziger Jahre unterstützte Saudi-Arabien zudem großzügig und in vollem Einvernehmen mit den USA die gegen die sowjetische Besatzung kämpfenden Mujahidin in Afghanistan. Der Export kampfeswilliger junger Islamisten half zumindest zeitweise, ein innenpolitisches Problem loszuwerden. Spätestens seit 1990 aber kann man von einer anhaltenden Konfrontation zwischen der Regierung und einer aus der eigenen konservativ-islamischen Denkschule des Wahhabismus hervorgegangenen Opposition sprechen.[31] Ein Auslöser dafür war die irakische Kuwait-Invasion im August 1990, die zeigte, wie wenig die reichen und infolge teurer Rüstungsimporte auch hochgerüsteten Golfmonarchien in der Lage waren, sich im Fall eines Angriffs selbst zu verteidigen.

Die islamistische Opposition trat vorwiegend in der Gestalt junger Rechtsgelehrter und Professoren auf, die sowohl die Abhängigkeit des Königreichs von den USA als auch die Bereitschaft der saudischen Regierung kritisierte, »ungläubige« amerikanische Truppen ins Land zu lassen. Dass das offizielle religiöse Establishment die amerikanische Truppenhilfe sanktioniert hatte, bewies in den Augen dieser Regimegegner, dass es aus opportunistischen Gründen vom rechten Weg des Islam abgewichen war. Um die gleiche Zeit wurden innenpolitische Forderungen laut nach der Wahrung von Menschenrechten und nach politischen Mitwirkungsmöglichkeiten, im islamischen Sprachgebrauch *shura* (Konsultation). Konservativ-islamistische und liberale Kritiker nutzten ähnlich lautende Begriffe, hatten aber ganz unterschiedliche Vorstellungen von dem Staat, den sie anstrebten: Die einen wollten einen stärker islamischen, die anderen einen stärker an westlichen Modernitätsvorstellungen orientierten.

Die Regierung ging sowohl gegen die liberalen als auch gegen die islamistischen Kritiker repressiv vor, brachte aber allmählich einige seit langem angekündigte institutionelle Veränderungen auf den Weg. 1993 wurde ein *majlis al-shura*, ein Konsultativrat, eingerichtet, eine vom König ernannte, beratende Versammlung von zunächst sechzig, mittlerweile hundertzwanzig Mitgliedern. Auch wenn der Rat kein Parlament ist – dazu fehlt ihm nicht nur die Legitimierung durch Wahlen, sondern auch eine so essentielle parlamentarische Befugnis wie das Budgetrecht –, findet sich im Majlis doch eine Auswahl der besten Köpfe, eine politisch-intellektuelle Elite, die sehr wohl das Interesse hat, die Politik mitzubestimmen, die Regierung zu kontrollieren und politische Partizipationsrechte nach Möglichkeit auszuweiten.[32]

Wenn es um Reformen im Königreich oder doch Reformchancen ging, dachte man schon lange vor dem Tod Fahds im August 2005 an dessen Halbbruder, den langjährigen Kronprinzen Abdullah bin Abd al-Aziz, der inzwischen König ist, das Land faktisch aber seit 1995 regiert, als Fahd einen Schlaganfall erlitt.[33] Der 1923 oder 1924 geborene Abdullah, seit 1962 Chef der paramilitärischen Nationalgarde, ist allerdings nicht gerade ein Vertreter der jungen Generation. Der zunächst unterschätzte, mittlerweile aber von fast allen gesellschaftlichen Kreisen respektierte neue König neigt im Gegensatz zu vielen seiner Brüder nicht zu Korruption und Verschwendungssucht, tritt deutlicher als andere für eine im Rahmen der weltpolitischen Realitäten unabhängige Politik des Königreichs ein und hat zweifellos begriffen, dass das Land an politischen und gesellschaftlichen Reformen nicht vorbeikommt. Solange Fahd noch lebte und er nur amtierender Staats- und Regierungschef war, blieben Abdullahs Möglichkeiten, sich über Widerstand aus der eigenen Familie oder aus anderen einflussreichen Kreisen hinwegzusetzen, begrenzt.

Saudi-Arabien ist heute der größte Erdölexporteur der Welt; hier lagert etwa ein Viertel der bekannten Welterdölreserven. Die Exporterlöse aus dem schwarzen Gold führten zu einem enormen Wirtschaftswachstum, machten das Land aber auch abhängig von westlicher Technologie, von ausländischer Arbeitskraft – noch heute sind mehr als dreißig Prozent der Bevölkerung und fast siebzig Prozent der Arbeitskräfte Ausländer aus vor allem arabischen und asiatischen Ländern – und von den Schwankungen des Weltölmarktes. Als die Ölpreise Mitte der achtziger Jahre in den Keller gingen, geriet der bis zu neunzig Prozent aus Ölexporterlösen bestrittene Staatshaushalt in ein tiefes Defizit. Bei einem weiter hohen Bevölkerungswachstum sank das Pro-Kopf-Einkommen der Saudis seitdem von gut achtzehntausend US-Dollar Anfang der achtziger Jahre auf noch etwa siebentausend Dollar zu Beginn dieses Jahrhunderts. Kaum ein westlicher Staat hätte einen solchen Verfall von Staatsfinanzen und Bürgereinkommen ohne größere Krise überstanden.

Die Ölökonomie verteilte über lange Zeit die politischen Gewichte eindeutig. Sie machte den Staat, dem diese Einkommen direkt zufließen, in mancher Hinsicht unabhängig von seinen Bürgern, gab ihm die Macht, Wohlstand zuzuteilen oder gegebenenfalls vorzuenthalten. Saudi-Arabien wurde zum Musterbeispiel eines »Rentierstaates«, eines Staates also, dem überwiegend nicht auf eigenen produktiven Leistungen gründende Einnahmen zufließen und der seinen Bürgern keine Steuern auferlegt, sondern sie alimentiert – sei es durch direkte Zuschüsse, Subventionen oder die Beschäftigung in einem nicht sonderlich produktiven, aber reich mit Direktorenposten ausgestatteten Staatssektor. Viele Saudis verlangten vom Staat für sich und ihre Kinder einen Arbeitsplatz und ein gutes Einkommen, waren vielfach aber weder bereit noch fähig, schlechter bezahlte ausländische Fachleute zu ersetzen. Statt einer leistungsorientierten Arbeitsethik entwickelte sich eine Kultur der Abhängigkeit vom sorgenden Staat, was leicht in Verbitterung umschlägt, wenn dieser Staat die allgemeine Wohlfahrt nicht mehr garantieren kann.

Es gab und gibt aber auch saudische Geschäftsleute, die die Chancen der Jahre des Überflusses genutzt, Kapital akkumuliert und zum Teil leistungskräftige Unternehmen aufgebaut haben. Dieses neue saudische Bürgertum hat langsam an Bedeutung gewonnen. Je weniger der Staat Versorgung und Wohlfahrt auf gleichbleibend hohem Niveau garantieren kann, umso mehr braucht er den Beitrag der heimischen Privatwirtschaft, um Arbeit für die weiterhin rasch wachsende Bevölkerung zu schaffen. Immer noch wird das demografische Wachstum im Königreich auf drei Prozent im Jahr geschätzt; etwa vierzig Prozent der Bevölkerung sind unter achtzehn.

Die Bedeutung und der allmählich zunehmende Einfluss saudischer Geschäftsleute spiegeln sich in der wachsenden Zahl ihrer Repräsentanten im Konsultativrat. Fast noch wichtiger dürfte sein, dass die Handelskammern als einflussreiche Interessenvertretungen des lokalen Unternehmertums gelegentlich die innenpolitische Agenda bestimmen. So diskutieren bei dem von der Handelskammer in Jeddah organisierten jährlichen Wirtschaftsforum nicht nur Männer und Frauen miteinander im selben Saal, was an sich schon gegen die herrschenden Regeln des Anstands verstößt, 2004 hielt hier sogar erstmals eine Frau – die Unternehmerin Lubna al-Olayan – eine Keynote-Rede. Das religiös-konservative Establishment fand beides skandalös: »Die Vermengung von Männern und Frauen«, ließ der Großmufti Abd al-Aziz Al Sheikh – der oberste Rechtsgelehrte des Staates –, verlauten, sei »die Wurzel allen Übels und jeder Katastrophe«.

Die Handelskammern waren auch die ersten Institutionen, die Führungsgremien regelmäßig wählen ließen und – so erklärt mir der erfolgreiche Unternehmer Fahd al-Muammar – auch Frauen das Wahlrecht zubilligten. Mittelfristig werde das Schule machen. »Die Regierung«, sagt er, »unsere liebe königliche Familie, hat gesehen, dass sie sich nicht mehr auf das religiöse Establishment stützen kann. Sie wird es loswerden. Aber sie kann und wird ihm den Teppich nicht plötzlich unter den Füßen wegziehen. Sie wird graduell vorgehen, und sie nach und nach ersetzen.« Durch wen, das ist für den Endvierziger keine Frage: »Wer, wenn nicht wir«, sagt er selbstbewusst, »kann denn das Land vorwärts bringen, investieren und Arbeit schaffen?« Für übereilte Schritte ist auch er nicht: »Wir wollen Veränderung, keinen Umsturz.«

Veränderung unter Druck

SIEHT MAN VON FACHKREISEN und Menschenrechtsgruppen ab, hat sich in der westlichen Welt und vor allem in den USA ein echtes Interesse für die politischen Verhältnisse im Königreich erst entwickelt, als das erste saudische Jahrhundert bereits vorüber war, nämlich nach den Terroranschlägen vom 11. September 2001. Fünfzehn der neunzehn Flugzeugattentäter waren saudische Staatsangehörige, weshalb vor allem in amerikanischen Medien plötzlich sehr viel kritischer nach der Ideologie, den Herrschaftsstrukturen und gelegentlich auch nach den sozialen Verhältnissen im Wüstenstaat gefragt wurde. Ebenso plötzlich galt Saudi-Arabien nicht mehr als verlässlicher Verbündeter der USA im Nahen und Mittleren Osten, sondern als problematischer Partner, ja sogar als Feind,[34] den man aber aufgrund seines Ölreichtums nicht ignorieren konnte. In dem einen oder anderen Think-Tank wurden schon die Möglichkeiten eines Sturzes des Regimes mit amerikanischer Unterstützung erwogen oder über eine Zerschlagung des Landes nachgedacht.[35]

Obwohl die Ölpreise wieder anzogen und die Staatsfinanzen sich konsolidieren ließen, begann mit dem 11. September 2001 die bislang wohl schwierigste Phase des Königreichs. Vieles spricht dafür, dass dies eine Übergangsphase ist, an deren noch nicht abzusehenden Ende ein politisch und gesellschaftlich in vielfacher Hinsicht verändertes Land stehen wird. Seit 2001 ist Saudi-Arabien wie nie zuvor mit amerikanischen und ansatzweise auch europäischen Reformforderungen konfrontiert. Liberale Stimmen innerhalb des Landes mahnten eine Debatte über die innenpolitischen Verhältnisse an und führten sie bereits öffentlich. Diese Entwicklung verstärkte sich noch unter dem Eindruck einer Serie blutiger Anschläge, die seit 2003 das

11
2001
IN
AMERICA
IMPHETUS
FLIGHT
USA
MSILE

Königreich und die Selbstsicherheit der Regierenden erschüttert.[36] Überdies offenbarte der Irakkrieg, dass Saudi-Arabien seine hegemoniale Stellung auf der arabischen Halbinsel verloren hat. Nichtsdestotrotz ist das Königreich ein bedeutender Regionalstaat geblieben. Es ist weiterhin der einzige Ölexporteur, der über ausreichende Förderkapazitäten verfügt, um Ausfälle anderer Produzenten auszugleichen und größere Preisschwankungen auf dem Welterdölmarkt zu verhindern. Die Hoffnung einiger amerikanischer Beobachter, dass der Irak Saudi-Arabien in dieser Hinsicht ablösen könnte, erwies sich für die absehbare Zukunft als illusionär.[37]

Politisch und militärstrategisch haben kleinere Staaten am Golf dem Königreich den Rang abgelaufen: Die USA verlegten – um nur wenige Beispiele zu nennen – den größten Teil ihrer in Saudi-Arabien stationierten Truppen nach Qatar. Die Vereinigten Arabischen Emirate (VAE) überholten Saudi-Arabien als Wirtschafts- und Handelspartner wichtiger europäischer Staaten, darunter Deutschland. Amerikanische Politiker begannen, Staaten wie Qatar und Bahrain als Modelle politischer Entwicklung am Golf zu hofieren. Tatsächlich emanzipierten sich die kleineren Staaten im Golfkooperationsrat (Kuwait, Bahrain, Qatar, Vereinigte Arabische Emirate, Oman), die früher bei wichtigen außen- und innenpolitischen Entscheidungen nach Riad geschaut hatten, allmählich vom großen saudischen Bruder. In Bahrain etwa wurde 2002 eine neue Verfassung verabschiedet, die ein frei gewähltes Parlament vorsieht und aus dem Emirat ein konstitutionelles Königreich machte – wobei der Emir zum König erhoben wurde, was ihn formal dem saudischen Monarchen gleichstellt. Dubai, das zweitgrößte Emirat der VAE, entwickelte sich zu einem Standort für Medienunternehmen und Forschungsstätten, die mit saudischem Kapital arbeiten, aber saudischer Zensur entgehen wollen.

Statt ihre kleineren Nachbarn in Fragen der politischen Systementwicklung zu bevormunden, beobachten Teile der saudischen Führung und heute der Gesellschaft innenpolitische Reformschritte dieser Nachbarn genau, um eigene Reformoptionen zu sondieren. Dies zeigte sich ganz deutlich bei den ersten Kommunalwahlen, die Anfang 2005 durchgeführt wurden. Dieser ungeheuer vorsichtige und auch unvollständige Einstieg in demokratische Verfahren demonstrierte die Einsicht in die Notwenidgkeit von Reformen, aber auch die Grenzen des Mutes dazu. Gleichzeitig warf er immerhin die Frage auf, ob nicht zukünftig zumindest ein Teil der Mitglieder des Konsultativrats vom Volk bestimmt werden sollte.[38]

Liberale Kräfte – der Begriff ist im saudischen Kontext etwas anders zu verstehen als im europäischen –, Kreise jedenfalls, die auf tiefergreifende politische Veränderungen hoffen, gar von konstitutioneller Monarchie und demokratischer Mitwirkung träumen, sind für das Königshaus keine dennoch Bedrohung. Im Zweifelsfall gehören diese gesellschaftlichen Kreise in der Auseinandersetzung mit dem lokalen Ableger der al-Qaida oder anderen Anhängern der extrem gewaltbereiten islamistischen Strömung zu seinen Unterstützern. Dem Regime – zumindest dem Innenminister, dem religiösen Establishment und anderen Hardlinern – sind die »Liberalen« dennoch suspekt. Die Gefahr, die *jihadistische*[39] Gruppen für das Königreich darstellen, wurde dagegen lange unterschätzt. Erst als im Mai 2003 ein Anschlag auf einen Ausländerwohnkomplex Riad erschütterte, waren die Behörden bereit einzugestehen, dass es offensichtlich ein flächendeckendes Netzwerk von Qaida-Aktivisten und Unterstützern im Lande gibt. Bis dahin, so ein junger Offizier aus der Antiterrorabteilung des Innenministeriums im vertraulichen Gespräch, »haben die Behörden das, ehrlich gesagt, nicht ernst genommen, im Gegenteil. Nach dem 11. September wurde schlicht geleugnet, dass das Saudis waren und dass das etwas mit uns zu tun hat. Erst seit den Anschlägen in Riad ist uns bewusst geworden, wie groß das Problem ist, und man hat angefangen, etwas zu tun.«

Polizei und Geheimdienste erhielten, was sie brauchten, um den Kampf aufzunehmen, lieferten sich monatelang fast täglich Gefechte mit Verdächtigen und Gesuchten und machten dabei, was niemanden störte, kaum Gefangene. Radikale Prediger und Gelehrte wurden mit einigem Nachdruck dazu gebracht, öffentlich der Gewalt abzuschwören – zumindest solcher, die sich im eigenen Land abspielte und Saudis oder andere Muslime zum Ziel hatte. Die Medien griffen Themen auf, die es bis dahin dem offiziellen Diskurs zufolge nicht geben durfte und deshalb auch nicht gab: Extremismus und – wie es weiterhin etwas beschönigend hieß – »Übertreibungen« im religiös-politischen Denken sowie religiöse Intoleranz. Plötzlich sprachen Regierungsvertreter und Gelehrte, liberale und selbst konservative Kommentatoren von Reform, allerdings mit durchaus unterschiedlichen Auffassungen zu Art und Inhalt notwendiger Veränderungen.

Die Auseinandersetzung mit der gewalttätigen Opposition ist damit noch nicht gewonnen. Terroristische Aktionen, nicht zuletzt Angriffe auf ausländische Einrichtungen und Ausländer, dürften das Land noch einige Zeit in Unruhe versetzen. Das heißt aber weder, dass das Ende des nach der Familie der Saud benannten Königreichs naht noch dass die internationalen Großmächte es aufgegeben haben. Saudi-Arabien ist allerdings, wie ein saudischer Intellektueller sagt, unter das Mikroskop der Weltöffentlichkeit geraten. Der Ölfilm, der die inneren Widersprüche des Landes bislang überdeckt hat, ist durchsichtiger geworden. Viele der Fragen, die den westlichen Beobachter Saudi-Arabiens umtreiben oder beunruhigen, stellen inzwischen immer mehr saudische Bürger – und Bürgerinnen.

Riad und die saudische Langeweile

RIAD LÄDT WIRKLICH NICHT zum Promenieren ein. Die Hauptstadt Saudi-Arabiens mit ihren vielleicht dreieinhalb Millionen Einwohnern ist eine dieser gefräßigen arabischen Großstädte, die sich infolge permanenten Zuzugs und Zuwachses der Bevölkerung immer weiter in alle Himmelsrichtungen ausdehnen. Gehwege gibt es allenfalls dort, wo ein Projektentwickler der Ansicht war, dass sie gut zu seinem Gebäudekomplex passen würden. Ansonsten ist vorgesehen, dass man im Auto vorfährt oder sich vorfahren lässt. Die King Fahd Road, eine der beiden Magistralen, zu Fuß zu überqueren ist etwa so schwierig, wie auf einer deutschen Autobahn von einer auf die andere Seite zu gelangen. Es bleibt einem nichts anderes übrig, als bis zur nächsten großen Straßenkreuzung zu laufen, die schon mal einen Kilometer entfernt sein kann, oder ein Taxi zu nehmen.

In der Altstadt kann man noch zu Fuß gehen. Sie besteht aus den Ortsteilen Bahta und Masmak, wo eine lehmgebaute Festung und wenige alte Lehmhäuser an die Zeit vor dem Öl erinnern. Ansonsten dominiert die Architektur der fünfziger bis siebziger Jahre des zwanzigsten Jahrhunderts. Heruntergekommene Stadtviertel sind dies, die heute im Wesentlichen von philippinischen, pakistanischen, indischen oder sri-lankischen Gastarbeitern bewohnt werden. Hier finden sich die Souks, kleinere für Gold und Silber und Antiquitäten, größere und lebhaftere für billige Textilien und andere Konsumartikel. Nicht nur Gastarbeiter kaufen hier ein, sondern auch ärmere Saudis. Die Vernachlässigung der traditionellen Bauten in der alten Innenstadt demonstriert, was die Saudis, soweit man hier verallgemeinern kann, von ihrer vormodernen Geschichte halten: eigentlich gar nichts. Man pflegt gesellschaftliche Traditionen, aber noch lange nicht das archäologische, architektonische und kulturelle Erbe.

Die neue Innenstadt Riads liegt knapp zehn Kilometer entfernt entlang einer Hauptachse, die von zwei zehnspurigen Straßen gebildet wird. Die Stadt ist eine Art Los Angeles in der Wüste. Die Hauptachse und einige große Querstraßen bilden ein erweiterbares Schachbrettmuster, in dessen Quadraten sich ausgedehnte Wohnviertel befinden. Es gibt wenige Viertel mit Apartmenthäusern, denn die saudische Familie bevorzugt das Eigenheim. Die meisten Eigenheime sind, weil saudische Familien groß sind, stattliche Villen hinter meist hohen Mauern, die oft bis zum ersten Stock reichen. Am besten lässt sich die überwiegend flache Stadtlandschaft von einem der beiden Hochhäuser, dem dreihundert Meter hohen Kingdom Tower und dem etwas kleineren Faisal Tower aus betrachten, zwei Solitäre von hohem architektonischem Einfallsreichtum. Auf der Skybridge im neunundneunzigsten Stock des Kingdom Towers hat man das Gefühl, sich der saudischen Hauptstadt im Flugzeug zu nähern.

Aus der Flugzeugperspektive wirkt Riad durchaus lebendig. Das gesellschaftliche Leben hält indes nicht ganz mit. »Am Ende ist jeder gelangweilt«, so lautet die Überschrift eines Kommentars in einer saudischen Tageszeitung.[40] Der Verfasser fragt sich, was er seinen heranwachsenden Kindern am Wochenende bieten könnte, diskutiert die Möglichkeit, ins Naturkundemuseum zu gehen (was es nicht gibt), ein Kunstmuseum zu besuchen (was es auch nicht gibt), einen Kinofilm zu sehen (Kinos sind verboten) und sieht sich schließlich darauf zurückgeworfen, die Kinder zum x-ten Mal zu Fun Time

Pizza einzuladen oder in ein Fast-food-Restaurant zu schicken. Auch er sei gelangweilt, gesteht er seiner Frau.

Die Glosse beschreibt die Situation saudischer Jugendlicher ganz gut. Am Mittwochabend etwa, dem Abend vor dem saudischen Wochenende, treffen sich Muhammad (22), Versicherungsangestellter, und Mutib (26), Verlagskaufmann, mit ein paar Freunden zum Essen in einem saudischen Traditionslokal. Es sind ganz normale junge saudische Männer. Man sitzt in einer Art Séparée auf dem Boden – Wände in Sichthöhe grenzen die einzelnen Gästegruppen voneinander ab – und lässt sich von den ziemlich schlecht gelaunten jemenitischen Kellnern einen gebratenen Hammel auf Reis servieren, dazu Mineralwasser und Pepsi. Das Tier wird mit der Hand zerlegt und gegessen, wer will, kann auch einen Plastiklöffel zu Hilfe nehmen. Man legt sich gegenseitig gute Fleischstücke vor, spricht ein wenig über die Arbeit, die Freunde. Gegen zehn Uhr bricht einer von ihnen auf, um in einem Café auf der Tahliyya-Straße, das gerade *in* ist, Plätze und nach Möglichkeit auch Parkplätze in der Nähe zu organisieren. Ein Auto hat jeder der jungen Männer, und Parkplätze auf der Tahliyya-Straße zu finden ist gerade mittwochs nicht leicht, weil sie eine Art Laufsteg der kontaktsuchenden Jugend ist.

Der Verkehr rollt sehr, sehr langsam. In den Autos sitzen junge Männer, die die Aufmerksamkeit junger Frauen auf sich zu ziehen suchen, die sich die Straße entlang chauffieren lassen oder mit ihren Freundinnen und Familien in einem der vielen Cafés und Restaurants sitzen. Es beginnt das Spiel, das die Saudis *targim* nennen. Es ist der Versuch junger Männer, einer Frau die eigene Telefonnummer zukommen zu lassen. Mancher hält dazu ein Pappschild bereit, das nichts als die eigene Handynummer zeigt und im Fall des Augenkontakts an die Autoscheibe gehalten wird – vielleicht notiert sie sich ja die Nummer oder tippt sie gleich in ihr Mobiltelefon. Technologisch fortgeschrittener ist die direkte Funkübertragung von Handy zu Handy, Bluetooth-Technologie hilft dabei, der Erfolg ist aber keineswegs garantiert.

Für die erfolgreiche Anbahnung von Beziehungen steht *targim* ohnehin nicht, es ist eher ein Spiel mit dem Fünkchen Hoffnung, doch irgendwie eine Vertreterin des anderen Geschlechts kennen zu lernen. Muhammad, Mutib und ihre Freunde sitzen in einem wirklich schicken Designercafé, postmoderner Eklektizismus, aber phantasievoll, und verfolgen das Geschehen auf der Straße. Natürlich sei das keine geeignete Art, eine Frau kennen zu lernen, sagt einer mit Blick auf das Treiben, aber manchmal ergibt sich eben ein Telefonat. Für die ernsthafte Kontaktaufnahme biete sich eher das Internet an. »Manche von uns verbringen vierundzwanzig Stunden am Tag im Internet« – kleine Fluchten in die virtuelle Welt, die weniger langweilig ist als die saudische Realität.

»Natürlich«, sagt Ziad, ein sechsundzwanzigjähriger Computeringenieur, der als unverheirateter Mann selbstverständlich noch bei seiner Familie wohnt, »ist alles erhältlich, was verboten ist: Alkohol und Drogen vor allem, wenn man bereit ist, dafür zu zahlen und sich in die entsprechenden gesellschaftlichen Kreise einführen zu lassen«. Der Drogenmissbrauch, sagen Experten, habe in Saudi-Arabien erheblich zugenommen. Woran es fehlt, sind gerade für Jugendliche gesellschaftlich verträgliche Formen der Freizeitgestaltung. Sportclubs gibt es, aber wenige, Kinos und Diskotheken sind tabu. Also trifft man sich am Abend und an den Wochenenden in *istirahas*, Café-Gasthäusern außerhalb der Stadt, um eine Wasserpfeife zu rauchen, Fernsehen zu gucken und zu schwatzen. Ärmere Jugendliche gehen in die kleineren Cafés in Downtown. Wenn man Pech hat, so die Klage von Cafébesitzern, stürmen inoffizielle Prediger das Café, stellen den Fernseher ab und erklären den Jugendlichen, dass sie lieber in den Irak ziehen und dort den Muslimen gegen die ausländischen Besatzer helfen sollten als im Café herumzulungern. Die meisten Jugendlichen zeigen sich nach Aussage der Cafétiers von diesen Predigern nur angeödet.

Wer arbeitet, sagt Ziad, der Computerfachmann, hat vielleicht das Glück, einen Betrieb mit Sozialclub zu erwischen, der gelegentlich gesellschaftliche und sportliche Aktivitäten – nur für Männer versteht sich – anbietet. Ansonsten versuche man, möglichst viel Geld zu sparen, um in den dreiwöchigen Sommerferien nach Syrien, Ägypten oder in den Libanon zu fahren. Dort, in den Ferienorten anderer arabischer Länder, sei es viel unkomplizierter, Bekanntschaften mit Landsleuten des anderen Geschlechts zu machen.

In Saudi-Arabien ist die Langeweile ein Thema der innenpolitischen Debatte. Die wichtigsten Herausforderungen, denen das Königreich sich zu stellen habe, seien aus seiner Sicht drei, sagt mir Faisal al-Muammar. Der ruhige, zurückhaltende Berater des Kronprinzen leitet den »Nationalen Dialog«, eine Initiative, die seit Mitte 2003 vier mehrtägige geschlossene Diskussionsveranstaltungen zu politischen Themen von allgemeinem Interesse veranstaltet und dabei in durchaus repräsentativer Weise Vertreter gesellschaftlicher Gruppen zusammengebracht hat, die sonst nicht unbedingt miteinander sprechen. Die drei vordringlichen Themen seien erstens die Schaffung von Arbeitsplätzen, zweitens das Bildungssystem und die Art der Ausbildung im Königreich und drittens *al-faghar*, die Leere oder die unausgefüllte Freizeit.

Diese Leere ist gerade von den Vertretern der jungen Generation auf dem vierten Nationalen Dialog angesprochen worden, der sich des Themas »Jugend« annahm. Es müsse ja, meint Muammar, nicht gleich um die Einführung von Kinos gehen, aber man wolle für die Freizeit Programme anbieten, die »der Gesellschaft entsprechen«. Man müsse sich hüten, den Zorn der konservativsten Kreise hervorzurufen, die Kino, Theater, Tanz, Gesang und ähnliche Vergnügungen als *haram*, als unislamisch und unter der Scharia verboten, denunzieren. Dabei habe es, die Erinnerung kommt Muammar, während er spricht, in den sechziger Jahren durchaus Kinovorstellungen gegeben. Seit Ende der siebziger Jahre, mit der Ausbreitung der fundamentalistischen Bewegungen und der Revolution Khomeinis in Iran, hätten die konservativen religiösen Kreise sich aber zunehmend durchgesetzt.

Was man(n) trägt

FÜR MANCHE BEOBACHTER zeigt sich die Eintönigkeit des gesellschaftlichen Lebens schon in der Uniformität der Kleidung. Tatsächlich unterstreicht die Kleiderordnung im Königreich den Unterschied zwischen Saudis sowie anderen Bürgern der Golfstaaten auf der einen und Nicht-Saudis auf der anderen Seite, und sie vereinheitlicht das Erscheinungsbild. Nur Ausländer kleiden sich »westlich« oder, wie man vielleicht eher sagen sollte, globalisiert, wobei ausländische Frauen allerdings gehalten sind, eine Abaya, einen schwarzen Umhang, zu tragen. Das Tragen eines Kopftuchs oder gar Schleiers wird Ausländerinnen übrigens nicht aufgezwungen – auch wenn die Mutawwa, die Religions- oder Moralpolizisten, das gerne hätten.

Saudis kleiden sich »saudisch«. Manch westlicher Besucher mag die rauschenden Roben romantisch finden, die meisten männlichen Saudis finden sie einfach bequem. Nur wenige Nonkonformisten zeigen sich in der Freizeit auch öffentlich in Jeans und T-Shirt. In der Regel wird die äußerliche Einheitlichkeit nicht durchbrochen. Für ihn, sagt ein lange Jahre im Land lebender Ägypter, sei die Bekleidung saudischer Männer und Frauen ein Spiegelbild des herrschenden wahhabitischen Denkens: »Ich sehe nur schwarz und weiß.« Weiß tragen die Männer, schwarz ist die Farbe saudischer Frauen, die in der Öffentlichkeit immer die Abaya und mehrheitlich einen das Gesicht vollständig oder mit Ausnahme der Augenpartie verdeckenden Schleier tragen. Farbe ist nicht erwünscht.

Tatsächlich gibt es Variationen in der Männermode. In einem Laden für saudische Herrenbekleidung auf der 30. Straße in Riad bedienen zwei gut *à la saoudienne* gekleidete Männer. Der Jüngere der beiden, vielleicht dreißig Jahre alt, schneidet während des Gesprächs am Tresen einen dunkelgrauen Wollstoff mit feinen Nadelstreifen zu; der Ältere, dunkelhäutig, gebeugt und mit grauweißem Bart, scheint um die siebzig. Er überwacht, dass alles im Laden ordentlich abläuft. Nein, erklärt der Jüngere, sie seien beide keine Saudis, sondern Jemeniten, Angestellte des saudischen Ladenbesitzers. In Teilen des Jemen, insbesondere im Norden, kleide man sich durchaus wie in Saudi-Arabien, und außerdem gehöre die saudische Bekleidung der Angestellten zum guten Bild des Geschäfts. Der Laden ist edel gehalten, Tresen und Wandregale aus Holz, in den Regalen die Stoffballen – etwa zweihundert verschiedene Stoffe hat man im Angebot. Entgegen dem äußeren Anschein sei der saudische Mann eben nicht uniform gekleidet, obwohl, wie einer der beiden Angestellten erklärt, wohl nahezu neunundneunzig Prozent sich saudisch gewanden würden.

Die Basis der saudischen Männerkleidung ist der Thaub, das Gewand oder bodenlange Hemd, das nur unwesentlich anders geschnitten in den Emiraten Dishdasha und in Ägypten Galabeyya heißt. In den Jungenschulen ist der Thaub seit einigen Jahren verpflichtend, zuvor haben manche Schüler Hosen getragen. Der Thaub hat eine Knopfleiste bis etwa zum Nabel, lange Ärmel und Taschen zu beiden Seiten. Die Grundfarbe für den Sommer ist weiß, der Stoff Baumwolle, Seide oder ein Mischgewebe. In Riad bevorzugt man Seidenstoffe, im Osten des Königreichs wegen der hohen Luftfeuchtigkeit eher Baumwolle.

Die Form erlaubt gewisse Variationen. Der Kragen kann wie ein europäischer Hemdkragen aussehen oder wie ein geschlossener Priesterkragen, die Ärmel können ohne und mit Manschette gearbeitet sein und sogar Manschettenknöpfe vorsehen, die Knopfleiste ist offen oder verdeckt. In der Übergangszeit trägt man gern ein Sakko über dem Thaub oder eine winterliche Wolljacke – auch hier bestehen vom Wollsynthetikgewebe bis zum teuren Kaschmir genügend Wahlmöglichkeiten. Die Farben sind in der Regel dunkel.

Bei der Kopfbedeckung des saudischen Mannes besteht grundsätzlich die Wahl zwischen der weißen Ghutra, einem Tuch aus Seide oder heller Baumwolle, und dem dickeren, rot-weiß gewürfelten Shamagh. Deutsche nennen diese Kopfbedeckung »Palästinensertuch«, und tatsächlich unterscheidet es sich von der palästinensischen Keffiyeh, die es allerdings auch in schwarz-weiß gibt, nur im Namen und vielleicht in der Qualität, denn auch hier ist Seide beliebt. Zudem gibt es unterschiedliche Designs und Markennamen: Man kann das rotweiße Tuch bei Dunhill, Valentino und bei Bassam erhalten – »die meistverkaufte Marke im Königreich«, wie auf einem großen Billboard auf der King Fahd Road verkündet wird – oder aus »Schweizer Herstellung« beziehen. Während der Palästinenser, der syrische Bauer oder der irakische Arbeiter seine Keffiyeh um den Kopf schlingt, werden Ghutra und Shamagh über ein leichtes weißes Baumwollkäppi, die Taqiye, gelegt und mit dem Aqqal, dem fingerdicken, doppelt gelegten schwarzen Ring aus Baumwolle oder Seide oder Seide mit Baumwollfüllung am Platz gehalten.

Alles, was der saudische Herr braucht, gibt es von der Stange oder als Maßanfertigung; zur festlichen Kleidung – dem Pendant zum europäischen schwarzen Anzug – gehört ein Umhang aus meist dünner schwarzer oder brauner Kamelwolle, der auf Hocharabisch *aba'a*, im saudischen Arabisch *mashlah* (wörtlich: das, was man überzieht) heißt.

Die saudische Herrenmode ist die zur Tradition erhobene Kleidung der Beduinen. Das Kopftuch hat in der Wüste, wo tagsüber die Sonne brennt, oft der Wind heftig bläst und die Nächte arg kalt werden können, viele Funktionen. Es ist ein ideales Kleidungsstück für Kopf, Hals und Gesicht und lässt sich bei Sandsturm so schlingen, dass nur ein schmaler Augenschlitz offen bleibt. Im städtischen Leben dagegen ist es weniger praktisch. Die Enden des quadratischen Tuchs, das mittig auf den Kopf gelegt wird, fallen oder rutschen bei jeder Bewegung, wie sie gerade wollen. Man greift deshalb beständig mit den Händen unter die Enden des Tuchs, um das rechte nach links, das linke nach rechts über Kopf und Aqqal zu werfen – möglichst nacheinander, nicht gleichzeitig und so, dass die Enden in Schulterhöhe landen, von wo sie sich bei jeder Bewegung allmählich wieder auseinander bewegen und nach unten fallen, so dass der Bewegungsablauf – die typische saudische Handbewegung – von vorne beginnen kann, etwa so, wie sich westliche Anzugträger ständig die Krawatte zurechtrücken.

Das quadratische Tuch wird angeboten in den Standardgrößen vierzig mal vierzig bis sechzig mal sechzig Inch (also etwa einen bis anderthalb Meter im Quadrat). Religionsgelehrte und solche, die sich dafür halten, tragen keinen Aqqal, sondern legen das Kopftuch lose auf. Das zwingt zu gelehrtenhaft-ruhigen Bewegungen. Und wer sich als besonders strenger Wahhabit zeigen will, etwa die Mitglieder der Religionspolizei und manche Prediger, der trägt einen kürzeren Thaub, der einen Teil des Unterschenkels frei lässt. Der Prophet soll auch keinen längeren getragen haben.

Religion und Tradition oder:
»Der wahre Islam verlangt aber nicht …«

DIE ARABISCHE HALBINSEL ist das Mutterland des Islam, das heutige Saudi-Arabien der Staat, in dem sich mit Mekka und Medina die wichtigsten heiligen Stätten dieser Offenbarungsreligion befinden. Muslime überall in der Welt wenden sich beim Gebet nach Mekka. Die Zahl der ausländischen Pilger, die jährlich zur Hajj, zur Pilgerfahrt, nach Saudi-Arabien reisen, reicht bis zu anderthalb Millionen.

Dass das Königreich ein islamischer Staat ist, ist für die meisten Saudis deshalb auch nur natürlich. Manche Gesprächspartner bieten ungefragt Vergleiche an. »Unser Land ist neben Israel und Pakistan der einzige von insgesamt drei Staaten, die auf religiöser Grundlage basieren«, sagt ein Religionsgelehrter. Der Vergleich ist interessant, auch wenn er den kleinen Unterschied ignoriert, dass Israel sich zwar als Staat der Juden versteht und Pakistan als Staat der Muslime auf dem indischen Subkontinent gegründet wurde, beide aber ein ethnisches, kein religiöses Konzept der Zugehörigkeit zugrunde legen: In diesen Staaten zählt die Abstammung, nicht das religiöse Bekenntnis. Manche ziehen auch den Vergleich mit dem Vatikan, dem päpstlichen Staat: So wie dort keine Moschee gebaut werden könne, könne es eben auch in Saudi-Arabien keine Kirche geben. Mit Größenvergleichen oder der Tatsache, dass der Vatikanstaat nicht einige hunderttausend andersgläubige Migranten beschäftigt, hält man sich da nicht auf.

Liberale Stimmen haben meist ebenfalls kein Problem mit der Natur Saudi-Arabiens als muslimischem Staat. Der Begriff »liberal« ist ohnehin weit zu fassen und wird praktisch allen verliehen, die für mehr politische Mitwirkung, eine kulturelle und politische Öffnung nach außen und eine weniger rigorose Auslegung des islamischen Rechts eintreten. Ganz selten ist unter den bekennenden Liberalen jemand, der sich als »säkular« definiert; die meisten wehren sich gegen entsprechende Vorwürfe aus dem konservativen Lager. Wenn daher Liberale von »den Religiösen« sprechen, meinen sie besonders religiös-konservative Vertreter. Wer glaubt, dass liberale Dissidenten im

Königreich, die für Menschenrechte und Partizipation eintreten, auch die Trennung von Staat und Religion anstreben, der irrt.

Man befinde sich nun einmal im Herzland des Islam, meint Abd al-Muhsin al-Akkas, ein ungefähr fünfzigjähriger, amerikanisch ausgebildeter Politikwissenschaftler, der das außenpolitische Komitee des Konsultativrates leitet und wenige Wochen nach unserer Begegnung zum Sozialminister berufen wurde: »Unsere Kultur ist islamisch.« Das sollten westliche Partner des Landes, nicht zuletzt die Amerikaner, berücksichtigen, die oft den Eindruck erwecken, sie wollen Saudi-Arabien um seine islamische Identität bringen. Liberale Saudis wollen dies explizit nicht. Ihre Kritik richtet sich dagegen, dass eine Denkschule im Islam – der Wahhabismus – qua staatlicher Macht zur herrschenden Lehre erhoben worden ist, sowie gegen die rigorose Durchsetzung extrem konservativer gesellschaftlich-religiöser Vorstellungen. »Ich bin gläubig, ich bete und faste«, sagt Taufiq Qusayyir, ein bekannter Oppositioneller, »aber ich meine schon, dass manches hier übertrieben wird. Die Kleiderordnung beispielsweise, dass Frauen ihr Gesicht bedecken und Ähnliches.« Er habe nichts dagegen, als liberaler Islamist bezeichnet zu werden, das treffe wohl ungefähr seine Haltung.

Tatsächlich ist gelegentlich schwer zu unterscheiden, was an den strengen Regeln, die im Königreich herrschen, traditionell, was religiös und was einfach Ergebnis politischer Entscheidungen ist. »Der Mensch«, erläutert mir Doktor Naif al-Duayyis, seines Zeichens Religionsgelehrter und Mitglied des Konsultativrates, »lebt hier natürlich in einer von der Religion bestimmten Umgebung; es gelten die Regeln und Befehle der Scharia. Er lebt aber auch in der Gesellschaft, in einer Gesellschaft, die durch Traditionen gebunden ist, und er lebt in einem Staat, der ihn durch seine Gesetze bindet.« Viele Saudis verwechselten ihre gesellschaftlichen Gebräuche und Traditionen mit der Scharia, und die politische Führung bediene sich der Scharia, um die Menschen zu beherrschen, behaupte also, dass etwas religiös geboten sei, um es gegen Widerspruch durchzusetzen. Natürlich gebe es Überschneidungen, aber dass Frauen im Königreich Saudi-Arabien nicht Auto fahren dürfen, sagt der Scheich, ohne dass ich ihn danach frage, habe mit der Scharia rein gar nichts zu tun. Er selbst hätte nichts dagegen, dass seine Frau oder seine Tochter Auto fahren. Konservative gesellschaftliche Kreise aber lehnten dies ab, und – da solle man sich nicht täuschen – diese Kreise repräsentierten die Mehrheit der Bevölkerung. Da mag er Recht haben.

Beweis und Irrtum

RELIGION STRUKTURIERT das Alltagsleben Saudi-Arabiens in einem hohen, sehr hohen Maße. Das beginnt bei den Gebetszeiten, die den Tag unterteilen. Fünfmal am Tag, bei Sonnenaufgang, mittags, nachmittags, bei Sonnenuntergang und abends, wird zum Gebet gerufen, überall, in jeder Stadt, in jedem Dorf. Nicht nur von den Moscheen, sondern auch im Radio, im Fernsehen und in öffentlichen Einrichtungen. In den modernen Büros der König Faisal-Stiftung beispielsweise ertönt über die hausinterne Lautsprecheranlage ein Gong, und eine sanfte Stimme teilt erst in Arabisch, dann in Englisch mit, dass nun Zeit zum Gebet sei. Das verursacht keine hektische Aufbruchstimmung, aber die meisten Mitarbeiter bewegen sich innerhalb der nächsten Minuten in Richtung Moschee. Geschäfte und Banken, Restaurants und Cafés schließen. In Einkaufszentren können gebetsunwillige Kunden zuweilen bei geschlossenen Läden weiter Window-Shopping betreiben, und manche Cafés erlauben ihren Kunden, vor dem schon servierten Getränk sitzen zu bleiben. Die meisten Betriebe aber komplimentieren die Gäste freundlich hinaus, denn wenn die Mutawwa bemerken, dass während der Gebetszeiten weiter gearbeitet wird, schließen sie den Laden und nehmen anwesende Muslime, die sich dem Gebet verweigern, zur Wache mit.

Wer Termine macht, hat die Gebetszeiten also besser im Kopf. Sie stehen, da sie sich nach Jahreszeit und Sonnenstand täglich um ein paar Minuten verschieben, in jeder Zeitung. Tatsächlich werden Verabredungen in der Regel mit Blick auf die Gebete getroffen: Herr M., heißt es in der Behörde, wird nach dem Mittagsgebet zu sprechen sein. Oder man vereinbart ein Treffen »zwischen *Asr* und *Maghrib*«, zwischen dem Nachmittags- und dem Sonnenuntergangsgebet. Diese Nachmittagszeit eignet sich bestens für erste Begegnungen, denn sie ist auf ungefähr eine Stunde begrenzt. Ein Besucher wird also nicht allzu lange bleiben.

Die Religion und die religiösen Praktiken strukturieren aber nicht nur den Tag, sie geben auch Sicherheit in unsicheren Zeiten. Der Muslim soll vorzugsweise in der Moschee beten, das stärkt das Gemeinschaftsgefühl, entspannt oder »reinigt die Seele«, wie ein saudischer Kollege sagt. »Das gesamte menschliche Verhalten«, erklärt mir Dr. Mazin Mutabaqani, »ist mit Koran und Sunna verbunden«, und das gelte fürs Private wie für den öffentlichen Raum. Der Islam enthalte Prinzipien, »die uns helfen, unsere Probleme zu lösen«. In der islamischen Geschichte – gemeint ist die Regierungszeit des Propheten und seiner ersten vier Nachfolger – könne man das erkennen: »Da gab es Transparenz und gute Regierungsführung.«

Der Professor für Islamische Studien ist Mitte fünfzig. Er hat längere Zeit an der Imam-Muhammad-Universität, der Kaderschmiede des Wahhabismus, unterrichtet, dann aber zu der liberaleren King-Saud-Universität gewechselt. Ferner hat er ein Büchlein mit dem Titel »Der Westen von innen« geschrieben. Es soll, das ist ihm ein Anliegen, dem saudischen Publikum die Kenntnisnahme und Akzeptanz »des Anderen« erleichtern.[41] Mutabaqani vergleicht deshalb auch gern, wenn er über den Islam spricht: »In anderen Büchern, im Evangelium etwa, findest du nicht so genaue Anweisungen zum täglichen Leben. Aber die Sunna gibt uns Anweisungen für fast alles. Von der Art, sich die Schuhe anzuziehen – ob man mit dem rechten Fuß beginnt oder mit dem linken –, bis hin zu den internationalen Beziehungen.« Da gebe es etwa, erklärt er, als ich um Beispiele bitte, einen Hadith, »der uns lehrt, dem Anderen mit einem Lächeln gegenüberzutreten«, und das gelte eindeutig für interpersonelle wie für internationale Begegnungen. Einige in Saudi-Arabien hätten ein viel zu enges Verständnis und weigerten sich beispielsweise, einen »Ungläubigen« zu grüßen. Das sei eindeutig falsch, denn – so ein weiterer Hadith – der Prophet habe einem Juden, der in Medina zu Grabe getragen wurde, seinen Gruß entboten. Als die Leute ihn fragten, warum er denn den Juden grüße und ehre, habe er zurückgefragt: »Ist dieser etwa kein Mensch?«

Mutabaqani argumentiert, wie ein guter Religionsgelehrter es gelernt hat und lehrt: Erst eine Rechtsfrage, dann eine These – die sagt was richtig/erlaubt und was falsch/verboten oder was im Einzelnen zu tun ist –, dann »der Beweis«. Letzterer liegt für die Angehörigen der hanbalitischen Rechtsschule,[42] auf die der Wahhabismus sich bezieht, allein im Koran und in der Sunna, in der durch die Hadithe dokumentierten Tradition des Propheten. Andere Rechtsschulen erweitern die Grundlagen, die dem Rechtsgelehrten zur Verfügung stehen, erlauben Analogieschlüsse, die Berücksichtigung des öffentlichen Interesses oder die eigene Meinung und den Konsens der Gelehrten. Faktisch können verschiedene Rechtsgelehrte, selbst wenn sie sich an die puristischen hanbalitischen Regeln halten, auf derselben Grundlage zu ganz verschiedenen Ergebnissen gelangen. Denn der Koran ist ein reiches Buch und die Hadithe sind zahlreich – allein das neunbändige Werk des Bukhari, eines Gelehrten des dritten Jahrhunderts muslimischer Zeitrechnung, das als die am besten dokumentierte Sammlung gilt, umfasst 7275 Hadithe. Die sechs kanonischen, in allen sunnitischen Rechtsschulen anerkannten Sammlungen bringen es insgesamt auf an die fünfzigtausend solcher Überlieferungen. Zur Schriftgläubigkeit, dem Festhalten am Wort, wie es geschrieben ist, und der Ablehnung einer interpretativen Suche nach einem tieferen Sinn in den Texten, kommt bei den wahhabitischen Theologen ein radikales Bekenntnis zum Monotheismus. Man spricht von *tauwhid*, dem Glauben an die Einheit Gottes, der mit einer strikten Ablehnung jeglicher Heiligenverehrung oder der Pflege von Heiligenschreinen einhergeht. So zerstörten die Wahhabiten, um die »Gräberanbetung«, wie sie es nennen, zu unterbinden, unter anderem die Grabstätten der ersten Kalifen, der Gefährten und Nachfolger des Propheten, in Mekka.

Zumindest ideologisch ist der Wahhabismus fundamentalistischen Bewegungen, wie wir sie aus dem amerikanischen Protestantismus kennen, sehr ähnlich. Dazu gehört die Schriftgläubigkeit, der Versuch, zu den reinen Fundamenten der Religion zurückzukehren, Abweichungen zu eliminieren und in den heiligen Schriften eben keinen sinngebenden Mythos, sondern »empirische« Realität zu sehen. All dies ist nicht ungewöhnlich für Bewegungen, die versuchen, sich in einer Zeit zu behaupten, die für Mythen und spirituelle Sinngebung keinen Platz hat, und die sich dabei selbst moderner, rationalistischer Begriffe und Vorstellungen wie Beweis, Klarheit und Eindeutigkeit bedienen.[43]

So ist im wahhabitischen Diskurs auch kein Platz für Zweifel. Da eine freie Auslegung der Texte oder gar die Suche nach der »verborgenen« Bedeutung bestimmter Textstellen, die schiitische Gelehrte und Sufis (Anhänger eines islamischen Mystizismus) gern betreiben, nicht erwünscht sind, das Urteil des Rechtsgelehrten dem eigenen Verständnis nach eben nicht auf Interpretationen, sondern auf Beweisen basiert, können anders lautende Urteile nur falsch sein. Bestenfalls sind sie das Ergebnis eines Irrtums, oder sie beweisen, dass, wer zu solch anderem Urteil gelangt ist, eben kein Rechtsgelehrter ist und insofern auch nicht wissen kann, was der wahre Islam verlangt. Mir erscheint diese Logik geschlossen, denn sie akzeptiert letzten Endes keine andere Meinung, lässt keinen Raum für Skepsis. Auch muslimische Gelehrte aus anderen Denkschulen werfen den Wahhabiten vor, Andersdenkende und gerade anders denkende Muslime zu verketzern oder gar geistig »ausmerzen« zu wollen. Wahhabitische Theologen dagegen haben oft großes Vertrauen in ihr Verfahren, die Wahrheit zu finden. Die »Suche nach dem klaren Beweis unter direktem Bezug auf Koran und Sunna«, erklärt mir Abdullah al-Sabeel, ein wahhabitischer Rechtsgelehrter und Professor der Psychologie, »befreit den Geist von der Gefangenschaft in den Äußerungen der Scheichs und den Meinungen der Gesellschaft«. Einen Prediger höre ich während einer recht hitzigen Debatte in einem Riader Privathaus sagen: »Wenn einer irrt, dann berichtigen wir ihn mit einem Beweis.«

Erstaunlich ist nicht, dass Mutabaqani als Gelehrter argumentiert oder wie er argumentiert, sondern dass die meisten saudischen Gesprächspartner, Gelehrte wie Laien, fast permanent diesem Muster folgen: Als argumentativer Bezugspunkt für ethische, moralische, rechtliche und letztlich auch politische Fragen dient den meisten Saudis eben kein Naturrecht, kein kategorischer Imperativ, ganz selten die Kategorie des Interesses und sicher nicht die der demokratischen Entscheidung, sondern immer, zumindest immer zuerst die Frage nach dem Gebot der Scharia: danach, was das göttliche und deshalb unantastbare Gesetz verlangt. In erster Linie betrifft das nicht die eigentlichen religiösen Pflichten, bei denen es wenig zu deuteln gibt –

das Glaubensbekenntnis und das Gebet, das Fasten, das Almosengeben und die Pilgerfahrt –, sondern weltliche Angelegenheiten: familienrechtliche und finanzpolitische Fragen, den Umgang mit dem anderen Geschlecht, das Verhältnis zum und das Verhalten im Ausland, Fragen von Krieg und Frieden und anderes mehr. Der saudische Muslim hat in der Regel eine ganz klare Vorstellung davon, was der wahre, richtige Islam ihm und anderen aufgibt. Erstaunlich oft hören wir aber, dass das, was in der Realität – auch im eigenen Land – geschieht, nicht dem »wahren« Islam entspreche oder von diesem verlangt werde. Da hat sich dann jemand geirrt – in der politischen Führungsetage zum Beispiel – oder regionale und tribale Tradition zum religiösen Gebot erklärt.

»Religion ist Leben«

DIE DREI JUNGEN LEUTE, nennen wir sie Naif, Faisal und Abd al-Aziz, sind Mitte zwanzig. Sie haben mich eingeladen, damit ich, wie Faisal sagt, auch mal den Standpunkt der Jugend kennen lerne. Faisal und Naif haben an einem Majlis, einer privaten Diskussionsrunde, teilgenommen, zu dem auch ich eingeladen war. Dabei, unter überwiegend älteren, distinguierten Herren, haben sie als Jugendliche geschwiegen und zugehört. Jetzt sitzen wir im Empfangsraum von Naifs Elternhaus bei Kaffee und Datteln, und sie ergreifen das Wort. Sie seien sicher, sagt Naif, dass man im Westen falsche Vorstellungen von Saudi-Arabien habe. Ihm sei vor allem wichtig, dem Westen deutlich zu machen, dass der Terrorismus einiger Muslime nicht der Islam sei. Terrorismus sei Unrecht, sei falsch, ethisch und moralisch zu verurteilen. Aber die Unterdrückung, das Unrecht, das die Amerikaner den Arabern zufügten, wirke eben auch auf die Lage im Irak und in Palästina. Auch das müsse der Westen begreifen.

Naif, Faisal und Abd al-Aziz gehören zur oberen Mittelschicht; alle haben zumindest einen Teil ihres Studiums im Ausland absolviert, alle drei arbeiten in bürgerlichen Berufen oder bereiten sich darauf vor. Faisal, der aus einer der einflussreichsten Familien des Landes stammt, hat eine betriebswirtschaftliche Ausbildung gemacht, ein wenig an der Börse gearbeitet und bereitet sich jetzt auf ein Promotionsstudium vor. Abd al-Aziz ist Pilot, und Naif, der etwas jugendlicher wirkt als seine beiden Freunde – er leistet sich sogar einen kleinen Pferdeschwanz –, arbeitet als Rechtsberater bei einer Bank. Mit Rücksicht auf ihre Familien, sagt Faisal, möge ich doch bitte ihre Namen nicht nennen. Dabei sagt keiner der drei etwas Unerhörtes.

Alle drei akzeptieren die Tradition ihrer Gesellschaft. Sie sind, wenn man so will, moderne Konservative, und sie sind religiös. Damit dürften sie den Mainstream junger professioneller Saudis ganz gut repräsentieren. Vorbehalte haben sie gegen das vom religiösen Establishment beherrschte Erziehungssystem, aber die Religion steht deshalb für keinen von ihnen in Frage. Der Koran, sagt Naif, »ist ein Wunder. Er ist vollkommen. Der Prophet, Gott segne ihn und gebe ihm Heil, hat mit Juden und Christen zusammengelebt; der Koran gibt uns ethische Regeln, er erwähnt alle anderen Propheten, und er schafft ein vollständiges System mit Shura, Demokratie und Vertragsrecht.« Der Prophet sage auch, dass das moralisch-ethische Verhalten, nicht aber die Frage, ob einer Christ oder Muslim ist und regelmäßig betet, am Jüngsten Tag zählt.

Allerdings, sagt Naif, und seine Freunde stimmen ihm zu, habe er den Islam nicht in der Schule oder in der Moschee zu verstehen gelernt. Erst während seiner Schulzeit und danach habe er begonnen zu lesen: islamische Literatur aus Ägypten und anderen muslimischen Ländern, aber auch die traditionellen Schriften von Ibn Taymiyya und anderen. Auch das Fernsehen, die Satellitenkanäle anderer arabischer Länder, nicht zuletzt al-Mustaqilla, ein von der moderat-islamistischen tunesischen Exilopposition gegründeter Sender, habe ihm geholfen zu entdecken, »dass ich eine Religion besitze, die viel weiter, großherziger ist, als das, was ich gelernt habe. Eine Religion, die tolerant und friedliebend ist.«

Abd al-Aziz und Faisal sekundieren: »Wir haben in der Schule«, sagt der erste, »immer nur auswendig gelernt, nach dem ägyptischen System, letztlich nur daraufhin gelernt, bekannte Prüfungsfragen zu beantworten.« Er habe sich, ergänzt Naif, in der Schule meist nicht getraut, Fragen zu stellen oder gar einem Lehrer zu widersprechen. Dazu werde man nicht ermutigt, obwohl doch Omar bin al-Khatab, der Nachfolger des Propheten, gesagt habe: »Wenn ihr mich einen Fehler machen seht, dann konfrontiert mich damit.« Ob er denn, frage ich nach, diesen Hadith, diese Überlieferung, schon in der Schule gelernt habe. Ja, sagt Faisal, dies schon, aber die Atmosphäre in der Schule habe nicht zugelassen, Widerspruch zu äußern oder kritisch nachzufragen. Letztlich fragen die jungen Leute immer, was die Religion erlaubt oder nicht erlaubt, welche Beispiele der Prophet und seine Gefährten gegeben haben, welche Lehren daraus zu ziehen sind und wie die koranischen und prophetischen Aussagen in Fragen des alltäglichen Lebens und der modernen Welt zu interpretieren sind.

Was man heute im Königreich brauche, sagt Faisal, sei *ijtihad*. Das ist für ihn die freie, moderne Interpretation der grundlegenden Texte. Wie solle man sonst etwa Aussagen zur Organisation des Bankensystems oder zum Umgang mit Zins- und Aktiengewinnen erhalten? Natürlich gebe es konservative Religionsgelehrte, die meinten, das »Tor des *ijtihad*« – ein in islamischen Rechtsdiskursen häufig genutzter Begriff – sei seit dem Mittelalter geschlossen, es sei also alles gesagt. Wer so argumentierte, habe keine Antworten auf Zeitfragen.

Dass ich den Eindruck habe, sie alle redeten und argumentierten wie islamische Religionsstudenten, erklärt der Pilot, sei nicht verwunderlich: »Für uns ist Islam nicht nur eine Religion, sondern eine Art zu leben, ja das Leben selbst.« Religion, ergänzt Naif, »ist meine Identität«. Er sei viel ins Ausland gereist und habe Dinge getan, die nicht korrekt seien, na, ich wisse schon, Alkohol, Mädchen und so weiter. Der Islam aber sage ihm, was Recht und was Unrecht ist. »Und letztlich glaube ich vielleicht mehr als die Bärtigen.«

Wir sind beim Thema Partnerschaften und Beziehungen angekommen, und das heißt in Saudi-Arabien vor allem, wie und wen man heiratet. Es gebe die traditionelle Art, sagt Naif: »Deine Mutter sucht dir jemanden. Natürlich siehst du das Mädchen ein paar Mal, bevor ihr euch entscheidet, zu heiraten oder nicht zu heiraten, in der Regel bei ihren Eltern zu Hause. Sie ist dann unverschleiert und trägt vielleicht sogar einen nur mittellangen Rock. Ihr könnt euch unterhalten, aber natürlich siehst du sie immer nur in Anwesenheit Dritter.« Er selbst, ergänzt er, werde diese traditionelle Weise der Eheschließung wohl nicht akzeptieren. Schließlich reise er viel, und im Urlaub könne man auch saudische Mädchen kennen lernen. Dazu käme die Möglichkeit, dass die Schwester eine Freundin mitbringe, vielleicht auch das Kennenlernen im Internet.

Faisal und Abd al-Aziz meinen hingegen, dass es gut sei, wenn man die Mutter Ausschau halten lässt, denn es komme bei der Heirat ja auf einige grundsätzliche Dinge an: Ob die Frau einem gefällt, ob die beiden Familien zusammenpassen, ob die Frau gut religiös ist. Die Vermittlung durch die Familie schaffe das notwendige Vertrauen, auf das eine Ehe letztlich baue. Physische Lust sei ein Problem: »Wenn ein Mädel vor der Heirat mit dir schläft, dann könnte sie das ja auch nach der Heirat mit einem anderen tun.« Abd al-Aziz, der bald heiraten möchte, hat seine Mutter gebeten, für ihn nach einer passenden Kandidatin Ausschau zu halten. »Mir ist wichtig«, fügt er hinzu, »dass sie aus einer geschützten, traditionellen Umgebung kommt.« Dating – das sagt er auf Englisch –, eine Beziehung mit einer Freundin aufbauen, sei die Umstände nicht wert, die es mache, das habe er im Ausland ausprobiert.

Naif besteht darauf, dass er letztlich eine Frau heiraten will, die er liebt: »Ich bin halt romantisch«, sagt er. Vor diesem romantischen Hintergrund ist er auch der Einzige der drei, der meine theoretische Frage, ob er sich, wenn es sich denn mit der Liebe so ergebe, vorstellen könne, eine Schiitin zu heiraten, bejaht. Faisal und Abd al-Aziz lehnen das kategorisch ab. »Ich will«, sagt der Pilot, »dass meine Frau die Kinder ordentlich aufzieht, es gibt über Jahrhunderte gewachsene Empfindlichkeiten zwischen den Gemeinschaften, den Sunniten und den Schiiten. Also wird es in einem solchen Fall Konflikte über die religiöse Erziehung der Kinder geben, und vielleicht bringst du auch deine Familie in Schwierigkeiten.«

Der Islam, sagt Faisal, ganz junger Rechtsgelehrter, verbiete die Heirat mit einer Schiitin nicht. Auch wenn seine Schwester einen Schiiten heiraten wolle, sei das aus religiöser Sicht nicht *haram*, ebenso wenig die Heirat mit einer Christin oder einer Jüdin: »Der Prophet, Gott schütze ihn und gebe ihm Heil« – wann immer einer der drei dieses Kurzgebet an den Namen des Propheten anstimmt, murmeln die beiden anderen es mit –, »hat schließlich auch eine Christin zur Frau genommen, im Wesentlichen wohl, um zu unterstreichen, dass eine solche Heirat rechtens ist.« Nur sei eine solche Verbindung einfach nicht passend. Wenn Naif heute behaupte, er könne, theoretisch natürlich, seiner Schwester so etwas erlauben, glaube er, Faisal, das nicht. »Doch«, entgegnet der Angesprochene, »warum nicht, wenn meine Schwester das wirklich will? Was die Gesellschaft dazu sagt, würde mich dann nicht interessieren. Hier in Riad geht es doch nur vordergründig um Tradition, in Wahrheit aber darum, ob einer genug Geld mitbringt.«

Vieles, was heute als Tradition oder als religiös geboten erachtet werde, da sind die drei jungen Leute sich einig, sei gar kein Gebot der Scharia. Das gelte auch für die strikte Trennung von Frauen und Männern, die das Königreich durchzusetzen sucht. Viele Regeln seien eine Konzession an die Islamisten, denen der Staat – hier folgen die drei einer in Saudi-Arabien häufig gehörten Argumentation – nach der islamischen Revolution in Iran und den Ereignissen in der großen Moschee von Mekka im Jahre 1979 mehr Raum und Einfluss gegeben habe. Die Leute sprächen dann von Wahhabismus, dabei habe Muhammad bin Abd al-Wahhab, der Imam, der dem ersten Staat der Sauds religiöse Legitimität verliehen hat, sich zu solch modernen Fragen wie der Koedukation oder der, ob Frauen Auto fahren dürfen, überhaupt nicht geäußert. »Wenn Ibn Abd al-Wahhab heute wieder auftauchte«, meint Faisal, »würde er vielleicht sogar rauchen.« Und die Religionspolizisten, die Paare anhalten und nach den Papieren fragen, um herauszufinden, ob diese verheiratet sind, müssten eigentlich bestraft werden, schließlich machten sie sich der Verdächtigung unschuldiger Menschen schuldig, und das sei nun wirklich *haram* – im richtigen Islam jedenfalls.

Geschlechtertrennung

IN DER KING SAUD UNIVERSITY in Riad wird strikt geschlechtergetrennt unterrichtet; alle Fächer, heißt das, werden doppelt angeboten, einmal auf dem Hauptcampus, einmal auf dem separaten Studentinnencampus. Nicht alle saudischen Universitäten bilden Frauen aus, in der King Fahd University in Dhahran, einer technischen Universität mit besonderer Spezialisierung im Öl- und Energiebereich, gibt es bislang keine Frauen. Man habe die Einführung eines Frauenstudiums vorgeschlagen, heißt es dort, die Regierung habe dies aber bis auf weiteres als »vor seiner Zeit« abgelehnt. Immerhin, so erfahre ich, steht die hochmoderne und exzellent ausgestattete Bibliothek der Universität einmal wöchentlich, donnerstagnachmittags, weiblichen Nutzern zur Verfügung. Es gibt weibliches Bibliothekspersonal, das extra für diesen halben Tag eingestellt ist.

Die saudischen Universitäten sind nur ein Beispiel für die strikte außerfamiliäre Geschlechtertrennung. Bei Veranstaltungen, die für beide Geschlechter offen sind, sitzen Männer und Frauen in aller Regel in verschiedenen Räumen; die Frauen im Nebenraum, die Männer im eigentlichen Veranstaltungssaal. Öffentliche Einrichtungen kommen ohne Frauen aus oder haben ihre eigenen Frauenabteilungen. Keine Sekretärin lenkt die Blicke der männlichen Angestellten ab. Sekretär ist ein durchaus beliebter Einsteigerjob für junge männliche Saudis, die einen Computer bedienen können. Banken haben Eingänge für Männer und solche für Frauen, wobei sich letztlich nicht vermeiden lässt, dass die Frauen von männlichen Angestellten bedient werden. In Restaurants und Cafés gibt es Familienabteilungen. Hier können Frauen allein oder mit männlichen Familienmitgliedern sitzen, vielfach in Séparées, die den Blick von Tisch zu Tisch nicht gestatten. Die Kellner klopfen dann an, bevor sie servieren oder abräumen, damit die Damen das Gesicht wieder verdecken können.

Frauen und Männer gehen auch gemeinsam einkaufen, eine der beliebtesten Freizeitbeschäftigungen im Land der sonst nicht so üppigen Angebote. Aber in einigen Shopping Malls wird auf die Geschlechtertrennung geachtet: So sind im Kingdom Center in Riad zwei Etagen für Frauen reserviert. Männlichen Jugendlichen, die ihre Langeweile bekämpfen wollen, indem sie durch Einkaufszentren ziehen, wird häufig der Zugang verwehrt, schließlich könnten sie ihren Aufenthalt nutzen, um Frauen kennen zu lernen oder zu belästigen.

Es gibt Büros und Einrichtungen von Frauen für Frauen: Praxen, Computerläden, Unternehmensberatungen. Das ist keine feministische Errungenschaft, sondern für Frauen oft die einzige Möglichkeit, in ihrem Beruf zu arbeiten. Es gibt auch Bereiche, wo die Geschlechtertrennung nicht durchgesetzt werden kann, in Krankenhäusern beispielsweise, wo Männer und Frauen gemeinsam arbeiten müssen. Hier zählt, was jemand kann, und deshalb gibt es hier auch Chefärztinnen. Auf die Stewardessen bei der saudischen Fluggesellschaft will auch niemand verzichten, aber das sind zur Beruhigung der wahhabitischen Gemüter keine saudischen Frauen, sondern Ausländerinnen.

Es gibt Institutionen, auch staatliche, die sich unter Hinweis auf Praktikabilitäten über die konservativen Konventionen hinwegsetzen. Das ist oft eine Frage der Zivilcourage, manchmal auch eine der Protektion. Muhammad Barayan etwa, der vierundvierzigjährige Leiter des saudischen Satellitenkanals al-Ikhbariyya (abgeleitet von *akhbar*, die Nachrichten), ein für diese Position im Königreich sehr junger Mann, hat saudische Frauen als Nachrichtensprecherinnen eingesetzt – ohne Gesichtsschleier. In den live ausgestrahlten Programmen des Senders werden männliche Gäste auch schon einmal von Journalistinnen befragt. In den Redaktionsräumen gibt es separate Büros für die Frauen, aber letztlich betrachtet die insgesamt junge Belegschaft sich als Team. Keiner stört sich daran, wenn eine Redakteurin sich neben einen Kollegen an den Schneideplatz setzt. »Die Fundamentalisten«, sagt Barayan, »protestieren gegen das Auftreten der Frauen bei uns im TV. Sollen sie. Wir machen unser Programm.« Wenn man seinen auf zunächst ein Jahr begrenzten Vertrag nicht verlängere, dann sei das eben so.

Barayan kann das mit einer gewissen Selbstsicherheit sagen, denn der neue Kanal – al-Ikhbariyya ist erst 2003 auf Sendung gegangen – hat eine Funktion, die die Regierung nicht wird missen wollen: Er ist die saudische Antwort auf al-Jazeera, den populären und oftmals populistischen Satellitenkanal aus Qatar. Der neue Sender soll der Welt ein modernes und moderates Gesicht des Königreichs zeigen und gleichzeitig zur geistigen Auseinandersetzung mit extremistischen Tendenzen beitragen. Die Botschaft des Nachrichtenkanals sei, sagt der Chef, dass man herauskommen müsse aus »dem dunklen Tunnel«, dem Tunnel von Extremismus und Terrorismus. Dafür hat er gewissermaßen eine Lizenz von oben. Für Barayan – nicht unbedingt für die politisch Verantwortlichen, die ihn wirken lassen – steht außer Frage, dass die Extremisten im selben Gebäude sitzen wie er. Sie bestreiten das erste saudische Fernsehprogramm, das er nur den »Kanal der Fundamentalisten« nennt. Wenn diese Kollegen sich provoziert fühlen, weil das moderne Gesicht Saudi-Arabiens auch ein weibliches sein kann, dann ist ihm das recht.

Natürlich hat die Geschlechtertrennung auch ihre Verteidiger. Das Prinzip, erklärt mir Abd al-Rahman Barak, Bürochef des Universitätspräsidenten an der King Saud University, entspreche den Werten der saudischen Gesellschaft, und es sei keineswegs unpraktikabel. Man habe mittlerweile eine große Zahl weiblicher Lehrkräfte, und wo es die nicht gebe, unterrichteten die männlichen Professoren mit Hilfe von Fernsehübertragungen oder hinter einer präparierten Glasscheibe, so dass die Studentinnen zwar ihren Lehrer, dieser aber nicht die Studentinnen sehen könne. Für Nachfragen gebe es Mikrofonanlagen, in der Sprechstunde könnten Studentinnen ihren Professor per Telefon erreichen. Dass ein Lehrer seine Schülerinnen sehen und Fragen sowie Unverständnis von ihren Gesichtern ablesen kann, das sei nicht vorgesehen. Fakultätssitzungen und -abstimmungen ließen sich ebenfalls ohne Schwierigkeiten bewältigen: Entweder man schalte die weiblichen Gremienmitglieder per Videoübertragung zu, oder Beschlüsse würden vorbehaltlich der späteren schriftlichen Zustimmung der Kolleginnen gefasst.

Videoschaltungen sind mittlerweile zwar in den meisten saudischen Institutionen möglich und werden auch bei öffentlichen Veranstaltungen genutzt. Aber beileibe nicht alle Saudis finden diese Verfahren praktisch und angemessen im Umgang zwischen erwachsenen Menschen. Abd al-Muhsin al-Akkas, der wie einige seiner Kollegen aus dem Konsultativrat auch Mitglied der quasi-offiziellen Saudischen Menschenrechtsvereinigung ist, erzählt, dass man bei einer Ausschusssitzung der Vereinigung beschlossen habe, die kleine Gruppe aus zwei Frauen und einem halben Dutzend Männern nicht auch noch auf zwei Räume zu verteilen. Ein sehr konservatives Mitglied des Gremiums habe dies nicht akzeptiert und sei dann, da die anderen seinem Einspruch nicht folgten, gegangen. Das sei doch, meint Akkas, ein beachtlicher Fortschritt, gerade auf Seiten des konservativen Vertreters, der schließlich, statt zu gehen, einen Skandal hätte machen können.

ABD AL-RAHMAN BARAK, der Bürochef des Universitätspräsidenten, kann und will ein Phänomen nicht leugnen, das konservative Verfechter der herrschenden Ordnung beunruhigen muss: Die weiblichen Studenten haben durchweg bessere Noten als die männlichen. Das liege wohl daran, vermutet er, dass die Frauen mehr Zeit zum Lernen haben, da sie weniger aus dem Haus kommen. Wahrscheinlicher ist, dass die jungen Herren der saudischen Schöpfung genauso wenig Interesse am ernsthaften Studieren wie am ernsthaften Arbeiten haben. Aufgewachsen in den Jahren des Booms, als alles verfügbar und ohne Mühe zu kaufen war, fällt es vielen schwer, sich daran zu gewöhnen, dass Studium und Arbeit existentielle Notwendigkeiten und kein mehr oder weniger prestigeträchtiger Zeitvertreib sind. Saudische Frauen dagegen können sich durch das Studium einen Platz in der Gesellschaft erkämpfen.

Im Jahr 2000 hat das Königreich Saudi-Arabien das internationale Übereinkommen zur Beseitigung jeder Form von Diskriminierung der Frau unterzeichnet, mit einigen Vorbehalten allerdings.[44] Der weibliche Teil der Bevölkerung wird eindeutig diskriminiert. Die Diskriminierung liegt nicht, wie die oberflächliche Berichterstattung manch westlicher Medien suggeriert, in erster Linie in der Kleiderordnung. Männer *und* Frauen in Saudi-Arabien kleiden sich traditionell, und weder das männliche noch das weibliche Kopftuch verhindern eigenständiges Denken oder halten von der Teilnahme am gesellschaftlichen, wirtschaftlichen und politischen Leben ab. Diese Teilnahme wird Frauen durch andere Regelungen verwehrt. Frauen dürfen sich nicht ohne schriftliche Genehmigung des Mannes oder Vormundes außer Landes bewegen, sie benötigen eine Genehmigung vom Mann oder Vormund, um einen Personalausweis zu beantragen oder allein in einem Hotel abzusteigen, und sie dürfen nach wie vor nicht Auto fahren.

»Was glauben Sie«, klagt eine Hochschullehrerin, die nach dem frühen Tod ihres Mannes ihre drei Kinder allein großgezogen hat, »was das für ein Gefühl ist: Solange mein Vater noch lebte, hat er den Behörden gegenüber die notwendigen Erklärungen abgegeben, damit ich reisen konnte. Aber mein Vater ist kürzlich verstorben, und seitdem brauche ich eine Genehmigung meines Sohnes.« Erst 2004 wurde Frauen erlaubt, Handelslizenzen für eigene Unternehmen auch im eigenen Namen zu erwerben. Es gibt Banken, die, wie eine zornige Kommentatorin in einer Tageszeitung schreibt, Frauen nicht erlauben, ohne schriftliche Genehmigung ihres Mannes Aktien zu kaufen oder zu verkaufen. Frauen konnten an den ersten Kommunalwahlen, die 2005 durchgeführt wurden, weder aktiv noch passiv teilnehmen. Die vielleicht wichtigste Entwicklung in Saudi-Arabien zu Beginn dieses Jahrhunderts ist daher wohl, dass all dies nicht mehr als gottgegeben hingenommen, sondern als ein gesellschaftliches Phänomen betrachtet wird, das veränderbar ist und, wie ein immer größerer Teil der Gesellschaft meint, dringend verändert werden muss.

»Der Kampf um Gleichberechtigung«, sagt Wafa, eine hochgewachsene Frau von Ende zwanzig, »findet überall, in jedem Dorf statt.« Er ist keineswegs nur eine Angelegenheit von Frauen der oberen Mittelschicht, zu der sie selbst zweifellos gehört. Sie hat in Frankreich Internationale Beziehungen und Diplomatie studiert und wäre durchaus bereit, im diplomatischen Dienst ihres Landes zu arbeiten. Das Außenministerium habe ihr, erzählt sie lachend, aber deutlich verärgert, eine Stelle angeboten: »Sie wollten, dass ich den Ehefrauen unserer ausreisenden Diplomaten etwas über das diplomatische Protokoll und ihre Aufgaben als Diplomatenfrauen beibringe.« Das habe sie dankend abgelehnt. »Natürlich werden auch wir diskriminiert«, sagt Wafa mehr zu ihren Bekannten als zu mir, »aber das ist doch wenig im Vergleich zu dem, was Frauen der ärmeren Schichten zu ertragen haben.« Zur Runde gehören eine Professorin der Soziologie und eine der Erziehungswissenschaften, eine Kolumnistin, eine Psychologin und eine Wirtschaftswissenschaftlerin. Allen geht es auch nach saudischen Standards materiell gut. Unser Treffen im Familienflügel eines Up-end-Restaurants in Riad als konspirativ zu beschreiben, wäre weit übertrieben. Aber es gehört eine gewisse gesellschaftliche Stellung und Unabhängigkeit dazu, sich mit zwei ausländischen Männern zum Mittagessen zu treffen. Natürlich wählt man dafür einen Ort, den die Mutawwa ignorieren oder zu ignorieren Anweisung haben.

Eine Einladung zu einem solchen Treffen mit männlichen Ausländern anzunehmen, noch dazu an einem fast öffentlichen Ort, ist schon ein politisches Statement. Die sieben Frauen, zwischen Mitte zwanzig und Ende vierzig, sind alle gesellschaftlich und beruflich aktiv, saudische Powerfrauen, die versuchen, sich von den konservativen gesellschaftlichen Verhaltensregeln nicht unterkriegen zu lassen. Alle paar Minuten klingelt bei einer von ihnen das Mobiltelefon, und natürlich hat jede einen Fahrer, der draußen vor dem Hotel in der Limousine wartet. Nicht selbst ein Auto fahren zu dürfen, erklärt die Ökonomin, ist mehr als eine symbolische Diskriminierung, es verhindert Zugänge. Eine Frau, die keinen eigenen Fahrer hat, kann möglicherweise noch Taxi fahren, aber auch das ist nicht billig. Da es einen organisierten öffentlichen Nahverkehr nicht gibt, ist die Frau darauf angewiesen, von ihrem Mann oder Bruder gefahren zu werden. Wenn dieser keine Lust hat, bleibt sie eben zu Hause. Die Soziologieprofessorin erzählt von der Studentin, die während des Ramadan nicht zu den Vorlesungen erschien. Ihr Mann hatte sich schlicht geweigert, sie zu fahren, da sie es vielleicht nicht schaffen würde, rechtzeitig zum Fastenbrechen das Essen auf den Tisch zu bringen. Von dem deutschen Beobachter wollen die Frauen vor allem wissen, welches Bild man bei uns von der saudischen Frau habe. Denke man da nicht vor allem an willenlose und gedankenlose Geschöpf, die unter den Kopftüchern letztlich nichts im Kopf haben?

Die Runde ist gut gelaunt und tauscht wie ähnliche Runden wohl an jedem Ort der Erde aus, wer im Bekanntenkreis gerade Nachwuchs erwartet oder heiratet. Mit einigem Spaß diskutiert wird die Idee der Pädagogikprofessorin, ein Sabbatical für saudische Ehefrauen einzuführen – ein Jahr der Freiheit von Ehe und Ehemann also. Ansonsten spricht man vor allem über Politisches, nicht zuletzt über die Kommunalwahlen, die zur Zeit gerade vorbereitet werden. Für saudische Frauen ist es, solange man ihnen das Wahlrecht vorenthält, schwer, in dieser Abstimmung einen Schritt in die richtige Richtung zu sehen. Tatsächlich waren die Regelungen nicht klar, als das Wahlgesetz erlassen wurde. Das Gesetz spricht nämlich von *al-muwatin*, dem Bürger. Wie in vielen Sprachen kann auch im Arabischen ein solcher Begriff durchaus Bürger männlichen und weiblichen Geschlechts umfassen. Als drei Frauen ihre Kandidatur ankündigten, ließ die Regierung allerdings erklären, dass eine Beteiligung der Frauen zumindest bei dieser ersten Runde der Wahlen nicht möglich sei.

Technische Probleme

BEI ÖFFENTLICHEN DISKUSSIONEN ist die Stimme saudischer Frauen zunehmend deutlich zu vernehmen – im Wortsinne übrigens, denn es bleibt meist bei der Stimme. Das zeigt sich etwa auf einer Veranstaltung in der König-Abd-al-Aziz-Bibliothek in Riad, wo Prinz Mansur bin Mutib bin Abd al-Aziz, ein Prinz der dritten Generation also, einen Vortrag hält. Der Mittfünziger amtiert im Vorfeld der Kommunalwahlen des Jahres 2005 als Chef der Wahlkommission und spricht über die Wahlen, das Wahlgesetz und die Wahlorganisation. Der Versammlungsleiter teilt einleitend mit, dass es sich nicht um eine offizielle Veranstaltung handle, sondern um einen Beitrag zur gesellschaftlichen Partizipation: Der Redner habe zwanzig Minuten, danach sollen die »Gäste hier und die Gäste im Frauenzimmer« die Möglichkeit erhalten, Fragen zu stellen.

Der Prinz ist kein charismatischer Redner, aber ein höflicher, ehrlicher Mann, der sein Dossier kennt, sich an die vorgegebene Redezeit hält und niemandem etwas vormachen will. Er verweist darauf, dass es in der Geschichte Saudi-Arabiens schon Erfahrungen mit Kommunalräten gegeben habe, 1343 nämlich (im Jahre 1924 christlicher Zeitrechnung) sei ein Bürgerrat in Mekka, drei Jahre später ein Konsultativrat für die Region Mekka gebildet worden. Danach habe es solche Experimente nicht mehr gegeben. 1397 (1977 unserer Zeitrechnung) aber sei eine »Ordnung für die Städte und Dörfer«, ein Kommunalgesetz, erlassen worden, das eine Partizipation des Volkes in allen Städten und Gemeinden vorsehe. Nach weiteren siebenundzwanzig Jahren habe man dieses Gesetz dann kürzlich durch königliches Dekret in Kraft gesetzt. Er wisse auch nicht, erklärt der Prinz, warum das so lange gedauert habe. »Eine offizielle Erklärung haben wir nicht.« Wahrscheinlich habe das Lokalministerium erst einmal die Infrastruktur, die man zum Wählen brauche, aufbauen müssen. Das alles sei nicht leicht, wenn man keine Erfahrung in diesen Dingen und auch kein Wählerverzeichnis habe. Mittlerweile sei der Prozess der Wählerregistrierung jedoch angelaufen. Fragen wolle er gern beantworten.

Wer sich an der Diskussion beteiligen will, schreibt seinen Namen und das Thema der Frage auf einen Zettel und reicht diesen einem Saaldiener, der ihn an den Diskussionsleiter weiterreicht. Der Veranstaltungsraum hat sich noch während des Vortrags gefüllt; insgesamt dürften sich knapp hundert Zuhörer im Raum befinden, im Hauptraum jedenfalls. Hier ist auch eine Kamera installiert, die die Veranstaltung in einen anderen Raum der Bibliothek überträgt. Wie viele Frauen dort dem Geschehen folgen, wissen wir nicht, denn der Frauensaal hat einen eigenen Eingang, und die Videoübertragung läuft nur in eine Richtung.

Die Diskussion beginnt mit eher technischen Fragen eines Rechtsanwalts. »Als Nächstes«, kündigt der Versammlungsleiter an, »haben wir eine Frage der Journalistin Badria Bishr aus dem Frauensaal, bitte sehr.« Einige Momente vergehen in gespannter Erwartung, denn Frau Bishr ist eine bekannte Autorin. Dann ertönt eine klare weibliche Stimme aus dem Saallautsprecher: »Friede sei mit euch. Ich spreche als Bürgerin, denn wir Frauen sind 49,9 Prozent der Gesellschaft. Es gibt neun Millionen saudische Frauen, und das Bürgerrecht betrifft nicht nur ein Geschlecht.« Sie wolle darauf hinweisen, dass das Königreich die Konvention gegen Frauendiskriminierung unterzeichnet habe. Warum also solle sie, als Bürgerin, nicht an den Kommunalwahlen teilnehmen dürfen?

Es folgen weitere Fragen zum Wahlverfahren und zur Arbeit der Kommunalräte. Etwa jede dritte Wortmeldung, die der Diskussionsleiter aufruft, kommt aus dem Frauensaal. Hier sind die Fragen allgemein politisch, und sie werden jedes Mal mit großer Höflichkeit und ebenso großer Bestimmtheit vorgebracht. Es sei schwierig, Frauen das aktive Wahlrecht ausüben zu lassen, habe man erklärt, aber warum, fragt eine offenbar junge Frau, habe man ihnen dann auch gleich das passive genommen? Eine andere will wissen, wie es eigentlich sein könne, dass man im einundzwanzigsten Jahrhundert Wahlen einführt und dann die Frauen davon ausschließt.

Der Prinz und Wahlleiter versucht, jede Frage zu beantworten, was ihm bei den technischen Fragen auch sehr gut gelingt. Die Beiträge aus dem Frauensaal, so scheint es, sind ihm dagegen etwas unangenehm, und die Antworten überzeugen ihn möglicherweise selbst nicht. Ja, antwortet er der ersten Teilnehmerin, »Schwester Badria, das ist eines der wichtigsten Themen, die wir auch in der Wahlkommission diskutieren.« Alle seien stolz auf die Partizipation der Frau im Erziehungswesen und anderen Bereichen des öffentlichen Lebens. Tatsächlich schließe das Gesetz die Frauen auch nicht aus, wenn es vom »Bürger« spreche. Nur habe man es in dem knappen Jahr, das der Kommission zur Vorbereitung der Wahlen eingeräumt worden ist, eben nicht geschafft, auch die Registrierung der Frauen zu organisieren; schon die Ausbildung der Wahlhelfer für die sechshundert Registrierungszentren der Männer sei aufwändig und, da jede Erfahrung fehle, schwierig gewesen. Wie hätte man da auch noch Registrierungszentren für Frauen einrichten und entsprechende weibliche Helfer trainieren sollen? Dabei richtet der Prinz seine Augen fest auf die Papiere, die vor ihm liegen – als ob er dem Augenkontakt mit der Fragerin ausweichen wolle, und sei es auch nur durch die Kamera.

Wenn es tatsächlich so schwierig ist und technisch nicht möglich, in einem Jahr der Vorbereitung mehr als die männlichen Wahlhelfer auszubilden, dann könne man siebenundzwanzig Jahre nach Verabschiedung des Kommunalwahlgesetzes auch noch ein weiteres Jahr warten und Männer und Frauen gemeinsam wählen lassen, ist daraufhin aus dem Frauensaal zu hören. Die Verzögerung, die jedes Mal eintritt, bis das Mikrofon im anderen Saal die entsprechende Teilnehmerin gefunden hat und deren Stimme dann bei uns zu vernehmen ist, dient eher der Konzentration; es gibt während der ganzen Zeit weder Beifall noch Unmutsäußerungen; jeder Beitrag wird aufmerksam angehört.

Die innersaudische Debatte im Vorfeld der Kommunalwahlen stellt mehr als eine historische Fußnote dar. Die Wahlen selbst, die in den ersten Monaten des Jahres 2005 stattfanden, waren an sich ein Schritt nach vorn, die Ergebnisse selbst weniger bedeutend, hatten doch in der Regel ohnehin nur Vertreter der »guten Gesellschaft« eine Chance – in Riad eher konservativ-islamistische, in der Ostprovinz überwiegend bürgerliche Vertreter der schiitischen Minderheit. Aber sie waren ein sehr saudischer Schritt nach vorn, gefolgt von mindestens einem halben zurück, was deutlich macht, wie sehr die Führung des Landes Kontrollverluste befürchtete. Es wurden nämlich nicht nur die Frauen ausgeschlossen: Das Mindestwahlalter wurde sicherheitshalber auf einundzwanzig Jahre festgelegt und die Abstimmung zeitversetzt, Provinz für Provinz, durchgeführt, um den Prozess notfalls stoppen zu können. Gewählt wurde ohnehin nur die Hälfte der Kommunalvertreter, die andere Hälfte ernennt die Regierung.

Letztlich lieferte die Auseinandersetzung um das Wahlrecht zwischen jenen, die eine Beteiligung der Frau verlangten, und den Regierungsvertretern, die sich mit trechnischen Schwierigkeiten herausredeten, einen politisch sehr wichtigen Aspekt gleichsam nebenbei: dass Frauen im Königreich Bürgerinnen sind – nicht nur rechtlose Untertanen – und prinzipiell das Wahlrecht besitzen. Es gab in dieser Debatte keine politischen und interessanterweise auch keine religiösen Argumente gegen eine Wahlbeteiligung der Frauen. Auf der diskursiven Ebene, wenn man so will, ist das Frauenwahlrecht in Saudi-Arabien »durch«, auch wenn die Konservativen es in der Praxis weiter verhindern. Öffentlich rechtfertigen lässt diese Praxis sich nur noch mit »technischen« Schwierigkeiten. Wenn es in vier oder fünf Jahren eine neue Wahlrunde gibt, wird man diese Gründe kaum noch einmal vorbringen können.

Ein anderer Pflock wurde bei den im Auftrag des Kronprinzen organisierten Diskussionsrunden des »Nationalen Dialogs« eingerammt. Der dritte dieser Dialoge befasste sich mit der Situation der Frauen und war erstmals paritätisch besetzt. Beim vierten Dialog, der sich Ende 2004 dem Thema Jugend widmete, wurde dies wiederholt: Auf Seiten der Jugendlichen wie bei den erwachsenen Experten, die hier teilnahmen, waren jeweils gleich viel Frauen und Männer vertreten. In der Führungsetage des Königreichs scheint man zu der Überzeugung gelangt zu sein, dass das Land sich zumindest der Tendenz nach in Richtung einer Gleichberechtigung von Männern und Frauen bewegen muss. Man lebt nicht mehr in der splendiden Abgeschlossenheit früherer Jahrzehnte und reagiert durchaus auf die Beobachtung durch eine kritische internationale Öffentlichkeit. Gebildete saudische Frauen, die im Ausland studiert haben und oft besser ausgebildet sind als ihre männlichen Kollegen, verschaffen sich Gehör. Vielen Intellektuellen und auch einigen Regimegrößen ist bewusst, dass die herrschende Geschlechtertrennung und eine anhaltende Diskriminierung der weiblichen Hälfte der Gesellschaft auch die wirtschaftlichen Entwicklungschancen beeinträchtigt. Ein Unternehmer erzählt mir, wie peinlich er als Saudi berührt war, als er und eine Gruppe saudischer Investoren auf einer Delegationsreise in den Iran von einer Staatssekretärin empfangen wurden. »Warum«, fragt er, »kann es das bei uns nicht geben?«

Kronprinz Abdullah hatte bereits 1999 in einer damals viel beachteten Rede erklärt, dass man »alle Talente der saudischen Nation«, auch die der Frauen, nutzen müsse. Saudische Familien sind im Vergleich zu den Jahren des Ölbooms fühlbar ärmer geworden, vielen Mittelklassehaushalten stellt sich schon die Frage, ob sie sich den pakistanischen oder indischen Fahrer noch leisten können, der die weiblichen Mitglieder der Familie chauffiert. Hoffnungen, dass die Ökonomie diesen Aspekt islamisch-patriarchalischer Moral aushebeln würde, haben sich bislang allerdings nicht erfüllt. Dagegen stehen das religiöse Establishment und ein tief sitzender gesellschaftlicher Konservatismus. Vielleicht überschätzt Bandar, ein junger Geheimdienstoffizier, die innenpolitischen Risiken, die eine Aufhebung gewisser diskriminierender Regeln mit sich bringen würde. »Die Gesellschaft ist sehr konservativ«, sagt er, »und ich glaube, dass es wirklich Proteste geben wird, wenn die Regierung den Frauen das Autofahren erlaubt.« Er selbst sei dafür, schon weil man damit einen großen Teil der ausländischen Arbeitskräfte einsparen würde: »Aber ich bin sicher, es würde Proteste geben. Die konservativen, die traditionellen Kräfte würden sagen, dass dies nur ein erster Schritt ist und wir morgen Männern und Frauen erlauben, sich in der Öffentlichkeit zu mischen.«

Selbst liberale – männliche – Intellektuelle sind sich nicht unbedingt einig, wie hoch das Thema Frauenrechte auf ihrer Prioritätenskala rangiert. Für Abd al-Khaliq Al Abd al-Hayy, einen Politikprofessor an der King Saud University mit – wie er selbst betont – linker

Vergangenheit, ist die Frauenfrage zentral, wirke sie sich doch unmittelbar auf ökonomische und soziale Phänomene aus: Eine politische und rechtliche Gleichstellung von Frauen und Männern werde mehr Frauen auf den Arbeitsmarkt bringen, die Geburtenrate senken, das Haushaltseinkommen erhöhen und sogar unnötige Kosten reduzieren, und zwar nicht nur die Löhne der ausländischen Fahrer, die die durchschnittliche saudische Mittelklassefamilie zunehmend belasten: »All die Ausgaben für Schmuck und Gold und Designerkleider, der ganze Luxuskonsum in den teuren Shopping Malls«, sagt der Professor, »das ist doch nur ein Ersatz für fehlende Rechte.«

Andere haben eher aufgeklärt-traditionelle Antworten. Sicher, meint Mazin Mutabaqani, Frauenrechte und insbesondere das Frauenwahlrecht seien schon wichtig, aber nicht prioritär. Wichtiger sei zu lernen, »mit den Frauen als Menschen, als Partner umzugehen, sie nicht nur als Objekt oder als Hausfrau zu betrachten«. Dazu könne man sich durchaus an der ursprünglichen beduinischen Gesellschaft orientieren. Dort habe die Frau schließlich auch Fremden die Zelttür geöffnet und Gäste empfangen, wenn das Mannsvolk mit der Herde unterwegs war. Weder die Tradition noch »der wahre Islam« verbiete also einen ganz natürlichen Umgang der Geschlechter.

Saudische Perspektiven: ein Land debattiert mit sich selbst

DIE GEISTER DER POLITISCHEN und intellektuellen Elite Saudi-Arabiens scheiden sich nicht nur an der Frage der Gleichstellung. Es gibt eine breite Debatte, aber kein übergreifendes Einvernehmen darüber, wo das Königreich sich hinbewegen soll oder wie die politischen Prioritäten zu setzen sind. Auffällig und viel wichtiger ist, dass politische Themen zum beherrschenden Gesprächsstoff geworden sind: Saudi-Arabien diskutiert und debattiert über Reform und Veränderung, über Religion und Politik, und dies in allen Kreisen und Schichten. Diese Diskussionsbereitschaft ist relativ neu. Noch in den letzten Jahren des zwanzigsten Jahrhunderts schien die politisch-gesellschaftliche Elite in zentralen Fragen eine relativ einheitliche Linie zu vertreten. Auch Bürger, die dieser Elite nicht angehörten, pflegten dem Besucher deutlich zu machen, dass sie mit ihm zwar gern über die Schönheiten des Königreichs, nicht aber über Politik reden wollten.

Saudische Intellektuelle, die ihr Land beobachten, sind sich oft nicht sicher, wie das Volk oder die Mehrheit der Bevölkerung über wichtige Fragen denkt. Wie sollten sie auch: Meinungsumfragen zu politischen Themen gibt es nicht oder zumindest nicht regelmäßig und Wahlen als Test für politische Auffassungen, Programme und Tendenzen auch nicht. Die Kommunalwahlen von 2005 waren lokal begrenzt und können daher nicht als Barometer politischer Stimmungen dienen. Man ist im Grunde gerade erst dabei, auch offiziell zu akzeptieren, dass das Land nicht im Ganzen einer einheitlichen Denkschule folgt oder folgen kann. Die unter der Schirmherrschaft des Kronprinzen veranstalteten »Nationalen Dialoge« sind in dieser Hinsicht ein Anfang. Allein die Tatsache, dass verschiedene religiöse Schulen repräsentiert waren, dass es also offen ein Nebeneinander der herrschenden wahhabitischen Lehre, anderer Rechtsschulen im Islam und sogar anderer konfessioneller Gruppen – der Ismailiten und vor allem der Schiiten – gab, war fast schon revolutionär. Das bedeute allerdings noch keine Entwicklung zum Pluralismus, sagt mir Muhammad al-Zulfa, ein *homme des lettres* und Mitglied des Konsultativrates. Selbst der Begriff sei bislang nicht akzeptiert.

Saudische Bürger und Bürgerinnen haben heute aber spürbar weniger Angst vor der öffentlichen Debatte als noch vor ein paar Jahren. Das ist zum Teil der kritischen Aufmerksamkeit geschuldet, die dem Land entgegengebracht wird. Noch stärker wirkt aber wohl das weit verbreitete Gefühl, dass einiges falsch und faul ist im Königreich, dass Veränderungen auf den Weg gebracht werden sollten – wenn möglich von innen und ohne größere gesellschaftliche Friktionen.

Konsens bleibt das Ziel. Das gilt für die politische Führungsetage, deren fast institutionelle Suche nach Übereinstimmung – in der königlichen Familie, zwischen der königlichen Familie und dem religiösen Establishment, nach Möglichkeit auch zwischen dem Establishment und seinen radikalen Herausforderern – Entscheidungsprozesse fast bis zum Stillstand verlangsamt. Die siebenundzwanzig

Jahre zwischen dem Erlass eines Kommunalgesetzes und der Veröffentlichung seiner Durchführungsbestimmungen sind dafür ein nicht ganz ungewöhnliches Beispiel. Der Wunsch nach Einvernehmen und Eintracht verbindet die königliche Familie aber zugleich mit einem guten Teil ihrer Kritiker. Wie unzufrieden liberale und oppositionelle Geister auch mit der Führung des Staates sein mögen, die meisten glauben doch fest daran, dass Veränderung möglich ist, ohne die Grundfesten des Systems und der Gesellschaft zu erschüttern. Der äußere Druck auf das Königreich, nicht zuletzt durch die USA, ist für viele ein Grund, sich hinter das Königshaus zu stellen und auf graduelle Entwicklung zu setzen, denn ein Regimewechsel *à la* Irak ist so ziemlich das Letzte, was man will.

Die terroristische Gewalt, die sich eben nicht nur am 11. September 2001 auf der internationalen Bühne manifestiert, sondern auch, aus derselben Quelle kommend, im Königreich Opfer gefordert hat, hat indes viele wachgerüttelt: Wenn innere Spannungen sich blutig entladen würden, könnte dies tatsächlich das Ende des Königreichs bedeuten. Angesichts der Gefahr bürgerkriegsähnlicher Auseinandersetzungen wird es umso wichtiger, sich um friedliche Veränderungen zu bemühen, die von möglichst allen in einer Art großem nationalen Konsens mitgetragen werden können.

Die »Nationalen Dialoge« des Kronprinzen dienen deshalb sowohl der Fühlungnahme mit unterschiedlichen gesellschaftlichen Gruppen und Interessen als auch dazu, Ideen zu streuen und Debatten anzuregen. Die Beratungen erfolgen zwar hinter verschlossenen Türen, sie finden aber ihren Niederschlag in den Medien und bilden Gesprächsstoff bei den allfälligen Treffen und »Sitzungen« in privaten Häusern, zu denen man sich im Verwandten-, Freundes- oder Kollegenkreis gern besucht.

Drei Themenkomplexe stehen derzeit im Vordergrund, wenn männliche und – separat – weibliche Saudis miteinander diskutieren: die Beziehungen Saudi-Arabiens zu seiner Umwelt, nicht zuletzt zu den USA; das Verhältnis von Bürger und Staat im eignen Land und schließlich der Zusammenhang von Religion und gesellschaftlicher Entwicklung. Hier spitzt sich alles auf Fragen von Erziehung und Bildung sowie auf das herrschende religiöse Denken zu, das zwar nicht explizit und allgemein, aber doch implizit und mit Bezug auf »Abweichungen« oder »Übertreibungen« selbst zum Objekt der kritischen Debatte geworden ist.

Reformperspektiven oder: Was sind die Prioritäten?

PRINZ TURKI BIN FAISAL bin Abd al-Aziz war viele Jahre lang der Chef des saudischen Geheimdienstes. Er wurde, wie viele Beobachter vermuten, abgelöst, weil er die Gefahr, die Usama bin Laden und al-Qaida für das Königreich selbst darstellten, nicht erkannt hat. Man machte ihn zum saudischen Botschafter erst in London, später in Washington. Turki ist ein aufgeklärter, intelligenter Beobachter seines Landes geblieben; als Mitglied der königlichen Familie sieht er die Probleme eher bei der Gesellschaft als bei der politischen Führung. Das immer noch hohe Bevölkerungswachstum sei die prioritäre Herausforderung, sagt er. Die wirtschaftlichen Verhältnisse allerdings zwängen viele der jungen Leute, später zu heiraten. Das reduziere auf längere Sicht die Kinderzahl und das Ausmaß der Polygamie: »Ein zweites Haus zu führen oder selbst mit zwei Ehefrauen in einem Haus zu leben, das können sich viele heute nicht mehr leisten.« Nur das notwendige gesellschaftliche Bewusstsein, das eine Familienplanung ermöglichen oder der Polygamie den Boden entziehen würde, das fehle noch. Das Volk sei einfach noch nicht so weit.

Bürgerliche Intellektuelle würden dem Prinzen da nicht grundsätzlich widersprechen, wohl aber in ihrer Problemanalyse tiefer gehen, denn das gesellschaftliche Bewusstsein kommt schließlich auch nicht von ungefähr. Saudische Liberale betonen deshalb zumeist, wie dringlich eine grundlegende Reform des Bildungs- und Erziehungswesens ist. Für Abd al-Muhsin al-Akkas liegt hier die absolute Priorität. Wenn dreißig bis vierzig Prozent des Unterrichts auf religiöse Unterweisung entfielen – notgedrungen auf Kosten von Naturwissenschaften, Mathematik und Fremdsprachen –, dann müsse man sich auch nicht wundern, dass neunzig Prozent der Hochschulabsolventen ihre Abschlüsse in den Geisteswissenschaften und da vor allem an den religionswissenschaftlichen Fakultäten oder in arabischer Literatur machten und weniger als zehn Prozent in naturwissenschaftlichen Fächern. Die Schwerpunkte seien schlicht falsch gesetzt, das Königreich bereite seinen Nachwuchs einfach nicht vor auf das Leben in einer modernen, globalisierten Welt.

Auch der Autor Mazin Mutabaqani betrachtet die Reform des Bildungswesens als absolute Priorität. Dazu müsse man die Curricula überarbeiten, freies Denken und Innovationskraft der Schüler fördern und nicht, wie bislang, das Auswendiglernen von Textstellen oder von vorgefertigten Antworten. So würden in der Sekundarstufe heute siebzehn Fächer unterrichtet, fünf davon seien im weitesten Sinne Unterweisungen in der Religion, wobei nach wie vor die vor zweihundertfünfzig Jahren verfassten Schriften Muhammad bin Abd al-Wahhabs unterrichtet würden. Nur wenige Lehrer und Professoren, ergänzt er, seien bereit, über das, was in den vorgeschriebenen Büchern stehe, hinauszugehen.

Für andere ist auch das Bildungswesen letztlich nur ein Produkt der politischen Verhältnisse. Sie fordern konstitutionelle Veränderungen oder besser: überhaupt eine Verfassung. Taufiq Qusayyir gehört zu diesen. Der selbstständige Ingenieur unterzeichnete im April 2004 mit anderen ein Memorandum, das die Umwandlung Saudi-Arabiens in eine konstitutionelle Monarchie forderte. Zwei Wochen lang wurde er daraufhin eingesperrt, dann einigte er sich mit den Behörden auf eine Erklärung, der zufolge er politische Forderungen zukünftig nicht mehr der Öffentlichkeit, sondern dem Herrscher unterbreiten werde, und wurde freigelassen. Drei seiner Freunde, die sich weigerten, irgendeine Erklärung abzugeben, blieben in Haft und wurden im Frühjahr 2005 zu Gefängnisstrafen von sechs, sieben und neun Jahren verurteilt für – das muss noch einmal betont werden – nichts weiter als eine Petition, die eine Konstitutionalisierung des saudischen Staates forderte.

Die Herrschenden, sagt Qusayyir, der sich den Schneid nicht hat abkaufen lassen, begriffen offenbar nicht, dass eine konstitutionelle Monarchie auch für sie eine Chance darstellt. Er lehne die Prinzen und die königliche Familie nicht ab, er wolle nur, dass sie politische Partizipation zulassen, mehr Transparenz erlauben und die Korruption eindämmen. Halbe Schritte wie die Einrichtung eines Konsultativrats, der kein Budgetrecht hat, kein Recht, die Regierung zu wählen oder internationale Verträge zu ratifizieren, reichten nicht mehr aus.

Nicht wenige Saudis neigen dazu, in erster Linie das Ausland und hier vor allem die USA für die Probleme des eigenen Landes verantwortlich zu machen. Es gibt einen heftigen Antiamerikanismus – und eine entsprechend breite, zumindest rhetorische Unterstützung des bewaffneten Kampfes gegen die US-Truppen im Irak. Dass junge Saudis zum Jihad in das Nachbarland gezogen sind, findet nicht jeder gut. Aber »Blut müsse fließen, viel Blut«, wettert Muhammad Al Sheikh, ein kultivierter, älterer, amerikanisch ausgebildeter ehemaliger Minister aus der Nachkommenschaft des Muhammad bin Abd al-Wahhab, sonst würden die Amerikaner den Irak nie wieder verlassen. »Wie kommt ihr eigentlich dazu, bei den Jihadisten von ausländischen Kämpfern zu sprechen, die im Irak nichts zu suchen haben?«, fragt er aufgebracht, wo die größte Gruppe ausländischer Kämpfer doch wohl die US-Armee stelle.

Faisal al-Muammar, der Generalsekretär des Nationalen Dialogs, neigt nicht zu solch kämpferischen Tönen, aber auch er zeigt sich fest überzeugt, dass der Westen Schuld trägt an der Verbreitung von religiösem Extremismus und Terrorismus. Man müsse eben die Gründe sehen, die junge Leute auf den falschen Weg treiben: all die Ungerechtigkeiten in der Welt, nicht zuletzt, was mit der Billigung der Amerikaner in Palästina oder direkt, qua amerikanischer Besatzung, in Afghanistan oder eben im Irak geschehe. Muammar spricht hier für viele seiner Landsleute, die religiösen Extremismus und religiös legitimierte Gewalt zwar ablehnen, sie aber gewissermaßen als natürliche Folge der welt- und regionalpolitischen Entwicklungen betrachten. Er übersieht, bewusst oder unbewusst, wie sehr das saudische Regime den erzkonservativen wahhabitischen Islam, der ihm selbst immer mehr zum Problem wird, gefördert hat: als Legitimität verschaffendes Herrschaftsmittel im Innern und als Exportprodukt in die weitere arabische und muslimische Welt.

»ALLES, FÜR DAS WIR 1991 ins Gefängnis gegangen sind«, sagt mir Abd al-Aziz al-Qassim, ein jugendlicher zweiundvierzigjähriger Religionsgelehrter, »ist mittlerweile umgesetzt. Majlis al-Shura, Pressefreiheit und anderes. Der Staat ist also fähig, sich anzupassen, sich zu verändern.« Von der Französischen Revolution bis zur Festigung des Liberalismus in Europa seien hundertfünfzig Jahre vergangen – oder nicht? »Da können wir doch wohl zehn oder zwanzig Jahre Geduld haben.«

Qassim, der wie die meisten Religionsgelehrten seine Ghutra ohne Aqqal, ohne die Kopfringe also, trägt, ist ein promovierter Absolvent der Scharia-Fakultät, war Richter, beteiligte sich Anfang der neunziger Jahre an oppositionellen Aufrufen und Aktivitäten und ging dafür dreieinhalb Jahre ins Gefängnis. Seit seiner Freilassung arbeitet er als Rechtsanwalt. Anfang 2004 hat er die Petition der Intellektuellen unterzeichnet, in der die Entwicklung des Königreichs hin zu einer konstitutionellen Monarchie gefordert wurde.

»Ich war schon immer gegen die Konfrontation mit dem System, gegen Gewalt«, erklärt er, während er seinen Lexus mit der linken Hand über die nächtliche Autobahn steuert und mit der Rechten seine Gebetskette spielen lässt. An der Gewaltfrage habe sich auch sein Weg vom Kreis der Londoner Exiloppositionellen um Saad al-Faqih getrennt. Zivile Aktion, Memoranden und möglicherweise Demonstrationen, das sei angebracht, und vielleicht lerne der Staat allmählich, damit umzugehen. »Ich war und ich bin gegen den Sturz des Systems. Ich will seine Reform, denn zur Familie der Saud gibt es, derzeit jedenfalls, keine Alternative.« Der Rest sei eine weitgehend unnütze Bürokratie und eine Gesellschaft, die nicht organisiert sei.

Abd al-Aziz al-Qassim lacht gern und erzählt mit einer gewissen Freude, dass er irgendwie zwischen den Stühlen sitze. Ja, er stamme aus dem Herzen des Wahhabismus, sei auch nach seiner Ausbildung als Religionsgelehrter überzeugter Wahhabit geblieben. Aber er habe sich verändert, und jetzt betrachteten seine einstigen Gesinnungsgenossen ihn als Liberalen, die Liberalen ihn als Salafiten – als Anhänger eines konservativen, rückwärtsgerichteten Islam. »Was ist denn salafitisch, was ist liberal an dir?«, will ich wissen. »Gute Frage«, antwortet er, »vielleicht bin ich Salafit, weil ich festhalte am Islam. Das ist die Grundlage unseres Staates, unserer Gesellschaft. Es ist vor allem eine Frage der Ethik. Und vielleicht bin ich liberal, weil ich andere nicht verketzere und für die Freiheit des Menschen eintrete. Wir haben hier dem Menschen sein Recht nicht gegeben, haben ihn vergessen, hatten nur den Staat auf der einen Seite und die Religion, die Moschee auf der andern. Es geht darum, dem Menschen sein Recht wiederzugeben.«

Alte Garde versus Wahhabismus der Mitte?

MUHSIN AL-AWAJI könnte man als reformerischen Wahhabiten bezeichnen. Der Ausdruck, sagt er, sei gestattet. Der Vierundvierzigjährige gehört zu den einst radikalen Predigern, die während und nach dem Kuwait-Krieg mit der Regierung in Konflikt gerieten, Forderungen nach politischer Reform stellten und verhaftet wurden. Er hat in den neunziger Jahren zweimal im Gefängnis gesessen, einmal für vier Jahre. Angefangen hat der Junge vom Land, dessen Vater – wie Awaji gern erzählt – zwar Analphabet war, aber ein Radio besaß und die Familie über die Nachrichten arabischer Sender schon früh an der Weltpolitik teilnehmen ließ, als Koranschüler. Er wurde Vorbeter, dann Freitagsprediger, bevor er mit einem Regierungsstipendium nach England reiste, um Geowissenschaften zu studieren. Nach seiner Rückkehr Ende der achtziger Jahre wandte er sich der Politik zu, geriet in die Auseinandersetzungen mit dem Staat und ist heute ein auch von Liberalen und staatlichen Autoritäten anerkannter oppositioneller Gesprächspartner. Natürlich sei er Wahhabit: »Ich bin von der Wahhabia, bin gewissermaßen aus ihrer Rippe entstanden.« Mit dem saudischen Establishment, von dem er gern als der alten Garde spricht – er springt dann ins Englische und sagt »the old guard« –, will er nicht verwechselt werden.

Worauf der Staat sich seiner Ansicht nach denn stützen, was erhalten bleiben solle von den strikten religiösen Regeln, die heute im Königreich gelten, frage ich ihn. Die Antworten bleiben hier im Gegensatz zu seiner zum Teil präzisen Kritik an den herrschenden Umständen und der Regierungspraxis im Königreich sehr vage. Grundlage des Staates, sagt Awaji, bleibe der Islam. Er wolle allerdings, dass das politische System sich den Anforderungen eines modernen Staates anpasse. Der Wahhabismus müsse keineswegs allein die herrschende Lehre darstellen, denn er sei nur eine und eine sehr spezielle Rechtsschule. Ja, eine Erneuerung des religiösen Denkens sei nötig, wichtiger aber seien die politischen Verhältnisse.

Das Arrangement zwischen dem Haus der Saud und dem religiösen Establishment, mit dem die herrschende Familie sich religiöse Legitimität und die wahhabitische Religionselite sich politischen Einfluss sichert, habe funktioniert, solange das Land gewissermaßen hinter einem eisernen Vorhang verborgen war. Wer habe sich schon zu Zeiten des Königs Faisal für die inneren Verhältnisse Saudi-Arabiens interessiert, solange das Königreich im internationalen Rahmen der amerikanischen Politik folgte. Mittlerweile stehe der Wahhabismus unter internationaler Beobachtung. Zudem habe es diese Informationsrevolution gegeben durch Satellitenfernsehen und Internet, damit seien auch die Saudis den Einflüssen der Welt ausgesetzt. Dass die herrschende Familie am konservativen, wahhabitischen Islam festhalte, bedeute nicht, dass sie religiös ist. Aber ohne die Religion, doziert der ganz in Weiß gekleidete, mit loser Ghutra bedeckte Scheich, wäre das Haus der Saud eben nur einer der weniger bedeutenden Stämme. Die großen Prinzen fürchteten sich davor, die religiöse Grundlage ihrer Herrschaft aufzugeben. Schließlich gebe es keine Verfassung, und ohne die Religion als ein Mittel, die Stämme und die Bevölkerung unter Kontrolle zu bringen, würde die tribale Logik dominieren und das Haus der Saud seine Herrschaft verlieren. Insofern habe – hier überrascht mich der wahhabitische Scheich dann schon – Herr Marx ganz Recht, wenn er sage, dass die Religion Opium für das Volk sei.

Im Gegensatz zu den Prinzen glaubten die großen Rechtsgelehrten des Königreichs tatsächlich noch, dass der Staat entsprechend den wahhabitischen Prinzipien funktioniere. In der Wirklichkeit sei das natürlich nicht so. Der Staat verhalte sich nach seinen Interessen und müsse das auch tun. Zu den Problemen der wahhabitischen Schule gehöre, dass sie aus dem *alim* (Plural *ulama*), dem Religionsgelehrten, eine für alles und jedes zuständige Autorität mache; der *alim* solle alles wissen, obwohl er in Wahrheit viele moderne Dinge nicht einmal kenne, schließlich schaue er sich keine Satellitenprogramme an, die halten die meisten der alten wahhabitischen Gelehrten nämlich für *haram*, für religiös nicht korrekt.

Das Herrscherhaus der Sauds habe weniger Angst vor den Liberalen im Königreich als vor der jungen Generation der Wahhabiten, die wie er einen mittleren Weg vorschlagen und auf Fehler im System aufmerksam machen. Diese mittlere Tendenz, die *wasatiyun*, habe sich im Westen mit den dortigen Vorstellungen vertraut gemacht und sei deshalb für den Herrschaftsmechnismus der Sauds bedrohlich. »Du hörst von uns deshalb mehr oder weniger liberale Gedanken. Aber einige betrachten mich als Radikalen, und einige Radikale sehen mich als *kafir*, als Ungläubigen. Wir sind eben eine Gesellschaft, die nicht weiß, wo es langgeht. Schon deshalb fordern wir die Reform des Systems.«

Zuständig für die notwendigen Reformen sei selbstverständlich die Regierung. Die Söhne des Abd al-Aziz, des Staatsgründers, hätten nichts für die Zukunft getan. Der Ball sei in ihrem Feld. Wie solle man denn erklären, dass das Land bei hohen Ölpreisen mit steigender Arbeitslosigkeit zu kämpfen habe und die Regierung den Bürgern höhere Gebühren aufladen wolle? Was seien das für Rechte des Bürgers, wenn das Justizsystem von der politischen Führung abhängt und Gefängnisinsassen keinen Rechtsbeistand bekommen, es sei denn, sie sind westliche Ausländer; wenn lächerliche Kommunalwahlen abgehalten werden, die den Gewählten keine Macht geben; wenn selbst der Finanzminister nicht weiß, wohin das Ölgeld verschwindet? Das saudische Volk wolle wirklich Reformen, wenn diese nicht durchgeführt würden, liege das allein an der Führung.

Natürlich gebe es überall in der Welt Diktatoren. Viele Systeme in der arabischen Welt seien tyrannisch. Es sei aber ein Unterschied, ob jemand eine Diktatur im Namen arabischer Einheit oder ähnlicher Werte aufbaue oder aber behaupte, im Namen Gottes zu regieren. In Saudi-Arabien sage man den Leuten: Seid still, Gott will es so. Die Gesellschaft, die sich heute zu wirklichen Reformschritten nicht durchringen könne, sei Produkt dieser Erziehung, dieser Gehirnwäsche. Man dürfe nicht übersehen, dass diese im Wesentlichen illiterate Gesellschaft erst in der letzten Generation alphabetisiert worden ist: »Solche Gesellschaften sind leicht zu programmieren.« Politische und andere Gegner würden ohne jede Zurückhaltung als *kafir*, Ungläubiger, bezeichnet.

Wenn die Regierung etwas Unpopuläres durchsetzen wolle, etwa die Erhöhung der Benzinpreise, dann lenke sie die Diskussion einfach auf Fragen wie die, ob Frauen das Autofahren gestattet werden sollte. Die ganze alte Garde der Religiösen sei zufrieden, wenn es dabei bleibt, dass Frauen nicht Auto fahren, und die Frage der Steuer- oder Gebührenerhöhung werde darüber vergessen.

»Ich glaube«, sagt Awaji, »dass es mit dem alten Wahhabismus keinen Weg zur Reform gibt. Diese alte Schule versucht alle, die nicht zur ihr gehören, zu eliminieren. Wie will sie eigentlich mit Nicht-Muslimen leben, wenn sie schon Muslime mit anderen Auffassungen nicht akzeptiert?« Vielleicht sei die alte Wahhabia für eine gewisse Phase passend gewesen, heute aber könne man nicht mehr daran festhalten. Das habe schon vor dem 11. September 2001 gegolten, erst recht aber gelte es nun, da das Königreich ins kritische Licht der Weltöffentlichkeit gerückt ist. Der Staat brauche nicht am wahhabitischen Denken festzuhalten, zumal er die entsprechende Lehre nicht mehr aus Überzeugung stütze. Neunzig Prozent des Volkers, meint der wahhabitische Reformscheich, »ja neunundneunzig Prozent der königlichen Familie« wollten den Wahhabismus loswerden, sie könnten das aber nicht so leicht wegen der ganzen schweren Last der Traditionen, die man geerbt hat.

Ob und wie er, der sich selbst als Wahhabit sehe, denn nun den Wahhabismus loswerden wolle, möchte ich wissen.

»Ich glaube«, antwortet Awaji, »an eine graduelle Entwicklung. Natürlich halte ich daran fest, Wahhabit zu sein, weil jeder, der das nicht ist, gleich von der alten Garde beschuldigt wird, sich nicht auf dem rechten Weg zu befinden. Ich komme schließlich aus der Mitte des Wahhabismus und weiß, dass er sich wird ändern müssen.« Nichts, was an Reformen gefordert werde, widerspreche dem »wahren Islam«. Vorrangig sei die Herstellung der Meinungsfreiheit, Transparenz – nicht zuletzt in Fragen der öffentlichen Finanzen – und das Recht der Bürger, ihre Repräsentanten zu wählen.

Ob die Regierung denn überhaupt in der Lage sei, Reformen durchzusetzen?

»Ehrlich«, sagt Awaji nach einigem Zögern, »ich glaube nicht. Die Regierung ist nicht in der Lage, Reformen einzuleiten. Die herrschende Familie hat innere Probleme, die erst einmal gelöst werden müssen, und es ist unser Interesse, dass diese Probleme gelöst werden.« Dazu aber müsse der Staat sich auch »wie ein richtiger Staat benehmen«. In einem nichtkonstitutionellen System wie dem saudischen hänge alles von der Person an der Spitze ab. Man müsse auf einen Wechsel an der Spitze warten: »Wenn der Herrscher wechselt, kann sich alles ändern.«

Zur Zeit befinde Saudi-Arabien sich offensichtlich in einer besonders kritischen Phase, denn es gebe weder eine Verfassung, die klare Entscheidungswege vorzeichnet, noch einen einzelnen Herrscher, von dem man Reformen einfordern kann. Alles sei eher obskur.

Ich frage Awaji nach dem Verhältnis des Wahhabismus zu den terroristischen oder jihadistischen Elementen im politischen Islam, jenen, die den Jihad nur als militante, gewaltsame Auseinandersetzung verstehen.

Awaji leugnet keineswegs, dass seine Reformwahhabiten und die terroristischen Jihadisten aus derselben Quelle stammen. Das Problem des jihadistischen Flügels, so sein Erklärungsversuch, sei, dass man dort die Propaganda des Regimes glaube, der zufolge die Religion tatsächlich über allem anderen im Staat steht. Die Religion habe aber keine Priorität. In der Politik gehe es nun einmal um Interessen, nicht in erster Linie um Prinzipien. Die Jihadisten aber glaubten, immer und überall den Jihad gegen die Ungläubigen betreiben und die besetzten Gebiete befreien zu müssen. Es sei ja nicht falsch, schwenkt Awaji ein, die besetzten Gebiete befreien zu wollen, aber es gebe nun einmal Bedingungen und Umstände, richtige Wege und falsche und eine Logik des staatlichen Interesses. Die Jihadisten sähen, wie die Amerikaner im Irak und in Afghanistan kämpfen und Israel unterstützen, und glaubten deshalb, dass sie jeden Amerikaner töten müssen. Insofern, sagt er, sind die Jihadisten die Rechtsextremisten im Islam.

»Ich glaube an graduelle Entwicklungen«, sagt Awaji. Die Führung müsse dem Volk aber zeigen, dass es ihr mit den Reformen ernst ist. Es habe ja durchaus schon Reformen gegeben, etwa in Sachen Pressefreiheit. Vor fünfzehn Jahren sei ein Gespräch wie dieses gar nicht möglich gewesen. Aber man wolle mehr, und man wolle das »eigene Haus selbst einrichten«, nicht nur mit dem Ausland darüber reden, was sich ändern soll und was nicht.

Auch auf die persönliche Haltung des Scheichs zu denjenigen, die zum Jihad im Irak aufrufen, kommen wir zu sprechen. Awaji verweist hier rasch auf die Amerikaner, auf George Bush sen. und seinen Krieg zur Befreiung Kuwaits sowie auf die Regierung Reagan, die zum Jihad gegen die sowjetische Besatzung Afghanistans aufgerufen habe. »Wir haben das damals alle unterstützt. Heute ist Afghanistan von den USA besetzt, und wer Widerstand gegen die Besatzung leistet, wird Terrorist genannt.« Wo es Besatzung gebe, habe das Volk das Recht, Widerstand zu leisten. Erschwerend komme hinzu, dass die Amerikaner in Falluja und in Abu Ghraib die Würde der Betroffenen verletzt haben. Wenn die USA die Verbrecher, die Offiziere, die für die Folter in Abu Ghraib verantwortlich sind, ordentlich bestraft hätten, wäre das sicherlich als Genugtuung akzeptiert worden. Aber so werde die gesamte irakische Gesellschaft in den Extremismus getrieben. »Die Araber«, meint der Scheich, »sind bekanntlich bereit, ganze Nationen umkommen zu lassen, um ihre Würde wiederherzustellen.«

Seine »mittlere Tendenz« im Wahhabismus sei selbstverständlich gegen das Morden, gegen den Terrorismus und für das friedliche Zusammenleben der Völker. Die Regierung wünsche sehr wohl, dass diese mittlere Tendenz das Denken der Öffentlichkeit beherrsche, nur auf die Politik wolle sie ihr keinen Einfluss einräumen. Die saudische Gesellschaft, sagt Scheich Awaji zum Ende unseres Gesprächs, »versucht, die Berliner Mauer zu durchbrechen oder zumindest ein Stück aus ihr herauszubrechen«, das Land zu öffnen also. Viel Glück, wünsche ich.

Der Scheich möchte gerne zitiert werden

DOKTOR NAIF AL-DUAYYIS hat die Scharia studiert und sie später gelehrt. Er ist ein Mitglied des Majlis al-Shura. Der Sechzigjährige mit der dicken Brille und dem sorgfältig auf mittlere Länge geschnittenen Bart ist ein *alim*, würde das aber so nicht sagen, denn über sich selbst zu urteilen, das stehe ihm nicht zu. Aber er könne sagen, meint er nicht ganz frei von Eitelkeit, dass er es als Verfasser von dreizehn Büchern zu einem gewissen Ruhm gebracht habe und im Übrigen dafür bekannt sei, immer zu sagen, was er denke, ob im Majlis al-Shura oder im Fernsehen, wo sein Programm abgesetzt wurde, weil es den Offiziellen, wie er meint, zu gemäßigt gewesen sei.

Die meisten Bücher des Doktors beschäftigen sich mit den Reden und Aussprüchen des Propheten, zwischendurch habe er zudem ein Buch über Landwirtschaft geschrieben. Er sei der erste Saudi, der einen Doktortitel in der Sunna (der auf Leben und Verhalten des Propheten gegründeten Tradition) trage. Im Übrigen – und dabei deutet er auf seine Visitenkarte – sei er ein Sharif, ein direkter Nachkomme des Propheten. Vor dreizehn Generationen teilt sich seine Linie der Familie von der, aus der das heutige jordanische Königshaus stammt. Bis dahin hätten die Seinen den Hijaz, die Gegend von Medina und Mekka, regiert. Noch der Großvater habe wichtige Positionen im Osmanischen Reich innegehabt, sagt Dr. Duayyis und greift nach seinem Portemonnaie, aus dem er das vergilbte Foto eines bärtigen Arabers mit Kopftuch hervorholt. Vor allem aber ist Doktor Naif, wie man ihn nennen soll, ein religiös-liberaler Kopf. Er ist geistig wie körperlich überaus beweglich, war früher ein bekannter Fußballspieler des Königreichs und kann nicht lange stillsitzen, weshalb er sich im Hotelsessel gelegentlich auf die über Kreuz gelegten Beine setzt oder einfach vorschlägt, den Raum zu wechseln. Ihm ist daran gelegen, dass seine Worte in die weite Welt getragen werden. Er spreche häufig mit Ausländern, aber diese würden wohl gar nicht zitieren oder veröffentlichen, was er sagt. Natürlich könne ich Notizen machen.

Dass ich Medina, von wo er stammt, nicht besuchen kann, findet er schade, aber die Stadt sei nun einmal ein Ort des religiösen Ritus und den Muslimen vorbehalten, was wohl auch so bleiben werde.

Ausnahmen könne man machen, aber nur im Interesse der Stadt, etwa wenn man einen ausländischen Ingenieur brauche.

Wir sind schnell bei der Scharia und dem beherrschenden Thema der Geschlechterverhältnisse. Keineswegs schreibe die Scharia den Frauen vor, das Gesicht zu verhüllen – der Koran verlange nur ein dezentes, zurückhaltendes Auftreten. Sie verbiete weder die Koedukation, noch verlange sie eine strikte Geschlechtertrennung. Letzteres zeige sich schon darin, dass Männer und Frauen in der großen Moschee zu Mekka gemeinsam die Kabaa umrunden. Wenn er die notwendige Macht hätte, die habe man als Mitglied des Majlis al-Shura aber leider nicht, würde er den Frauen sagen, dass sie ihr Gesicht nicht verhüllen sollen. »Ich sage jedenfalls immer, was ich denke.« Verboten sei im Islam allein die *khalwa*, eine verfängliche Situation, in der der Mann der Frau etwas antun könne. Aber das sei ja in der Regel nicht der Fall, sagt der Scheich und fügt ein klein wenig verlegen hinzu: Er habe bei einem Besuch in der Schweiz einmal allein mit einer Frau im Café gesessen, habe aber die »Augen niedergeschlagen und sie nur ein bisschen angeguckt – in aller Höflichkeit«.

Saudi-Arabien, erklärt Doktor Naif, sei kein Feind der USA. »Der Islam gibt uns nicht auf, die anderen zu bekämpfen. Wir respektieren die Buchreligionen, also das Christentum und das Judentum, und Gott sagt uns im Koran: Wer Euch nicht in der Religion bekämpft und Euch nicht aus Euren Häusern vertreibt – bekämpft ihn nicht und ehrt ihn.« Der Vers wird überall gern zitiert. Der Prophet selbst – »Gott segne ihn und gebe ihm Heil« – habe seinen späteren Schwiegersohn Abu al-Aas bin al-Rabiya in sein Haus eingeladen und geehrt, als dieser noch ein Feind und ein Ungläubiger war und ihn in der Schlacht bekämpfte.

Ja, räumt Duayyis auf Nachfrage ein, natürlich gebe es Radikale und Extremisten, die den Koran nach der eigenen Meinung interpretieren. Einige dieser Fehlgeleiteten kämen tatsächlich aus den Scharia-Fakultäten: »Aber Gott hat mich ja nicht zum Botschafter gemacht. Wenn ich den Koran interpretiere, bin ich an das gebunden, was Gott mir gegeben hat: den Koran selbst und die Sunna des Propheten.« Purismus in der religiösen Rechtsauslegung ist für ihn kein Fundamentalismus, sondern einzig erlaubtes Mittel zur Bewahrung des eigentlichen Islam: »Ich gehe ohne *a-priori*-Vorstellung an den Text und finde darin die Regeln und Vorstellungen für das richtige Verhalten.« Wer dagegen von einer bestimmten politischen oder ideologischen Vorstellung ausgehe und sich dazu koranische Beweise zurechtlege, der sei kein wahrer muslimischer Religionsgelehrter.

Andere Religionen, das ist Doktor Naif wichtig, gelte es zu respektieren, schließlich habe »unser Herr Muhammad« in Mekka seinen jüdischen Nachbarn regelmäßig besucht: »Wir sollten uns daran ein Beispiel nehmen.«

Ob man per Analogieschluss aus diesem Fall des Propheten auch Lehren für die Beziehungen der arabischen Staaten zu ihren heutigen jüdischen Nachbarn im Staat Israel ziehen kann, frage ich ihn.

Für die Beziehungen zu den jüdischen Einwohnern arabischer Länder gelte das Beispiel des Propheten zweifellos, sagt Doktor Naif. Was Israel angehe, so sei dessen Platz aber eigentlich nicht in dieser Region. Israel sei eben ein Aggressor, befinde sich durch Gewalt, wo es heute ist. Dieses Unrecht könne nicht geleugnet werden. »Nehmen Sie den heutigen Ministerpräsidenten Israels. Allenfalls sein Vater und sein Großvater haben bereits in Palästina gelebt, die Palästinenser aber schon immer.« Auch wenn es *sulh* (ein Ende der Auseinandersetzungen oder ein Abkommen) mit Israel geben werde, die Verletzung durch das erlittene Unrecht verschwinde damit nicht aus den Seelen der Muslime. Gleichwohl wäre es das Beste, wenn die Israelis die Chance ergriffen, eine Übereinkunft, der beide Seiten zustimmen können, zu finden, denn das verhindere weiteren Extremismus. Wenn es nach einer solchen Übereinkunft immer noch Aktionen extremistischer Elemente gegen Israel oder Israelis gebe, brauche Israel nicht einmal selbst zu reagieren, denn dann werden – so jedenfalls verlangt es der Islam des Doktor Naif al-Duayyis – die Brüder des Angreifers diesen von seiner Tat zurückhalten.

Was seine Reformprioritäten seien, will ich von Doktor Naif wissen. Seine Antwort ist spontan. Vorrangig sei, den Leuten Gedanken- und Ausdrucksfreiheit zu geben. Auch solle der Staat den Bürgern nicht länger sagen, wie sie sich zu bewegen und zu verhalten haben. Der Herrscher – hier redet der Gelehrte in der Einzahl, meint aber die Führung des Staates im Ganzen – sei keineswegs ein Gefangener überkommener Traditionen und Prinzipien, sondern gerade in Saudi-Arabien stark genug, um solche Prinzipien zu ändern. Habe er nicht in den sechziger Jahren gegen den Widerstand traditioneller Kreise das Fernsehen durchgesetzt und 1990 beschlossen, dass man zum Schutz des Königreichs ausländische Truppen brauche?

Als Zweites käme die Reform des Bildungssystems, insbesondere der Methoden, mit denen im Königreich gelehrt wird. Männer müssten nicht unbedingt lernen, was allenfalls Frauen angeht (auf Nachfrage nennt er etwa die weibliche Periode), aber die Wissenschaften müssten für beide offen sein und verstärkt gefördert werden. Stattdessen verschwende man heute viel Zeit darauf, Schülern die Einzelheiten der Zakat(Almosen)-Berechnung beizubringen.

Was die weitere Entwicklung des Königreichs angeht, ist der Gelehrte überzeugt, dass große Änderungen vorerst nicht zu erwarten sind. Wichtig sei, einen Zusammenstoß der gegenläufigen gesellschaftlichen Tendenzen zu verhindern – der »verkrampften«, die alles ablehne, was von außen kommt, und derjenigen, die äußere Einflüsse akzeptiere. Auch politische Veränderungen würden wohl eher langsam vorangehen. Der Einfluss des Majlis al-Shura sei auch zu begrenzt. Entscheidungen kämen von den Herrschern, die Gesellschaft selbst sei passiv. Die Familie Saud halte eng zusammen. Es werde noch dauern, aber eines Tages würden die Herrscher vielleicht dem Gesetz unterstehen.

Etwas länger überlegt der Gelehrte, bevor er auf die Frage, ob er Saudi-Arabien wohl als islamischen Staat bewerte, antwortet. Die Richter im Königreich, sagt er schließlich, urteilten auf der Grundlage der Scharia. Das Urteil hinge damit aber wieder von der Interpretation des einzelnen Richters ab, so dass verschiedene Richter bei ähnlich gelagerten Fällen zu sehr unterschiedlichen Urteilen kommen können. Gleichzeitig mache der Staat aber auch selbst Gesetze, man denke etwa an das Verkehrsrecht. Wichtig sei nur, dass die Gesetze dem Islam nicht widersprechen. Der Staat könne dazu den Mufti (den zur Fatwa befähigten Rechtsgelehrten) befragen. Wenn der Staat den Menschen aber auch vorschreiben wolle, dem Mufti in allem zu folgen, schränke er ihre Freiheit zwangsläufig ein: »Es gibt keine Hegemonie in der Scharia, wenn jemand kein *alim* ist, dann soll er einen *alim* fragen.« Und wenn, ergänzt er, jemand behaupte, das islamische Recht auszulegen, aber eigentlich kein *alim* ist und deshalb das Falsche sagt, dann müsse eben ein anderer *alim* ihm widersprechen.

Wie erkenne man denn, will ich wissen, wer als *alim* das Richtige sage? Schließlich gebe es ja *ulama*, die die Gewalttaten der al-Qaida legitimierten, und andere, die solche Aktionen für verboten erklärten. Nun wird der Diskurs des Gelehrten ein wenig idealistisch: Wer zur Gewalt aufrufe, sei kein *alim*, denn Gott habe im Koran gesagt, dass es selbst im Krieg gelte, Frauen und Kinder und sogar jene jungen Männer auf der Seite des Feindes, die nicht kämpfen, zu verschonen. Wer sage, man solle jeden Amerikaner töten, »der kennt das Buch Gottes nicht, ist also kein *alim*«. Ein Gelehrter ist eben nur, das wird uns hier erneut bestätigt, wer zu den richtigen Schlüssen kommt. Feindschaft gegenüber Ausländern oder Nicht-Muslimen sei Unsinn, schließlich lernten die Menschen im Kontakt mit dem Ausland. Selbst wer nach Syrien reise, verändere sich. Selbstverständlich lerne man auch von den Ungläubigen. Ob einer Muslim sei oder nicht, das sei letztlich nur für die religiösen Praktiken wichtig – für nichts anderes. Die Menschen kämen nur durch Denken und den Gebrauch ihres Verstandes weiter, und dazu gehöre, sich gegenseitig zu respektieren.

Natürlich gebe es in jeder Gesellschaft solche, die dem anderen den Respekt verweigern, auch in Saudi-Arabien. Auf diese sei ich bisher nur nicht gestoßen, weil ich als Ausländer eben nur mit einer bestimmten Schicht verkehre: »Wenn du auf den anderen Teil treffen würdest, dann müssten wir uns doch Sorgen um dich machen.« Es gebe Engstirnige, die schon jeden Muslim schlecht behandelten, der seinen Bart nicht wachsen lässt. Viele Wahhabiten seien Extremisten und würden den Namen des Predigers Muhammad bin Abd al-Wahhab in ein schlechtes Licht rücken. Dabei seien Ibn Abd al-Wahhab und seine Lehre eigentlich gar nicht so wichtig, schließlich gebe es die Lehren der großen Imame, des Imam Malik bin Anas oder des Imam Shafii – hier bezieht er sich auf die Gründer zweier der vier großen sunnitischen Rechtsschulen, der malikitischen und der shafiitischen, die im achten beziehungsweise neunten Jahrhundert christlicher Zeitrechnung lebten und lehrten. Muhammad bin Abd al-Wahhab sei eher etwas verspätet gekommen.

Zum Abschied schenkt der Gelehrte mir eine große Tüte Datteln aus eigenem ökologischen Anbau. Wie viele Saudis, die auf sich halten, hat auch er ein kleines Landgut außerhalb der Stadt. Als ich schon auf den Aufzug warte, kommt er mir noch einmal nach und drückt mir sein Passfoto in die Hand: »Vielleicht kannst du das gebrauchen.«

Herrenabend

WIR FAHREN AUF EIN LANDGUT in al-Dariyya, einer Kleinstadt außerhalb Riads, einst Stammsitz der Al Saud. Einer der angesehenen Bürger des Landes, ein ehemaliger Minister aus prominenter Familie, hat für den Abend etwa ein Dutzend seiner Freunde eingeladen. Der Minister für Wasser und Elektrizität ist dabei, ein paar Geschäftsleute, Architekten, Professoren, ein Religionsgelehrter. Dieser Majlis (wörtlich Sitzung) findet wöchentlich statt, mal bei diesem, mal bei jenem der Herren. Man sitzt auf dem wohlgepflegten Anwesen gruppiert um ein offenes Feuer, zwei Diener servieren Kaffee, Tee und Datteln. Später gibt es eine warme Mahlzeit, die der Gastgeber von einem der größeren Hotels hat beschaffen lassen. Manche der Herren haben ihre zwanzig- bis dreißigjährigen Söhne mitgebracht, die sich aber am Gespräch, das in der großen Runde geführt wird, nicht beteiligen, sondern noch eingeführt werden in die Gesellschaft. Runden dieser Art sind ein wesentlicher Teil des gesellschaftlichen Lebens. Sie sind Freizeitgestaltung und Netzwerkbildung gleichermaßen.

Der Hausherr dominiert die Debatte, und er tut das in eher rüder Art. Den anwesenden Minister führt er regelrecht vor, gibt ihm kaum eine Chance, zu erklären, wie er mit den Wasserproblemen des Königreichs, auf die er angesprochen worden ist, umzugehen gedenkt. Der Minister will Gebühren erheben für den Haushaltsverbrauch von Wasser und diese allmählich erhöhen, denn immer noch verbrauche ein Saudi durchschnittlich zwei- bis dreimal soviel Wasser wie ein Europäer und zahle dafür fast gar nichts. Sein Ministerium will zudem technische Verbesserungen einführen, um den Wasserverbrauch zu senken. Gleichzeitig gehe es ihm darum, so versucht der Minister zu erklären, der allerdings kaum einen Satz zu Ende sprechen kann, die Verschwendung nicht erneuerbarer Wasservorräte in der Landwirtschaft einzudämmen. Siebzig Prozent des Wasserverbrauchs im Königreich entfalle auf die Produktion von Weizen und Viehfutter, die man sehr viel billiger importieren könne.

Das alles überzeugt den Hausherrn wenig. Das System sei korrupt, und daran scheitere alles: »Du, Abdallah, kannst sowieso nichts unternehmen, aber wenn du gegen die Korruption vorgehen willst, wenn du den Farmen bedeutender Persönlichkeiten – ich könnte dir Namen nennen – das Wasser abstellst, das sie sowieso nicht bezahlen, dann bist du dein Amt doch schnell wieder los.« Einwände des Ministers, dass er ja versuche, durch Preispolitik und neue Regeln für die landwirtschaftliche Wassernutzung zumindest einen Teil der Verschwendung einzudämmen, werden kaum gehört. »Wir müssen endlich«, unterbricht ihn der Hausherr erneut, »durchsetzen, was ich seit Jahren fordere« – was das konkret ist, teilt er nicht mit –, »sonst befinden wir uns sehr bald im Desaster. Aber dir fällt nichts ein, als die Preise zu erhöhen – und warum sollte der Bürger, der schon heute seine Wasserrechnung nicht zahlt, eine noch höhere zahlen?«

Nicht die Wasserkrise, aber die Diskussion wird beendet, als einer der Diener mitteilt, dass das Essen bereitstehe. Man nimmt an zwei großen Tischen Platz, die in weiser Voraussicht unter einer großen Zeltplane aufgebaut sind, denn einer der seltenen Regengüsse ist angekündigt. Und als es dann blitzt, donnert und mächtig schüttet, kommt man auf tiefergehende Fragen zu sprechen. Wir haben doch einen Religionsgelehrten unter uns, sagt einer der Anwesenden, und alle Augen wenden sich dem Scheich Abd al-Aziz al-Qassim zu. Er ist deutlich jünger als der Rest der Runde, aber seine religiöse Ausbildung verleiht ihm Autorität. Auch diese Herren erwarten, dass der Religionsgelehrte politische und gesellschaftliche Fragen autoritativ beantwortet. Der junge Gelehrte nutzt das nicht aus, demonstriert zwar seine Kompetenz im Koran und in der Tradition des Propheten, erklärt aber ein ums andere Mal, dass nicht alles eine Frage des religiösen Rechts sei.

Wie das mit den Martyriumssuchenden – Selbstmordattentätern – in Palästina oder andernorts sei, möchte einer der Anwesenden wissen. Das sei letztlich eine politische Frage, erklärt der Scheich, die *fuqaha*, die islamischen Juristen, seien sich einig in der Verurteilung des Selbstmordes, nicht ganz so einig aber, ob jemand im Kampf den Tod suchen darf. Die Scharia überlasse es dem *Wali al-Amr*, dem Herrscher, politische Fragen auf Grundlage politischer Interessen zu entscheiden, sie regele nicht alles. Beten und Fasten und andere religiöse Pflichten seien vorgeschrieben, darüber hinaus gebe es Regeln für das alltägliche Leben wie das Familienrecht oder das Verbot des Zinses. Im Übrigen aber seien der menschliche Verstand verlangt – und die Politik. Politik sei eine öffentliche Angelegenheit, das belege schon ein Hadith des Kalifen Abu Bakr: *al umma sahibat al-wilaya* – die Gemeinschaft der Muslime, heißt das, ist Herrin der Herrschergewalt, und wenn man es modern ausdrücken will: Die Nation ist der Souverän.

Schließlich kommt die Diskussion, wie so häufig, auf den Irak und auf Amerika. Der Hausherr stellt in den Raum, dass »Amerika, so wie es mit unseren Leuten im Irak umgeht und wie es Israel erlaubt, mit den Palästinensern umzugehen, doch wohl als Feind zu betrachten ist, demgegenüber wir Widerstand leisten müssen«. Das mag ja so sein, meint der junge Gelehrte, aber man solle hier bitte nicht nach der Scharia fragen. Letztlich sei dies nämlich eine Frage des Interesses, des Interesses der Gemeinschaft der Muslime und der Gesellschaft, die politisch zu entscheiden sei: »Widerstehe ich Amerika besser, wenn ich den Weg Bin Ladens gehe oder wenn ich mir ein Beispiel an Malaysia nehme? Wenn ich also ein wenig soziale Gerechtigkeit schaffe, die inneren Probleme meines Landes anpacke und mein eigenes Land in Ordnung zu bringen versuche?«

Manchmal, so scheint es, haben die Religionsgelehrten den Politikern im Königreich doch etwas voraus.

»Eine Nation der Menschenrechte«

ES IST SCHON DUNKEL, als unser Bekannter uns in seiner großen amerikanischen Limousine durch die Straßen von Qatif, einer lebhaften Stadt in der saudischen Ostprovinz, steuert. Er verdient sein Geld mit Dekor und Inneneinrichtungen, erinnert sich bei der Erwähnung Deutschlands, tief über das Lenkrad gebeugt, daran, wie er »vor Jahren die KPSau beim Zehnten Parteitag der SED in Berlin vertreten« habe. Die Kommunistische Partei Saudi-Arabiens ist seit langem aufgelöst. Unser Freund kümmert sich heute um Menschenrechte. Wir fahren zu einer Diwaniyya, so nennt man nach kuwaitischem Vorbild politische Salons, die angesehene Bürger hier im Osten in ihren Häusern abhalten.

In diesem Landesteil konzentriert sich die schiitische Minderheit des Landes; in Qatif selbst und anderen Städten des Ostens dürften die Schiiten sogar die Mehrheit der Bevölkerung stellen. Genaue Daten über die konfessionelle Zugehörigkeit gibt es nicht; das Thema ist viel zu sensibel, denn die Schiiten im Königreich werden als Bürger zweiter Klasse behandelt. Im Sprachgebrauch vieler Wahhabiten, auch in manchen Schulbüchern, werden die Schiiten als Rechtsschule der Renegaten *(al-madhhab al-rafid)* bezeichnet. Sie haben über Jahre keine Moscheen und Versammlungshäuser bauen dürfen, wurden kollektiv beschuldigt, eigentlich die fünfte Kolonne Irans zu sein.

Bei der Beschäftigung im öffentlichen Dienst oder bei der staatlichen Ölgesellschaft Aramco, deren Hauptquartier und Produktionsstätten hier im Osten liegen, wurden und werden Schiiten eindeutig diskriminiert. Dass die »schiitische« Ostprovinz eben auch die Ölprovinz ist, erhöht das schiitische Gefühl der Benachteiligung und das sunnitische Misstrauen gegen die schiitische Minderheit. Die einen beklagen, dass der Wohlstand des Landes, der hier produziert wird, vor allem in andere Teile des Königreichs fließt. Die anderen vermuten, dass die Schiiten der Ostprovinz heimlich nach Sezession streben. Schiitische Würdenträger bestreiten dies vehement, aber unter den jungen Leuten träumt schon so mancher von staatlicher Eigenständigkeit oder zumindest einer Art Autonomie der Ostprovinz. »Siebzig Prozent meiner Kommilitonen«, hat uns Firas, ein Student der Petrochemie aus Dhahran, der Stadt der Ölindustrie, am Vortag gesagt, »sind für eine staatliche Eigenständigkeit.« Ob dies ein fundiertes Meinungsbild ist, mag dahingestellt sein. Es ist in jedem Fall eine Meinung.

In Qatif wie in anderen Städten der Ostprovinz haben viele

Häuser einen großen, zum Versammlungssaal ausgebauten Kellerraum als Ersatz für die Moscheen und Huseiniyas, die schiitischen Versammlungshäuser, die nicht gebaut werden durften. Das erleichtert die Durchführung halblegaler politischer Diskussionsveranstaltungen.

An diesem Abend hat der Hausherr, der jeden Dienstag zu einem thematischen Treffen lädt, zwei Vertreter der quasi-offiziellen Saudischen Menschenrechtsvereinigung eingeladen. Die beiden sind Mitglieder des Konsultativrates und haben bei der Versammlung keinen leichten Stand. Gut hundert Männer zähle ich, als der Saal sich gefüllt hat. Auch hier überträgt eine Videokamera das Geschehen in einen zweiten, den Damen reservierten Raum. Es wundert uns kaum, dass ein Mann der Religion die Versammlung eröffnet und leitet: Scheich Sadiq, ein Immobilienmakler, der im Nebenberuf als schiitischer Geistlicher wirkt. Er begrüßt die Anwesenden im Namen Gottes, verweist auf die Aussage des Propheten Muhammad – »Gott segne ihn und gebe ihm Frieden« –, nach der Männer und Frauen gleich sind, auf den Imam Ali, den Schwiegersohn und – aus schiitischer Sicht – einzig rechtmäßigen direkten Nachfolger des Propheten, welcher (hier folgen noch mehrere Beispiele) erklärt habe, dass die Menschen frei geboren seien, wie auch auf den vierten (schiitischen) Imam Zein al-Abidin, welcher in seiner »Botschaft der Rechte« die Rechte des Herrschers, der Bürger, der Frauen, der Kinder – insgesamt fünfzig Rechte – definiert habe. All diese Zeugnisse, so der Scheich, gehörten zusammen und zeigten eindeutig: »Wir sind eine Nation der Menschenrechte.« Das Königreich sei ja nun auch der internationalen Menschenrechtskonvention beigetreten. Das Podium gehöre den beiden verehrten Mitgliedern des Konsultativrates, die die Saudische Menschenrechtsvereinigung repräsentieren. Beide seien anschließend zur Diskussion bereit.

Dr. Bandar, der stellvertretende Vorsitzende der Vereinigung, erläutert zunächst deren Mission und Arbeitsweise. Der Fortschritt der Staaten, doziert er, messe sich daran, ob es dort Menschenrechtsorganisationen gebe oder nicht. Das Königreich sei hier durchaus auf der Höhe der Zeit, habe man doch zu Beginn des Jahres 1425 (2004 christlicher Zeitrechnung) die Zustimmung und den Segen des Hüters der beiden heiligen Stätten – des Königs also – zur Gründung der Vereinigung erhalten. Man habe dieses und jenes Komitee, empfange Bürgerbeschwerden und gehe diesen nach, treffe sich gegebenenfalls mit den zuständigen Gouverneuren und Ministern. Ein Viertel der einundvierzig Mitglieder der Vereinigung seien Frauen; man sehe sich als Organisation der Zivilgesellschaft.

Da sind die Anwesenden nicht so sicher. Die Diskussionsbeiträge sind höflich, aber heftig. Warum man der Vereinigung denn, wenn sie eine zivilgesellschaftliche sei, nicht einfach beitreten könne? Ob die Vereinigung sich wohl erklären könne, warum andere Menschenrechtsorganisationen nicht genehmigt wurden? Was die Herren für die politischen Gefangenen unternähmen, die nichts weiter getan haben, als in einer Petition politische Reformen anzumahnen? Ob sie nicht letztlich nur ein Teil der Bürokratie seien, eine Beschwerdestelle des Staates oder ein Aushängeschild, um angesichts des internationalen Drucks das Image des Staates zu verbessern? Wie man da von Unabhängigkeit reden könne?

Die ganze Versammlung verläuft in einer ruhigen Atmosphäre. Fast jeder Redner des Abends beginnt mit einem *salaam aleikum* – Friede sei mit Euch –, das von allen anderen mit einem gemurmelten *aleikum salaam* beantwortet wird. Man hört sich zu, lässt die Gäste nach jeweils einer Reihe von Fragen antworten. Unmutsäußerungen unterbleiben, auch wenn das Publikum mit den Antworten unzufrieden ist. Aber es gibt an diesem Abend auch nur ein einziges Mal Applaus, und der gilt Taufiq Qusayyir, dem sunnitischen Oppositionellen und kurzzeitigen Gesinnungshäftling. Er wünsche wirklich, sagt er, dass Gott der Vereinigung Erfolg schenke. Aber er erwarte von den »Brüdern« in der Menschenrechtsvereinigung auch, dass sie Menschenrechtsverletzungen von sich aus nachgehen. Oder, fragt er ironisch, habe man keine Genehmigung erhalten, ihn und die anderen Verhafteten im Gefängnis zu besuchen?

Eine Frage taucht in unterschiedlicher Form immer wieder auf: Wie ist es mit der Freiheit der Religion? Wie behandelt eine offizielle Menschenrechtsvereinigung Fragen der Rechte und der Diskriminierung der (schiitischen) Konfessionsgemeinschaft?

Die Antworten der zwei Referenten bleiben für die Versammelten unbefriedigend. Es zeigt sich, dass die Vereinigung eher die Rolle des Ombudsmanns übernimmt, der auf Anfrage vermittelt oder die Administration auf Fehler hinweist, als die einer Pressure Group. Weder, sagt Dr. Bandar, sei es notwendig, dass die Menschenrechtsorganisation mit dem Staat in Konflikt gerate, noch dass sie über Fälle, die sie verfolgt, Öffentlichkeit herstelle, »damit diese ihren Spaß hat«. Das wichtigste Ergebnis des Abends ist wohl, dass Vertreter der offiziellen Menschenrechtsvereinigung sich auf eine solche öffentliche Auseinandersetzung eingelassen haben. Ihr Erscheinen im schiitischen Qatif und ihre Bereitschaft zur Diskussion, das ist die eigentliche Botschaft.

Die Diskriminierung der Schia bleibt im Königreich spürbar, hat aber seit Beginn der neunziger Jahre abgenommen, wie auch Scheich Hassan Saffar zugibt. Saffar ist der prominenteste schiitische Religionsgelehrte in Saudi-Arabien und damit faktisch auch der wichtigste politische Repräsentant der saudischen Schiiten. Jedenfalls nennen ausnahmslos alle Schiiten, die ich frage, wer im Königreich am ehesten als legitimer Vertreter ihrer Gemeinschaft gelten könne, den für seine gesellschaftliche Stellung recht jungen – 1958 geborenen – Scheich. Dass die Schiiten im Königreich deshalb noch lange nicht gleichberechtigt sind, bestreiten auch gebildete Sunniten nicht. Aber es gibt Formen der Rechtfertigung.

Irgendwie, so ein Hochschullehrer, sei das im Mittleren Osten nur natürlich, schließlich würden in Iran die Sunniten diskriminiert, und entsprechend gebe es hier eine Diskriminierung der Schiiten. Das sei nicht gut, aber so sei es eben. Nicht wenige sunnitische Saudis zweifeln die Loyalität der Schiiten grundsätzlich an. Faisal etwa, der junge sunnitische Betriebswirt aus Riad, bestreitet gar nicht, dass die Schia im Königreich unterdrückt worden sei. Das sei wirklich schlecht, aber er ist auch überzeugt, dass die Schiiten in Saudi-Arabien gegenüber einem anderen Staat, Iran nämlich, loyal seien. Das geschehe aus religiösen Gründen, »weil wir ein religiöses Land sind« und »der Schiit« diese religiöse Grundlage nicht akzeptiere. Manche Schiiten griffen sogar die religiösen Symbole Saudi-Arabiens an, beschimpften in ihren Gebeten Abu Bakr, den ersten Kalifen. Und wenn ein Schiit beteure, ein saudischer Patriot zu sein, dann solle man das nicht glauben. Er sage das möglicherweise nur, weil er diskriminiert sei, und das sei natürlich nicht gut.

Ich frage Faisal, ob gleiche Bürgerrechte wohl helfen könnten, den Schiiten das Gefühl zu geben, sie seien richtige Saudis? »Ich weiß es nicht«, antwortete er, »vielleicht.« Genau hier liegt für Hassan Saffar, den schiitischen Scheich, das Problem: Die Situation der Schia in Saudi-Arabien, erklärt er, sei insgesamt Teil einer »nicht korrekten Situation«. Wenn es ernsthafte Reformen gebe, werde sich auch die Situation der Schia verbessern: »Unsere Situation ist Teil der allgemeinen, nationalen Situation; die konfessionelle Diskriminierung ist Teil der allgemeinen Probleme, genau wie die Diskriminierung der Frau.«

Scheich Saffar nennt als Beispiel der fortgesetzten Diskriminierung der Schiiten die saudischen Schulcurricula: Schiiten wird wie allen Schülern im Königreich im Religionsunterricht ausschließlich die wahhabitische Lehre beigebracht: »Da erhalten Schüler schon einmal die Prüfungsfrage, was sie über die ›Renegaten‹ wissen – gemeint sind damit wir, die Schiiten. Und sie müssen dann antworten, dass diese Konfessionsgemeinschaft von den Juden gegründet wurde oder die Juden daran beteiligt waren. Das muss ein Schüler jedenfalls antworten, wenn er nicht durchfallen will.« Ja, als Schiit lerne man durchaus, dass man ein *kafir*, ein Ungläubiger, sei.

Im Herzen des Wahhabismus

GEGEN DAS GEFÜHL, dass es in Saudi-Arabien eigentlich keine bekennenden Wahhabiten, sondern vornehmlich Kritiker und Gegner des Wahhabismus gibt, hilft der Besuch einer der religiösen Universitäten des Landes. Die wichtigste von diesen ist die Imam-Muhammad-Universität in Riad, eine beeindruckende Anlage mit einem großen, modernen Campus. Hier fehlt es weder an Geld noch an Pflege. Die Universität bietet beispielhafte Fazilitäten für Studenten und Lehrende, sogar Sportanlagen »olympischen Standards«, wie der ägyptische Doktorand, der mir als Begleiter zugeteilt ist, erklärt. Alles vermittelt den Eindruck, dass man sich hier wohl fühlen kann, wenn man die Ideologie, das Bekenntnis teilt. Die Imam-Muhammad-Universität hat eine Fakultät für die Grundlagen der Religion, eine für Scharia, islamisches Recht also, eine Fakultät für arabische Sprache, eine sozialwissenschaftliche, eine wirtschaftswissenschaftliche sowie eine Computer-Fakultät. Die Scharia-Fakultät ist die größte, ungefähr dreitausend Studenten werden hier auf ihr Leben im saudischen Rechtswesen vorbereitet.

Ja, stimmt der Prodekan zu, Dr. Saleh al-Ghulayqa, ein Mann von Mitte fünfzig mit ungetrimmtem Bart und dem lose aufgelegten Kopftuch des Religionsgelehrten, »wir befinden uns hier im Herzen des Wahhabismus«, und insofern könne er auch erklären, was der Wahhabismus beinhalte und was nicht. Gewalt zum Beispiel und extremistisches Denken gehörten nicht zur wahhabitischen Lehre. Kein Religionsgelehrter stimme Gewalt gegen Andersgläubige zu, im Gegenteil, und wer im Königreich jetzt Gewalt und Extremismus predige, sei zweifellos kein Religionsgelehrter. Das System des Königreichs sei ein religiöses, und das sei auch gut so. Schließlich habe Saudi-Arabien ja enorme Fortschritte gemacht: »So schlecht kann unser System also nicht sein. Vergleichen Sie doch die Entwicklung, die Saudi-Arabien in den letzten Jahrzehnten genommen hat, mit der anderer Länder.« Die Ressourcenausstattung Saudi-Arabiens, das Öl und die Öleinkommen also, vergisst der Gelehrte zu erwähnen.

An dem Gespräch im geräumigen und hellen Büro des Prodekans nimmt außerdem noch Dr. Mufarrah al-Kusi teil, ein gepflegter Mittdreißiger mit gestutztem Bart und Aqqal – ohne die äußeren Attribute eines Gelehrten also. Aber nicht immer sind solche äußeren Zeichen verlässlich. Während der Prodekan durchweg traditionalistisch argumentiert, letztlich also von einem politisch-gesellschaftlichen Standpunkt aus, der zumindest die Möglichkeit von Veränderung nicht ausschließt, bewegt sich Kusi, der selbst kein Religionsgelehrter ist, ausschließlich in religiös-ideologischen Konzepten. Dies zeigt die Spannbreite des real existierenden und akademisch verbreiteten Wahhabismus.

Eigentlich, so Professor Kusi, sei es falsch, von der Wahhabia oder dem Wahhabismus zu sprechen, als ob dies eine eigene Schule oder Lehre im Islam sei. »Die Wahhabia ist keine Schule, sie repräsentiert *den* Islam« – will heißen: den einzig richtigen. Insofern sei auch die Universität, da widerspricht er seinem Prodekan ein Stück weit, »nicht das Zentrum des Wahhabismus, sondern das des Islam selbst«. Es stimme auch nicht, fügt der junge Professor hinzu, dass der Wahhabismus, wenn man denn davon sprechen wolle, Andersdenkende ausgrenze oder zu eliminieren suche. Man erkenne die anderen an, akzeptiere auch, was an wissenschaftlichen Leistungen aus dem Westen komme, solange es den eigenen Prinzipien nicht widerspricht. Immerhin, ergänzt der ältere Scheich, studiere und lehre man an der Universität auch die »Umstände der *ahl al-dhimma*« – der schutzbefohlenen Angehörigen anderer Buchreligionen, des Christentums und des Judentums also, im klassischen islamischen Recht. (Schutzbefohlene, das sei hier hinzugefügt, werden nach dieser klassischen Auffassung vom islamischen Staat zwar in ihrer Andersgläubigkeit akzeptiert, sind aber keine gleichberechtigten Bürger.)

Natürlich sprechen wir über die Frauenfrage. Prodekan Ghulayqa kommt von sich aus auf die Koedukation und die »Mischung« der Geschlechter am Arbeitsplatz. Die Trennung der Geschlechter, die in Saudi-Arabien durchgeführt werde, habe sich als gut erwiesen. Viele Länder, die eine solche Trennung nicht durchführen würden – der Rest der Welt also –, litten doch sehr unter Problemen, die etwa in der Pubertät auftreten: »Wenn Feuer und Benzin zusammenkommen, gibt es nun einmal Probleme.« In traditionellen Gesellschaften gebe es diese nicht. Dagegen wisse man ja, dass es in Europa und Amerika immer wieder zu Vergewaltigungen komme.

Meines Wissens, hake ich nach, gebe es Vergewaltigungen doch auch in Saudi-Arabien, wie Frauenrechtlerinnen berichten. Ja schon, aber sicher – und hier täuscht er sich oder seine Gesprächspartner – sehr viel seltener als in den westlichen Ländern. Wenn es vorkomme, ergänzt Professor Kusi, dann haben die Frauen sich eben nicht der Scharia entsprechend verhalten. Diese verbiete unstrittig und ohne jede Interpretationsspielräume die *khalwa*, also dass ein Man und eine Frau sich in einer Situation befinden, die zu unmoralischem Verhalten verleiten kann. Die Frauen ließen es dann wohl am notwendigen Anstand fehlen. (Ähnliches hört man in europäischen Gerichtsprozessen gegen Vergewaltiger.)

Khalwa jedenfalls, jene Situation, die zum Übergriff eines Mannes auf eine Frau führen kann, sei untersagt, und das sei auch sinnvoll. Wenn man heute etwa die Koedukation erlauben würde, könnte morgen vielleicht gefordert werden, dass Frauen kurze Röcke tragen dürfen. Man brauche einfach Gesetze, um der Entfaltung menschlicher Begierden Grenzen zu setzen. Man wisse ja von Bill Clinton und seiner Praktikantin, wohin das führen könne, wenn Männer und Frauen den Arbeitsplatz teilen: »Stellen Sie sich doch einmal vor«, sagt der Prodekan, »ich hätte eine Sekretärin, vielleicht zwanzig Jahre alt, und die wäre allein mit mir im Büro. Dann ist es doch möglich, dass etwas passiert.«

»Aber«, falle ich ihm ins Wort, »Sie sind doch ein höflicher, anständiger Mann. Ich kann mir nicht vorstellen, dass Sie gleich auf Ihre Sekretärin springen würden, wenn gerade keine Anstandsperson im Raum ist.« Da stutzt der Gelehrte ob der so direkten Nachfrage. »Nein«, erwidert er, »sicher nicht, aber man weiß natürlich nie, was passiert und ob nicht einer meiner Mitarbeiter etwas tun könnte, was nicht anständig ist.«

Der Prodekan erweist sich hier als patriarchalischer Konservativer, voller Ängste vor der Frau an sich und voller Misstrauen gegen das männliche Geschlecht. Kusi, der junge Professor, nimmt dagegen einfach eine dogmatische Position ein. Natürlich sei das Zusammensein von Männern und Frauen nicht grundsätzlich verboten, innerhalb der Familie etwa sei es völlig in Ordnung. Das Verbot der unzulässigen, außerfamiliären Mischung von Männern und Frauen jedoch brauche keinerlei Rechtfertigung oder Begründung: Es sei einfach ein göttliches Gebot, und das müsse durchgesetzt werden. Das sei keine Angelegenheit, die eine Regierung, der Konsultativrat oder ein Parlament zu beschließen habe. Im Gegensatz zu Saudi-Arabien sei in anderen muslimischen Ländern Koedukation erlaubt, und man finde dort nichts dabei, dass Männer und Frauen zusammen arbeiten, aber leider müsse man zugeben, dass es in diesen muslimischen Ländern Übertretungen des göttlichen Gebots gibt. Freilich verstießen auch dort nicht alle gegen dieses Gebot, denn viele Konservative begingen keine derartigen Verfehlungen und schickten ihre Töchter nicht in gemischte Schulen oder Universitäten.

Dass Frauen nicht Auto fahren dürfen, gehöre bekanntlich auch zu den Besonderheiten Saudi-Arabiens. Scheich Ghulayqa möchte, dass ich genau verstehe, worum es hier tatsächlich geht. Es sei nicht an sich verboten, dass eine Frau ein Auto lenke, schließlich habe die Frau ja zu Zeiten des Propheten auch Kamele und Pferde geritten. Verboten sei das Autofahren den Frauen nur, »weil es möglicherweise ein Mittel ist, um zu verbotenen Handlungen zu gelangen«. Hier gebe es aber durchaus Interpretationsspielräume, und die Religionsgelehrten diskutierten verschiedene Modelle. Möglicherweise werde man Wege finden, der Frau oder zumindest einigen Frauen – älteren, verheirateten etwa – das Lenken eines Kraftfahrzeugs zu gestatten.

Ich habe aber immer noch nicht verstanden, warum den Frauen des Königreichs, die nicht selbst Auto fahren dürfen, zugemutet oder erlaubt wird, sich von ihrem pakistanischen oder ägyptischen Fahrer chauffieren zu lassen, wenn man Sorge hat, dass Männer und Frauen, sobald sie alleine sind, quasi automatisch Unmoralisches miteinander treiben. Ob die Fahrer etwa keine Männer seien? Da hätte ich schon Recht, sagt der junge Professor, das sei tatsächlich nicht in Ordnung. Prinzipiell müsste zumindest ein Bruder der Frau mit im Auto sitzen. Dass Frauen allein mit ihrem ausländischen Fahrer unterwegs seien, müsste eigentlich verboten werden.

Es gebe immer Differenzen zwischen dem, was die Scharia als Norm fordere, und der konkreten Umsetzung in Gesetzestexte und Verordnungen, wirft der ältere Scheich ein. Er sei mit anderen der Meinung, dass es nicht problematisch sei, wenn eine Frau sich von einem ausländischen Fahrer chauffieren lässt, solange sie sich in der Stadt fortbewegen und die Scheiben des Autos nicht getönt seien, denn dann würden sie praktisch unter der Kontrolle der Öffentlichkeit herumfahren. Von *khalwa* könne man dann nicht reden.

Über solch diffizile Fragen kommen wir schließlich noch auf das Thema Kommunalwahlen im Königreich. Vom Standpunkt der Scharia, erklärt Professor Kusi, spreche gar nichts gegen eine Teilnahme der Frau an Wahlen, denn, und das mag mich jetzt verwundern, »die Frau ist ein voller Teilnehmer unserer Gesellschaft«. Dass die Frauen praktisch dennoch nicht an den Wahlen teilnehmen können, habe nichts mit der Scharia zu tun. Bei diesem ersten Experiment sei alles etwas schwierig, weshalb die Regierung die Teilnahme auf die Männer beschränkt habe. Ob er denn verstehe, will ich wissen, dass Frauen diese Beschränkung nichtsdestoweniger als Diskriminierung, ja als eine Form der Apartheid empfinden? Nein, sagt der Scheich, das könne er sich wirklich nicht vorstellen: »Das sind doch nur organisatorische Fragen, und man hat halt einfach bei den Männern angefangen.«

Abschied

DAS LAND IST WEIT. Die Fahrt über die Autobahnen, die hunderte von Kilometern Wüste zwischen den Städten vermitteln einen Eindruck von End-, vielleicht auch Zeitlosigkeit, zumindest ansatzweise ein Verständnis für die Strenge und Schmucklosigkeit des hier beheimateten Glaubens. Autobahnschilder erinnern den Reisenden von Zeit zu Zeit daran, sich auf Gott zu verlassen oder seinen Namen zu erwähnen. Im Coffee Shop an einer Autobahntankstelle prangt ein Aufkleber: »Wenn wir siegen wollen, lasst uns das Morgengebet beten.« Daneben ist ein stilisierter Felsendom abgebildet.

Durchs milde Kurdistan

VON NORDSYRIEN könnte man eigentlich direkt nach Irakisch-Kurdistan fahren; es gibt einen kleinen Grenzübergang über den Tigris. Aber dafür erteilen die syrischen Behörden nicht so leicht eine Genehmigung – oder lassen den Besucher einfach so lange warten, bis er schließlich verzichtet. Im Frühjahr, wenn die Schneeschmelze in den türkisch-kurdischen Bergen auch kleinere Flüsse zu reißenden Strömen macht, kann man ohnehin nicht sicher sein, dass die Flussüberquerung gelingt. Also kreuzt man besser von Qamishli, einer ethnisch bunt gemischten Kleinstadt im äußersten Nordosten Syriens an der türkischen und fast auch an der irakischen Grenze, nach Nussaibin auf der türkischen Seite und sieht zu, wie man von dort weiterkommt.

Die syrisch-türkische Grenze verläuft hier entlang der ehemaligen Bagdadbahn, an deren Gleisen sich die Kolonialmächte nach dem Ersten Weltkrieg bei der Grenzziehung orientierten. Nachdem die Grenze gezogen war, die zugleich die Bauern der Region von ihrem Markt, dem Städtchen Nussaibin mit seiner Bahnstation, trennte, entstand auf der südlichen, der syrischen Seite der Ort Qamishli. Beide Städte dehnten sich bis zur Grenze aus, wo sie verbunden sind durch einen auf beiden Seiten etwas heruntergekommenen Grenzposten. Die Unterschiede hüben und drüben sind nicht groß, und dennoch ist die Grenze ein kosmopolitischer Ort: Syrische Kurden besuchen ihre Verwandten in der Türkei, Iraner kreuzen in beide Richtungen, und mancher bevorzugt diesen etwas längeren, aber einfacheren und sichereren Weg in den Irak. In beiden Grenzstationen stehen die gleichen, mit Dieselkraftstoff befeuerten Kanonenöfen syrischer Herstellung; in beiden sind die Geheimdienstleute wichtiger und misstrauischer als die eigentlichen Grenzbeamten. Diese bemühen sich redlich, den Andrang zu bewältigen, man ist nicht gerade höflich, aber im Zweifelsfalle geduldig, und bei der Verständigung hilft eine Art mittelöstlich-internationale Grenz- und Kindersprache: »Ism (Name)? Baba? Mama?«

Anreise

AUF DER TÜRKISCHEN SEITE der Grenze erkennt ein Taxiunternehmer gleich, wo Bedarf ist. Auf meine Frage, was die Fahrt an den Grenzübergang Khabur kostet, der die Türkei mit Irakisch-Kurdistan verbindet, schreibt er eine Zahl in seine offene Hand. Dollar, ergänzt er. Wir werden uns einig, gehen die wenigen Schritte zum Taxibüro. Abdallah, ein junger Fahrer, erhält den Auftrag, mich zu fahren. »Madam«, seine Frau, erzählt er bald, ist aus Syrien; er spricht deshalb etwas Arabisch, vor allem aber Kurdisch und Türkisch. Irgendwie kommen wir klar.

Von Nussaibin bis Khabur sind es ungefähr hundertfünfzig Kilometer. Die Straße führt durch fruchtbares Land, wir befinden uns am nördlichen Ende der Jazeera, wörtlich der Insel oder Halbinsel »zwischen den beiden Flüssen«, in Mesopotamien also, der traditionellen Kornkammer Syriens und des Irak. Im Norden erstreckt sich die Bergkette des Taurus. Die Dörfer sehen hier nicht anders aus als auf der syrischen Seite, überwiegend flache Lehmbauten, gelegentlich auch solche in Zementstein, nur die Verwaltungsgebäude, Schulen und Polizeistationen sind in europäisch-türkischem Stil gebaut, aus Ziegelstein oder Beton und mit rotem Ziegeldach. Der Großteil der Bevölkerung spricht dieselbe Sprache wie die Menschen südlich und östlich der Grenze, Kurdisch nämlich. Die jeweilige Landessprache, Arabisch und Türkisch, ist meist nur die Zweitsprache.

Was auffällt, hier auf der türkischen Seite, ist allenfalls, dass die Straßen schlechter sind als in Syrien. »Die Türkei soll ein europäisches Land sein!«, schimpft Abdallah, als der Fiat mal wieder durch ein Schlagloch stolpert. Ein weiteres Schlagloch setzt den vorderen Stoßdämpfer außer Kraft, wir fahren jetzt etwas langsamer, ich hoffe, dass der Wagen bis zur Grenze durchhält, aber die Mechaniker in der Stadt Cizre, wo wir eine Werkstattpause einlegen, versichern uns, dass wir weiterfahren können. Auf dem Standstreifen kündigt sich bereits die Grenze an: Über eine Strecke von insgesamt wohl dreißig Kilometern steht Tankwagen an Tankwagen, deren Fahrer darauf warten, irgendwann bis zum Übergang Khabur zu gelangen. Man hat nicht den Eindruck, dass die Schlange sich vorwärts bewegt.

Bei Cizre überqueren wir den Tigris, der sich faul durchs Land schlängelt. Das Land wird hügelig, in der Ferne tauchen die schneebedeckten Gipfel Irakisch-Kurdistans auf. Kurz darauf sind wir am Grenzpunkt Khabur, wo ich den Überblick verliere. Abdallah aber weiß, welche Stempel wo zu holen sind. Mit Hilfe eines Funktionärs der Demokratischen Partei Kurdistans (KDP), der mich hier in Empfang nehmen soll und mich auch gleich findet – »Bist du Volker?« –, schafft der Taxifahrer es sogar, Kopien meines Passes, die ich vergessen habe, auf dem Kopiergerät der Polizei anzufertigen, so dass irgendwann mein Pass gestempelt und die Zollformalität erledigt ist. Wir überqueren den Fluss Khabur, der dem Posten den Namen gibt, und befinden uns im Irak beziehungsweise in Irakisch-Kurdistan, denn so steht es an der Grenzstation: Willkommen in Irakisch-Kurdistan, dreisprachig in Kurdisch, Arabisch und Englisch. Am Grenzportal weht die rot-weiß-grüne kurdische Fahne mit der goldenen Sonne. Dass wir eigentlich auch im Irak sind, merkt man nicht. Die Grenzstation ist in der Hand der kurdischen Regionalregierung. Diese stellt auch eine Art Visum aus, das dem Pass beigelegt wird. Von irakischer Staatsgewalt ist nichts zu sehen.

Im Gegensatz zu Bagdad und dem Zentralirak herrscht im Gebiet der kurdischen Regionalregierung ein beruhigendes Maß an Sicherheit. Die kurdischen Sicherheitskräfte, die man allgemein noch wie zu Zeiten des Guerillakriegs Peshmerga nennt (wörtlich: die »vor dem Tode«), haben die Lage ganz offensichtlich unter Kontrolle. Uns begleitet auf dem Weg nach Dohuk, quer durch eine anmutige, teils hügelige, teils bergige Landschaft, die noch auf die touristische Erschließung wartet, ein Pickup mit acht gut bewaffneten Peshmerga-Soldaten. Ich bedanke mich für die Sicherheitsvorkehrung. Aber nein, wehrt man ab, aus Sicherheitsgründen sei die Eskorte nicht notwendig, die kräftige Truppe sei lediglich da, um mir die Ehre zu erweisen. Das mag so stimmen, und wenn ich gleichzeitig gut bewacht bin, soll es mir recht sein.

Ein virtuelles Land

KURDISTAN (wörtlich: das »Land der Kurden«) ist kein Staat. Es hat kurdische Fürstentümer gegeben und kurdische Provinzen im Osmanischen Reich wie in Persien. Aber Kurdistan ist keine politisch-territoriale Einheit. Das kurdische Siedlungsgebiet lag beiderseits der Grenze zwischen dem Osmanischen Reich und Persien, dem heutigen Iran. Auch nach dem Ende des Ersten Weltkriegs, als aus den Hinterlassenschaften des Osmanischen Reiches die Türkei als türkischer Nationalstaat sowie der Irak und Syrien als arabische Nationalstaaten entstanden, blieben die kurdischen Aspirationen auf Staatlichkeit unerfüllt. Die kurdisch bevölkerten Landstriche erstrecken sich seither über mehrere Staaten: vom östlichen Anatolien in der Türkei und einem Gebietsstreifen südlich der türkisch-syrischen Grenze über den nördlichen und nordöstlichen Irak bis in die nordwestlichen Gebiete Irans.

Fast überall trifft zu, dass, wo Kurdistan beginnt, auch die Berge beginnen oder doch wenigstens in Sicht kommen. Die Gebirge Anatoliens, des nördlichen Irak, des nordwestlichen Iran, darunter einige Dreitausender, bildeten über Jahrhunderte ein vergleichsweise sicheres, von schweren Armeen kaum einnehmbares Zufluchts- und Rückzugsgebiet. Umstritten und oft umkämpft waren die fruchtbaren Felder des nördlichen Mesopotamien und die anderen, aus den Flüssen der kurdischen Berge genährten Ebenen, die von kurdisch-, arabisch- und türkischsprachigen Völkern und Stämmen besiedelt wurden, sowie ihre Städte, einige mit großen historischen Namen wie Aleppo, Mosul und Kirkuk.

Die meisten Kurden, etwa vierzehn Millionen, leben in der Türkei; die Zahl der syrischen Kurden wird auf etwa zwei Millionen, vielleicht mehr, geschätzt. Die demografischen Verhältnisse sind ein Politikum und die Angaben deshalb, je nach Quelle, sehr unterschiedlich. Die iranischen Kurden zählen wohl mehr als viereinhalb Millionen. Im Irak gehören etwa fünf Millionen der insgesamt siebenundzwanzig Millionen Einwohner zur kurdischen Volksgruppe, davon dürften dreieinhalb Millionen in den drei Provinzen leben, die zusammen das Gebiet der Kurdischen Regionalregierung (KRG) bilden, die übrigen in Bagdad und im Rest des Irak.

Irakisch-Kurdistan ist weder der größte noch der bevölkerungsreichste Teil des »Landes der Kurden«, aber nur hier regieren die Kurden sich selbst. Faktisch ist dies schon seit 1991 so. Mit dem Sturz des Regimes von Saddam Hussein im Frühjahr 2003 ist die Bedeutung des irakischen Kurdistans aber in mehrfacher Hinsicht gewachsen: Die Kurdische Regionalregierung und ihre Parteien sind ein konstitutives Element der neuen politischen Ordnung im Gesamtirak, sie spielen schließlich auch in Bagdad eine wichtige Rolle. Irakisch-Kurdistan ist in mancher Hinsicht ein Modell für die Möglichkeit, einen besseren Irak zu bauen. Das Verhältnis der kurdischen Region zur Regierung in Bagdad und zum Zentralstaat überhaupt ist potentiell konfliktgeladen. Ob es Kurden und anderen Irakern gelingt, eine haltbare föderale Ordnung zu errichten, in die das irakische Kurdistan sich als »Bundesland« einfügen lässt, wird eine der wesentlichen Fragen für die Fortexistenz des Gesamtstaates sein. Auch die Nachbarn beobachten sehr genau, was in den kurdischen Provinzen des Irak vor sich geht. Obwohl Irakisch-Kurdistan kein eigenständiger Staat ist – ein Faktor regionaler Politik ist es zweifellos geworden, und das Selbstvertrauen von kurdischen Parteien und Gruppen in der Türkei, in Syrien und in Iran ist gewachsen.

Viele haben in der Wahl des Kurden Jalal Talabani, des Chefs der Patriotischen Union Kurdistans (PUK), zum irakischen Staatspräsidenten einen Sieg für das kurdische Volk im Ganzen gesehen. Doch man sollte die Unterschiede nicht ignorieren. Die Kurden sind durch die Staaten, in denen sie leben, geprägt worden, haben unterschiedliche Eigenheiten und Identitäten entwickelt. Die Frage der nationalen Identität, erläutert ein kurdischer Politiker in Sulaimani, werde von Kurden in der Türkei, im Irak, in Iran völlig anders beantwortet: »Lassen Sie mich etwas verallgemeinern. Wenn Sie einen türkischen Kurden fragen, was er ist, wird er Ihnen sagen: Ich bin Kurde. In Irakisch-Kurdistan wird man Ihnen antworten: irakischer Kurde. Und in den iranisch-kurdischen Gebieten werden Sie hören: Ich bin Iraner kurdischer Nationalität.«

Der Augenschein bestätigt in den meisten Fällen diese generelle Charakterisierung. Allerdings sind nationale und ethnische Identitäten keine stabilen Größen. Sie verändern sich insgesamt langsam, können aber durch politische Ereignisse scharf hervortreten, manchmal sogar mit großer Heftigkeit. Die neuen geopolitischen Realitäten in der Region, die sich nicht zuletzt in der Etablierung und verfassungsmäßigen Absicherung des kurdischen Teilstaats im Irak manifestieren, finden ihren gesellschaftlichen Niederschlag auch in den Nachbarländern. In Syrien, wo meine Reise beginnt, ist das besonders deutlich: In den achtziger und neunziger Jahren des zwanzigsten Jahrhunderts haben syrische Kurden sich zwar in der Regel über bestimmte Diskriminierungen und politische Einschränkungen beklagt, gleichwohl aber mit Blick auf die Nachbarstaaten gesagt, dass es ihnen verhältnismäßig gut gehe. Syrien war ein Zufluchtsort vor allem für Kurden aus dem Irak. Heute ist das anders geworden: Syrisch-kurdische Studenten studieren an Universitäten Irakisch-Kurdistans; in der Türkei, die sich auf die Mitgliedschaft in der EU vorbereitet, hat ein ernsthafter Reformprozess begonnen, bei dem die Frage gleicher Bürgerrechte im Mittelpunkt steht; »selbst in Iran«, entfährt es einem kurdischen Intellektuellen im syrischen Qamishli, sei es besser, »da beschweren die Kurden sich, dass an staatlichen Schulen kein Kurdisch unterrichtet wird. Aber immerhin sind private Schulen erlaubt, die Kurdisch anbieten. Bei uns nicht.«

Infolge des Irakkriegs migrierten, wenn man so will, einige innerirakische Konflikte entlang tribaler und ethnischer Linien in das Nachbarland Syrien. Erschreckend deutlich wurde dies im Frühjahr 2004, ein Jahr nach dem Irakkrieg, bei einem Fußballspiel in Qamishli. Die überwiegend kurdische Lokalmannschaft spielte gegen die Gäste aus Deir el-Zor, einer Stadt am Euphrat nahe der irakischen Grenze, die kulturell wie sozial, was familiäre und Stammesbindungen betrifft, eher mit dem »sunnitischen Dreieck« im Irak verbunden ist als mit Damaskus und dem syrischen Kernland. Die Fans der Mannschaft aus Deir el-Zor jedenfalls brachten Bilder von Saddam Hussein mit, liefen damit schon vor dem Spiel durch die Stadt und provozierten die kurdischen Anhänger der Lokalmannschaft während des Spiels durch Sprechchöre für Saddam und antikurdische Slogans. Es kam zu Schlägereien, die sich außerhalb des Stadions fortsetzten. Die syrische Polizei schoss auf die Demonstranten, kurdische Jugendliche zündeten Regierungsgebäude an. Die Unruhen breiteten sich auf andere Städte des Nordens und bis nach Damaskus und Aleppo aus, wo sie ebenfalls mit Gewalt unterdrückt wurden. Am Ende des ersten Tages waren fünf, nach einigen Tagen dreißig Menschen tot. Ungefähr zweihundert Kurden kamen für über ein Jahr ins Gefängnis. Das Stadion in Qamishli, wo das unglückselige Fußballspiel stattfand, wird heute von der syrischen Armee als Behelfskaserne genutzt. Die Einwohner der Stadt betrachten das als eine Form der Bestrafung: kein Sport mehr, dafür eine massive Militärpräsenz.

Syriens Kurden haben inzwischen das Gefühl, im regionalen Vergleich am schlechtesten abzuschneiden. Ältere und erfahrene Politiker wie Abd al-Hamid Darwish, der seit Ende der fünfziger Jahre für kurdische Interessen eintritt, Jahre im Untergrund sowie ein Jahr im Gefängnis verbracht hat und auch einmal vier Jahre im syrischen Parlament saß, betont, dass es den syrischen Kurden um gleiche Bürgerrechte gehe, keineswegs um Sezession oder auch nur Autonomie. »Wenn wir eine demokratische Regierung in Damaskus hätten«, meint auch Nuri Birimo, »gäbe es kein Problem.« Der etwas gedrungene Mann mit dem Bürstenhaarschnitt ist Vorstandsmitglied der *Yeketi*, der derzeit größten, formal illegalen kurdischen Partei in Syrien. Man wolle nicht als Anhang der irakischen Kurden verstanden werden, denn das liege nicht im realistischen Eigeninteresse der kurdischen Minderheit in Syrien. »Was nützt es uns«, fragt Birimo mehr sich selbst als seinen deutschen Gesprächspartner, »wenn Masoud Barzani einen eigenen Staat gründet? Schützt das etwa die fünfhunderttausend Kurden in Aleppo?«

Bei syrisch-kurdischen Jugendlichen genießen Politiker wie Darwish und Birimo zwar Respekt, ihr moderater Kurs reicht aber vielen nicht mehr. Man sieht, mit dem Blick nach Irak, dass kurdische Selbstbestimmung durchaus möglich ist, und fragt, warum dies nur für die Kurden des Nachbarlandes gelten soll. Man spricht dann nicht mehr von den kurdischen Gebieten Syriens, sondern gleich von »West-Kurdistan« – ein Begriff, der syrische und arabische Nationalisten aufbringt, weil sie darin, nicht zu Unrecht, eine Infragestellung der territorialen Einheit Syriens sehen –, und träumt vom großkurdischen Staat. »Es gibt eben Träume«, sagt Birimo, »die aus Jahrhunderten der Unterdrückung stammen.«

Den großen kurdischen Staat wird es in absehbarer Zeit nicht geben. Realistischere Zukunftsszenarien fokussieren auf Dezentralisierung, Föderalisierung sowie Demokratisierung in der Türkei, Iran und Syrien und auf die Perspektiven einer gefestigten Autonomie Irakisch-Kurdistans, möglicherweise auch auf die Eigenstaatlichkeit dieses Gebiets. Das alles versetzt die Regierungen der Nachbarstaaten in Unruhe, weshalb sie das Experiment eines föderativen Irak und des Teilstaats »Irakisch-Kurdistan« sehr genau und sehr kritisch beobachten.

Kurdistan im Irak

DAS GEBIET DER Kurdischen Regionalregierung besteht aus den drei irakischen Provinzen Dohuk, Arbil und Sulaimani, die jeweils nach den größten Städten der Gouvernements benannt sind. Im Ganzen ist das Gebiet etwas kleiner als die Schweiz. Schon 1970 war zwischen den Kurden und der Zentralregierung in Bagdad, die von 1968 bis zum Frühjahr 2003 von der arabisch-nationalistischen Baath-Partei geführt wurde, eine Autonomieregelung vereinbart worden. Faktisch blieb dies ein bloßer Verfassungstext, denn das irakische Regime war keineswegs bereit, eine echte Selbstverwaltung zu erlauben, es betrieb vielmehr eine rassistische, anti-kurdische Politik. Die Kurden rebellierten wiederholt gegen die Herrschaft und die Politik Bagdads.

Im Jahr 1991 änderte sich die Situation grundlegend. Nach der irakischen Niederlage im Krieg um Kuwait rebellierten die Menschen vor allem im mehrheitlich schiitisch bewohnten Süden des Irak und im kurdischen Norden. Der Aufstand scheiterte nicht zuletzt, weil die amerikanisch geführte Allianz, die die irakische Armee aus Kuwait vertrieben hatte, dieser zwar den Einsatz von Flugzeugen, nicht aber den von Hubschraubern untersagte. Die Truppen des Regimes nahmen blutige Rache an den Aufständischen. In Kurdistan floh fast die Hälfte der Bevölkerung in die Berge Richtung türkische und iranische Grenze.

Die USA, Großbritannien und Frankreich, die innenpolitisch unter Druck gerieten, etwas gegen die Massaker an der irakischen Zivilbevölkerung zu unternehmen, erklärten sich schließlich bereit zur Einrichtung einer Schutzzone (Safe Haven) und eines Flugverbots für die irakische Luftwaffe im Norden des Irak. Sie stützten sich dabei auf eine Resolution des UN-Sicherheitsrats (688 vom April 1991), in der von Bagdad verlangt wurde, die Repression gegen die eigene Bevölkerung unmittelbar zu beenden und allen internationalen humanitären Organisationen freien Zugang zu den kurdischen Gebieten zu gewähren. Im Herbst des Jahres räumte die irakische Armee die drei kurdischen Provinzen, gleichzeitig zog die Bagdader Regierung alle Verwaltungsbeamten ab.

Wenn Saddam Hussein und sein Regime gehofft hatten, dass im kurdischen Teil des Irak Anarchie und Chaos ausbrechen und Rufe nach Rückkehr der irakischen Ordnungsmacht laut werden würden, hatten sie sich getäuscht. Die kurdischen Parteien waren schnell in der Lage, das entstandene Machtvakuum zu füllen. Unter dem Schutz vor allem der USA, die nicht nur die nördlich des 36. Breitengrads verlaufende Flugverbotszone durch ihre Luftwaffe kontrollierten, sondern auch deutlich machten, dass ein erneuter Vormarsch der irakischen Armee in die kurdischen Gebiete amerikanische Angriffe auf irakische Ziele nach sich ziehen würde, entstand ein »De-facto-Staat« im kurdischen Norden des Irak:[45] Die drei Provinzen lagen nicht mehr im Herrschaftsbereich Saddam Husseins, auch wenn sie völkerrechtlich Teil des Irak blieben und von der internationalen Gemeinschaft auch so behandelt wurden.

Dieser Verzicht auf eine klare Regelung hatte den Vorteil, dass die kurdischen Provinzen unter dem so genannten Oil-for-Food-Abkommen, das 1997 in Kraft trat, zusammen dreizehn Prozent der von den Vereinten Nationen kontrollierten Einnahmen aus den irakischen Erdölexporten erhielten –, aus den offiziellen jedenfalls; »inoffizielle«

Exporte in die Nachbarländer unterlagen dieser Kontrolle naturgemäß nicht. Das Programm, das erst nach der Befreiung des Landes von Saddam Hussein eingestellt wurde, diente dazu, für lebensnotwendige zivile Importe zu sorgen, ohne die umfassenden Handelssanktionen aufzuheben, die dem Irak nach dem Kuwait-Krieg auferlegt worden waren. Bagdad musste also akzeptieren, dass diese dreizehn Prozent der Erdölerlöse für die kurdischen Gebiete zur Verfügung gestellt wurden – ein so großer Anteil aus den staatlichen Einnahmen dürfte der Region nie zuvor zugeflossen sein.

Aber es gab auch Nachteile. Da die kurdischen Gebiete selbst keinen völkerrechtlichen Status hatten, mussten die von den entsprechenden Agenturen der Vereinten Nationen, insbesondere der Welternährungsorganisation und der Entwicklungsagentur UNDP (United Nations Development Programme) zusammengestellten Importlisten von der irakischen Regierung gegengezeichnet werden. Dies gab dem Regime in Bagdad die Möglichkeit, bestimmte Importe oder Projekte, die eine rasche infrastrukturelle Entwicklung in den kurdischen Provinzen erlaubt hätten, von der Liste zu streichen oder zumindest zu verzögern. Insofern trifft es zu, wenn kurdische Beobachter heute rückblickend klagen, dass die kurdischen Provinzen vor dem Sturz des Hussein-Regimes unter einem doppelten und zeitweise sogar einem dreifachen Embargo gelitten haben: dem internationalen Embargo gegen den Irak, dem Embargo der irakische Zentralregierung gegen die kurdischen Gebiete, die ihrer direkten Herrschaft entglitten waren, und der Willkür türkischer Behörden, die mit ihrer Kontrolle des Handels- und Reiseverkehrs über die türkisch-irakische Grenze, den wichtigsten Zugang nach Irakisch-Kurdistan, immer ein Druckmittel gegen die irakischen Kurden in der Hand hatten.

Die kurdischen Parteien profitierten ihrerseits von Zollabgaben auf den Waren- und Personenverkehr, der über die Grenzübergänge zwischen ihrem Gebiet und der Türkei beziehungsweise Iran lief. Dabei handelte es sich nicht zuletzt um tausende türkische Tanklastwagen, die preiswertes irakisches Öl und Benzin in die Türkei brachten, eine Art Schmuggel unter staatlicher Aufsicht.[46] Es sind übrigens dieselben Tanker, die heute in langen Schlangen auf der türkischen Seite der Grenze auf Abfertigung warten.

Natürlich sind die kurdischen Parteien daran interessiert, die De-facto-Staatlichkeit, die sie seit 1991 genießen, im »neuen« Irak nicht wieder zu verlieren. Die Kurden unterstützten den US-geführten Feldzug gegen das Regime von Saddam Hussein, beteiligten sich auch aktiv daran und eroberten Kirkuk fast ohne amerikanische Hilfe. Die Befreiung des Irak vom Hussein-Regime konnte aus kurdischer Sicht aber nicht die Wiederherstellung eines zentralistischen Staates bedeuten. Die im Februar 2004, noch vor der formellen Wiedererlangung der staatlichen Unabhängigkeit erlassene Übergangsverfassung des Irak trug den kurdischen Wünschen weitgehend Rechnung. Sie sah vor, dass der Irak ein föderaler Staat wird, erklärte Kurdisch neben Arabisch zur offiziellen Landessprache, erkannte die in den drei kurdischen Provinzen gewählte Kurdische Nationalversammlung und die dort gebildete Kurdische Regionalregierung an und überließ letzterer auch die selbstständige Aufsicht über Polizei und Innere Sicherheit in den kurdischen Gebieten. Kurdische Ansprüche auf die Stadt Kirkuk, die außerhalb der drei Provinzen liegt, sich seit dem Sturz des alten Regimes aber unter kurdischer Kontrolle befindet, blieben vorerst offen: Die Übergangsverfassung sieht allerdings die Möglichkeit vor, per Referendum über die Zugehörigkeit der Stadt zum kurdischen Teil oder zu einer der anderen Provinzen des Irak zu entscheiden.

Irakisch-Kurdistan befindet sich also in einem nicht ganz klar definierten Status: Es ist zweifellos Teil des Irak – man hat schließlich das irakische Parlament mit gewählt, die großen kurdischen Parteien sind an der Regierung in Bagdad beteiligt –, gleichzeitig eine eigenständige Einheit, ein Teilstaat oder Bundesland aus drei beziehungsweise dreieinhalb Provinzen, dessen Grenzen und Kompetenzen bislang nicht eindeutig festgelegt sind. In der Zeit meiner kurdischen »Promenade« ist Irakisch-Kurdistan jedenfalls der einzige Teilstaat im Irak: Während die anderen fünfzehn Provinzen des Irak direkt der Zentralregierung in Bagdad unterstellt sind, erhalten die kurdischen Provinzen Dohuk, Arbil und Sulaimani ihre Weisungen – und auch ihr Geld – von der Kurdischen Regionalregierung. Diese hat durchgesetzt, dass sie weiterhin, wie zu Zeiten des Oil-for-Food-Abkommens, einen prozentualen Anteil der Staatseinnahmen erhält, und es ist ihr sogar gelungen, diesen Anteil von dreizehn auf siebzehn Prozent zu erhöhen. Damit geht es der Region, was die öffentlichen Finanzen betrifft, so gut, dass kein Politiker oder hoher Beamter klagt.

Nimmt man es genau, muss man sogar von zwei kurdischen Regionalregierungen sprechen. Als hätten die Kurden nicht schon genug an Krieg und Zerstörung erlebt, leisteten sich die beiden großen kurdischen Parteien, die Demokratische Partei Kurdistans (KDP) und die Patriotische Union Kurdistans (PUK), von 1994 bis 1998 einen Bürgerkrieg um die Herrschaft in dem von irakischer Kontrolle befreiten Gebiet. Das 1992 gewählte kurdische Parlament und die gemeinsam gebildete Regierung zerbrachen. Von da an amtierte eine »Kurdische Regionalregierung« in Arbil, die von der KDP, und eine zweite in Sulaimani, die von der PUK geführt wird. Zu einer formellen Wiedervereinigung der Regierungen ist es bisher nicht gekommen.

Die Auseinandersetzungen und der Bürgerkrieg sind nach wie vor ein sensibles Thema, das niemand gerne anspricht. Verletzungen sind geblieben. »Ich erzähle das Ausländern eigentlich nicht«, sagt mir ein Funktionär der Demokratischen Partei Kurdistans, aber der innere Krieg der neunziger Jahre sei ausschließlich auf das Machtstreben der PUK zurückzuführen. Diese habe zwar die KDP beschuldigt, die Einnahmen aus dem Grenzposten zur Türkei zu monopolisieren, aber diese Anschuldigung sei einfach nicht stichhaltig. Schließlich habe die PUK nach den Parlamentswahlen, die in der Region Kurdistan 1992 stattgefunden haben, den Ministerpräsidenten und den Finanzminister gestellt. Die PUK habe also alle Finanzen des Staates unter Kontrolle gehabt und diese Möglichkeit auch im eigenen Interesse weidlich ausgebeutet – etwa nur Beamte von ihrer Partei eingestellt. Und natürlich seien auch die Einnahmen aus dem Grenzposten an das damals noch gemeinsame kurdische Finanzministerium gegangen. Der PUK sei es also ausschließlich um die Macht gegangen.

PUK-Funktionäre bestreiten dies, bestätigen aber, dass der Bruderkrieg »der größte Fehler war, den wir je gemacht haben«, wie Sadi Pire es ausdrückt, ein langjähriges Führungsmitglied der Partei. In Einzelheiten will er nicht gehen, alle hätten Fehler gemacht, die KDP ganz besonders den, sich 1996 mit Saddam Hussein zu verbünden, um die PUK zu bekämpfen. Dass man damals irakische Regierungstruppen, das Hussein-Regime also, einlud, nach Arbil vorzurücken und die PUK zu vertreiben, wird auf KDP-Seite keineswegs bestritten. Man halte dies aber, erklärt mir ein Mitarbeiter dieser Partei, auch im Nachhinein für richtig. Schließlich sei die PUK damals massiv von iranischen Truppen unterstützt worden und habe Salahadin, den Sitz Masoud Barzanis, belagert. Die Amerikaner und die Briten, die man darauf aufmerksam gemacht habe, hätten nicht reagiert. Also habe man sich mit Bagdad abgesprochen. Die Truppen der irakischen Zentralregierung seien ja auch nur für zweiundsiebzig Stunden nach Arbil gekommen, hätten die PUK und die iranischen Truppen hinausgeworfen und sich wieder zurückgezogen.

Der Bruderkrieg ging nach diesem Eingriff aus Bagdad noch ein gutes Jahr weiter, bis ernsthafte Waffenstillstandsverhandlungen in Gang kamen, die ein weiteres Jahr später, im Herbst 1998, aufgrund massiven amerikanischen Drucks zu einem Übereinkommen der beiden Parteien führten. Nach dem Waffenstillstand kam es zu einer allmählichen Wiederannäherung, schließlich, im Kampf um die Befreiung des Irak und in der Zeit nach dem Sturz des Hussein-Regimes, auch wieder zu einer intensiveren Zusammenarbeit der beiden konkurrierenden Gruppen.

Bei den irakischen Parlamentswahlen im Januar 2005 und den gleichzeitig abgehaltenen Wahlen zur Kurdischen Nationalversammlung traten die großen kurdischen Parteien mit einer gemeinsamen Liste an, bildeten im Folgenden wieder ein gemeinsames Parlament mit Sitz in Arbil, wählten Masoud Barzani, den Präsidenten der KDP, zum Präsidenten Irakisch-Kurdistans und begannen über eine Vereinigung ihrer beiden Regierungen unter einem Ministerpräsidenten zu verhandeln, über eine weitgehende Vereinigung jedenfalls. Im Bereich »sensibler« Ministerien wie denen für Inneres, Finanzen, Justiz und für Angelegenheiten der Peshmerga traute man der eigenen Bereitschaft zu vertrauensvoller Kooperation jedoch nicht: Hier sollen vorerst eigenständige Strukturen für die Herrschaftsgebiete der KDP und der PUK bestehen bleiben, formal unter je einem Minister der gemeinsamen Regierung, praktisch aber separat und unter der Führung eines »Staatsministers« der jeweiligen Partei.

Vieles fällt auf bei der Reise durch Irakisch-Kurdistan und bei Gesprächen mit Vertretern ganz unterschiedlicher gesellschaftlicher und politischer Kreise. Da ist das starke Selbstbewusstsein eines Volkes, dessen Angehörige das Gefühl haben, erstmals so etwas wie nationale Selbstbestimmung ausüben zu können. Das geht nicht, ohne die Unterschiede zu anderen zu betonen, was diese zuweilen verunsichert. Da ist ein fast ebenso starker Optimismus in Bezug auf die Umsetzung der eigenen Zukunftsvorstellungen, der mit erheblicher Skepsis mit Blick auf den Rest des Irak einhergeht. Da ist eine generelle Milde, eine Suche nach Ausgleich, im Umgang miteinander und mit den Konflikten des politischen Alltags, die zeigt, dass man die Wunden der Vergangenheit nicht wieder aufreißen lassen will, wohl wissend, dass diese Wunden noch keineswegs verheilt sind. Da gibt es eine erstaunlich große Übereinstimmung unterschiedlicher Biographien, die fast alle die Erfahrung von Krieg und Flucht widerspiegeln, und auch überall in den Städten und auf dem Lande sind die Relikte von Krieg und Diktatur unübersehbar.

Wege und Städte

DOHUK, DIE HAUPTSTADT der gleichnamigen Provinz im Nordwesten Irakisch-Kurdistans, ist ihrem Charakter nach eine Kleinstadt, die aus den Nähten platzt. Heute hat sie vielleicht eine Viertelmillion Einwohner, ist aber im Grunde ein Marktflecken geblieben, der durch den raschen Zuzug von Landbevölkerung und Exilanten innerhalb der vergangenen fünfzehn Jahre auf etwa das Dreifache seiner ursprünglichen Größe angewachsen ist. Zu den Attraktionen, die dem Besucher der von Bergen und einer Talsperre umgebenen Stadt gern vorgeführt werden, gehört ein Supermarkt. Nichts sonderlich Aufregendes für einen Gast aus Europa oder Amerika, angeblich aber der modernste und größte Supermarkt des Irak und ein Ziel innerirakischen Einkaufstourismus. Vielleicht wird er eines Tages dem traditionellen Basar den Rang ablaufen.

Bemerkenswerter ist die kleine Universität der Stadt. Die 1992 mit der Einrichtung der Flugverbotszone und der kurdischen Selbstverwaltung gegründete Lehranstalt bemüht sich in verschiedener Hinsicht, Zeichen zu setzen: Die Gleichberechtigung von Studenten und Studentinnen wird groß geschrieben, ebenso der Aufbau eines demokratischen Bewusstseins, das helfen soll, die autoritären Hinterlassenschaften des alten Regimes zu überwinden. Die Universität ist selbst ein physischer Beitrag zur Verarbeitung dieser Hinterlassenschaften: Universitätspräsidentschaft und Verwaltung befinden sich im ehemaligen lokalen Hauptquartier der Baath-Partei, die medizinische Fakultät ist in das Frauengefängnis eingezogen, und die rechtswissenschaftliche Fakultät hat die Anlagen übernommen, die einst für Saddam Husseins Geheimdienst gebaut wurden. So verwandelt man die Infrastruktur der Repression in eine des Aufbaus.

Von Dohuk in die Hauptstadt der Kurdischen Regionalregierung, Arbil, kann man sowohl durch die Ebene als auch auf einer längeren, aber sehr viel reizvolleren Straße durch die Berge fahren. Grüne Täler mit Obstbäumen, großartige Bergformationen, die teils bewaldet sind, teils über die Baumgrenze hinausreichen, schneebedeckte Gipfel im Hintergrund und kleine Dörfer, die malerisch sein könnten, wenn sie nicht so häufig die Spuren von Krieg, Zerstörung und manchmal ärmlichem Wiederaufbau trügen. Gleichwohl eine Landschaft, die man die Schweiz des Irak nennen könnte, deren Sommerfrischen, Shaklawa etwa, in den heißen Monaten zu Zufluchtsstätten besser gestellter Iraker aus Bagdad und aus dem Süden werden und die, mit ein wenig Logistik, Kapital und Training, ein großes Potential für Naturtourismus bieten würden.

Fast überall wird gebaut, und fast überall zeigt, was gebaut wird, auch, woran es fehlt. Das alte irakische Regime hat, als die kurdischen Provinzen noch unter seiner Kontrolle standen, kaum in deren Infrastruktur investiert. Irakisch-Kurdistan wurde vernachlässigt. Im Gegensatz zum Zentralirak etwa, wo in den achtziger Jahren ein modernes, nach deutschen Standards (und von deutschen Firmen) gebautes Autobahnnetz entstand, das Bagdad mit den anderen Städten und mit dem Ausland verbindet, sind selbst die Hauptverkehrswege im kurdischen Norden, über die der gesamte Warenverkehr abgewickelt wird, fast durchweg noch zweispurige Landstraßen. Die internationale Bahnlinie, die Mosul mit Syrien und der Türkei verbindet, führt an den kurdischen Provinzen vorbei. Es gibt in Irakisch-Kurdistan so gut wie keine Industrie, auch die Infrastruktur der Städte – Frischwasserzufuhr, Kanalisation, Elektrizitätsversorgung und anderes – entspricht nicht dem Bedarf.

In der Zeit, als die kurdische Region durch die Flugverbotszone geschützt, die Lage aber infolge innerer Konflikte, Spannungen mit Bagdad, Sanktionen und Kriegserwartungen gespannt war, blieben private und öffentliche Investitionen ebenfalls gering. Erst seit der Befreiung des Irak von der Herrschaft des alten Regimes hat ein wahrer Boom eingesetzt: Privatleute haben bislang vor allem in den Häuser- und Wohnungsbau investiert, und die Immobilienpreise in Arbil sowie Sulaimani haben sich in wenigen Jahren verzehnfacht. Die Regionalregierung investiert ihrerseits im großen Stil: Überlandstraßen werden ausgebaut und vielerorts am Rande der Straßen Bewaldungsaktionen durchgeführt; in Koja, zwischen Arbil und Sulaimani, wird eine neue Universität errichtet; in den größeren Städten entstehen Umgehungsstraßen, neue Wasser- und Abwassersysteme, öffentliche Gebäude; gelegentlich werden auch historische Anlagen renoviert und auf den zukünftigen Tourismus vorbereitet.

Der wirtschaftliche Auf- und Ausbau hat hohe Priorität; man will schließlich die Früchte der Freiheit genießen. Die heroische Phase, in der vor allem der Kämpfer, im kurdischen Fall also der Peshmerga, und die Erfahrung, »in den Bergen« gewesen zu sein, zählte, ist auch in Kurdistan vorbei. Aber die Erinnerungen, Verletzungen und materiellen Auswirkungen des langjährigen Kampfes gegen verschiedene Zentralregierungen und gelegentlich gegeneinander haben die irakisch-kurdischen Gebiete und ihre Menschen tief geprägt. Viele der politischen und administrativen Kader haben außer der Kampferfahrung in den Bergen oder als Politkader im Exil nur wenige Kenntnisse entwickelt, müssen deshalb ausgebildet und trainiert werden. Es gibt eine massive Wohnungsnot, die im Wesentlichen noch auf die Zerstörungen und Vertreibungen unter Saddam Hussein zurückgeht, vor allem auf die so genannte Anfal-Kampagne. Ende der achtziger Jahre wurden mehr als viertausend Dörfer zerstört und nach einer bislang sicher noch unvollständigen kurdischen Aufstellung hundertdreiundachtzigtausend Menschen ermordet. Weitere Zehntausende von Dorfbewohnern wurden vertrieben oder umgesiedelt.

In Dohuk, Aqra und anderen Städten, hier und da auch am Rand von Überlandstraßen, fallen massive Forts auf, die der Form nach und von weitem wie mittelalterliche Zitadellen wirken und durch imposante Rundtürme an allen vier Ecken gesichert sind. Tatsächlich hat man diese Festungen erst während der Anfal-Kampagne gebaut, um Landbewohner zu internieren, zu foltern, gar zu töten. Wer das überstand, wurde schließlich weitertransportiert in industriell vorgefertigte »Kollektivdörfer«, die in der Nähe der großen Städte lagen und leichter zu kontrollieren waren. Andere wurden in den Süden des Irak verbracht. Die Anfal-Kampagne hat im kurdischen Jargon ein eigenes Wort für Genozid oder »ethnische Säuberungen« hinterlassen – um nichts anderes handelte es sich schließlich. »Sie haben die Leute hier anfalisiert (*anfalu al-nas*)«, sagt einer meiner Begleiter mit Blick auf eines der Dörfer, die während der Kampagne zerstört wurden. Etwa die Hälfte dieser Dörfer ist mittlerweile mit Eigenmitteln der kurdischen Regierungen oder mit Hilfe der Vereinten Nationen und anderer internationaler Organisationen wieder aufgebaut worden. Aber natürlich wollen nicht alle, die zehn Jahre lang oder länger in Stadtrandgebieten gewohnt haben und – das gilt vor allem für die Jüngeren – in dieser Zeit mit Landwirtschaft und Landleben nichts zu tun hatten, in die alten Dörfer zurück.

Im Zentrum der drei kurdischen Provinzen liegt die Stadt Arbil, deren assyrischer Name *arba elu* (die vier Götter) auf ihre mehrtausendjährige Geschichte verweist. Aber davon ist nicht viel zu sehen. Über Jahrzehnte war dies eine vernachlässigte irakische Provinzstadt, dominiert von einer durchaus beeindruckenden, im Ursprung mehr als achttausend Jahre alten und in der heutigen Bausubstanz osmanischen Zitadelle. Früher diente sie der gesamten Stadtbevölkerung, heute nur noch den Armen als Wohnort. Ansonsten überwiegt die charakterlose Architektur der sechziger und siebziger Jahre. Am Stadtrand, auf der Fläche des ehemaligen Hauptquartiers des 5. Irakischen Armeekorps, entsteht ein weitläufiger Park – ein städtebaulicher Versuch, die Hinterlassenschaften der Repression einem allgemeinen, zivilen Nutzen zuzuführen.

Heute muss Arbil Hauptstadtpflichten übernehmen – nicht für einen ganzen Staat, aber immerhin für einen föderalen Teilstaat, der mehr sein will. Die größte Stadt im KRG-Gebiet wächst rasch und dürfte mehr als eine Dreiviertelmillion Einwohner zählen. Neue Regierungsbauten werden in aller Eile am Stadtrand hochgezogen, und die Stadtverwaltung unternimmt auch – wenig erfolgreich – Versuche, dem Verkehrschaos Herr zu werden, das mit der neuen Bedeutung der Stadt über sie hereingebrochen ist. In den letzten zwei, drei Jahren sind tausende Gebrauchtwagen importiert worden. Zuweilen hat man den Eindruck, als ob alle Anfang der neunziger Jahre in Deutschland zugelassenen Opel Vectra ihre Restlaufzeit in Kurdistan absolvieren. Einige Importeure sind an der Einfuhr von Altwagen reich geworden; jetzt erlaube man, so ein Offizieller, nur noch Importe von Autos, die höchstens fünf Jahre alt sind.

Am Rande der Ausfallstraßen verkaufen junge Männer und Kinder Benzin in Kanistern – zu Marktpreisen. Denn Benzin wird vom Staat, vom irakischen in diesem Fall, weiterhin subventioniert. An den Tankstellen kostet der Liter kaum einen Eurocent, aber es gibt nicht genügend Benzin. Die irakischen Raffinerien sind seit dem Irakkrieg immer wieder zum Ziel von Sabotageaktionen geworden, arbeiten entweder gar nicht oder mit eingeschränkter Kraft. Hier wird also eine Mangelware weit unter dem Herstellungspreis verkauft, was findigen Kleinunternehmern ganz neue Marktchancen eröffnet – nicht zuletzt jenen Tankwagenfahrern, die heute in türkischen Raffinerien produziertes Benzin in den Irak verfrachten, um es dem irakischen Staat zu verkaufen, der es dann subventioniert an die Tankstellen liefert. Um den Schmuggel in die Türkei zu verhindern, hat die Regierung Coupons ausgegeben; jedem Bürger im Gebiet der Kurdischen Regionalregierung stehen alle drei Tage vierzig Liter zu. Wer dies nicht ausnutzt, verkauft den Rest.

Im Nordosten Irakisch-Kurdistans, unweit des Helbard, Iraks mit über dreitausendsechshundert Metern höchsten Bergs, liegt der Ort Haji Omran zwischen schneebedeckten Bergen im türkisch-iranisch-irakischen Grenzdreieck. Ursprünglich war dies ein Schmugglerdorf, mittlerweile ist Haji Omran ein Depot mit langen Reihen von Lagergaragen, ein Umschlagplatz preiswerter Elektronik- und anderer Konsumgüter, die meist von der iranischen Seite, wo sie per Lkw angeliefert werden, zu Fuß über die Grenze getragen werden. Gelegentlich kommen sie aber auch von irakischer Seite und gelangen auf dieselbe Weise in den Iran. Ein größerer Grenzverkehr, also die Passage von Lkws, ist politisch, so scheint es, noch nicht gewollt. Die Gegend ist zu lange Guerilla-Territorium gewesen.

Wie andere Grenzorte auch wurde Haji Omran 1991 einer der Fluchtpunkte für Zehntausende kurdischer Iraker, die sich nach dem gescheiterten Aufstand gegen das Bagdader Regime vor den Republikanischen Garden Saddam Husseins in Sicherheit zu bringen suchten. Internationale Organisationen und – auf der anderen Seite der Grenze – iranische Behörden errichteten Auffanglager und verorgten die Flüchtlinge so gut sie konnten. Zahlreiche mittlerweile angerostete Projektschilder verweisen darauf, dass Unterorganisationen der Vereinten Nationen und andere Hilfsorganisationen in den Jahren nach dem Aufstand und nach Einrichtung der Schutzzone für den kurdischen Norden an vielen Stellen den Wiederaufbau zerstörter Dörfer unterstützt und die lebenswichtige Infrastruktur wiederhergestellt haben. Auch saudi-arabische »Entwicklungs«hilfe hat die Region erreicht: In fast jedem Dorf und auch in Haji Omran befindet sich eine kleine Moschee, die, wie auf den Fassaden in großer Schrift mitgeteilt wird, von der saudischen *International Islamic Relief Organisation* gestiftet worden ist. Wie notwendig diese Form der Unterstützung tatsächlich ist oder war, mag dahingestellt sein. In Haji Omran jedenfalls findet sich unten am Flüsschen, das durch das Dorf plätschert, zum Mittagsgebet ein Betender ein – es ist der Gebetsrufer selbst.

Zwischen Arbil und Sulaimani, der von der PUK beherrschten zweiten Hauptstadt Irakisch-Kurdistans, erstreckt sich vom letzten Checkpoint der KDP und dem ersten der PUK-Peshmerga einige Kilometer weit Niemandsland. Dort liegt der Ort Pirer, um den man sich 1994 heftige Gefechte geliefert hat. Jahre später begannen dort die Waffenstillstandsverhandlungen. Ein Künstler hat hier die Felsen, die die Straße säumen, bemalt, vor allem in Blautönen. Irgendwo steigt eine Friedenstaube in den gemalten Himmel. Auch Frieden zwischen Brüdern kann unterstützende Symbolik gebrauchen.

Sulaimani oder Sulaimania, wie der Name auf Kurdisch beziehungsweise Arabisch lautet, ist mit ungefähr siebenhunderttausend

Einwohnern die zweitgrößte Stadt in den Bergen der irakisch-kurdischen Region. Sie ist ein Umschlagplatz und Markt für die gleichnamige Provinz. Zwei Zementwerke und ein wenig Kleinindustrie gibt es hier und eine Universität. Auch nach der Vereinigung der beiden kurdischen Regionalregierungen wird die Stadt politische Bedeutung behalten als Hauptsitz der von Jalal Talabani geführten PUK.

Sulaimani wirkt insgesamt moderner und liberaler als Arbil und Dohuk, und zwar nicht nur, weil hier und da eine Polizistin den Verkehr regelt. Traditionelle Tracht ist wie überall im Stadtbild vertreten; bei Männern gehört dazu der Scherwal, die Pluderhose mit dem langen, bis zu den Knien reichenden Schritt, eine dazu passende Hemdjacke in oftmals quasimilitärischem Schnitt und ein breiter, gebundener Gürtel über dem Bauch, auf dem Kopf auch häufig das zum Turban geschlungene, im ganzen Nahen und Mittleren Osten verbreitete schwarz- oder rot-weiße Tuch. Während man aber in Dohuk, Arbil und in kleineren Städten viele Frauen im Tschador sieht – wie in Bagdad, im Südirak und in den konservativeren Städten und Vierteln Irans – oder zumindest mit Kopftuch, dominiert in Sulaimani »westliche« Kleidung; Kopftücher sind – bei Männern wie bei Frauen – weniger verbreitet.

Auch in Sulaimani sind die Spuren von Krieg, Vernachlässigung und Diktatur nicht zu übersehen. In der Stadtmitte erstreckt sich ein neu angelegter, mehr als drei Hektar großer Park, größer als der Basar und das moderne Geschäftszentrum. Die Grünanlage breitet sich auf der Fläche des ehemaligen Militärlagers aus. Von hier aus hat man bis 1991, als Bagdad die kurdischen Provinzen aufgab, die immer aufsässige Stadt kontrolliert, und die Anlage beherrschte das Stadtbild.

Der Sturz Saddam Husseins wird in Sulaimani uneingeschränkt als Befreiung betrachtet. In manchen der überaus zahlreichen Fotoläden hängen zynische Montagen aus Fotos von dem ehemaligen Diktator. Noch weiter verbreitet ist ein Plakat mit der Karte Groß-Kurdistans vom Mittelmeer bis nach Iran, der politisch-geographische Traum eines großen Teils der Bevölkerung. Die Zahl der kurdischen und arabischen Zeitungen, die an den Kiosken verkauft werden, ist enorm, der Lesehunger offenbar groß. Manche Kunden durchblättern gleich alle Zeitungen aus der Auslage, eine nach der anderen, bevor sie mit vielleicht einer davon ihres Weges ziehen. Der Zeitungshändler scheint vor allem damit beschäftigt, die eselsohrigen Exemplare wieder einigermaßen in Form zu bringen.

Die Verbindungen zur weiteren Welt sind dennoch eingeschränkt. Ausländische Zeitungen findet man in Sulaimani und auch in anderen kurdisch-irakischen Städten eher nicht. An einem Pressestand liegt eine zwei Wochen alte *Jordan Times*, aber vielleicht hat die auch nur jemand gegen ein aktuelles kurdisches oder irakisches Blatt eingetauscht. Das alte irakische Telefonnetz funktioniert hier und da, aber wer wirklich eine Verbindung braucht, versucht gar nicht erst, über die Landleitung zu telefonieren. Mobiltelefone gibt es überall zu kaufen, in Arbil und Dohuk von einem, in Sulaimani von einem anderen monopolistischen Anbieter. Mit der entsprechenden SIM-Karte kann man prinzipiell überallhin anrufen, auch international – nur leider nicht in das jeweils andere kurdische Netz. »Technische Gründe«, behaupten KDP-Funktionäre im einen, PUK-Funktionäre im anderen Sendegebiet. Das ist natürlich Unsinn; die wahren Gründe liegen in der fehlenden politischen Bereitschaft, sich über die Aufteilung von Gebühren oder die Zulassung des jeweils anderen Monopolisten zu einigen.

Der Post traut niemand. Mehrere Gesprächspartner aus Partei und Regierung nehmen mein Ansinnen, Ansichtskarten zu verschicken, lachend zur Kenntnis: »*Natürlich* funktioniert die Post nicht«, sagt einer, »sie funktioniert im ganzen Irak nicht. Mach dir keine Mühe.« Ich finde trotzdem den Weg zum Postamt in Sulaimani; nachmittags sitzt dort nur ein älterer Beamter hinter einer längeren Schalterreihe. »*Natürlich* arbeitet unsere Post«, erklärt er mir, nur nicht nachmittags. Ich soll am nächsten Morgen wiederkommen, übermorgen sei auch gut. Und ich soll Kurdisch lernen, ich würde ihn ja schon ganz gut verstehen, und er mein Arabisch auch, aber Kurdisch sei nun mal die Sprache aller hier.

Am nächsten Morgen bin ich der einzige Kunde. Fünf junge Frauen sitzen hinter den Schaltern, von denen keine Arabisch spricht, aber jede hilfsbereit ist: »Sicher. Hundert Prozent. Kommt an. Einschreiben oder normal?« Ich entscheide mich für normal. Gleichwohl beginnt eine der jungen Frauen, ein Formular in einem großen Quittungsbuch auszufüllen, mit Kohlepapier und Durchschlag: Adresse und Telefonnummer des Absenders, Adresse des Empfängers.

»U.S.A. ...«, liest sie vom Umschlag ab: »Britaania?«

»Nein, Amriika.«

Auch gut. Sie trägt es ein. Zwei Briefmarken kommen auf die Rückseite und schließen zugleich den Umschlag, der keinen Klebefalz hat. Umschläge, die sich zukleben lassen, gibt es nicht, hatte der Schreibwarenhändler gesagt, wohl auch so ein Relikt aus der Zeit des alten Regimes. Vierhundert Dinar kostet der Normalbrief, etwa fünfundzwanzig Eurocent. Ich erhalte die Quittung, die sauber aus dem großen Heft geschnitten wird. Keine vier Wochen später ist der Brief in Washington angekommen.

Böse Erinnerungen

IM SÜDWESTLICHEN ZIPFEL der kurdischen Region liegt Halabja. Die Stadt ist zum Symbol der antikurdischen Vernichtungspolitik des Hussein-Regimes geworden. Am 16. März 1988 bombardierte die irakische Luftwaffe Halabja mit Napalm und Senfgasbomben. Das war nicht der einzige Einsatz von Chemiewaffen gegen die eigene Bevölkerung, aber der größte. Er stand am Anfang der so genannten Anfal-Kampagne.

An den Angriff auf Halabja erinnert heute eine Gedenkstätte am Eingang der wiederaufgebauten Stadt. Die darin ausgestellten Fotos, die iranische Fotografen drei Tage nach den Chemiewaffenangriffen machten, will man nicht, muss man aber sehen: Bilder von Kindern, die schutzsuchend an Hauswände gekauert erstickten, von der Frau, die sich fürsorglich, aber eben doch vergeblich über ihr Kind geworfen hat, Berge von Leichen, die mit Hilfe von Baggern bestattet werden. Fünftausend Namen der Toten sind im Innern der Gedenkstätte in schwarzen Stein gemeißelt, fünftausend Setzlinge im Garten symbolisieren das Weiterleben. Viele der Überlebenden, die damals Kinder waren, leiden bis heute an Erkrankungen der Atemwege und Hautkrankheiten, oder sie entwickeln Krebs. Missbildungen bei Neugeborenen sind häufig.

Eine ordentliche Behandlung kann sie vor Ort nicht erhalten, sagt Awan, die am Tag des Angriffs acht Jahre alt war und heute als Schreibkraft in der Gedenkstätte arbeitet. Sie leidet an Hautkrankheiten. Aus ihrer engeren Familie hat niemand überlebt. Awan wurde notdürftig in Iran behandelt und dann zurückgeschickt. Sie wuchs bei ihrem Großvater auf. Heute erzählt sie Besuchern der Gedenkstätte mit kaum vernehmbarer Stimme ihre Geschichte; sie fühlt sich offensichtlich vorgeführt.

Es gibt ein Krankenhaus in der Stadt, aber – wie eine Regierungsvertreterin sagt – kein gutes. Was man tatsächlich benötige, sei ein spezielles Behandlungszentrum, das auch entsprechende medizinische Forschungen betreiben kann. Nach 1991, nachdem sich die Truppen der Zentralregierung aus den kurdischen Provinzen zurückgezogen hatten, kamen auch deutsche Helfer und haben, daran erinnert man sich durchaus, gute Hilfe geleistet – ein Stück humanitäre Kompensation dafür, wenn man so will, dass deutsche Industrieausrüster unter Umgehung der Rüstungsexportrichtlinien Bagdad mit Gerät zur Herstellung des in Halabja benutzten Giftgases beliefert haben. Die internationalen Helfer gingen nach einiger Zeit, spätestens als die Stadt in eine neue, diesmal politische Katastrophe geriet.

Seit Mitte der neunziger Jahre ließen sich diverse islamistische Kräfte, darunter die radikalen *Ansar al-Sunna*, die später auch mit al-Qaida kooperierten, in den Bergen rund um Halabja nieder. Allmählich gewannen sie in der Stadt immer größeren Einfluss. Ende der neunziger Jahre und bis zum Frühjahr 2003, als die US-geführten Truppen die Lager der *Ansar* bombardierten, war das bergige Umland fest und die Stadt zumindest teilweise in der Hand der Islamisten, ihr wurde ein islamisches Regime aufgezwungen mit islamischen Gerichten, Kopftuchzwang und Alkoholverbot. Innerhalb Halabjas kam es wiederholt zu bewaffneten Auseinandersetzungen zwischen den Peshmerga der PUK und den Islamisten; im Umland massakrierten Kommandos der *Ansar* vermutete Anhänger der PUK. Seit dem Sturz des alten Regimes herrscht die PUK wieder in Halabja. Die Atmosphäre ist aber keineswegs so entspannt wie in Sulaimani oder in anderen Orten der kurdischen Region. Hier traut man dem Frieden noch nicht.

»Die Leute leben hier immer noch wie zu Zeiten der Peshmerga«, sagt Shako Said, der fünfzigjährige ehemalige PUK-Kämpfer und heutige Repräsentant der Regionalregierung im Bezirk, den sie hier alle den Lehrer Shako nennen. Ich treffe ihn im lokalen Hauptquartier der Partei, einem ehemaligen Wohnhaus irgendwo in einer ungepflasterten Stadtrandstraße. Shako hat mit Mitte vierzig die Uniform der Peshmerga ausgezogen und angefangen, Jura zu studieren. Er ist der Einzige, der hier Anzug und Krawatte trägt. Vorherrschend ist die uniformähnliche Kurdenkluft, der Hof des Hauses ist voller Bewaffneter. Gegessen wird im Stehen, als sei man noch jederzeit zu Aufbruch und Flucht bereit – wie damals.

Lebenswege

DIE RELIKTE VON KRIEG, Bruderkrieg, Vertreibung und Massenmord sind allgegenwärtig, wenngleich nicht überall so deutlich wie in Halabja. Das Schlimmste ist, so der Bildungsminister der Regionalregierung in Arbil, Abdel Aziz Tayyib, dass das System Saddam Husseins »den kurdischen Menschen zerstört« habe. Übrig geblieben sei eine traumatisierte Generation voller Gewalterfahrungen, aber ohne die menschlichen und sozialen Kenntnisse und Fertigkeiten, die man beim Aufbau eines zivilen und demokratischen Gemeinwesens brauche. Man habe schon deshalb neue Schulfächer eingeführt: »Zivilerziehung« von der dritten bis zur sechsten, »Menschenrechte« von der siebten bis zur neunten und »Demokratie« von der zehnten Klasse an.

»Eine unserer Hauptaufgaben«, sagt Salah Rashid, Menschenrechtsminister in der Regionalregierung von Sulaimani, »ist es, die Massengräber freizulegen.« Hundertdreiundachtzigtausend Opfer der Anfal-Kampagne habe man bisher gezählt. Wie man damit umgehe, verantwortlich zu sein für die Bergung und Identifizierung der Toten und deren statistische Erfassung, will ich wissen. Mache das schwermütig, hart, zynisch?

Der Mittfünfziger, der bis Anfang der neunziger Jahre das Büro der PUK in Berlin geleitet hat, ist ein kleiner, agiler, sanftmütig wirkender Mann, der immer ein freundliches Lächeln zeigt. »Ach wissen Sie«, sagt er, »man gewöhnt sich daran. Es ist schon eine Veränderung, wenn man aus dem schönen Charlottenburg hierher kommt. Aber man lernt damit umzugehen, wie ein Arzt bei der Obduktion. Man freut sich, wenn man etwas leistet.«

Der Chemiewaffeneinsatz gegen Halabja, die Anfal-Kampagne, die Erinnerung an Widerstand und Flucht sind Teil der kollektiven Identität irakischer Kurden.[47] Selbst für junge Leute, Studenten an der Universität etwa, sind diese Ereignisse, die sie selbst meist gar nicht mehr erlebt haben, allgegenwärtig, bilden den Hintergrund für politische Forderungen, nicht zuletzt für die nach Eigenständigkeit vom arabischen Irak. Noch deutlicher aber spiegelt die jüngere Geschichte sich in den Lebenswegen jener Politiker, Parteifunktionäre, hoher Beamter und Intellektueller, die heute das öffentliche Leben in Irakisch-Kurdistan prägen. Ihre Biographien wie die der Menschen, die nicht zu dieser Elite gehören, haben eine beeindruckende und zugleich beunruhigende Ähnlichkeit. Sie sind von Repression und Widerstand, vom »Gang in die Berge« und nahezu immer vom Exil geprägt – meist in Iran, oft auch in Europa, vornehmlich in Deutschland, Schweden und Großbritannien.

Wer heute in der Mitte des Lebens steht, hat mindestens einen Krieg, eine Flucht oder eine Vertreibungswelle erlebt. Vier Fluchtwellen aus Irakisch-Kurdistan gab es in den letzten dreißig Jahren: 1975, als die Revolution oder der Aufstand Mustafa Barzanis zusammenbrach und wohl Hunderttausende über die iranische Grenze gingen, 1988 im Zusammenhang mit der Anfal-Kampagne, 1991 nach dem Kuwait-Krieg, als Saddam Hussein den Aufstand der Schiiten und den der Kurden niederschlagen ließ, und dann noch einmal 1996 aufgrund des innerkurdischen Bürgerkriegs.

Innenminister und Gouverneur

KARIM SINJARI, INNENMINISTER der Kurdischen Regionalregierung in Arbil, wurde 1950 geboren. Der Jurist begann nach dem Ende seines Studiums in Bagdad mit der Untergrundtätigkeit für die

KDP. Sein Vater, ein Landwirt, wurde verhaftet und gefoltert, weil die irakischen Behörden hofften, so den Sohn Karim zu finden. Kurz nach der Entlassung aus dem Gefängnis starb der Vater. Sinjari ging 1980 nach Schweden ins Exil, wo er acht Jahre blieb und schließlich als Sozialamtsleiter in einer Kommunalverwaltung tätig war. 1988 wechselte er nach Iran, wo er wieder für die KDP im Kampf gegen das irakische Regime arbeitete. Erst als sich 1991 die Autonomieverwaltung etablierte, kehrte er nach Irakisch-Kurdistan zurück.

Dana Majid treffe ich im Frühjahr 2005 am Abend seines ersten Amtstages als Gouverneur der Provinz Sulaimani. Es ist nicht nur sein erster Tag im Amt, er ist auch der erste gewählte Gouverneur – ins Amt gehoben vom Rat der Provinz, der parallel zu den irakischen Parlaments- und kurdischen Regionalwahlen im Januar desselben Jahres gewählt wurde. Der kräftige Mann mit dem dicken Schnauzer wurde 1956 als Sohn des damaligen Polizeichefs von Sulaimani geboren. Der Familie ist es materiell gut gegangen, die sechs Söhne und die Tochter erhielten alle eine gute Ausbildung. Dana studierte Geologie an der Universität seiner Heimatstadt. »Aber ich habe nicht einen Tag als Geologe gearbeitet«, erklärt er. Graduiert worden sei er nämlich 1974 praktisch direkt »in die Berge«, wo er noch ein Jahr bis zum Zusammenbruch der kurdischen Revolution Mustafa Barzanis kämpfte. Mit diesem ging er ins iranische Exil, dann vier Jahre später, diesmal für zehn Jahre, als Peshmerga in die irakisch-kurdischen Berge. Mit dem Ende der Anfal-Kampagne geriet er ein zweites Mal über die Grenze Richtung Iran. Während er und vier seiner Brüder als Peshmerga kämpften, nahm man die Eltern für vier Jahre in Haft, um Informationen über die Söhne zu erpressen. Als die Alliierten 1991 die Flugverbotszone über dem Nordirak einrichten, geht Dana zurück nach Sulaimani, wird aber bald – diesmal von einer kurdischen Verwaltung – ins Ausland geschickt; er repräsentiert die PUK sieben Jahre lang im syrischen Damaskus. Im Jahr 2001 ist er wieder in Sulaimani, wo er zwei Jahre lang den Sicherheitsdienst – sprich: Geheimdienst – des Innenministeriums organisiert, dann wird er in den Rat der Provinz gewählt und schließlich – der bisherige Höhepunkt seiner Karriere – deren Gouverneur.

Dana Majid ist Realist und alt genug, die Dinge richtig einzuschätzen. Wenn der neue Irak demokratisch und föderal ist, wenn er genug Garantien konstitutioneller und praktischer Art erhält, um die Rechte der Kurden zu wahren, dann gibt es nach seiner Ansicht keinerlei Grund, nach Sezession, nach kurdischer Eigenständigkeit zu streben. Aber er könne nur für sich sprechen, nicht für seine Kinder. Wer heute zwanzig Jahre alt ist, der habe schon in der Schulzeit praktisch nichts mehr mit dem arabischen Teil des Irak zu tun gehabt und spreche im Gegensatz zur älteren Generation auch nur wenig oder gar kein Arabisch. Diese junge Generation habe die Unterdrückung durch Saddam Hussein nicht direkt erlebt. »Sie hat schlicht mit den Arabern nichts zu tun gehabt.« Was das für die Bereitschaft dieser Generation heiße, zukünftig mit den arabischen Irakern in einem Staat zusammenzuleben, das könne er nicht beantworten.

Kein Hass

HAIDAR SCHEICH ALI ist achtundfünfzig Jahre alt und weißhaarig. Er sieht wie so viele hier im kurdischen Nordirak älter aus, aber da sind seine wachen, lachenden jungen Augen. Um die Lebenserfahrungen, die Scheich Ali machen musste, wird ihn niemand beneiden. Der in Bagdad geborene Sohn eines kurdischen Arbeiters ist, als ich ihn treffe, Transportminister der Kurdischen Regionalregierung in Arbil. Er ist Kommunist und Mitglied des kurdischen KP-Politbüros. Es geht ihm gut, aber das war nicht immer so. Mit neunzehn Jahren wurde der junge Kurde Peshmerga, ging also als Rebell in die Berge und blieb dort etwa fünfzehn Jahre. Zwischenzeitlich schickte die Partei ihn für ein paar Jahre nach Moskau zum Studium, dann nach Iran, wo er die kurdischen Kommunisten repräsentierte. Er geriet ins Visier der iranischen Geheimdienste und für sieben Jahre ins Evin-Gefängnis in Teheran. Der große, 2004 verstorbene saudisch-irakische Schrifsteller Abdelrahman Munif hat Haidar Scheich Ali ein literarisches Denkmal gesetzt: Talal, der Held in Munifs Roman »Hier und jetzt: Noch einmal östlich des Mittelmeers«,[48] ist Haidar Scheich Ali.

Die Geschichte ist nicht schön. Es ist eine Gefängnisgeschichte und vor allem eine Geschichte von Folter, eine brutale, realistische Geschichte, die sicher zu den schwierigsten, aber auch zu den ehrlichsten Stücken arabischer Literatur gehört. Scheich Ali zieht sein Hosenbein etwas hoch und rollt die Socken herunter: hässliche Narben sind da verblieben von Metallsplinten, die man ihm in die Beine getrieben hat. Den Rücken, sagt er, wolle er mir lieber nicht zeigen. Im Übrigen sei alles richtig, was in Munifs Geschichte zu lesen ist, er wolle das nicht noch einmal erzählen, ich könne die Einzelheiten ja nachlesen. Richtig sei aber auch, was aus seiner Feder im Nachwort des Buches zu lesen ist: Er hasse seine Folterer nicht, er wolle überhaupt niemanden hassen.

Optimist sei er, gerade auch was die Zukunft des Irak und die Zukunft Kurdistans angeht. Natürlich sei alles möglich: Bürgerkrieg, Teilung und Zerfall des Irak, ein schiitisch-religiöser Staat. Aber ohne Optimismus »müsste ich aufhören zu arbeiten«. Zu arbeiten gebe es so viel. Es sei nicht nur der »neue Irak« aufzubauen. Gegen diesen Slogan habe er gar nichts einzuwenden, aber wichtiger sei vielleicht, den irakischen Menschen wieder aufzubauen, schließlich habe man mehr als eine Generation einer gündlichen Gehirnwäsche unterzogen. Wie soll da die Jugend eine Vorstellung haben von »Parteien«, von Parteien jedenfalls, die miteinander in Konkurrenz stehen? Wie soll sie wissen, dass man anders als auf konfessioneller oder ethnischer Grundlage wählen kann? Die ersten demokratischen Wahlen, die der Irak im Januar 2005 erlebte, seien eben doch eine Art Volkszählung geworden: Die Schiiten hätten die schiitische, die Kurden die kurdische Liste gewählt, die Sunniten gar nicht oder die kleineren Listen von Ghazi Yawar, dem damaligen Übergangspräsidenten, und Iyad Allawi, der zwar Schiit ist, aber ehemaligen Baathisten und Offizieren eine Perspektive zu bieten versuchte.

Dies ist nicht der Irak

IRAKISCH-KURDISTAN ist nicht einfach eine Region im Irak, wo kurdische Kultur und Sprache eine große Rolle spielen, wie das etwa im Norden Syriens ist, es ist Kurdistan. Die drei Provinzen, die heute zur Kurdischen Regionalregierung gehören, vermitteln ganz unübersehbar den Eindruck, allenfalls zufällig zum irakischen Staat zu gehören – oder eben aufgrund einer Grenzziehung durch Kolonialmächte, die den Weg des geringsten Widerstands gehen wollten. In mehr als einem Jahrzehnt faktischer Autonomie – im Schutz der Flugverbotszone zuerst und, nach dem Sturz des alten Regimes in Bagdad, als Teil eines neuen politischen Arrangements für den gesamten Irak – hat der eigenständige Charakter der Region sich noch weiter herausgebildet. Die Sprache spielt dabei eine große Rolle. Anders als in den kurdischen Teilen Syriens, der Türkei und Irans ist Kurdisch hier eindeutig die Landes- und die Verwaltungssprache. Arabisch ist deutlich die zweite und für nicht wenige sogar eine fremde Sprache, die sie nicht oder nur schlecht verstehen.

Natürlich gibt es in der Region nichtkurdische Minderheiten, etwa Turkmenen und christliche Assyrer mit ihren je eigenen politischen Parteien. Mittlerweile, unter der Kurdischen Regionalregierung, haben sie auch Schulen, die in ihrer jeweiligen Sprachen unterrichten. Man habe, betonen kurdische Politiker, aus der langjährigen Unterdrückung der eigenen Sprache den Schluss gezogen, keine andere Sprache diskriminieren zu wollen. Irakisch-Kurdistan dürfte heute die einzige Region sein, in der die assyrische Sprache auch durch Regierungsbeschluss am Leben erhalten wird. So klein die assyrische Bevölkerungsgruppe auch ist, sie unterhält in Irakisch-Kurdistan – wie ich von Yunan Hozaya, einem Vorstandsmitglied der Assyrisch-Demokratischen Bewegung erfahre – immerhin siebzehn Grundschulen und vier Gymnasien, die in dieser Sprache unterrichten.

Die Sprache, die jeder beherrschen muss, der etwas verrichten will, ist Kurdisch. Die ältere Generation spricht oft auch Arabisch wie eine Muttersprache. Kurdische Intellektuelle, die an irakischen Universitäten studiert haben, weisen gelegentlich fast entschuldigend darauf hin, dass sie »arabisch kulturalisiert« worden seien, fallen aber, sobald sie miteinander sprechen, wieder ins Kurdische. An den Schulen im Bereich der Kurdischen Regionalregierung wird Arabisch zwar als Sprache gelehrt, aber alle regulären Fächer werden in kurdischer Sprache unterrichtet. Man lege Wert darauf, sagt mir der Bildungsminister Tayyib, der selbst als Grundschullehrer angefangen hat, dass die Schüler Arabisch lernen, mindestens eine Arabischstunde pro Tag stehe von der vierten Klasse an auf dem Stundenplan. Aber Englisch werde allmählich wichtiger. Eigentlich sollte, meint er, in den anderen Provinzen des Irak auch Kurdisch regulär unterrichtet werden, schließlich ist es der neuen Verfassung nach die zweite offizielle Sprache des neuen Irak.

Emotional ist die Distanz der kurdischen Bevölkerung zum restlichen Irak groß. Jahre des Kampfes um Autonomie oder Unabhängigkeit, des Krieges, der Verfolgung und des Exils haben die Kurden nicht in der Auffassung bestärkt, dass sie zum Irak gehören – oder gehören sollten. Er distanziere sich von den »chauvinistischen Attitüden« einiger kurdischer Politiker, sagt ein Journalist in Sulaimani, die Kurden seien nicht besser oder schlechter als die Araber, »aber ehrlich – was habe ich denn mit dem *Basrawi* (einem Einwohner von Basra) zu tun«?

Die Wahl Jalal Talabanis zum Präsidenten des Irak hat die Distanz – vielleicht – ein wenig verringert. »Ich habe heute zum ersten Mal in meinem Leben das Gefühl, dass ich Iraker bin«, sagt mir Adnan Mufti, der am Tag der Wahl Talabanis zum Sprecher des kurdischen Regionalparlaments gewählt wird. Aber Mufti ist ein hoher Funktionär der PUK, der Partei Talabanis, insofern spielt hier auch Parteipolitik eine Rolle. In den Gebieten, wo die PUK dominiert, ist man stolz auf die Wahl von »Mam (Onkel) Jalal«, wie er hier fast liebevoll genannt wird. In allen Geschäften kann man Plakate mit Talabanis in staatsmännischer Pose kaufen – in der Regel allerdings vor der kurdischen, nicht vor der irakischen Fahne.

Kurden, die mit der PUK wenig zu tun haben oder der KDP angehören, haben auf meine Frage, was für sie die Wahl eines Kurden zum Präsidenten des Irak bedeute, durchweg zurückhaltender geantwortet. Dies bedeute, dass man als Kurde nun nicht mehr Bürger zweiter Klasse sei. Besondere Begeisterung löste das allerdings nicht aus. Ein kurdischer Präsident für den Irak sei sicherlich gut, meint ein Angestellter aus Salahadin, dem Sitz von Masoud Barzani, »es hilft vielleicht, Grenzen zu überwinden. Aber fühle ich mich deshalb eher als Iraker?« Nein, das könne man so nicht sagen, gefühlsmäßig jedenfalls nicht. Und selbst wenn der Präsident, der Ministerpräsident und die Hälfte der Minister in Bagdad Kurden wären, sagt ein Professor an der Universität in Arbil, habe das keinen Wert, wenn man dafür etwa auf die Forderung nach dem föderalen – will heißen quasi-autonomen – Status verzichten müsse. Karim Sinjari, der Innenminister der Regionalregierung in Arbil, will die Frage ohnehin lieber umdrehen: Ob denn ein kurdischer Präsident oder ein kurdischer Außenminister die Einstellung der Araber zu den Kurden verändere?

»Wenn du mich fragst«, sagt Sinjari, »ich will keinen kurdischen Außenminister und auch nicht unbedingt einen kurdischen Präsidenten in Bagdad. Denn wenn wir den Präsidenten stellen, sagen sie uns doch: Habt ihr nicht schon alles erreicht? Warum verlangt ihr darüber hinaus noch föderale Rechte? Und der Außenminister muss die Politik des Irak verteidigen, ob sie nun richtig ist oder falsch. Was kann er aber in der Zeit für Kurdistan tun?« Man sehe die kurdischen Provinzen, so der Innenminister, als Teil des Gesamtirak, er aber sei der Ansicht, dass die kurdischen Parteien in Bagdad lieber Ministerien beanspruchen sollten, die für konkrete Dienstleistungen, den Wohnungsbau etwa, zuständig sind »und damit für Kurdistan nützlich sein können«.

Im Arbeitsbereich des Innenministers und insgesamt im Bereich der Sicherheitspolitik sind einige der sensibelsten Fragen im Hinblick auf den föderalen Status Kurdistans im Irak wie auch, was kurdische Politiker gern unterschlagen, auf die Integration und Zusammenarbeit in Irakisch-Kurdistan selbst zu bearbeiten. Nur die Verkehrspolizisten, jene Kategorie von Sicherheitskräften, die in jedem anderen föderal strukturierten Staat zur Regional- oder Stadtverwaltung gehören, tragen hier die Insignien des Zentralstaates: einen irakischen Adler auf der blauen Uniformmütze. Alle anderen – Gendarmerie, Spezialkräfte der Polizei und jene Mehrheit der Peshmerga, die man heute zu Einheiten der regulären Armee oder der Nationalgarde erklärt hat – zeigen allein die kurdische Fahne auf dem Uniformärmel, sofern dort nicht sowieso nur das Emblem der Partei prangt, zu der sie gehören.

Ohnehin sieht man im Herrschaftsgebiet der KDP überall die rot-weiß-grüne kurdische Fahne und häufig auch die gelbe der KDP selbst; die irakische Flagge aber sucht man vergeblich. Sie werde über keinem öffentlichen Gebäude im Gebiet der Kurdischen Regionalregierung flattern, erklärt man hier wiederholt, so lange der Irak noch die Flagge Saddam Husseins benutze, unter der die Kurden jahrzehntelang unterdrückt wurden. Im Herrschaftsgebiet der PUK, im Wesentlichen also im Gouvernement Sulaimania, hat man sich für eine andere Lösung entschieden. Hier weht auf offiziellen Gebäuden neben der kurdischen auch ein älterer Typ der irakischen Fahne – die rot-weiß-schwarze Trikolore mit den drei grünen Sternen nämlich ohne den Zusatz *Allahu akbar*, den Saddam Hussein hatte hinzufügen lassen.

Föderalismus wird von kurdischen Politikern im Allgemeinen weit definiert, tatsächlich denkt man eher an eine Art Autonomie – vergleichbar vielleicht der katalonischen innerhalb Spaniens – als an den Status eines Bundeslandes wie Deutschland, das in zentralen Fragen der Wirtschafts-, Steuer-, Hochschul-, Innen- und auch Umweltpolitik an Bundesgesetze gebunden ist. So unterhält die Kurdische Regionalregierung – oder vielmehr, jede der beiden Regierungen in Arbil und Sulaimania – weiterhin ein Peshmerga-Minsterium, faktisch also ein eigenes Verteidigungsministerium. Es sei ganz schwierig, räumt Sinjari, der Innenminister ein, die Sicherheitskräfte der beiden kurdischen Teilregionen miteinander zu vereinigen. Das brauche Zeit, schließlich habe man sich einige Jahre heftig bekämpft und, so fügt er schmunzelnd hinzu, gerade im Arbeitsbereich seiner Behörde, beim Geheimdienst, gern und viel die jeweils andere kurdische Partei ausspioniert.

Statt »sensitive« Arbeitsbereiche rasch zu vereinigen, koordiniert man vorerst die Peshmerga sowie andere Sicherheitskräfte der KDP-Seite und jene der PUK-Seite, um die Wiedervereinigung der beiden kurdischen Administrationen nicht zu gefährden – und damit den Status der Kurdischen Regionalregierung insgesamt. Man ist sich einig, dass man auf die Forderung anderer irakischer Parteien, die Peshmerga aufzulösen und in die neue irakische Armee zu integrieren, nicht eingehen will. Entsprechende Ansinnen der Amerikaner hat man ebenfalls abgewehrt und diesen bewiesen, dass man mit Hilfe dieser eigenen Truppe in der Lage ist, Sicherheit und Frieden in den drei kurdischen Provinzen sehr viel besser zu garantieren als die Koalitionstruppen im Rest des Irak. Knapp neunzigtausend Mann hat man unter Waffen, eine schlagkräftige Truppe, die überall Präsenz zeigt.

Die Peshmerga, die die Sicherheit Irakisch-Kurdistans erfolgreich bewahrt haben, seien keine Miliz, sondern eine reguläre Truppe. Sie seien keine eigene Armee, die in Konkurrenz zur irakischen Armee stehe, sondern Teil der irakischen Streitkräfte, nur eben ein kurdischer, schreibt ein Autor in der von der KDP in Bagdad herausgegebenen Tageszeitung, die die arabische Bevölkerung ansprechen soll.[49] Sie trügen reguläre Uniformen, bildeten ihre Offiziere in der Militärakademie in Zakho nach den Standards der irakischen Armee aus und hätten sich im Übrigen in allen Kämpfen und Auseinandersetzungen stets ans Kriegsvölkerrecht gehalten. Aber man dürfe eben nicht vergessen, dass irakische Regierungen seit der Gründung des Staates Irak und bis zum Sturz der Diktatur Anfang 2003 ihre Armee immer wieder eingesetzt haben, um die legitimen Rechte des kurdischen Volkes zu unterdrücken. Der Verbleib der Peshmerga unter der eigenen kurdischen Führung garantiere nicht nur Sicherheit und Stabilität in der kurdischen Region und stelle damit einen lebenswichtigen Teil der Sicherheit und der Stabilität des ganzen Irak dar, sondern sei vielmehr auch eine der Grundlagen für die freiwillige Union zwischen den beiden Regionen des Irak – der arabischen und der kurdischen. »Die Kurden fordern keine Armee, die eigenständig von der Armee des Irak ist«, heißt es weiter, notwendig sei vielmehr die Integration der Peshmerga in die neue irakische Armee als reguläre Einheiten derselben. Aber: »Eine eigenständige Armee wird erforderlich sein, wenn das kurdische Volk auf legalem Weg und über seine legitimen Vertreter die Unabhängigkeit erklärt.«

Kurdistan und der irakische Zentralstaat: Kann zusammenbleiben, was nicht zusammengehört?

DIE KURDISCHE FÜHRUNG vertritt eine explizit pragmatische Haltung in der Frage des weiteren Verbleibs Irakisch-Kurdistans in einem föderalen irakischen Gesamtstaat. Aber nicht alle wollen so pragmatisch sein. Bei einem Treffen mit Studenten der Universität Salahadin in Arbil – etwa fünfundzwanzig junge Männer und fünf junge Frauen, die Politik- oder Rechtswissenschaften studieren – wird das sehr deutlich. Neben zahlreichen kritischen und sehr kritischen Anmerkungen zur Haltung Deutschlands – die deutsche Politik gegenüber der kurdischen Frage sei »unklar«, Deutschland habe das Regime von Saddam Hussein unterstützt oder sich aus rein wirtschaftlichen Gründen geweigert, an der Befreiung des Irak teilzunehmen – werden hier vor allem kurdisch-nationale Wünsche vorgetragen. Es sei ja schön und gut, sagt ein Doktorand, dass der deutsche Gast sich hier den Fragen der Studenten stelle. Noch besser aber wäre es, wenn Vertreter der kurdischen politischen Führung die Studenten fragten, was sie eigentlich wollen. Denn die Parteienvertreter drückten, wenn sie in Bagdad mit den anderen irakischen Parteien über Koalitionsbildung oder Verfassung verhandeln, nicht unbedingt den »richtigen Willen« des kurdischen Volkes aus.

Was dieser richtige Wille ist, macht ein Student deutlich, der auf Kurdisch spricht und seine Kommilitonen übersetzen lässt: Wenn alle Verhandlungen über einen Föderalstaat scheitern und das kurdische Volk seinen eigenen Staat ausruft – wird Deutschland dann diesen Staat anerkennen und Kurdistan helfen? Überhaupt interessiert vor allem, welche technischen, wirtschaftlichen und politischen Unterstützungsleistungen man aus Deutschland in Kurdistan erwarten kann, nicht so sehr, ob die Deutschen oder andere Europäer im Rest des Irak Aufbauhilfe leisten. Warum, fragt einer, von dem ich vermute, dass er Politik und nicht gerade internationales Recht studiert, Deutschland denn nicht eine richtige Botschaft in der kurdischen Hauptstadt aufmachen will? Es sei keine Frage, wird ein anderer deutlich, wonach das kurdische Volk strebt: nicht nach Föderalismus, sondern nach einem unabhängigen Staat. Dies sei durch das Referendum bewiesen worden, das kurdische Bürgerinitiativen parallel zu den Parlamentswahlen Anfang 2005 eingeholt haben. Er könne verstehen, dass die Erklärung der Unabhängigkeit »derzeit nicht in unserem Interesse« ist, aber das heiße doch wohl nicht, dass es nicht das Recht des kurdischen Volkes sei, Unabhängigkeit und Eigenstaatlichkeit zu verlangen.

Die Forderungen der Studenten sind tatsächlich nicht weit weg von den Wünschen selbst älterer, besonnener und pragmatischer Politiker. Er glaube, sagt Haidar Scheich Ali, der lebenserfahrene kurdische Kommunist, dass Irakisch-Kurdistan auch in fünfzehn Jahren noch ein Teil des Irak sein werde, kein eigener Staat, sondern Teil eines entwickelten föderalen Systems. Aber natürlich, ergänzt er, »hätte ich gern einen Staat, eine eigene Fahne in den Vereinten Nationen, einen eigenen Pass. Nur werden eben nicht alle Wünsche wahr.«

Ähnlich sieht es Professor Muhammad Sharif Ahmad, der über siebzigjährige Dekan der Rechtsfakultät in Arbil. Dabei bringt die Großmächte ins Spiel: Wenn diese eine kurdische Staatsgründung unterstützten, dann werde es dazu kommen; zurzeit allerdings gehe es um die Selbstständigkeit innerhalb des Irak. Das Maß an Selbstständigkeit, das die Kurden in ihrer autonomen Zonen erreicht haben, könnten sie nicht mehr aufgeben: »Wir bleiben ein Stück des Irak, aber wir wollen nicht abhängig von den Arabern sein. Vielleicht werden wir Befehle aus Bagdad akzeptieren, wenn wir, als Kurden, auch an der Gesetzgebung teilnehmen, aber wir werden nicht noch einmal Befehle von den Arabern akzeptieren.«

Viel an Zusammenarbeit mit dem Zentralstaat gibt es eigentlich nicht – es sei denn, es geht um öffentliche Feiertage. Neshirwan Ahmad, den Gouverneur der Provinz von Dohuk, treffe ich am vierzigsten Tag nach dem Jahrestag des Todes des Prophetenenkels Hussein, den die Schiiten feierlich begehen. Eigentlich hätte der Gouverneur dienstfrei, die meisten seiner Mitarbeiter sind auch zu Hause geblieben, denn die Zentralregierung hat den Tag landesweit zum Feiertag erklärt. »Wir wussten das auch nicht«, sagt der Gouverneur, »aber gestern haben sie uns mitgeteilt, dass heute ein nationaler Feiertag ist.« In solchen Fällen hält sich auch die kurdische Verwaltung an das, was aus Bagdad kommt.

Die Verwaltungen in den drei kurdischen Gouvernements erhalten ihre Budgetmittel von der kurdischen Regionalregierung in Arbil, nicht wie die anderen irakischen Muhafazat (Gouvernements) aus der Hauptstadt Bagdad. Man arbeite nur mit den Ministerien in Arbil, überhaupt nicht mit denen in Bagdad, und das sei auch besser so, erklärt der Gouverneur. Man lehne die Zusammenarbeit mit anderen irakischen Gouvernements nicht ab, doch habe wegen der Sicherheitslage in dieser Hinsicht nicht viel stattgefunden, nur der Stadtrat von Bagdad sei einmal vorbeigekommen, um Erfahrungen auszutauschen. Mit der Nachbarprovinz Ninive und der Stadt Mosul, der nächstgrößeren Stadt im Irak, wolle man gerne in verschiedenen infrastrukturellen Bereichen zusammenarbeiten, faktisch aber müsse man sich vor allem gegen den Terrorismus schützen, der aus dieser Richtung drohe. Die relative Sicherheit der kurdischen Provinzen, wo es eben nicht ständig Anschläge gibt, wird von nahezu jedem Gesprächspartner betont. Und natürlich will man diese erhalten.

Kurdische Geschäftsleute sehen schon eher Vorteile darin, mit ihren Partnern in anderen Teilen des Irak zusammenzuarbeiten, schließlich will man Irakisch-Kurdistan touristisch entwickeln und zum Reiseziel vor allem für die übrigen Iraker machen. Seit dem Sturz des Regimes von Saddam Hussein nehme man wieder an den Sitzungen und Aktivitäten der Union der irakischen Handelskammern teil, erklärt mir Scheich Ghiath, ein Hotelbesitzer, der im Vorstand der Handelskammer von Dohuk sitzt. Es habe da eine gewisse Wiedervereinigung gegeben, In den Jahren der faktischen Trennung vom Zentralstaat habe man eine eigene Union der kurdischen Handelskammern errichtet, jetzt bemühe man sich allerdings doch, mit einem gemeinsamen kurdischen Standpunkt in die Treffen nach Bagdad zu gehen. Viel bringe die Mitgliedschaft in der irakischen Kammer allerdings nicht, außer gelegentlichen Teilnahmen an internationalen Messen. Vielleicht, so sinniert der Unternehmer, werde man in Zukunft wieder eine kurdische Union der Kammern bilden, zusammen mit den Kammern in Mosul und Kirkuk.

Kirkuk wird von fast allen irakischen Kurden als originärer Teil der kurdischen Region betrachtet. Manch kurdischer Nationalist sieht auch Mosul, das einen recht großen kurdischen Bevölkerungsanteil hat, als Teil Kurdistans. Kurdische Politiker halten sich allerdings mit Forderungen auf diese sunnitisch-arabisch geprägte Stadt zurück – wohl wissend, dass dies den demografischen Realitäten nicht entsprechen würde.

Es gibt jetzt eine Art kurdischen Nationalismus, der sich auch in seinen negativen Aspekten am arabischen Nationalismus orientiert, sagt Abdellatif Butani, ein Geschichtsprofessor an der Universität Dohuk. Magisterstudenten etwa wollen ihre Abschlussarbeiten ausschließlich über kurdische Geschichte, das kurdische Parteienleben oder kurdische Persönlichkeiten schreiben. Dies sei schon verständlich, schließlich habe man in der Vergangenheit, unter Saddam, wenig Möglichkeiten gehabt, die eigene Geschichte zu erforschen und zu erlernen. Aber mittlerweile komme es da auch zu Übertreibungen, etwa wenn Studenten kein Interesse mehr an der Geschichte der Nachbarländer oder des gesamten Irak zeigen. »Es ist doch notwendig«, so der Professor, »dass wir Experten ausbilden, die sich am Golf, in Syrien, in Iran und natürlich in der Türkei auskennen.«

Es werde schwierig sein, meint der assyrische Christ Yunan Hozaya, der seine assyrisch-christliche Partei auch im Kabinett der Kurdischen Regionalregierung vertritt, mittelfristig die Einheit des Irak aufrechtzuerhalten. Er persönlich sei sehr wohl dafür, er hoffe, dass ein föderales System die Einheit des Irak stärken könne. Das entspreche ja auch dem, was alle irakischen Politiker ständig wiederholten. In Wahrheit sei das aber wohl nur ein Wunsch, denn es gebe noch viel zu viele chauvinistische Relikte, nicht nur bei den nationalistischen Arabern, sondern auch bei Kurden. Als Reaktion auf Ungleichbehandlung und Unterdrückung zeige sich auch auf kurdischer Seite eine Tendenz, kurdischen Forderungen per se eine höhere Legitimität zuzuerkennen als denen anderer Volksgruppen. Assyrer, Armenier und andere nationale Minderheiten lebten seit Jahrhunderten mit den Kurden zusammen und verstünden sich deshalb natürlich als »Teilhaber an diesem Vaterland«. Bestimmten Funktionären der KDP aber falle es schwer, solche Teilhaberschaft zu ertragen. Zu viel der irakischen Politik, so Hozaya, sei im Übrigen auf Hass und Ablehnung, nicht auf wirtschaftliche und politische Interessen im Zusammenleben gebaut. Zudem würden regionale Kräfte, die die Einheit des Irak von außen zu unterstützen suchten, derzeit eher schwächeln. All dies würde es schwer machen, den Irak als Land zusammenzuhalten.

Gleichwohl, und hier wird der knapp sechzigjährige Ingenieur dann doch zweckoptimistisch, glaube er nicht, dass das Land im Bürgerkrieg versinken wird. In allen gesellschaftlichen und politischen

Gruppen gebe es starke Kräfte, die wissen, dass sie in einem Bürgerkrieg zu Verlierern würden. Das gelte für die beiden großen kurdischen Parteien wie für die schiitischen Gruppen. Er glaube eher – zehn, fünfzehn Jahre nach vorne geschaut – an eine friedliche Teilung des Landes. Das könne graduell über den Aufbau föderaler Strukturen, wiederholte Wahlen und Referenden geschehen, die letztlich zu einer Zersplitterung des Irak oder zumindest einer Abspaltung einiger Teile führen würden. »Sehen Sie«, sagt er, »der Föderalismus ist ein zeitgemäßes Konzept, das helfen kann, die Ansprüche und Erwartungen der Völker umzusetzen. Aber gleichzeitig verführt es die Völker zu weitergehenden Forderungen.« Will heißen: Wenn die Kurden im Norden oder auch die Schiiten im Süden ein Stückchen Autonomie erhalten und verteidigen können, werden sie nach und nach vollständige Autonomie und Selbstständigkeit von einem Zentralstaat erlangen wollen, der ihnen nie gut gesinnt war.

In beiden Teilen Kurdistans fällt auf, wie sehr die »nationale« Frage – oder besser die Frage der Sicherung kurdischer Rechte – Vorrang vor allen anderen politischen Fragen zu haben scheint, oft so großen Vorrang, dass Auseinandersetzungen über andere Themen gar nicht erst geführt werden. Die Durchsetzung der kurdischen Autonomie in irgendeiner Form ist auch für kleinere Parteien, die ideologisch nicht immer mit den großen – der KDP und der PUK – übereinstimmen, das beherrschende Thema. Die kurdischen Kommunisten etwa, die faktisch eine sozialdemokratische Partei geworden sind, betonen, dass sie durchaus Kritik an der Regierungsführung der großen Parteien anzumelden haben. Korruption und Amtsmissbrauch seien ernste Themen. Vordringlich aber, so Haidar Scheich Ali, sei es, »die kurdische Einheit zu stärken«.

Ganz Ähnliches kann man bei der Islamisch-Kurdischen Union hören, der wichtigsten islamistischen Kraft in den drei Provinzen. Die Besonderheit Kurdistans sei, so formuliert es das Vorstandsmitglied Mawlud Murad, dass das kurdische Volk ein unterdrücktes Volk sei, aber wie andere das Recht auf Selbstbestimmung habe. »Deshalb können wir nur die kurdische Regierung unterstützen. Diese drückt schließlich den historischen Traum des kurdischen Volkes aus, das so lange unter Regierungen gelitten hat, die es ausmerzen wollten.« Hier unterscheide die Situation seiner Partei sich deutlich von der anderer islamistischer Parteien im Nahen und Mittleren Osten.

Murad treffe ich zusammen mit seinem Vorstandskollegen Abdulrahman Siddiq im Hauptquartier der Partei. Siddiq ist ein ursprünglich aus Kirkuk stammender Ingenieur, Murad ein Ökonom und Jurist aus Halabja. Beide sind moderate Erscheinungen, tragen unauffällige graue Anzüge, Krawatte und Schnauzer – keinen islamischen Vollbart. Beide haben nach dem Sturz des Saddam-Regimes in den Institutionen gearbeitet, die die von Paul Bremer geführte Besatzungsbehörde in Bagdad einrichtete: Murad als Mitglied des Irakischen Regierungsrates (Iraqi Governing Council), Siddiq als Umweltminister in der von diesem Rat ernannten Übergangsregierung. Keine Frage, so Murad, »wir sind Islamisten«. Im arabischen Irak stehe man der Islamischen Partei am nächsten, programmatisch – mit Blick auf politische und gesellschaftliche Werte – sehe man sich aber eher in der Nähe der türkischen Partei für Gerechtigkeit und Entwicklung (AKP) von Erdogan oder sogar der CDU in Deutschland. Angesichts der besonderen Situation Kurdistans gehe es darum, diese und andere Gruppen von »der Legitimität der kurdischen Rechte zu überzeugen«. Gerade mit der Türkei – mit der AKP wie mit den säkularen Parteien dort – gehe man mit großer Vorsicht um aus Sorge, dass die türkische Politik letztlich doch unter dem Einfluss des Militärs steht.

Politische Differenzen gebe es zur KDP und PUK, beides säkulare Parteien, zweifellos. Man könne dabei, ergänzt Murad vorsichtig, als ich nachbohre, vielleicht an unterschiedliche bildungspolitische Vorstellungen denken, nicht zuletzt an die Frage der Koedukation. Aber, darauf besteht er: »Diese Differenzen beginnen, wenn wir den Föderalismus durchgesetzt haben.«

Man müsse, erklärt Siddiq, den Islam auf die »Realität Kurdistans anwenden«. Das ist ein großes Wort, verweist es doch auf eine Entwicklungsperspektive, die für politisch-islamische Diskurse im ganzen Nahen und Mittleren Osten relevant werden könnte. »Der globale Islam«, fährt der kurdisch-islamische Politiker fort, »ist zu Ende. Ich glaube, wir haben jetzt die Zeit des lokalen Islam, des an örtliche Gegebenheiten angepassten politischen Islam.« Und dafür hat er, natürlich, ein kurdisches Beispiel: »Auch wenn wir, Erdogan und wir, Islamisten sind: Mit Erdogans AKP haben wir einen grundlegenden Konflikt.« Schließlich bestehe man wie andere kurdische Parteien darauf, dass Kirkuk ein Teil des kurdischen Teilstaates ist. Die türkische Bruderpartei habe dagegen mehrfach ihre harte Gegnerschaft gegen eine Eingliederung der Stadt in die kurdische Region wie auch gegen eine weitgehende kurdische Autonomie überhaupt deutlich gemacht.

Föderalismus oder Unabhängigkeit?

MAN SPRICHT, zumindest unter kurdischen Politikern, von Föderalismus, bestenfalls von Autonomie, nicht von staatlicher Unabhängigkeit. Auch Geschäftsleute geben sich eher pragmatisch. Natürlich, so Scheich Ghiath von der Handelskammer in Dohuk, liege die Zukunft seiner Stadt und der kurdischen Gebiete insgesamt im Irak, als Teil eines föderal strukturierten Irak. »Jetzt, in dieser Periode jedenfalls«, setzt er hinzu. Was das bedeute? »Nun, für die Gegenwart eben«, bis die Umstände sich vielleicht ändern und die Großmächte und die Nachbarstaaten eine andere Auffassung von Kurdistan entwickeln.

Die Nachbarn machen ihre Interessen und ihre Opposition gegen jedwede kurdische Selbstständigkeitsambitionen jedenfalls deutlich. Immer wieder kommt das Gespräch auf die langen Schlangen von Tank- und Lastkraftwagen, die an der türkisch-irakischen Grenze warten. Verderbliche Güter wie Lebens- und Arzneimittel, erklärt Abd al-Rahman, ein bulliger Import-Export-Händler, würden die türkischen Behörden schon recht schnell abfertigen, aber die Fahrer gerade der Tankwagen müssten oft acht, zehn oder gar vierzehn Tage ausharren, bis sie zum Grenzpunkt gelangen. Alle, die das Thema ansprechen, sind sich einig, dass die türkische Seite, und zwar insbesondere das türkische Militär, den Grenzverkehr nutzt, um politischen Druck auf die irakisch-kurdische Regionalregierung auszuüben – auch auf Kosten der türkischen Wirtschaft in den Grenzprovinzen, die zum großen Teil vom Handel mit dem Nordirak lebt.

»Wann immer den Türken etwas nicht gefällt, und sei es nur eine Nachricht, die sie im Radio hören«, meint Hamid Ali, »dann machen sie größere Schwierigkeiten für den Lkw-Verkehr.« Ali ist KDP-Funktionär und hat die militärische und politische Verantwortung für den Grenzpunkt Ibrahim Khalil zwischen der Türkei und Irakisch-Kurdistan inne. Der Fünfundvierzigjährige ist ein kleiner, agiler Mann, der aber gut zehn Jahre älter aussieht. Früher, vor dem Sturz Saddam Husseins, führt er aus, habe die türkische Seite problemlos dreitausend Tanker am Tag die Grenze passieren lassen. Heute, wo sogar eine zweite Brückenverbindung den Verkehr erleichtere, fertige der türkische Grenzposten nur noch tausend bis tausendsiebenhundert Lkws oder Tanker am Tag ab, um politischen und wirtschaftlichen Druck auszuüben.

Neshirwan Ahmad, der Gouverneur von Dohuk, bestätigt das. Die Türkei wolle zeigen, dass sie ein autonomes Irakisch-Kurdistan jederzeit wirtschaftlich strangulieren kann, und schade sich doch selbst beziehungsweise den eigenen Bürgern damit. Hier sei ein Mentalitätswechsel notwendig, vielleicht helfe ja der EU-Beitritt der Türkei.

Immer wieder hört man, dass die Nachbarn sich in nichts einig seien – außer in der Gegnerschaft zur kurdischen Selbstbestimmung. Dies allein sei der Grund dafür gewesen, dass sich die Türkei, Syrien und Iran seit dem Kuwait-Krieg von 1991 regelmäßig zu Koordinationsgesprächen getroffen haben, bei denen es um die entstehende kurdische Autonomiezone ging.

Das ist so schon weitgehend richtig. Man sollte aber auch sehen, dass die Art und Weise, in der kurdische Politiker und andere Mitglieder der kurdischen Elite sich zur Zukunft Irakisch-Kurdistans äußern, nicht immer dazu beträgt, bei den Nachbarstaaten und, mehr noch, bei den Mit-Irakern außerhalb Kurdistans das für ein gedeihliches Auskommen notwendige Vertrauen zu fördern. Für Ankara, Damaskus und Teheran und auch für die meisten der in Bagdad regierenden Parteien ist es eben etwas ganz anderes, ob die irakischen Kurden einen föderal strukturierten Irak anstreben und diesen dann als ihren Staat akzeptieren oder solch föderale Teilstaatlichkeit nur als Schritt auf dem Weg zur Eigenstaatlichkeit betrachten. Das Erstere werden die Nachbarn, vielleicht mit Zähneknirschen, akzeptieren, das Letztere werden sie gewaltsam zu verhindern suchen. Wenn kurdische Repräsentanten implizit oder explizit andeuten, dass das eine nur ein temporäres, das andere aber das mittel- und langfristige Ziel ist, können sie sich des Widerstands dieser Nachbarn sicher sein.

Tatsächlich kann »Selbstbestimmung« beides beinhalten: Die Abwägung zwischen dem einen und dem anderen – zwischen Teilstaats- oder Autonomierechten in einem föderativen irakischen Staat und dem Streben nach staatlicher Unabhängigkeit, womöglich im Verbund mit den kurdisch besiedelten Gebieten der Nachbarstaaten –, ist keine Wahl zwischen »berechtigten« und »unberechtigten« Zielen. Es ist letztlich eine Abwägung zwischen heute realisierbaren Möglichkeiten und weitergehenden Utopien, die nur infolge gewaltsamer geopolitischer Veränderungen zur Realität werden könnten. Wenn irakisch-kurdische Parteien und Politiker die Unterstützung und Zustimmung ihrer Nachbarn und anderer Iraker für den Aufbau eines föderalen Systems gewinnen wollen, werden sie diesen deutlich machen müssen, dass Föderalismus ein geeignetes Mittel zur friedlichen Bearbeitung innerstaatlicher Konflikte und zum Erhalt des gemeinsamen Staates ist – und nicht ein Schritt auf dem Weg zur Sezession.

Die kurdische Schweiz ist nicht die Schweiz

ER IST KEIN STAATSPRÄSIDENT und, als ich ihn treffe, auch noch nicht der Präsident der kurdischen Region. Doch die Kurden in seinem Herrschaftsbereich wie auch die Anhängerschaft der KDP, die weit über die irakischen Provinzen Dohuk und Arbil hinausreicht, nennen ihn *Saruq*, Präsident. Masoud Barzani ist der Präsident der Kurdisch-Demokratischen Partei, deren Vorsitz er 1979 in der Nachfolge seines Vaters, des legendären Kurdenführers Mullah Mustafa Barzani, übernommen hat. Der 1946 geborene, aber jünger wirkende Mann ist klein und unprätentiös. Er hat Jahre in den Bergen gelebt und gekämpft. Da Partei und Staat in den von der KDP beherrschten Gebieten verschmelzen wie einst im so genannten realen Sozialismus, ist er tatsächlich der wichtigste politische Führer der irakischen Kurden.

Barzani residiert in dem kleinen Ort Salahadin, der sich über einen Bergrücken unweit von Arbil erstreckt. Am nördlichen Ende befindet sich in einem ehemaligen Hotel, das einst dem irakischen König als Sommersitz diente, das Hauptquartier des *Saruq*. Daneben liegen weitere stattliche Gebäude mit den Räumen des Politbüros und anderer Führungsgremien der Partei. Tatsächlich bildet der Berg von Salahadin eine Art natürlicher Zitadelle, die jedenfalls vom Land her nahezu uneinnehmbar ist. Vier Zugangsstraßen, aus jeder Himmelsrichtung eine, winden sich in zahlreichen Haarnadelkurven den Berg hinauf; sie sind durch mehrere Checkpoints und durch eine Serie von Wachtürmen gesichert, so dass jeder Herannahende ins Visier genommen wird.

Am anderen Ende des Berges, hinter einer kleinen Senke, liegt das eigentliche Salahadin, ein kleiner Flecken mit anderthalb Marktstraßen, vier Teehäusern, drei Friseuren und zwei Restaurants für Grillhuhn und Kebab. Mittlerweile gibt es hier aber auch eine Reihe wichtiger Einrichtungen der Partei, darunter das parteieigene Kurdistan TV und die lokale Mobilfunkgesellschaft sowie ein speziell gesichertes Viertel, eine Art *gated community*. In diesem Viertel findet man nicht nur das Gästehaus der Partei, das den Autor mit großer Wärme aufnimmt, sondern auch die Häuschen und zum Teil palastähnlichen Villen wichtiger Parteifunktionäre und führender Mitglieder. Ein bisschen Schweiz im Irak ist das, der freie Blick in die umliegende Berglandschaft, gute Luft und Spielstraßen, in denen die Kinder Fahrrad fahren. Die Führer des Befreiungskampfes leben recht angenehm, aber man glaubt ihnen – den meisten jedenfalls –, dass sie im Zweifelsfall ein weiteres Mal in die Berge gehen würden. Masoud Barzani kann man sich in seiner olivgrünen Peshmerga-Uniform und dem rot-weißen Turban durchaus als Guerillakämpfer vorstellen.

Ich frage Barzani, warum er, der Führer der stärksten irakisch-kurdischen Partei, seinen langjährigen Konkurrenten und zeitweiligen Bruderkriegsgegner Jalal Talabani, den Chef der Patriotischen Union Kurdistans, nach den irakischen Parlamentswahlen Anfang 2005 zum Präsidenten des Irak vorgeschlagen hat, statt dieses Amt für sich selbst zu reklamieren. Da lacht der Kurdenführer. Natürlich hätte er selbst irakischer Präsident werden können, da hätte es keinen Konkurrenten gegeben: »Aber ich wollte Kurdistan nicht verlassen. Im Übrigen«, und hier liegt tatsächlich der Kern der Sache, »hat der irakische Präsident doch keine großen Zuständigkeiten, gar keine richtige Macht.« In Kurdistan würde er das Präsidentenamt nicht ablehnen, allerdings müsse es mit exekutiven Vollmachten ausgestattet sein, also das Amt eines gewählten, demokratisch legitimierten Präsidenten, nicht etwa eines von der Zentralmacht eingesetzten Regierungspräsidenten. Natürlich habe es eine gewisse Bedeutung, dass ein Kurde irakischer Präsident werden konnte, denn das zeige, dass die Kurden nicht mehr Bürger zweiter Klasse seien. Jalal (Talabani) habe nun einmal gern irakischer Präsident werden wollen. Aber wer als kurdischer Führer dieses Amt annehme, »der verliert, der verliert das Vertrauen seines Volkes«. Wenn das zutrifft, wird Barzanis Angebot an seinen alten Gegner, irakischer Präsident zu werden, tatsächlich von Herzen gekommen sein.

Ein Satz im Nachrichtenband, das ständig am unteren Rand von Kurdistan TV läuft und dem Zuschauer Neuigkeiten abwechselnd auf Englisch, Arabisch und Kurdisch übermittelt, macht klar, wie die Verhältnisse hier gesehen werden: »Präsident Barzani bekräftigt seine volle Unterstützung für Jalal Talabani …« Dass Letzterer irakischer Staatspräsident ist, scheint eine Nebensächlichkeit zu sein.

Masoud Barzani, der im Juni 2005 vom kurdischen Regionalparlament zum Präsidenten Irakisch-Kurdistans gewählt wurde, ist ein Politiker, der immer mehrere Optionen im Blick hat. In den langen Jahren des Guerillakrieges hat er ständig mit wechselnden Partnern spielen müssen. Auch mit Blick auf die Zukunft des Irak hält er sich alle Möglichkeiten offen. Insgesamt sehe er die Dinge vorsichtig optimistisch. Er gehe davon aus, dass die Demokratie im Nahen und Mittleren Osten sich ausweiten wird. Wenn der Irak tatsächlich demokratisch werde, könne der Staat wohl fortexistieren. Denkbar sei aber auch die Rückkehr zu einem autoritären, vielleicht sogar totalitären Zentralstaat – und wenn dies geschehe, werde der Irak zerfallen: »Beides ist mit derselben Wahrscheinlichkeit möglich.«

Barzanis Skepsis ist wohlbegründet. Die Haltung der kurdischen Politik zum irakischen Staat ist aber nicht nur von Vorsicht und Skepsis geprägt. »Die föderale Lösung«, sagt Barzani, »ist das, was heute von kurdischer Seite gefordert wird«, aber das sei natürlich nicht die endgültige Lösung. Die Forderung nach einem selbstständigen Staat »ist ein natürliches Recht, das vielleicht einmal aufgerufen wird, nur eben nicht in dieser Phase. Wir sind nun einmal keine Araber.« Langfristig würden Kurden und Araber wohl nicht zusammenleben wollen. Ja, in der Schweiz lebten unterschiedliche Völker seit hunderten von Jahren zusammen, aber in der Regel führten solche Unionen irgendwann zum Bürgerkrieg. Sorgen solle der Westen oder der Rest des Irak sich deshalb nicht machen, denn »wir haben keine Eile, wir haben Zeit«.

Es gibt wenige kurdische Politiker, die den Verbleib Irakisch-Kurdistans in einem föderalen Irak tatsächlich als gute, zukunftsträchtige und »dauerhafte« Lösung verstehen. Muhammad Taufiq, ein Mitglied des Vorstandes – oder, wie es bei den beiden großen Parteien hier immer noch heißt, des »Politbüros« – der PUK, gehört zu diesen. Taufiq ist wenige Tage nach dem Ende des Saddam-Regimes nach Bagdad gereist, hat die Vertretung seiner Partei in der Hauptstadt aufgebaut und dann in dem von US-Verwalter Paul Bremer einberufenen Governing Council als Industrieminister gedient. Für ihn ist klar, dass die kurdischen Parteien auch in Bagdad Verantwortung übernehmen müssen.

Taufiq, Ende fünfzig, ist eine Art sozialdemokratischer Pragmatiker, der an konkreten wirtschaftlichen, sozialen und politischen Fortschritten, nicht an Visionen interessiert ist: »Wir sollten realistisch sein«, sagt er, »und unsere Partner nicht verunsichern. Wenn der Irak ein demokratischer, föderaler Staat wird, dann gibt es auch eine dauerhafte Lösung. Oder wollen wir etwa ein *landlocked country* – ohne Zugang zur See – sein, das alle Nachbarn gegen sich hat?«

Andere verweisen darauf, dass die Frage der föderalen Zukunft des Irak keineswegs allein von den Kurden abhängt. Das Beste sei zweifellos, meint Karim Sinjari, der Innenminister, wenn der gesamte Irak sich in drei oder vier föderale Einheiten unterteile: Kurdistan im Norden, ein Teilstaat im vorwiegend schiitischen Süden, ein weiterer im mehrheitlich sunnitischen Zentralirak und die Hauptstadt Bagdad als viertes Bundesland. Das Problem mit den »arabischen Brüdern«

im Irak, so der Minister, sei, dass diese eigentlich gar nichts von Föderalismus hören wollen – und deshalb auch den Kurden diese Form der Selbstbestimmung, die den Irak erhalten könnte, nicht zugestehen wollen.

Einen besseren Staat bauen …

IM INNENLEBEN der irakischen Kurdenregion ist auch nicht alles perfekt. Politiker und politische Beobachter sind sich sehr wohl bewusst, wie sehr der blutige Bruderkrieg, den KDP und PUK sich Mitte der neunziger Jahre lieferten, dem internationalen Ansehen der irakischen Kurden geschadet hat. Spannungen sind geblieben, und das Misstrauen ist auf beiden Seiten groß. Aber man weiß in beiden Parteien, wie fatal es wäre, wenn es wieder nicht gelingt, die innerkurdischen Konflikte politisch – und nicht militärisch – zu lösen.

Tatsächlich habe sich das Denken verändert, meint Bewar Abd al-Rahman Barzani, der in Arbil die politische Zeitschrift *Gulan* herausgibt. Damals, 1994, als der Bürgerkrieg begann, seien Armut und Elend noch größer gewesen, die Erfahrung der blutigen Verfolgung durch das Saddam-Regime war noch frisch und die Bereitschaft zu kämpfen viel höher. Heute würden die Bürger eher an den wirtschaftlichen Aufbau denken und Zukunftsperspektiven entwickeln, die sie nicht gefährden oder gefährden lassen wollen. Im Übrigen, so der Journalist, habe man auch auf der Führungsebene begriffen, welche Bedeutung der Umgang miteinander international habe: »Heute achten die Kurden mehr auf ihren Ruf.« Niemand wolle anderen irakischen Parteien oder der Türkei die Chance geben, auf innerkurdische Auseinandersetzungen zu verweisen, um Interventionen oder die Missachtung kurdischer Rechte zu legitimieren.

Die kurdischen Parteien entsprechen bislang keineswegs dem Ideal moderner, demokratischer Parteien. Sie sind eben nicht als Parteien, sondern als Befreiungsbewegungen entstanden, waren immer gleichzeitig politische Organisation und Miliz. Die KDP, deren Gründer und historischer Führer Mullah Mustafa Barzani lange Zeit seines Lebens im sowjetischen Exil verbrachte, versteht sich weiter als »nationale Sammlungsbewegung« und organisiert sich, so erklärt es mir jedenfalls Fadil Mighrani, der im Politbüro der KDP sitzt, weiterhin nach dem Prinzip des »demokratischen Zentralismus«. Die Willensbildung in der Partei erfolgt also klar von oben nach unten. Die 1946 gegründete Partei sei in ihrem Aufbau noch immer durch das marxistisch-leninistische Denken jener Zeit geprägt. Weder die lange Zeit des Kampfes gegen den irakischen Zentralstaat noch die tribalen Strukturen der kurdischen Gesellschaft hätten zur Ausbildung einer innerparteilichen Demokratie beigetragen.

Ähnliches gilt für die PUK. Die meisten ihrer Gründer um den heutigen irakischen Präsidenten Jalal Talabani begannen ihre politische Laufbahn in Barzanis KDP, verließen diese aber in den siebziger Jahren und bildeten schließlich ihre eigene Partei. Unterschiedliche Auffassungen über den Kurs der kurdischen Bewegung spielten dabei eine Rolle, im Wesentlichen aber ging es darum, wer die Bewegung führen solle. Die PUK versucht heute, sich ein moderneres, eher sozialdemokratisches Profil zu geben. Talabani muss sich als PUK-Chef häufiger Widerspruch aus den Gremien seiner Partei gefallen lassen, als dies bei Masoud Barzani und der KDP der Fall ist. Letztlich aber, so der KDP-Funktionär Mighrani, gehe es im Konflikt der beiden Parteien »nicht um Inhalte«, sondern um die Dominanz in Irakisch-Kurdistan.

Beide Parteien akzeptieren den politischen Pluralismus im Prinzip, aber in beiden Parteien und in den Provinzen, die unter ihrer Führung stehen, ist das Politbüro der jeweils dominierenden Partei die eigentliche politische Entscheidungsinstanz – wichtiger als das Regionalparlament und die regionale Regierung. Radio, Fernsehen und die wichtigsten lokalen Zeitungen werden von einer der Parteien kontrolliert oder sprechen ausdrücklich in deren Namen. KDP und PUK unterhalten weiterhin eigene Peshmerga-Einheiten. Entscheidungen über deren Aufgaben oder die Überführung eines Teils dieser Truppe in die regulären Streitkräfte und die Polizei behält sich, wie Dana Majid, der Gouverneur von Sulaimani und ehemalige Sicherheitschef der Provinz, unumwunden erklärt, »die politische Führung« vor – die Partei also. Der praktizierte Pluralismus ist letztlich ein gesteuerter, der sicherstellt, dass die Parteien die Macht nicht verlieren. So traten KDP und PUK nicht nur bei den irakischen Parlamentswahlen, sondern auch bei den Wahlen zum kurdischen Regionalparlament Anfang 2005 mit einer gemeinsamen Liste an, auf der sie auch verschiedenen Kleinparteien – den Kommunisten, der Islamischen Union, assyrischen und turkmenischen Vertretern – Plätze einräumten. Dieses Vorgehen diente möglicherweise dem inneren Frieden in der Provinz, und es demonstrierte Einigkeit mit Blick auf den Rest des Irak, enttäuschte aber manchen, der gern eine echte Wahl gehabt hätte zwischen den zwei großen, beherrschenden politischen Kräften in Kurdistan.

Die faktische Monopolisierung der Macht erlaubt auch deren Missbrauch. Die Koalitionspartner von PUK und KDP klagen gelegentlich über Arroganz und Vetternwirtschaft auf Seiten der großen Parteien, finden aber, dass es wichtigere Themen gibt, etwa die Sicherung der kurdischen Autonomie. Nicht zuletzt bei Gewerbetreibenden ist die Korruption allerdings ein Thema. Einen größeren Betrieb aufmachen oder ins große Geschäft einsteigen könne hier doch nur, so beschwert sich der Pächter eines Grillrestaurants in Sulaimani, wer in der Partei sei oder ausgezeichnete Beziehungen zu einem der Großkopfeten des Politbüros habe.

Das bestätigt ein Mitglied der PUK-Führung, das ich beim Abendessen in einer etwas edleren Gaststätte darauf anspreche. »Aber«, ergänzt er, während er mir eine Fleischspezialität über den Tisch reicht, »das gilt doch nicht, wenn man eine *kebabkhane* – eine Kebabbude – hat.« In der Telekommunikation sei das schon eine andere Sache. Mobilfunk ist überall ein lukratives Geschäft, besonders aber in einer Region, in der ein Festnetz gar nicht existiert oder, wie im Irak, die alten Landleitungen nicht mehr verlässlich arbeiten. Mobilfunklizenzen sind deshalb überall im befreiten Irak bevorzugt an die Klienten der jeweils mächtigen Gruppen gegangen, auch in Kurdistan – mit dem Ergebnis, dass man aus dem Netz des KDP-Gebiets nicht in das des PUK-Gebiets telefonieren kann.

Da es kaum größere private Unternehmen gibt, kontrollieren der »Staat« beziehungsweise die die Regionalregierung tragenden Parteien den Arbeitsmarkt. Die beiden Parteien haben sich wohl bemüht, möglichst jedem Bürger und jeder Bürgerin einen Arbeitsplatz anzubieten, zur Not auch in den ohnehin überfüllten Amtsstuben oder bei den Sicherheitskräften. Damit seien Beschäfigungssuchende, wie Shwan Muhammad, Redakteur bei der unabhängigen und ziemlich kritischen Wochenzeitung *Hawlati* aus Sulaimani erklärt, auf die Hilfe der Regierungspartei angewiesen, und diese verfüge über ein probates Mittel zur Loyalitätsbeschaffung. Aber das hat auch sein Gutes: Wenn nahezu jeder Arbeit und ein Einkommen hat, reduziert das die Kriminalität. Angst vor Raubüberfällen und Entführungen etwa braucht man in den kurdischen Provinzen nicht zu haben – ganz anders als im Rest des Irak.

Immerhin, die inneren Probleme werden nicht geleugnet, und es hat auch niemand versucht, eine unabhängige Stimme wie *Hawlati* zum Schweigen zu bringen. Letztlich lässt sich die politische und gesellschaftliche Entwicklung in Irakisch-Kurdistan nicht von der gesamtirakischen und vom Verhältnis der kurdischen Region zum Zentralstaat trennen. Das gilt sogar, wie mir Khandan Jeza, eine zweiunddreißigjährige Sozialarbeiterin, die ein Frauenzentrum in Sulaimani leitet, erläutert, für Fragen der Gleichstellung der Geschlechter. Im Familienrecht etwa haben weiterhin irakische Gesetze, die noch unter Saddam Hussein auf eine konservativ-islamische Linie gebracht wurden, Gültigkeit, so dass von Frauen angestrengte Scheidungsprozesse oft bis zu drei Jahre dauern, während ein Mann sich durch eine einfache Erklärung von seiner Frau trennen kann. Ehebruch ist strafbar und wird mit Gefängnisstrafen zwischen einem und acht Jahren geahndet, wobei die Verurteilten fast immer Frauen sind.

Die kurdische Gesellschaft, räumt Jeza ein, ist in weiten Teilen konservativ. In vielen kurdischen Dörfern werden junge Frauen weiterhin von ihren Eltern verheiratet, gelegentlich zur Beilegung tribaler Fehden auch gegen ihren Willen. Die Dinge hätten sich aber zum Teil rapide verbessert, seit das Baath-Regime Anfang der neunziger Jahre den Zugriff auf die kurdischen Provinzen verlor. Zumindest in den Städten sei mittlerweile allgemein akzeptiert, dass Frauen die Schule abschließen, studieren und einer Berufstätigkeit außerhalb des Hauses nachgehen. Kurdistan habe sich in dieser Hinsicht schneller entwickelt als der Rest des Irak. Islamistische Bekleidungsvorschriften oder die rechtliche Ungleichbehandlung von Männern und

Frauen spielten hier kaum eine Rolle. Je mehr man sich von gesellschaftlich-politischen Tendenzen im arabisch-sunnitischen und schiitischen Teil des Irak abkoppeln könne, meint die junge Frau, desto mehr Rechte werden die Frauen erlangen – in Irakisch-Kurdistan zumindest.

Deutlich vernehmbar ist der Wunsch der Jüngeren, einen besseren Staat zu bauen, zuerst in den eigenen Provinzen, letztlich aber – wenn Eigenstaatlichkeit eben doch nicht durchsetzbar ist – auch darüber hinaus. Die Wirklichkeit im Staate Saddam Husseins und die Kämpfe und Kriege gegen dieses Regime bilden dabei eine beständige Mahnung an das, was man auf keinen Fall will. Beispiele für das, was man will, haben dagegen weder die eigene Geschichte noch die der Nachbarländer zu bieten.

Polla Khanaqa, ein in Deutschland promovierter und habilitierter Bio-Geologe, leitet in Sulaimani ein von der Regionalregierung finanziertes Zentrum für Technologie und Forschung. Er hat nicht nur große Pläne für diese Einrichtung, die er zu einer international vernetzten und für ausländische Forscher attraktiven Institution ausbauen will, er ist auch politisch Optimist – und orientiert sich dabei am europäischen Beispiel: »Wir werden das schaffen, wir werden in Kurdistan Demokratie haben«, sagt er, Europa habe das schließlich auch geschafft. »Nach Halabja und nach der Anfal-Kampagne habe ich mir gesagt: Wir müssen das anders machen.« Man müsse Wege des Zusammenlebens finden, auch wenn nicht sicher sei, ob »die anderen« – er meint die irakischen Araber – dazu in gleichem Maße bereit sind. »Ich will nicht mehr hassen«, sagt Khanaqa.

An der Universität in Arbil habe ich die jungen Leute gefragt, warum sie sich für ihr jeweiliges Studienfach entschieden haben. Einige haben dies gar nicht getan, denn Abiturienten werden im Irak im Wesentlichen aufgrund ihres Notendurchschnitts auf bestimmte Fächer verteilt. Er hätte ja, sagt ein angehender Jurist, lieber Architektur studiert, aber die Noten ... Bei dem Politikwissenschaftler Karman ist das jedoch anders. Man habe im Irak keine echten Politiker und Diplomaten, es fehle an der »personellen Infrastruktur, die man braucht, um einen Staat aufzubauen«, führt er aus. Politikwissenschaft sei deshalb ein wichtiges, zukunftweisendes Fach. Die Zeit der historischen, militärisch sozialisierten Eliten – von Menschen wie Masoud Barzani also, die im Guerillakrieg geprägt und zu Führungsgestalten wurden – gehe unweigerlich zu Ende. »Wir Kurden sagen zwar noch immer gern: Die Berge sind unser bester Freund. Aber vielleicht gilt das so nicht mehr. Jetzt kommt die Zeit der Verhandlungen, der Diplomatie.« Und der Student Hassan ergänzt: »Wir wollen eine Transformation von traditioneller, autoritärer Herrschaft zur Demokratie. Aber wie schafft man Vertrauen in die neuen Verhältnisse – Vertrauen darauf, dass die neue Phase nicht wie die alte wird? Doch nur, wenn der irakische Staat sich entsprechend verändert.«

Mit Sicherheit kurdisch

ANDERS ALS IN BAGDAD oder Mosul können auch Fremde sich in Arbil, Sulaimania, in kleineren Orten und auf dem Land gefahrlos bewegen. Dazu trägt zweifellos die sehr hohe Dichte von Polizei- und Sicherheitskräften bei – die wiederum ein durchaus nützliches Ergebnis der aus öffentlichen Mitteln finanzierten Vollbeschäftigungspolitik ist. Dass hier keine amerikanischen und britischen Truppen patrouillieren und somit nicht einmal der äußere Eindruck von fremder Besatzung entsteht, ist ein weiterer wichtiger Faktor. Die für die Sicherheit verantwortlichen Kurden scheinen aber auch eine eigene Philosophie und einen eigenen Stil entwickelt zu haben, der sich von gängigen Mustern im Irak und im Rest der Region abhebt.

Man wolle einen anderen Umgang mit dem Bürger pflegen als das alte irakische Regime, sagt Dana Majid, der Gouverneur von Sulaimani. Das Prinzip sei, erklärt Karim Sinjari, »sich keine Feinde zu machen. Wir wollen Feinde für uns *gewinnen*, sie zu Freunden machen.« Gefahren drohten vor allem aus den zentralirakischen Provinzen, die zum »sicheren Hafen« irakischer und internationaler terroristischer Gruppen geworden seien. Man wolle sich aber keineswegs gegen die arabischen Iraker abschotten, im Gegenteil: Man wünsche, dass die arabischen Iraker kommen, sei es als Arbeiter, sei es als Touristen, damit wir »ihnen unsere Demokratie zeigen« können. Man wolle es nicht machen wie Israel, das sich immer mehr Feinde schafft, weil seine Soldaten an den Checkpoints jeden Araber als Terroristen behandeln.

An allen Verbindungsstraßen zwischen den kurdischen und den anderen irakischen Provinzen und an den Zufahrtsstraßen in die größeren Städte haben die Peshmerga gut bewachte Checkpoints eingerichtet. Tatsächlich wirken die Peshmerga, die sich jedes Auto anschauen, sehr viel milder als die Israelis an den Kontrollpunkten in der Westbank. Das heißt nicht, dass sie nicht wachsam sind. »Manchem Araber, den wir nicht kennen, stellen wir mehr als eine Frage«, erklärt Abdullah, ein Sicherheitsoffizier aus Arbil.

Wachsamkeit ist geboten, denn es gebe nach wie vor viele Versuche terroristischer Infiltration, sagt Majid. Dank einer aktiven kurdischen Geheimdiensttätigkeit, offenbar auch in den angrenzenden arabischen Provinzen des Irak, und der Kontrolle der Zugänge könne man aber weitgehend Sicherheit garantieren. »Von allen, die es versuchen, kommen vielleicht drei Prozent durch«, meint der geheimdiensterfahrene Gouverneur.

Auch drei Prozent können fatale Auswirkungen haben. Angehörige der radikal-islamistischen *Jaish Ansar al-Sunna* (wörtlich: der Armee der Unterstützer der Sunniten), die sich 2003 aus vor allem kurdischen Islamisten gebildet hat und seither mit dem al-Qaida-Netzwerk im Irak kooperiert, haben in Mosul und anderen umkämpften Städten des irakischen Herzlandes Zuflucht gefunden und von dort aus Anschläge auch in den kurdischen Provinzen verübt. So sprengten sich im Februar 2004 zwei als religiöse Würdenträger verkleidete Attentäter bei Empfängen in den Gebäuden der zwei großen Parteien in Arbil in die Luft. Mehr als fünfzig Personen kamen ums Leben. Im Mai 2005 riss ein Selbstmordattentäter sechzig Menschen vor einem Rekrutierungszentrum der Polizei in den Tod.

Demokratie im Irak – aber mit wem?

DASS GEFAHR AUS DEM REST des Irak droht, weiß der Sicherheitschef aus Erfahrung. Wie hoch diese Gefahr eingeschätzt wird, beruht nicht nur auf Realitäten, sondern auch auf dem Wunsch von

Politikern, Kurdistan von den anderen irakischen Volksgruppen abzusetzen und diesen gelegentlich eine hinterwäldlerische, jedenfalls mit modernen Staats- oder Demokratievorstellungen unvereinbare Grundhaltung zu unterstellen. Damit versuchen sie nicht zuletzt zu begründen, warum das irakische Kurdistan, selbst wenn es im irakischen Staatsverband bleibt, möglichst weit reichende Autonomierechte erhalten muss.

Der PUK-Politiker Muhammad Taufiq gibt sich als Realist auch in Bezug auf die politische Konstitution des Landes: »In unserer Lebenszeit«, meint er, »werden die Iraker sich nicht als Individuen, als Staatsbürger des Irak definieren, sondern nach ihrer Zugehörigkeit zu ethnischen oder konfessionellen Gruppen.« Man brauche deshalb ein Regierungsmodell wie das im Libanon, das jeder dieser Identitätsgruppen einen Anteil an der Macht gibt; eine Art große Koalition, zusammengesetzt nach Nationalität und Konfessionszugehörigkeit sowie politischer Ausrichtung bestimmter Gruppen, die sicherstellt, dass jeder einen Anteil am Kuchen erhält. Ein pluralistisches System also, aber sicher keine Mehrheitsdemokratie, bei der die unterlegenen Gruppen immer Angst haben, von den anderen gesellschaftlich und kulturell dominiert und nicht nur temporär ausgeschlossen zu werden – vom Zugang zu Machtpositionen und materiellen Ressourcen und vor allem von Entscheidungen über Charakter und Zukunft des Landes.

Misstrauen herrscht selbst gegenüber den Partnern, mit denen die kurdischen Parteien in Bagdad eine Koalition eingegangen sind, und gegenüber den gesellschaftlichen Gruppen, die von diesen Parteien vertreten werden. Überhaupt gibt es ein weit verbreitetes Misstrauen gegen »die Araber«. Dieses richtet sich im Besonderen auf die religiös-fundamentalistischen Strömungen der arabischen Sunniten und Schiiten und letztlich auf die Schiiten als größter und – nach langjähriger Unterdrückung durch das Saddam-Regime – auch politisch sehr hoch organisierter Volksgruppe.

»Wir können nicht ewig bei Bagdad bleiben, wenn dort morgen die Religiösen herrschen«, meint etwa Twana Osman, ein linksliberaler Journalist. In den kurdischen Provinzen seien die Islamisten schwächer geworden, seitdem KDP und PUK ihren Bürgerkrieg beigelegt und angefangen haben, sich ernsthaft um Fragen von Aufbau und Entwicklungen zu kümmern. Innerhalb der islamistischen Bewegung hätten sich die moderaten Elemente durchgesetzt – ganz anders als in Bagdad und im »sunnitischen Dreieck«, wo die Islamisten zunehmend radikaler würden.

Man fühle sich den Schiiten schon irgendwie nahe, sagt ein anderer Journalist, weil diese vom alten Regime genauso ungerecht behandelt worden seien wie die Kurden. Aber wenn sie die Macht übernehmen sollten, würden sie sich wohl kaum anders verhalten als die Sunniten unter Saddam. Haidar Scheich Ali, der Kommunist, befürchtet vor allem, dass der Irak sich zu einem religiösen islamischen Staat entwickeln wird. Er selbst respektiere die Religiösen, die Erfahrung zeige aber, dass religiös-fundamentalistische Bewegungen die Rechte der Kurden nicht akzeptieren. Das habe man in Iran nach der dortigen Revolution erlebt.

Zumindest unterstellt man den größeren arabischen Parteien, politische Fragen vor allem unter religiösen Vorzeichen zu behandeln. Er wisse nicht recht, sagt etwa der Arbiler Bildungsminister Tayyib, warum er sich große Mühe machen soll, Schulbuchinhalte mit dem Bildungsministerium in Bagdad abzustimmen. Wenn dort über Geschichtsbücher gesprochen werde, gehe es um konfessionell geprägte Probleme, die für kurdische Schüler einfach irrelevant sind: »Was interessieren uns denn die Konflikte der Schiiten und Sunniten über die Darstellung von Ali bin Abu Talib und Muawiya bin Abu Sufian?«[50] Hinzu tritt die Sorge vor dem, was man hier gemeinhin als »schiitische Ausdehnung« bezeichnet. Würden die bislang marginalisierten Schiiten nicht allmählich immer mehr Einfluss in immer größeren Teilen des Irak erlangen, und würde damit nicht automatisch der Einfluss des großen Nachbarn Iran wachsen? Manche, wie der Journalist Osman, verfolgen mit Sorge, welche Autorität die führenden Geistlichen bei den Schiiten genießen. Ayatollah Ali Sistani, der fast unumstrittene *marja* (Bezugspunkt) der meisten irakischen Schiiten, habe zwar seit dem Sturz Saddam Husseins eine auf Ausgleich bedachte Haltung gezeigt. Aber es sei schon beunruhigend, dass gewählte schiitische Politiker wie Abd al-Aziz al-Hakim, der Chef der stärksten Fraktion im irakischen Parlament, angekündigt habe, in wichtigen politischen Fragen immer der Meinung des Ayatollah folgen zu wollen. »Wir Intellektuellen«, so Osman, »können es nicht hinnehmen, dass eine Person über dem Gesetz und über dem Parlament steht.«

Dana Majid, der Gouverneur, hat sogar noch größere Vorbehalte gegen den geistigen Führer der Schia. »Wer garantiert uns«, fragt er, »dass Sistani, auch wenn er heute davon spricht, dass er keine Herrschaft der Mullahs will, nicht morgen eine Freiwilligentruppe zur Verteidigung des Islam bilden lässt wie die Revolutionswächter Khomeinis?« Ihn interessiere nicht, so Majid etwas abfällig, ob in Najaf und Kerbala, den wichtigsten schiitischen Wallfahrtsstädten im Süden, der Alkohol verboten oder das Kopftuch verordnet werde: »Mich interessiert, was in meiner Region geschieht.« Gerade deshalb aber sei es so wichtig, die kulturellen Selbstbestimmungsrechte der kurdischen Region politisch und verfassungsmäßig abzusichern.

Tatsächlich hat Ayatollah Ali Sistani mehrfach deutlich gemacht, dass er ein demokratisches System befürwortet und die »Herrschaft des Rechtsgelehrten« nach iranischem Modell ablehnt, für den Irak sowieso und auch im Grundsatz. Das überzeugt säkulare Kurdenpolitiker nicht unbedingt. KDP-Innenminister Sanjari etwa ist überzeugt: »Wenn Sistani und Jaafari« – gemeint ist der im Frühjahr 2005 gewählte irakische Ministerpräsident Ibrahim Jaafari – »die Chance hätten, ein System wie in Iran zu errichten, dann würden sie damit nicht eine Minute warten.« Abd al-Aziz Hakim und Jaafari seien doch im Iran aufgebaut worden, wo sie viele Jahre lang im Exil lebten.

Dass Iran eine regionale Agenda hat und gesellschaftliche und politische Kontakte mit den irakischen Schiiten nutzt, um Einfluss auf die Entwicklungen im Irak zu nehmen, ist kaum umstritten. Die iranische Führung hat zweifellos ein Interesse daran, dass im Irak nicht wieder ein Teheran feindlich gesinntes Regime entsteht. Was die irakisch-kurdischen Politiker und Kommentatoren äußern, offenbart aber einen massiveren Vorwurf – weniger an die Adresse Teherans als an die eigenen schiitischen Landsleute – und ein Vorurteil. »Die Iraner haben eine großartige Art, Leute an sich zu binden«, meint Sanjari sarkastisch. Letztlich, heißt das, sind die irakischen Schiiten und ihre maßgeblichen Politiker immer bereit, sich zu Instrumenten des Nachbarlandes machen zu lassen, so dass schon deshalb echte Demokratie mit ihnen nicht möglich ist.

Tatsächlich wird es für die Zukunft eines einheitlichen Irak nicht reichen, sich auf Formelkompromisse zu einigen: Man wird einen Verfassungskonsens – mehr als nur eine geschriebene Verfassung – aller tragenden Gruppen erreichen müssen, der so solide ist, dass er auch einen Abzug oder den Abzug des größten Teils der US-Streitkräfte überdauern kann. Es ist fraglich, ob das gelingt, zumindest ist es sehr schwierig. Nicht wenige arabisch-irakische und irakisch-kurdische Beobachter befürchten einen Bürgerkrieg, wenn die US-Soldaten zu früh abziehen.

Das Dilemma, in dem der Irak sich seit der US-Invasion befindet, ist damit allein nicht beschrieben. Die amerikanischen Truppen werden nämlich ungeachtet der Feinheiten von UN-Sicherheitsratsbeschlüssen, die ihrer Anwesenheit eine völkerrechtliche Grundlage geben, als Besatzungstruppen wahrgenommen. Solange diese Truppen nicht abziehen oder es zumindest nicht wenigstens eine Abzugsperspektive gibt, wird der Terror anhalten – wahrscheinlich allmählich schwächer werdend, aber verheerend genug, um den Wiederaufbau des Gesamtirak zu lähmen. Terroristische Gewalt, Bürgerkriegsgefahr und schleppender wirtschaftlicher Wiederaufbau tragen allesamt dazu bei, die Kurden in ihrem Wunsch zu bestärken, sich vom Rest des Irak zu trennen. Es hat daher eine gewisse Logik, wenn kurdische Politiker sich um den Aufbau von Strukturen bemühen, die in einem föderalen Irak genauso überleben können wie in faktischer oder expliziter Unabhängigkeit Irakisch-Kurdistans.

Wenn die Kurden im Irak sich zur Finalität eines demokratischen, föderal strukturierten Staates bekennen würden, der allen Bürgern gleiche Rechte gewährt, könnten sie das Misstrauen ihrer arabisch-irakischen Partner zumindest abbauen. Umgekehrt wären irakische Nationalisten und Patrioten, die um die territoriale Integrität ihres Landes fürchten, gut beraten, einer föderalen Lösung zuzustimmen, auch wenn sie sehr weitgehende Autonomierechte für einen kurdischen und möglicherweise für andere Teilstaaten enthält. Der Irak, soviel lässt sich auch heute sicher sagen, wird mittelfristig ein föderaler Irak sein – oder gar nicht sein.

Die Fragen, die es beim Aufbau einer haltbaren föderalen Ordnung zu klären gilt, sind allerdings komplex, und es geht um viel:

Nicht nur um Fragen der Zuständigkeiten, der hoheitlichen Rechte, die ein Teilstaat in einem föderalen System genießt, oder um die Verteilung der Öleinkommen des Landes, sondern auch darum, was eigentlich zu Kurdistan gehört und was nicht.

Die Stadt des Anstoßes: Kirkuk und die schwierige Suche nach Verständigung

DIE PROVINZ KIRKUK verfügt über fünfzehn bis zwanzig Prozent der irakischen Ölreserven, aber darüber will niemand sprechen, und man sieht es der tristen, heruntergekommenen Stadt mit ihren ungepflegten Straßen, der teils zerfallenen, teils abgerissenen Zitadelle, der schlecht funktionierenden Kanalisation und den ärmlichen Märkten auch nicht an. Sie hat nicht viel gesehen von den Einkommen, die hier produziert worden sind. Kirkuk aber – man redet hier immer zugleich von der Stadt und der gleichnamigen Provinz – ist ein emotional hochbelastetes Streitobjekt, das den neuen Irak zum Scheitern bringen, ja der Ausgangspunkt eines Bürgerkriegs werden kann. Demografie, Geschichte, mentale und tatsächliche Grenzziehungen, alles wird ins Feld geführt, um zu entscheiden, wem die Stadt gehört und wohin sie in Zukunft gehören soll.

Die Provinz hatte noch 1959, wie eine Volkszählung bestätigte, eine kurdische Mehrheit. In der Stadt Kirkuk selbst war die turkmenische Volksgruppe stark. Historisch war sie zeitweise tonangebend, politisch sicher, vielleicht auch der Zahl nach. Seit den dreißiger Jahren, als die Ölexploration und -förderung begann, setzte indes eine arabische Zuwanderung ein. Im Umland waren arabische Stämme schon lange ansässig, in der Stadt wie in der Provinz blieben sie aber eine Minderheit, bis man in den sechziger und vor allem in den siebziger und achtziger Jahren des zwanzigsten Jahrhunderts eine gezielte Arabisierungspolitik betrieb: Kurden wurden entrechtet, durften keinen Grundbesitz mehr in der Stadt erwerben, kurdische Beamte wurden in andere Landesteile – vor allem in den Süden des Irak – versetzt und kurdische wie turkmenische Dörfer zerstört. Die vertriebenen Einwohner strandeten größtenteils in den Städten und

Vorstädten. Gleichzeitig wurden Araber, in erster Linie Schiiten aus dem Süden, nach Kirkuk umgesiedelt. Man beschäftigte sie als Soldaten und Beamte oder in der Ölindustrie, viele erhielten Land, das zuvor von kurdischen Familien bewirtschaftet worden war. Nicht alle kamen freiwillig, nicht wenige waren Opfer der repressiven Politik des Regimes im schiitischen Süden. Die Zuwanderer wurden aber vergleichsweise gut behandelt. Der Staat ließ Häuser für sie bauen, lieferte Saatgut und Geräte und stattete sie zudem mit einem Handgeld aus, weshalb die Alteingesessenen die Zugezogenen abfällig »Araber der Zehntausend (Dinar)« nannten.

Die Provinzgrenzen wurden neu gezogen, wobei man ausschließlich kurdisch bevölkerte Landstriche östlich und nördlich der Stadt Kirkuk den Nachbarprovinzen zuschlug, was den Anteil der Kurden in Kirkuk weiter verringerte. So erhielt die wegen ihres Ölreichtums und ihrer Lage im arabisch-kurdischen Grenzraum strategisch wichtige Region allmählich eine arabische Mehrheit. Eine Solidarisierung der verschiedenen Volksgruppen hatte das Regime nicht zu befürchten, vielmehr konnte es sich auf die Gegensätze zwischen Kurden, Turkmenen und Arabern und die konfessionellen Gegensätze zwischen den alteingesessenen sunnitischen und den zugezogenen schiitischen Arabern verlassen.

Seit der Befreiung des Irak ist Kirkuk ins Zentrum der politischen Auseinandersetzungen zwischen den kurdischen Parteien und den meisten anderen wichtigen politischen Kräften im neuen Irak gerückt. Die kurdischen Parteien fordern, dass Kirkuk ein Teil des kurdischen Teilstaates wird, was Araber und Turkmenen mehrheitlich ablehnen, und sie fordern, dass die Arabisierungspolitik des alten Regimes rückgängig gemacht wird. Prinzipiell haben alle einflussreichen Parteien das akzeptiert: Das noch unter der amerikanischen Besatzung verabschiedete Übergangsgrundgesetz für den Irak bestimmt, explizit mit Bezug auf Kirkuk, dass das Unrecht, welches das alte Regime irakischen Bürgern durch die gezielte Veränderung des demografischen Charakters bestimmter Regionen angetan hat, wieder gutgemacht werden muss.

Es wurde ein überparteiliches Komitee gegründet, das die schwierige Aufgabe hat, im Einzelnen nach Regelungen zu suchen, die kein neues Unrecht schaffen. Es geht schließlich nicht nur um die Rückkehr enteigneter und vertriebener Kurden, sondern möglicherweise auch um die Rücksiedlung und Entschädigung zumindest eines Teils jener Araber, die im Zuge der Arabisierungspolitik angesiedelt worden sind. Am Ende des Prozesses wird wohl ein Referendum über die Frage stehen, ob Kirkuk Teil der kurdischen Region werden soll oder nicht. Der Ausgang dieser Abstimmung wird davon abhängen, wie sich in der Zwischenzeit die demografischen Verhältnisse darstellen und wer überhaupt als stimmberechtigt gilt. Werden die Zugezogenen der vergangenen zwei, drei Jahrzehnte das Recht haben, sich an der Abstimmung zu beteiligen? Werden die Einwohner der mehrheitlich kurdischen Dörfer, die unter Saddam Hussein aus der Provinz ausgegliedert wurden, wieder dazugezählt und mit abstimmen? Wer das ablehne, meint der Gouverneur von Kirkuk im Gespräch, »der unterstützt die demografischen Veränderungen durch das Saddam-Regime«.

Der Gouverneur ist Kurde und repräsentiert die neuen Machtverhältnisse in der Provinz. Seit dem Irakkrieg sind Stadt und Umland in kurdischer Hand; die kurdischen Peshmerga, nicht die Amerikaner haben Kirkuk im April 2003 eingenommen und seither unter Kontrolle. Hier ist es vergleichsweise sicher, fast so sicher wie in den drei Provinzen, die heute das Gebiet der kurdischen Regionalregierung bilden. Aber das ist relativ. Am Tag nach meinem Besuch in der Stadt reißt eine Bombe zwölf irakische Polizisten in den Tod.

Die Schlüsselpositionen in den Verwaltungen der Stadt wie der Provinz sind seit dem Ende des Saddam-Regimes umbesetzt worden. Zwar sind nun alle ethnischen und die wichtigsten politischen Gruppen repräsentiert, die politische Führung sowie die Mehrheit im neu gewählten Provinzrat liegt aber eindeutig bei der von den beiden großen kurdischen Parteien geführten Allianz. Viele Kurden sind nach der Befreiung zurückgekehrt, wie viele genau, weiß niemand. Der Gouverneur geht davon aus, dass etwa hunderttausend Menschen in die Stadt und die umliegenden Dörfer zurückgekommen sind. Insgesamt zählt die Provinz wohl etwas mehr als eine Million Einwohner.

Der Rechtsanspruch vertriebener und umgesiedelter Kurden oder Turkmenen auf Rückkehr ist gesetzlich verankert. Selbst aus den arabischen Parteien traut sich niemand, dagegen Einspruch zu erheben, auch wenn man hier und da von der »Kurdisierung« Kirkuks hört. Wie aber ist mit jenen umzugehen, die vom alten Regime hier angesiedelt wurden? Der Gouverneur verweist auf das Komitee, das eine gerechte Lösung finden soll, macht aber gleichzeitig seine eigenen Präferenzen deutlich: Er sei Kurde, zweifellos, als Gouverneur aber für alle Bürger und Gruppen verantwortlich. Keine Volksgruppe solle herrschen und keiner ihre Rechte genommen werden. Niemand dürfe aus der Stadt vertrieben werden. Gleichwohl gelte es, das Gesetz durchzusetzen, und dieses sehe die Rückkehr derer in ihre ursprüngliche Heimat vor, die hier angesiedelt worden seien. Die meisten würden ohnehin lieber zurück in den Süden ziehen, wenn man ihnen eine entsprechende Entschädigung zahlt. Es gehe um historische Rechte, betont der Gouverneur, nicht um Öl. »Der Segen des Öls ist für uns ein Fluch geworden.«

Das stimmt insofern, als die Stadt und ihr Umland vom Ölreichtum nicht profitiert haben und letztlich wegen ihrer wirtschaftlich-strategischen Bedeutung arabisiert worden sind. Gleichwohl ist auch der heutige Konflikt ohne das Öl nicht zu erklären. Mit der Aussicht auf eine mögliche Selbstständigkeit Kurdistans wird der Besitz Kirkuks und der umliegenden Ölfelder zu einer entscheidenden Frage. Nationalistische Kurden erwähnen daher lieber die ideelle Bedeutung Kirkuks, das sie gern das »Jerusalem Kurdistans« nennen. Radikalere kurdische Stimmen sprechen offen davon, dass die angesiedelten Araber, in ihrer Mehrheit jedenfalls, die Gegend wieder verlassen müssen.

Eigentlich hätte man das Problem gleich 2003 lösen können, erklärt mir der Journalist Barzani, wenn die Koalitionstruppen den Kurden erlaubt hätten, die Zugezogenen durch »Furchteinflößung und Anreize« zum Wegziehen zu bewegen. Sechzig bis siebzig Prozent von ihnen wären dann heute wohl nicht mehr da. Der national-liberale kurdische Intellektuelle tritt für Marktwirtschaft und Demokratie im eigenen Gemeinwesen ein, grenzt sich dabei aber mit mehr als nationalistischen Untertönen gegen andere ab. Leider hätten die US-Truppen den Prozess, der in den ersten Tagen nach der Befreiung eingesetzt hat, sogleich gestoppt. Irgendwann würden die Araber wieder wegziehen, da ist er sicher. Freilich seien sie als Schiiten auch unterdrückt worden, aber hier gehe es um die Frage der nationalen

Sicherheit und der nationalen Gefühle der Kurden. Kirkuk, sagt er, »ist eine Grenzfrage« – die Stadt sei nun einmal Teil der imaginären Karte, die jeder Kurde im Kopf hat.

Es gibt über diese mentalen Grenzvorstellungen hinaus einen geopolitischen Aspekt, den sicherheitspolitische Realisten wie Dana Majid, der Gouverneur von Sulaimani, betonen. Wenn Kirkuk stabil ist, wenn die zumeist kurdischen Dörfer in der Umgebung der Stadt mit den Behörden der kurdischen Regionalregierung zusammenarbeiten, sei es für terroristische Gruppen viel schwieriger, in der Provinz Fuß zu fassen: »Schon um Sulaimani zu sichern, müssen wir Kirkuk sichern.«

Die meisten Kurden wehren sich nicht gegen ein Zusammenleben mit den Arabern in Kirkuk, wollen aber, dass das Unrecht, das ihnen durch die Arabisierungspolitik angetan wurde, anerkannt wird und die Rückkehr vertriebener und umgesiedelter Kurden ungehindert vonstatten gehen kann. Da die kurdischen und irakischen Behörden nach dem Chaos in den Tagen der Befreiung aber darauf achten, dass rückkehrwillige Kurden nicht eigenmächtig Tatsachen schaffen, indem sie arabische Bewohner ursprünglich kurdischer Viertel vertreiben, haben sich inzwischen Tausende in Zelten und schnell errichteten Häusern am Stadtrand niedergelassen.[51]

Man kann, sagt Ashti Talabani, ein kurdischer Unternehmer, der nationalistisches Denken prinzipiell ablehnt, die Situation der sechziger Jahre nicht wiederherstellen. Man solle lieber versuchen, der Stadt ihre ganz spezielle »kulturelle und historische Persönlichkeit« wiederzugeben, etwa durch den Wiederaufbau historischer Bauwerke wie der verfallenen Zitadelle, mit der sich Kurden, Turkmenen und Araber gleichermaßen identifizieren können. Gleichzeitig müsse man viel Geld in die vernachlässigte Stadt pumpen, um Arbeit möglichst für alle, nämlich für die, die heute da sind, und jene, die zurückkehren wollen, zu schaffen. Allmählich könne man über solche Maßnahmen Vertrauen aufbauen, das vollkommen abhanden gekommen sei. Insofern sei es kaum zu erwarten, dass ein aus Parteienvertretern zusammengesetztes Komitee über die Zukunft der Stadt eine einvernehmliche Lösung vorlegen wird: »Du wirst in der Kirkuk-Frage derzeit niemanden finden, der neutral ist oder es bleibt. Alle graben sich ein.«

Hier gebe es eine Aufgabe für internationale Akteure. Eine international zusammengesetzte unparteiische Expertenkommission könnte am ehesten eine Vorlage erarbeiten, die dann zur Diskussion gestellt werden müsste.

Die Früchte der *Divide-et-impera*-Politik Saddam Husseins reifen so auch nach dessen Sturz. »Es ist kein Wunder«, sagt Abu Ibrahim, »dass die Kurden kein Vertrauen in die Araber haben – schon gar nicht in dieser Stadt.« Die Araber wiederum fürchteten die Rache der Kurden, wissen sie doch, dass die Kurden diskriminiert wurden und dass so mancher – vielleicht die Mehrheit – der Zugezogenen ein Haus oder ein Stück Land erhielt, die kurdischen Besitzern abgenommen worden waren.

Abu Ibrahim, der eigentlich Khudr Akbar Hassan Kussayyir Hamdani heißt, ist ein kleiner, flinker Mittvierziger, der leise und eindringlich redet, seinen Gesprächspartnern in die Augen schaut und gelegentlich in unaufdringlich pädagogischer Weise die erste Person Plural benutzt, wenn er seinem Gegenüber unangenehme Wahrheiten über dessen Verhalten sagen will. Er ist eine Art politischer Sozialarbeiter und leitet das nationale Zentrum für Dialog und soziale Entwicklung in Kirkuk. »Wir sind Teil der Zivilgesellschaft«, sagt er, als er uns in dem unscheinbaren Einfamilienhaus empfängt, das dem Zentrum als Sitz dient, eine gut bewaffnete Zivilgesellschaft allerdings: Auf der Mauer, die das Grundstück umgibt, ist ein Ausguck angebracht, von dem aus ein Peshmerga die Straße überwacht; ein knappes Dutzend Kalaschnikowträger sichert die Einfahrt und das Haus selbst. Versöhnung ist nicht jedermanns Sache, und so kann eine Organisation wie die Abu Ibrahims leicht zum Ziel von Anschlägen werden.

Abu Ibrahims Netzwerk

ABU IBRAHIM und seine wenigen Mitarbeiter bemühen sich, Araber und Kurden zusammenzubringen. Sie bieten Kurse an in Schulen und in ihrem Zentrum selbst, in denen Arabern aus der Provinz zum Beispiel erklärt wird, was Kurdistan ist. Es gibt auch Kurse über Demokratie, über Menschenrechte und – für kurdische Teilnehmer –

über den Schiismus. Vor allem aber vermittelt Abu Ibrahim. Er stellt Kontakte her zwischen arabischen Einwohnern der Provinz und den Behörden, beseitigt Missverständnisse, versucht Interessen auszugleichen, Furcht und Misstrauen zu überwinden. Abu Ibrahim glaubt an die Kraft von Kontakten und Kommunikation, und er genießt das Vertrauen aller Seiten: das der neuen Autoritäten in Bagdad und Kirkuk, weil er mit den Führern der heute herrschenden Parteien im Exil war, das der Araber und Kurden, weil er einer der Ihren ist. Sein Vater ist Araber und seine Mutter Kurdin.

Die Araber, die über Jahrzehnte die herrschende Volksgruppe waren, kommen, so sagt Abu Ibrahim, erst langsam mit den neuen Verhältnissen zurecht. Bevor sie zu einem kurdischen oder turkmenischen Beamten in Kirkuk gehen, kommen sie lieber zu ihm, dem Araber mit den guten Beziehungen, damit er ihre Sache befördere: »Die sind noch nicht bereit, bei einem Kurden auch nur einen Moment an der Tür zu warten«, erklärt Abu Ibrahim, »doch bei mir, da macht ihnen das nichts aus, kränkt es ihre Ehre nicht, auch wenn sie vier Stunden im Vorgarten warten müssen.«

Das ist wohl so. Zwei Gruppen sind es, die ich in Abu Ibrahims Zentrum treffe; für beide ist so viel Zeit da, wie nötig, auch wenn dann immer andere warten müssen. Zuerst sitzen da fünf Vertreter der Jabur, eines alteingesessenen großen Stammes, dessen Siedlungsgebiet auch Teile der Provinz Kirkuk umfasst. Die Besucher sehen nicht aus, wie man sich eine tribale Delegation vorstellt: Man trägt Hose, offenes Hemd und Jackett, keine traditionelle Tracht. Die fünf kommen aus dem Landkreis Zab, einem Kreis mit sechsunddreißig Dörfern und insgesamt wohl fünfzigtausend Seelen, wie der Kreisdirektor Abush Ahmad Jaburi, der als Sprecher der Gruppe auftritt, erklärt. Die Jaburis haben schon immer gute Beziehungen zu den Kurden unterhalten, Nachbarschaft und sogar Hochzeiten eingeschlossen, schließlich lebte man in unmittelbarer Nähe. Heute allerdings sei die Lage schlecht in den Dörfern: Da die meisten beim Militär und bei den Sicherheitskräften, bei Polizei und Geheimdienst gearbeitet haben, sei plötzlich mit der »Veränderung« – so umschreibt man hier den Sturz des alten Systems – und nach der Auflösung der Armee die Arbeitslosigkeit hochgeschnellt, wohl auf achtzig Prozent in den

Dörfern, meint der Kreisdirektor. Fast alle Familien haben von den Gehältern des Sicherheitsapparats gelebt, da müsse man sich nicht wundern, dass heute so mancher zugreift, wenn Terroristen kommen und hundert oder zweihundert Dollar für einen Anschlag bieten.

Widerstehen oder sich arrangieren?

DASS DIE NATIONALGARDE allmählich größere Erfolge gegen die Terroristen erzielt, begrüße man, sagen die Jaburis. Zugleich aber klagen sie, dass immer wieder Unschuldige verhaftet werden, vornehmlich in den Dörfern ihres Landkreises. Viele würden ja nur für ein paar Tage eingesperrt und dann wieder freigelassen. »Aber wissen Sie«, klagt der Kreisdirektor, »wenn die Nationalgarde – und die ist heute aus Arabern und Kurden zusammengesetzt – ein Haus durchsucht und ein Kurdisch sprechender Soldat dabei zum Beispiel eine Lampe zerschlägt, dann sagen die Leute: Der Kurde hat unsere Lampe zerschlagen! Wenn sie die Türen eintreten, die Frauen beleidigen und erwachsene Männer vor ihren Frauen demütigen, dann verlieren wir diese Männer vielleicht, denn dann stellen sie sich möglicherweise auf die Seite der Terroristen.« Der Kreisdirektor hielte es für besser, wenn die Nationalgarde ihn oder andere Vertreter der Dörfer konsultieren würde, bevor sie eine Hausdurchsuchung durchführt oder jemanden verhaftet. »Unter den fünfzigtausend Einwohnern des Kreises gibt es nicht mehr als hundert Terroristen«, sagt der Jaburi, »und die sind uns doch bekannt.«

Man sollte nicht jedes Wort des Kreisdirektors auf die Goldwaage legen, und Abu Ibrahim lässt bei seinen Gästen durchblicken, dass er das weiß. Wenn Abush Jaburi etwa erklärt, dass man den Sturz Saddam Husseins begrüßt habe, dass das alte Regime ganz wenig Vertrauen zu den Jabur gehabt und deren Offiziere und Soldaten vornehmlich im Süden eingesetzt habe, dann ist das wohl kaum die ganze Wahrheit. »Haben wir uns«, fragt Abu Ibrahim, als ob er sich selber einbeziehe, »nicht auch ein bisschen viel Zeit gelassen, die neue Lage zu akzeptieren und mit dem Staat zusammenzuarbeiten?« Sicher seien viele noch skeptisch, was die neue Lage angehe, manche fragten sich, warum Saddam Hussein noch nicht abgeurteilt sei, andere glauben, dass er doch heimlich mit den Amerikanern im Bunde stehe, und viele, die unter der Baath-Partei groß geworden seien, fänden es sicher seltsam, dass heute Schiiten regieren und Kurden Föderalismus einfordern: »Das hört sich für manche von uns doch an wie ein Projekt zur Spaltung des Irak.«

Abu Ibrahims Worte kommen gut an bei den Besuchern vom Stamme der Jabur. Sie haben in den ersten zwei Jahren nach dem Zusammenbruch des Regimes den neuen Verhältnissen eher feindlich, bestenfalls abwartend gegenübergestanden, dem Widerstand gegen die Besatzung zumindest einige Sympathie entgegengebracht, auf jeden Fall so manches Mal ein Auge zugedrückt, wenn terroristische Elemente, die Anschläge auf Zivilisten oder auf Institutionen des neuen Systems verübten, in den eigenen Dörfern Zuflucht suchten.

Die Antwort auf meine Frage, warum denn, wenn es im ganzen Landkreis tatsächlich nur hundert, noch dazu namentlich bekannte Terroristen gebe, Kreisdirektor und Honoratioren nicht mit den Sicherheitsbehörden zusammenarbeiten und diesen die Namen nennen würden, bleibt vage. Die neuen Sicherheitskräfte, sagt einer, seien von den Terroristen durchsetzt. Man müsse erst Klarheit gewinnen. Und, fügt ein anderer hinzu, auch wenn man die Namen kenne, müsse man berücksichtigen, dass man in einer tribalen Gesellschaft lebe, wo dieser vielleicht ein Neffe, jener der Sohn eines Vetters sei. Und das gehe nicht, dass man so jemanden an Fremde ausliefere. Aber, meint ein weiteres Mitglied der Gruppe, die Bereitschaft seiner Leute, mit den neuen, irakischen Sicherheitsbehörden zusammenzuarbeiten, nehme zu, seitdem diese allmählich die Oberhand gewinnen und nicht mehr ganze Städte den Aufständischen überlassen. Die Parlamentswahlen und die Wahl eines neuen Staatspräsidenten hätten das befördert, und wenn die neuen Machthaber nun endlich darangingen, Saddam Hussein und andere Symbole des alten Regimes abzuurteilen, dann würde das Vertrauen in den neuen Irak sicher wachsen.

Man erkennt wohl allmählich, dass das neue System Fuß gefasst hat und wahrscheinlich Bestand haben wird. Es scheint ratsam, die abwartende, feindliche Haltung allmählich aufzugeben, sich mit der neuen Wirklichkeit anzufreunden und auf die Seite der neuen Macht zu stellen, am besten so, dass man sein Auskommen sichert. Die fünf Jaburis unterbreiten einen entsprechenden Vorschlag: Wir haben dreitausend Leute, sagt Abush, der Kreisdirektor, die bereit sind, sofort in die Nationalgarde einzutreten. Lasst uns ein Bataillon bilden, auch wenn es nur aus tausend Soldaten besteht. Wir stellen alles, Soldaten, Unteroffiziere, Offiziere. Und gebt uns eine Polizeidirektion im Kreis. Es gibt genügend Rekruten, das würde zweihundert, dreihundert Leuten aus der Arbeitslosigkeit helfen.

Wer, fragt Abu Ibrahim bedächtig, soll ein solches Bataillon denn führen? Da sehen die Gäste kein Problem. Zwei, drei Namen werden genannt: der Oberst Muhib oder der Oberst Issa, alles erfahrene Leute. »Gut«, sagt Abu Ibrahim, »dann kommt doch nächste Woche wieder und bringt mir eine Liste mit Vorschlägen für die Posten des Kommandeurs und die der Stabsoffiziere. Wenn die Namen in Ordnung sind, dann gebe ich euch das Bataillon.« Die Sitzung ist beendet.

Natürlich könne er den Jaburis nicht die Aufstellung eines Bataillons genehmigen, erklärt Abu Ibrahim auf meine erstaunte Frage, dafür sei das Verteidigungsministerium zuständig, aber seine Kontakte seien gut genug, um hier weiterzuhelfen. Das Experiment, ein Bataillon allein aus Angehörigen eines Stammes und eines Landkreises aufzustellen, werde man wohl wagen, das gebe es auch andernorts. Nur müsse man eben diejenigen, die für Kommandopositionen vorgeschlagen werden, genau überprüfen, damit nicht Elemente des alten Regimes Teile der Nationalgarde in die Hand bekommen.

Im Vorgarten hat während der gut anderthalb Stunden, die Abu Ibrahim mit den Jaburis verhandelte, eine Gruppe von achtzehn schiitischen Notabeln gewartet, alle im traditionellen langen Gewand mit der schwarzen Abaya und dem durch den Aqqal befestigten Kopftuch. »Wir Araber des Südens«, hebt der Älteste nun an, ein weißbärtiger, großer Mann, den alle Abu Sadoun nennen und der sich selbst als Chef des Rates der Stammessolidarität vorstellt, »wir sind vor allem Iraker. Und diese Stadt, Kirkuk, ist Teil des Irak, ist Teil unseres Landes.« Man sei in den achtziger und neunziger Jahren aus verschiedenen Gründen hierher gezogen: Wegen des iranisch-irakischen Krieges, der das Leben im Süden schwer gemacht habe; weil Saddam Hussein die Sümpfe, den Lebensraum eines Teils der schiitischen Bevölkerung des Südens, zerstört habe, oder um ein besseres Auskommen zu finden. Manche seien auch in Kirkuk Bauern geblieben, die meisten aber seien Beamte geworden oder Militärs.

Alle sagen mehr oder weniger das Gleiche: Die meisten Mitglieder der Großfamilien seien arbeitslos, die staatlichen Dienstleistungen unzureichend. Einer spricht für die Bauern. Er stellt sich als Scheich eines Stammes und Vorstand des Bauernverbandes in der Provinz Kirkuk vor. »Wir fordern«, sagt der Scheich, »von Gott, von Präsident Talabani und von der Regierung, dass diese Probleme gelöst werden. Wir selbst wollen keine Probleme machen.« Eine gerechte Entschädigung, wenn man wieder wegziehen solle, die müsse schon sein – spricht der Scheich und geht. Die Frage eines Mitarbeiters von Abu Ibrahim, ob Angesiedelte wie der »Bruder Landwirt« sich je Gedanken gemacht haben, auf wessen Land sie sitzen – wo heute zweitausend arabische Familien lebten, seien wohl viertausend kurdische vertrieben worden – bleibt unbeantwortet.

Die Notabeln haben selbst noch viel zu sagen. Saddam Hussein habe viele Fehler gemacht, dazu gehöre die Umsiedlung der Kurden genauso wie die Vertreibung von Schiiten nach Iran. Aber jetzt könne man doch nicht zweihundert- bis dreihunderttausend Menschen deportieren wollen, nicht Fehler mit Fehlern vergelten. »Wir haben doch keine Probleme mit Kurden oder Turkmenen«, er selbst, so Abu Sadoun, habe eine seiner Töchter vor drei Monaten mit einem Kurden verheiratet. Früher, räumt er nach einer kurzen Pause ein, »da hätte ich das vielleicht nicht getan«. Aber im neuen Irak, da solle jeder sein Recht bekommen, der Kurde, der Araber, alle. Und die Stadt Kirkuk, die solle ein Beispiel werden für den neuen Irak. Man sei ebenso Opfer wie die Kurden, das wiederholen noch zwei, drei andere, und natürlich ist das alte Regime schuld. Saddam Hussein habe diesen Hass zwischen Kurden und Arabern geschaffen, auch zwischen den alteingesessenen Arabern und den Leuten aus dem Süden, die man als Profiteure und Zehntausend-Dinar-Araber beschimpfe.

An dieser Stelle hält meine kurdische Begleiterin es nicht mehr aus: »Selbst in den offiziellen Dokumenten Saddam Husseins wird von euch doch als den ›Begünstigten‹ gesprochen. Das haben wir doch nicht erfunden! Könnte nicht einer von euch, statt dass ihr euch als Opfer darstellt, einmal die tausende von zerstörten kurdischen Dörfern erwähnen?«

Nein, hier sieht jeder nur sein eigenes Schicksal, hat Angst um seine eigene Zukunft. Er habe Vertrauen in das Parlament, sagt Abu Sadoun zum Schluss, »die werden schon das Richtige tun«, und natürlich in die *marjaiyya*, die religiöse Autorität. Das heißt konkret: in Ayatollah Ali Sistani. »Wenn Sistani uns sagt, verlasst die Gegend hier, dann gehen wir. Und wenn er uns sagt: Stimmt für Kurdistan, dann stimmen wir eben für Kurdistan.«

Einer der Notabeln, Scheich Feisal, streckt noch einmal die Hand zu den neuen Machthabern aus: »Jalal«, sagt er und meint damit den neuen Staatspräsidenten, »wird den Hungrigen sicher zu essen geben, wird für sauberes Trinkwasser sorgen und wird uns Gerechtigkeit bringen.« Man hat im Irak über Jahrzehnte gelernt, den Präsidenten zu preisen. Opportunismus spielt dabei eine Rolle, vor allem aber Furcht und Existenzangst. Die gibt es nicht nur in Kirkuk, aber sie bündelt sich hier. Nur wenn man sie überwindet, kann Kirkuk, wie Ashti Talabani hofft, zum Symbol eines neuen Irak werden, nicht zum Brennpunkt seiner inneren Konflikte.

Am Abend erzähle ich in Sulaimani einem höheren PUK-Funktionär von dem Treffen in Kirkuk. »Ja«, sagt er, »man muss die Sorgen dieser Menschen ernst nehmen, und man muss ihre Menschenrechte achten. Aber glaubst du, dass es leicht sein wird, sie zur Rückkehr in ihre Heimat zu bewegen?«

Es gibt Brückenbauer, die in Geschichte und Erinnerung Bausteine für die Zukunft und nicht nur Zündstoff sehen. Die kurdische Poetin Gulula Noory gehört zu diesen. Sie schreibt ihre Gedichte in Arabisch. Das folgende trägt die Unterzeile »Kirkuk«:

»Ich sage ihm immer:
Mein Freund, der Krieg ist eine Serie von Verlusten.
Und er sagt:
Schau Dir meinen Helm an.
Sein Dach wurde weggerissen,
aber mein Gedächtnis habe ich behalten.«[52]

Der Titel des Gedichts lautet: »Optimismus«.

AZO, ARAM, AZIZ und noch ein Aram sowie Regine, Eriwan, Sharar und Bahjan sind alle achtzehn, neunzehn Jahre alt und studieren im zweiten Semester Geschichte an der Universität Sulaimani. Die je vier jungen Männer und Frauen, alle aufgeweckt und äußerlich, denkt man sich die ein, zwei Kopftücher weg, von gleichaltrigen europäischen Studenten kaum zu unterscheiden, sind optimistisch mit Blick auf die Zukunft ihres Landes. Man sei jetzt eben, sagt Bahjan, nicht mehr Bürger zweiter Klasse, und das sei eine gute Voraussetzung für die Zukunft Kurdistans. Regine stimmt ihr zu, vorausgesetzt, dass ihr Land ein demokratisches System etabliere, klug mit der internationalen Gemeinschaft zusammenarbeite und auch innenpolitisch manche Fehler der Vergangenheit vermeide.

Gegen die politische Führung hegen sie alle einige Skepsis: »Wir haben doch kaum Beziehungen zum südlichen und zum mittleren Irak«, sagt Aram, »und während wir hier unsere Regierung haben, Institutionen, eine Zivilgesellschaft – was gibt es denn davon dort? Und dennoch fordern einige unserer Politiker die Rückkehr in den Irak.« Die würden, so ergänzt sein Kommilitone Azo, auf einen Kuhhandel mit den arabischen Parteien setzen – nichts anderes sei doch die ganze Debatte über ein Referendum zur Zukunft Kirkuks. Er habe als Geschichtsstudent schließlich gelernt, dass es über den kurdischen Charakter Kirkuks keine Zweifel gebe.

Ob es in der Zukunft einen kurdischen Staat geben wird? Der zweite Aram versucht, realistisch zu sein. Letztlich liege das nicht allein in der Hand der Kurden, sondern in der der Großmächte. Er wäre schon froh, wenn die Demokratie, die die Amerikaner mit ihrem Projekt eines »Größeren Mittleren Ostens« fördern wollen, sich regional durchsetzt und die Kurden der Türkei zumindest das Recht erhalten, in ihrer Sprache zu sprechen. Irakisch-Kurdistan werde vielleicht nur eine Provinz des Irak bleiben – aber eben mit weitergehenden Errungenschaften, gerade im politischen Bereich, als in anderen Teilen des Irak, und natürlich mit Kirkuk und Khanakin, den unter Saddam Hussein gezielt »arabisierten« kurdischen Städten, die sich heute außerhalb der drei Provinzen befinden.

Geschichte studieren die meisten der acht ganz bewusst. Geschichte, meint Azo, sei wichtig, »damit man weiß, wo unser Land hingeht und wer wir sind«. Er habe bislang vor allem gelernt, dass die Kurden wie andere Völker eine »ehrenvolle Geschichte haben, dass wir uns aber von den umliegenden Nationen unterscheiden«. Das haben Generationen von Kurden im Irak, in Iran, in Syrien oder in der Türkei im Geschichtsunterricht nicht gelernt – wenn man dort überhaupt die Existenz eines kurdischen Volkes anerkannt hat. Alle Geschichtsstudenten im ersten Jahr müssen hier neben den stark verschulten Pflichtveranstaltungen ein »freies Thema« erarbeiten – eine auf eigenen Literatur- und Quellenstudien beruhende Seminararbeit also. Fast alle acht haben ein kurdisches Thema gewählt, nur Eriwan hat eine Arbeit über die omayadischen Kalifen vorgelegt. Azo hat etwas über die alte Geschichte Kirkuks herausfinden wollen, Sharar über eine der vielen kurdischen Revolutionen, Regine über die Anfal-Kampagne, und Aziz hat sich mit dem »Ursprung der Kurden« befasst. Dreizehn verschiedene Quellen habe er benutzt, dabei habe ihn unter anderem interessiert, wie sie Muslime geworden seien, freiwillig nämlich, und nicht, wie so viele andere Völker, durch Eroberung.

Man könne aus der Geschichte lernen. Die kurdische Geschichte, erklärt Aram, sei von zwei Emiraten bestimmt worden: Soran und Baban. Letztlich seien beide auf einen Streich besiegt worden, nachdem sie sich gegenseitig im Bruderkrieg abgenutzt hatten.

Irakisch-iranische Übergänge

ES GIBT RECHT VIELE MÖGLICHKEITEN, von Irakisch-Kurdistan nach Iran überzuwechseln, aber die meisten Übergänge sind keine offiziellen. Reisende, die nicht über die grüne Grenze gehen wollen, müssen in Munziriya, außerhalb der eigentlichen kurdischen Region, den Irak verlassen. Da ist man dann umso vorsichtiger. Wir machen uns in einem alten, unscheinbaren Opel Vectra auf den Weg. Neben mir und vorn auf dem Beifahrersitz fährt je ein Peshmerga in Zivil mit. Beide haben ihre Kalaschnikows, deren Magazine mit Klebeband zusammengehalten werden, an der Seite – das hindert beim

Ein- und Aussteigen ein wenig –, beide und zudem der Fahrer haben noch eine Pistole im Hosenbund.

Zwei Checkpunkte und ein Streifen Niemandsland grenzen die Provinz Sulaimania von der Provinz Diyala ab, die nicht mehr zur Kurdischen Regionalregierung gehört. Zerschossene Militärgebäude erinnern daran, dass hier bis April 2003 noch die Grenze zwischen dem kurdischen Autonomiegebiet und dem Irak Saddam Husseins war. Heute sind die Checkpunkte auf beiden Seiten von kurdischen Soldaten besetzt; sie kontrollieren vor allem den nach Kurdistan hinein strömenden Verkehr.

Auch geografisch spürt man, dass wir aus Kurdistan in die mittleren Gebiete des Irak fahren. Die Berge haben wir hinter uns gelassen, das Land wird erst hügeliger, dann flach. Die ersten Palmenhaine tauchen auf, und rechts der Straße, gen Westen und Südwesten, beginnt die Wüstensteppe. Die Dörfer haben arabische Namen, ihre Bewohner kleiden sich arabisch. Das gilt nicht für die Stadt Khanakin, die größte der Provinz, die wie Kirkuk mehrheitlich oder stark kurdisch besiedelt war, unter Saddam Hussein gezielt arabisiert wurde und deshalb heute ein Streitobjekt ist. In den engen Straßen der tristen, grauen und flachen Stadt liegen arabische und kurdische Viertel eng beieinander. Die Sicherheit ist wie in Kirkuk fest unter kurdischer Kontrolle. Wir halten, um auf der Straße bei einem Händler mit Klappstuhl und Klapptischchen Geld zu wechseln. Irakische und iranische Banknoten sowie Dollars sind im Angebot. Für einen längeren Aufenthalt gibt es keinen Grund.

Nach wenigen Kilometern erreichen wir die Grenze, auf irakischer wie auf iranischer Seite große Anlagen, die zur Abfertigung von Lkws und Pkws gebaut wurden, aber heute nur für den kleinen Grenzverkehr offen sind. Die großen Zoll- und Abfertigungshallen liegen wie verwaist da, ein Schild auf irakischer Seite zeigt den Weg zu einem nicht oder nicht mehr vorhandenen Duty-free-Shop.

Nachdem mehrere freundliche Geister, die alle irgendwelche offiziellen Funktionen auszuüben scheinen, meinen Pass kontrolliert haben, stoßen wir auf Hauptmann Shorgi, der uns in sein Büro bittet. Leider, sagt er, leider hätte ich gegen ein irakisches Gesetz verstoßen, da ich mich während meines Aufenthalts in Irakisch-Kurdistan nicht bei den irakischen Immigrationsbehörden gemeldet habe. Dass meine kurdischen Gastgeber dies nicht wussten, sei nicht verwunderlich, schließlich nehme der irakische Staat erst allmählich wieder seine Funktionen auf, und das Gesetz sei neu. Er als Mitglied der PUK wolle aber helfen. Der Wunsch der PUK-Führung, deren Gast ich offenbar sei, sei ihm Befehl, aber er sei nun auch einmal irakischer Beamter und müsse dem Gesetz Geltung verschaffen. Ich müsse eine Strafe zahlen, umgerechnet dreißig Euro, das sei der niedrigste mögliche Tarif. Ob ich dazu bereit sei? Bin ich, und ich erhalte auch eine ordentliche Quittung.

Hauptmann Shorgi setzt ein Protokoll auf, in welchem er mich ohne weitere Nachfrage zum Mitarbeiter einer ausländischen Straßenbaufirma macht, der während des Aufenthalts in Sulaimani vergessen hat, rechtzeitig bei den irakischen Behörden vorzusprechen. Damit ist dem Gesetz Genüge getan, und mein Pass erhält einen Ausreisestempel. Hauptmann Shorgi begleitet mich persönlich zu dem eisernen, in den iranischen Nationalfarben gestrichenen Grenztor.

Hier herrscht ein wenig Gedränge, weil die beiden iranischen Polizisten, die es bewachen, nur hin und wieder eine Traube von Menschen hindurchlassen. Zudem blockiert ein eifriger Mullah, der offensichtlich in Elektroartikeln handelt, mit seinen Paketen den Weg, indem er eins nach dem anderen von der iranischen auf die irakische Seite zu tragen sucht. In der iranischen Empfangshalle mahnen höfliche Polizisten die Ankommenden um Geduld, die Beamten sind beim Mittagsgebet. Schließlich erscheinen zwei Grenzbeamtinnen im Tschador und erweisen sich als höchst professionell. Geduldig und freundlich fertigen sie die ungeordnet sich drängelnden Ankömmlinge ab. »Was für ein schöner Name«, lacht die ältere der beiden einen irakischen Reisenden an, als sie dessen etwas ungewöhnlichen kurdischen Namen endlich verstanden hat.

Auf iranischer Seite führt die Straße bald aus der Ebene wieder in die Höhe. Nach zweieinhalb Taxistunden, meist durch wilde, zerklüftete Berge, deren Gipfel wolkenverhangen sind, gelangen wir nach Kermanshah, einer malerisch vor einem Bergmassiv gelegenen überwiegend kurdischen Stadt, deren gepflegte Straßen und Parks dem aus dem Irak Einreisenden das Gefühl geben, wieder in einem Land mit langer, ziviler Tradition und Bürgersinn angekommen zu sein. Weitere zwei Stunden braucht man, um von hier in die Hauptstadt der iranischen Provinz Kurdistan, nach Sanandaj, zu gelangen. Diese Stadt wächst allmählich in die Berge hinein. Nicht zuletzt durch ihre Universität ist sie heute das Zentrum kurdischen Lebens in Iran.

Die kurdische Identität, die in Iran keineswegs versteckt, sondern herausgestellt wird, scheint ganz anders als in Irakisch-Kurdistan recht gut mit dem Gefühl der Zugehörigkeit zum iranischen Staat einherzugehen. Man mag in diesem Teil Irans öfter als anderswo hören, dass das iranische Regime ein terroristisches sei, was darauf zurückzuführen ist, dass iranische Regierungsagenten 1989 in Wien zwei Führer der Demokratischen Partei Kurdistan-Iran ermordet haben. Es sind auch häufiger als anderswo Beschwerden darüber zu hören, dass die wichtigsten Verwaltungsämter von Persern besetzt sind und Kurden wenig Chancen haben, in hohe Staatsämter aufzusteigen – es sei denn, es handelt sich um Ayatollahs. Aber die abfälligen Bemerkungen über Khomeini, Khamenei und die Ayatollahs insgesamt, die die jungen Wachpolizisten in dem kleinen, aber wohlgeordneten Museum von Sanandaj im Gespräch machen, könnte man so in jeder anderen iranischen Stadt hören.

Auch wenn sie das politische System ablehnen, fühlen sich Irans Kurden – so weit bestätigt sich, was wir in Irakisch-Kurdistan gehört haben – eben doch als Iraner, und sie sind stolz auf dieses Land: »Das ist ein großartiges Land, besser als die Türkei, besser als Deutschland, besser als Amerika. Unsere Industrie ist im Eimer, ja, das stimmt, aber wir haben doch alles: Wasser, Öl, Gold, Diamanten und andere Bodenschätze, eine reichhaltige Landwirtschaft und eine wunderschöne Landschaft«, erklärt mir Aziz, der ältere Taxifahrer, der mich von Kermanshah nach Sanandaj bringt. Dann wird er in seinem Redefluss unterbrochen, weil ein Polizist ihn herauswinkt. Geschwindigkeitsübertretung wird ihm vorgeworfen und eine Geldstrafe von umgerechnet zwanzig Euro verhängt, so viel, wie die ganze Fahrt, gut hundertvierzig Kilometer bergiger Strecke, ihm einbringt. Den Rest der Strecke schimpft Aziz auf die Regierung, die nichts weiter im Sinn habe, als die Leute auszunehmen. Aber das würden Taxifahrer in Europa wohl auch tun.

Iran

Mehr Kultur als Revolution

ES GIBT EIN OFFIZIELLES oder quasi-offizielles Narrativ für das runde Vierteljahrhundert, das seit der iranischen Revolution des Jahres 1979 vergangen ist. Die Geschichte, wie Mitglieder der herrschenden Eliten in Iran sie sehen, geht etwa folgendermaßen: Als die Iraner 1978 begannen, gegen das Schah-Regime zu revoltieren, taten sie dies im Namen dreier Ziele: nationale Unabhängigkeit – der Schah galt als Marionette der USA –, Freiheit beziehungsweise Demokratie und Islam. 1980, kaum dass die Revolution gesiegt hatte und die ersten revolutionären Wirren vorüber waren, griff der Irak, von den USA ermutigt, Iran an und zwang der jungen Islamischen Republik einen achtjährigen, blutigen Krieg auf. Auf diese Weise haben die Amerikaner die Revolution in die Radikalität getrieben.

»Den ganzen Krieg hindurch«, so ein hoher iranischer Diplomat im Gespräch, »waren wir allein. Wir brauchten weitere acht Jahre für den Wiederaufbau. Das war die Ära von Präsident Rafsanjani. Und wieder waren wir ganz allein.« Anstatt Iran zu helfen, verhängte man Sanktionen gegen das Land, nicht zuletzt mittels des »doppelten Containments«, mit dem die Clinton-Administration den Irak und Iran gleichermaßen isolieren wollte.

Rückblicke: Revolution und Moderation

IM JAHR 1997 WURDE Präsident Muhammad Khatami gewählt und leitete eine Phase der Reformen ein. Dabei ging es allerdings, darauf bestehen offizielle Vertreter des Landes, nicht um eine Reform der Revolution oder gar darum, diese rückgängig zu machen, sondern um eine Rückkehr zu den ursprünglichen revolutionären Zielen. Gleichzeitig, so etwa der schon zitierte Diplomat, den ich mehrfach in Teheran treffe, habe Khatami ein neues Konzept eingeführt und umgesetzt, nämlich das der islamischen Zivilgesellschaft. Die 2005 mit der Wahl Mahmud Ahmadinejads beendete Ära Khatami stand insofern im Zeichen politischer Reform, politischer Öffnung und verstärkter politischer Mitsprache sowie der kulturellen Öffnung nach außen und des Dialogs zwischen den Zivilisationen. Der Westen habe das allerdings missverstanden, habe gehofft und sich selbst eingeredet, dass Khatami das islamische System überwinden wolle. Auch jene Europäer, die Khatami und seine reformerische Tendenz unterstützen wollten, hätten ihm letztlich mehr geschadet als genutzt, indem sie ihn einerseits zum Helden einer säkularen, antirevolutionären Bewegung stilisierten und ihn andererseits unter permanenten Druck setzten, nicht zuletzt in der Frage der Menschenrechte.

Die Essenz dieser Sicht auf die eigene, jüngere Geschichte ist, dass Iran in den harten Jahren von Krieg und Wiederaufbau die Welt gegen sich gehabt und diese den Reformpräsidenten Khatami nur unterstützt habe, damit er das revolutionäre Experiment beendet. Man habe ihn also zum Gorbatschow machen wollen, anstatt das Land und sein einzigartiges Experiment »islamischer Demokratie« zu unterstützen. »Wenn ihr helfen wollt«, das jedenfalls ist die Botschaft, die mein diplomatischer Bekannter gern an Europa richten würde, »dann tut das; dann tragt dazu bei, dass die Reformen, die unter Khatami eingeleitet wurden, Früchte tragen« – er denkt dabei an Investitionen und an den Zugang zu moderner Hochtechnologie –, »oder lasst uns in Frieden.«

Das offiziöse Narrativ ist keineswegs völlig falsch; es gibt schlicht die herrschende Sicht der Dinge wieder, unterschlägt oder unterbewertet dabei jedoch eine Reihe wichtiger Fakten. Natürlich haben die amerikanische und eine Reihe europäischer Regierungen darauf gesetzt, dass das iranische Regime durch den Krieg mit dem Irak zu Fall kommt. Vor allem die USA und Frankreich haben, als Iran in die Gegenoffensive ging, den Irak unterstützt. Nicht wenige in der Reagan-Administration (1981–1989) haben darauf gehofft, dass Irak und Iran sich gegenseitig ausbluten. Natürlich haben amerikanische Wirtschaftssanktionen den Wiederaufbau Irans behindert, und zweifellos haben viele europäische Beobachter gewünscht, dass die Reformen und Veränderungen unter Khatami weiter und tiefer gehen und eine säkulare, liberale Demokratie herbeiführen würden.

»War is real for us!« Revolution, Krieg und Erinnerung

DIE ISLAMISCHE REPUBLIK ist in ihrer mittlerweile mehr als fünfundzwanzigjährigen Geschichte keineswegs nur Opfer feindlicher Politik gewesen. Die Revolution gegen den Schah und seine Diktatur war zwar zweifellos ein Akt der Befreiung, der nicht nur von Islamisten modernistischer wie konservativer Ausrichtung, sondern auch von linken, liberalen und nationaldemokratischen Kräften getragen wurde. Es dauerte allerdings nicht lange, bis der greise Ayatollah Ruhollah Khomeini, dessen Rückkehr aus dem Pariser Exil im Januar 1979 den Sieg der Revolution symbolisierte, das neue Regime dominierte und seine eigenen Vorstellungen einer islamischen Ordnung durchsetzte.[53] Dabei mischten sich moderne Elemente – der neue Iran würde eine Republik sein – mit Elementen konservativer islamischer Gesellschaftslehre und den Herrschafts- und Standesinteressen der schiitischen Geistlichkeit: Die Republik würde eine islamische sein; ihre Politik und innere Ordnung müsse islamischen Grundsätzen entsprechen. Um dies zu sichern, wurde in der neuen Verfassung Khomeinis Vorstellung von der Organisation staatlicher Autorität in einem modernen islamischen Staat verankert: das Prinzip des *vilayat-e faqih,* der Herrschaft des Obersten Rechtsgelehrten. Khomeini selbst – und nach seinem Tod ein vom so genannten Expertenrat bestimmter geistlicher Führer *(rahbar)* – sollte die Grundlagen der Politik bestimmen und anderen Verfassungsorganen, insbesondere dem Parlament und der Regierung, als letzte Entscheidungsinstanz übergeordnet sein.

Die neuen Machthaber glaubten in ihrem revolutionären Elan (hier unterschied sich die iranische Revolution kaum von anderen großen Revolutionen der Weltgeschichte), die eigene Revolution auch in die Nachbarstaaten tragen zu müssen. Ziel des »Revolutionsexports« waren in erster Linie die Monarchien auf der arabischen Halbinsel und der benachbarte Irak, dessen starker Mann, Saddam Hussein, seinerseits eine antischiitische und anti-iranische Politik verfolgte. Khomeini erklärte daher schon kurz nach dem Sieg der Revolution, dass man deren Erfolg im Irak wiederholen werde. Iranische Revolutionsgarden verübten wiederholt Übergriffe auf irakisches Territorium und unterstützten schiitische irakische Rebellengruppen. Es kam immer wieder zu kleineren bewaffneten Auseinandersetzungen an der Grenze, von einer ernsthaften Bedrohung des Irak kann man jedoch nicht sprechen. Saudi-Arabien und die anderen Golfmonarchien aber fühlten sich durch die revolutionäre Propaganda aus Teheran bedroht und unterstützten deshalb den Irak, als Saddam Hussein und sein Regime die Chance sahen, dem durch die revolutionären Wirren geschwächten Iran eine rasche Niederlage zuzufügen und Teile des Nachbarlandes zu erobern. Im Sommer 1980 marschierten irakische Truppen auf breiter Front in Iran ein; statt eines raschen Sieges folgte ein achtjähriger blutiger Krieg.[54]

Die neue iranische Führung ging schon bald mit Gewalt gegen alle vor, die sich ihr in den Weg stellten oder als Feinde der Revolution betrachtet wurden. Einige dieser Gegner übten selbst terroristische Gewalt aus, andere versuchten nur, politische und gesellschaftliche Grundfreiheiten durchzusetzen. In Schnellprozessen wurden Tausende als vermeintliche oder tatsächliche Revolutionsgegner oder Anhänger des alten Regimes zum Tode verurteilt und hingerichtet – allein bis 1983 wurden nach offiziellen Angaben fünftausend Todesurteile vollstreckt.[55] Viele Iraner kamen wegen vermuteter anti-islamischer oder antirevolutionärer Gesinnung ins Gefängnis. Der irakische Überfall war in dieser Situation, wie manche meinen, geradezu ein Gottesgeschenk: Der Krieg festigte das Regime, denn er erlaubte es den Konservativen, ihren Zugriff auf die Staatsmacht zu sichern und ihre gesellschaftlich-kulturellen Vorstellungen ohne große Rücksichten durchzusetzen.

Teile der Führungselite hatten inzwischen, wie ein hoher iranischer Beamter im Rückblick sagt, »Gefallen am totalitären Modell« gefunden. Sie wollten einen Staat ohne Opposition, mit einheitlicher

Ideologie und möglichst einheitlichem gesellschaftlichen Erscheinungsbild, was sich ausdrückte im Kopftuchzwang und weiteren Elementen eines islamischen Dresscodes. Da die Mehrheit der iranischen Frauen, insbesondere auf dem Land und in den kleineren Städten, auch vor der Revolution Kopftuch und Tschador, den bis auf die Knöchel reichenden Umhang, getragen hatten, richteten sich die Bekleidungsvorschriften vor allem gegen die an der westlichen Moderne orientierten oder, in der Diktion des neuen Regimes, »verwestlichten« Schichten der Bevölkerung, die zum Teil zwar die Revolution unterstützt hatten, aber eben kein islamisches Regime wollten.

Opposition ließ sich in Zeiten des Krieges als Landesverrat diffamieren. Tatsächlich haben viele Oppositionelle, als die irakischen Divisionen über die Grenzen rollten, ihre Kritik am Regime hintan und sich selbst hinter die Regierung gestellt: Die Verteidigung ihres Landes hatte für die meisten Iraner Priorität, und die Führung konnte die Bevölkerung und auch die Armee des alten Regimes tatsächlich für den »aufgezwungenen Krieg« gewinnen. Als es den iranischen Streitkräften und den meist schlecht ausgebildeten Revolutionsgarden – Freiwilligen, die zur Verteidigung von Staat und Revolution an die Front gingen – dann Mitte 1982 gelang, die irakischen Invasoren vom iranischen Territorium zu vertreiben, entschied die iranische Führung, ein irakisches Waffenstillstandsangebot abzulehnen und den Krieg bis zum Sturz des Regimes von Saddam Hussein fortzusetzen.

Wie der irakische Präsident mit seinen Kriegsplänen gescheitert war, scheiterte nun auch die iranische Seite an ihrem Kriegsziel. Der Krieg blutete das Land im Wortsinne aus; iranische Truppen waren das Ziel irakischer Gasangriffe; iranische Städte wurden von irakischen Raketen getroffen. Am Ende zählte man auf iranischer Seite, wo die größere Opferzahl zu beklagen war, etwa dreihunderttausend Kriegstote und bis zu einer Dreiviertelmillion Verwundete. Erst 1988, als die iranische Ölwirtschaft aufgrund der massiven Kriegszerstörungen am Boden lag, die Zahl der Freiwilligen ab-, die innere Kritik am Krieg aber zunahm und die USA aktiv für die irakische Seite Partei ergriff oder zu ergreifen schien, akzeptierte Khomeini einen Waffenstillstand.

Es gibt heute selbst bei Mitgliedern der iranischen politischen

Elite eine gewisse, aber eben nur eine gewisse Selbstkritik im Hinblick auf die Jahre der Revolution und des Krieges. Was wohl, frage ich den iranischen Diplomaten, die größten Fehler gewesen seien, die die Islamische Republik im ersten Vierteljahrhundert ihrer Existenz gemacht hat? Eine gute Frage sei das, antwortet er. Einige Leute sagten – er selbst will sich da offenbar nicht ausschließen –, dass man den Krieg hätte beenden sollen, als man 1982 die Oberhand gewann. Tatsächlich »hätten viele Länder uns damals geholfen, einige arabische Staaten waren sogar bereit, uns Reparationen zu zahlen«. Die Entscheidung sei dennoch für die Fortsetzung des Krieges gefallen. Und tatsächlich habe der Krieg ja, »obwohl er uns aufgezwungen war«, geholfen, die Revolution zu stärken. »Er hat uns geholfen, uns auf uns selbst zu verlassen.«

Ob man die Besetzung der US-Botschaft im November 1979 und die Geiselnahme des Botschaftspersonals durch revolutionäre Studenten für mehr als ein Jahr, was die amerikanische Öffentlichkeit auf Jahre, wenn nicht Jahrzehnte gegen die Islamische Republik aufbrachte, zu den Fehlern zählen könne? Ja, vielleicht, meint er, aber man müsse natürlich die damalige Situation verstehen. Die USA hätten sich gegen das Regime gestellt und einen Putschversuch der militanten Opposition unterstützt. Und »da waren alle diese revolutionären studentischen Hardliner«. Er selbst zählt sich nicht dazu, wohl aber zur revolutionären Generation. Heute ist er eher dem Reformlager zuzurechnen, will die Beziehungen zum Westen verbessern, aber bei Ausbruch der Revolution hatte er gerade die Oberschule beendet, nahm an den revolutionären Demonstrationen teil und diente fünf Jahre lang als Kriegsfreiwilliger. Die damaligen Botschaftsbesetzer gehörten später zum Kern der Reformergruppe um Präsident Khatami. »Diese Leute glaubten damals«, erklärt der Diplomat, »alles machen zu können. Wir hatten den Schah besiegt, und nun glaubten sie, dass wir die USA besiegen könnten.« Vielleicht sei die Botschaftsbesetzung ein Fehler gewesen, aber »es war unser Schicksal«.

Und was, frage ich weiter, war mit dem revolutionären Terror, den Hinrichtungen und Schauprozessen nach der Revolution? Hier will mein Bekannter keine Fehler einräumen: Die Revolution, sagt er,

»kämpfte um ihr Leben, wollte sich gegen ihre Feinde verteidigen. Dann wurde ihr ein Krieg aufgezwungen, und es gab Putschversuche. So sind Revolutionen nun einmal. Es geht nicht darum, Süßigkeiten an die Leute zu verteilen.«

Die revolutionäre Phase war mit dem Ende des Krieges und dem Tod Khomeinis ein knappes Jahr später vorbei. Übrig geblieben ist eine Kultur des Krieges und des Martyriums. Der *shahid*, der Kriegs- oder Revolutionsmärtyrer, ist allgegenwärtig; viele Straßen und öffentliche Gebäude sind nach Märtyrern benannt. Die Erinnerung an die Gefallenen fügt sich nahtlos in den Trauer- und Märtyrerkult der schiitischen Konfession ein, deren wichtigstes Fest, Ashura, alljährlich die Passion Husseins, des Enkels des Propheten Muhammad, im Kampf gegen die Truppen des sunnitischen Kalifen wiederbelebt.

»War is real for us«, sagt Ahmad Araqchi, ein fünfundzwanzigjähriger eher konservativer Wirtschaftsstudent, Sohn einer wohlhabenden Händlerfamilie und selbst als Juniorchef im Familienbetrieb tätig. Araqchi hat sich angeboten, mir das Familienunternehmen zu zeigen, und er fragt mich, was ich auf dem Weg dorthin noch gern sehen möchte. Ich bitte ihn, mir Orte zu zeigen, die ihm wichtig sind. Also fahren wir zum Schrein Khomeinis, einem riesigen Mausoleum mit eigenem U-Bahn-Anschluss in den südlichen Vororten Teherans, und zum benachbarten Friedhof Beheshte Zahra (Paradies der Fatimah Zahra, der Tochter des Propheten), und zwar zu jenem Teil des riesigen Areals, wo die Gefallenen des irakisch-iranischen Krieges und andere Märtyrer liegen.

Auf den Gräbern der namentlich bekannten Gefallenen – viele Grabsteine tragen die Inschrift »unbekannt« – sind kleine Schreine angebracht, verglaste Metallkästchen, in denen neben dem Bild des Bestatteten Erinnerungsstücke aufbewahrt werden, gelegentlich eine Plastikblume, oft auch ein Koran, ein Khomeinibild oder ein Spielzeug. Die Fotos zeigen junge Leute aus den achtziger Jahren, ihre Haartracht unterscheidet sich kaum von der ihrer westeuropäischen Altersgenossen; die Geburts- und Todesdaten offenbaren, dass die meisten nur achtzehn bis zwanzig Jahre alt wurden, manche sogar nur sechzehn oder siebzehn. Der Märtyrerfriedhof hat, und das macht ihn für mich so beeindruckend, wenig Martialisches. Auch wenn auf den

Grabsteinen verzeichnet ist, wo der Verstorbene gefallen ist, wird hier die Erinnerung an Menschen wachgehalten, nicht an Schlachten. Das liegt auch daran, dass die Angehörigen Besitz von der Stätte genommen haben. Sie pflegen die Gräber und streichen die Memoralienkästchen von Zeit zu Zeit mit frischer Farbe. Und sie bieten dem Fremden, der vorbeikommt, Früchte und Süßigkeiten an – zur Erinnerung an den Sohn, den Enkel, den Bruder.

Pragmatismus und Konflikte der Nachkriegszeit

1989, IM JAHR NACH DEM KRIEGSENDE, wurde kurz nach Khomeinis Tod Hashemi Rafsanjani zum Präsidenten gewählt. Sein Vorgänger in diesem Amt, Ali Khamenei, wurde in der Nachfolge Khomeinis zum Rahbar. Ali Akbar Hashemi Rafsanjani, ein Hojjatulislam – ein Geistlicher mittleren Ranges also –, ist ein reicher Großgrundbesitzer und Geschäftsmann. Der Wohlstand seiner Familie gründet sich auf große Pistazienplantagen in der Gegend von Rafsanjan.[56] Der unternehmerische Hintergrund mag den Pragmatismus erklären, für den Rafsanjani als Präsident und auch später stand. Er bemühte sich um den ökonomischen Wiederaufbau nach dem Krieg, um die Aufrüstung Irans und die Wiederaufnahme des zu Schah-Zeiten begonnenen und nach der Revolution ausgesetzten Atomenergieprogramms, das zumindest die Möglichkeit einer militärischen Nutzung einschloss. Ihm gelang eine gewisse innenpolitische Entspannung, und er unternahm nicht immer konsistente Versuche, das Verhältnis zur internationalen Umwelt, nicht zuletzt zu Europa, ins Lot zu bringen. Im europäisch-iranischen Verhältnis entwickelte sich auf dieser Grundlage eine Politik des vorsichtigen Engagements, die erst als »kritischer«, später als »konstruktiver Dialog« und noch später als »konditioniertes Engagement« bezeichnet wurde.[57]

Währenddessen brüskierten verschiedene Agenturen des iranischen Regimes die europäische Seite immer wieder, indem sie durch ihre Aktivitäten die Normen internationaler Beziehungen schwer verletzten. Dazu gehörten der von iranischen Agenten verübte Mord an Oppositionspolitikern im Berliner Restaurant Mykonos wie das noch

von Khomeini erlassene religiöse Rechtsgutachten, das den britisch-indischen Autor Salman Rushdie praktisch für vogelfrei erklärte.

Khomeinis Fatwa gegen Rushdie, aus der durch das Kopfgeld, das eine dem Regime nahe stehende iranische Stiftung aussetzte, ein konkreter Mordaufruf wurde, offenbarte nicht nur Verachtung für das Lebensrecht eines tatsächlichen oder vermeintlichen Apostaten – Rushdie wurde zum Vorwurf gemacht, dass er als Muslim mit seinen »Satanischen Versen« den Islam verraten habe –, sondern auch eine gewisse Intellektuellenfeindschaft bei der revolutionären Elite und ihrem Fußvolk. Deren brutale Seite zeigte sich in einer Serie von Morden an regimekritischen iranischen Intellektuellen, die Mitte und Ende der neunziger Jahre die Öffentlichkeit erschütterten.

In diese Morde waren offensichtlich Teile des Regimes verwickelt. Rafsanjani, der auch nach dem Ende seiner Amtszeit einer der stärksten Figuren im Regime blieb, wurde von kritischen Journalisten zumindest der Mitwisserschaft beschuldigt – und aus diesem Grund zeitweise zum meistgehassten Politiker. Bei den Wahlen von 2000 verfehlte er sogar den Einzug ins Parlament. Als er sich 2005 erneut um die Präsidentschaft bewarb, setzte das Ausland dennoch auf ihn und hoffte, dass dieser zwar konservative, aber pragmatische und durchsetzungsfähige Mann die Regierung übernehmen würde. Auch Teile des iranischen Reformlagers, dessen eigene Kandidaten im ersten Wahlgang gescheitert waren, unterstützten ihn in der zweiten Runde. Sie alle hatten offenbar vergessen, wie unbeliebt Rafsanjani im eigenen Volk war.

Reformeuphorien und Realismus

NACH DEM AUSSCHEIDEN Rafsanjanis hat die politische Situation im Iran sich in wichtigen Aspekten tatsächlich verändert. Schon die Wahl Muhammad Khatamis 1997 zum Präsidenten war ein ganz erstaunliches Ereignis für Iran und für die Region im Ganzen: Mit ihm hatte sich ein Kandidat durchgesetzt, der die Sympathien vor allem der jungen und der weiblichen Wähler genoss, und das gegen alle Erwartung und gegen den Kandidaten des Regimes, den damaligen Parlamentspräsidenten Nateq Nouri. Khatamis Wahl war eine echte Volkswahl, die zeigte, dass die Islamische Republik keine geschlossene Gesellschaft sein musste. Der neue Präsident war ein Geistlicher, aber einer, der die intellektuelle Offenheit und Diskussionsfreudigkeit, die es im schiitischen Islam eben auch gibt, verkörperte. Als Kulturminister und Direktor der Nationalbibliothek hatte er sich Respekt und Anerkennung nicht zuletzt bei Intellektuellen und Kulturschaffenden erworben, und er hatte ein Programm, das sowohl auf einen internationalen Dialog der Kulturen als auch auf den Dialog mit der eigenen Gesellschaft setzte und eine Stärkung der Zivilgesellschaft sowie größere politische Teilhabe der Bevölkerung an der Politik versprach.

Khatami war, auch dies ist keineswegs unwichtig, ein Präsident, der lachen konnte. Es fällt auf, dass Bilder ihn fast immer lächelnd zeigen – ganz im Gegensatz zur düsteren Strenge und Ernsthaftigkeit Khomeinis und des geistlichen Führers Khamenei, der eher den Sittenwächtercharakter der Islamischen Republik verkörpert. Es gab Mullahs, sagt mir ein iranischer Künstler, die Lächeln für *haram* hielten und sich fragten, warum Khatami immer lächelte. Dieser habe insofern auch symbolisiert, dass die fanatische Periode der Revolution und der Republik zu Ende war.

Der neue Präsident passte zu einer Gesellschaft, die nach Jahren des Krieges und der Revolution aufatmen wollte. In dieser Gesellschaft stellte die Jugend inzwischen den größten Anteil, und gerade sie verlangte nach gesellschaftlicher und politischer Liberalisierung und nach einer Öffnung hin zur Welt. Es gab also einen Generationenkonflikt, da die Kinder der Revolutionäre von 1979 gegen deren Vorherrschaft und zweifelhafte Errungenschaften aufbegehrten, und einen politischen Richtungskonflikt.[58] Unter dem neuen Präsidenten blühte das intellektuelle und kulturelle Leben auf; neue Zeitungen und Verlagshäuser entstanden; gesellschaftliche Restriktionen entkrampften sich ein Stück weit. Die Islamische Republik an sich wurde von Khatami und seinen Freunden nicht in Frage gestellt, aber er ließ zu, dass sich in der politischen Öffentlichkeit eine »genuine Debatte über die passende Regierungsform für einen Staat, der seinen Werten nach islamisch, aber seiner Struktur und der Verantwortlichkeit (gegenüber dem Wähler) nach demokratisch« sein sollte, entwickelte.[59]

Wenn die politischen Kräfte, die sich in dieser Debatte und in den politischen Auseinandersetzungen gegenüberstanden, pauschal als Reformer und Konservative bezeichnet werden, so ist das eine Vereinfachung, die nicht darüber hinwegtäuschen sollte, dass das Reformlager, auf das Khatami sich stützte, eine weitgehend unorganisierte Sammlung verschiedener Gruppen mit teils liberalem, teils linksislamischem Hintergrund war und ist. Ein ebenso breites Spektrum umfasste das konservative Lager. Überschneidungen zwischen beiden gibt es etwa in der immer gut verbandelten Figur Rafsanjanis. Letztlich waren die acht Regierungsjahre Khatamis – die Amtszeit des iranischen Präsidenten ist per Verfassung auf maximal zwei vierjährige Wahlperioden begrenzt – durch den anhaltenden Machtkampf zwischen den beiden Strömungen geprägt, der auch ein Kampf um die Institutionen der Republik war.

Mit Khatamis Wahl verfügten die Reformer erstmals über das Präsidentenamt, im Jahre 2000 gelang es ihnen zudem, im Parlament eine deutliche Mehrheit zu erringen. Hier wie bei der Wiederwahl Khatamis im Jahr 2001 war die Jugend die entscheidende Wählergruppe – Stimmrecht haben Iraner und Iranerinnen schon mit sechzehn Jahren –, denn viele Jugendliche brachten ihre Eltern und Großeltern dazu, zur Wahl zu gehen. Khatami verfügte als Präsident von 2000 bis 2004 über eine komfortable parlamentarische Mehrheit und konnte insofern eine Regierung seines Geschmacks zusammenstellen. Aber die Konservativen konnten sich auf den geistlichen Führer stützen sowie auf die Justiz und den so genannten Wächterrat, der Gesetze auf ihre Vereinbarkeit mit der islamischen Ordnung und Kandidaten auf ihre Eignung – oder vielmehr ihre ideologische Verlässlichkeit – für ein politisches Amt überprüft.

So manches Reformprojekt, das Khatami und seine Mehrheit im Parlament vorstellten, wurde von den konservativen Kräften und ihren Institutionen zu Fall gebracht. Einige der Mitstreiter Khatamis wurden von der Justiz, deren Repräsentanten vom Führer ernannt werden, aus den Ämtern gedrängt; Zeitungen, die ihn unterstützten, wurden verboten, liberale Journalisten und Intellektuelle mit oft fadenscheiniger Begründung zu Gefängnisstrafen oder Schlimmerem verurteilt. Der Wächterrat schloss vor den Parlamentswahlen von 2004 mehr als zweitausend der insgesamt gut achttausend Kandidaten als »ungeeignet« von der Wahl aus, darunter siebenundachtzig amtierende Abgeordnete, die fast sämtlich zu Khatamis Unterstützern zählten.[60] Im letzten Amtsjahr des Präsidenten nahm die Verfolgung von kritischen Journalisten sogar noch zu; vor allem die Autoren unabhängiger Online-Magazine sahen sich Repressalien ausgesetzt, nicht wenige verschwanden für Tage oder gar Monate im Gefängnis.

Die Reformer unter Khatami haben das Gesicht Irans und zum Teil auch den Charakter des politischen Systems verändert. Sie haben erstmals Kommunalvertretungen wählen lassen und die Mitwirkungsmöglichkeiten der Bürger auf lokaler Ebene erweitert. Sie haben mehr Freiräume für zivilgesellschaftliche Organisationen, Kultur und Medien geschaffen. Khatami hat sich engagiert sowie mit spürbarem Erfolg um Vertrauen in der regionalen wie internationalen Umwelt geworben und dabei insbesondere das Verhältnis zu Saudi-Arabien und den Golfstaaten sowie zur Europäischen Union verbessert. Seine Regierung hat sich zudem um Investitionen aus dem Ausland bemüht. Von bleibender Bedeutung dürfte sein, dass Khatami, wie ein Anhänger des damaligen Präsidenten es formulierte, »die Heiligkeit des Präsidentenamtes zerbrochen hat«. Regierung und Präsident sind damit nicht mehr sakrosankt oder öffentlicher Kritik enthoben. Das erlaubte eine breitere, kritische Diskussion im Parlament und in der Öffentlichkeit – auch unter seinem Nachfolger.

Im Rückblick neigen viele Iraner dazu, diese politischen Reformschritte unterzubewerten. Für diejenigen, die sich von Khatami einen grundlegenden demokratischen Wandel versprochen haben, gingen sie zweifellos nicht weit genug. So hatten die Anhänger der reformorientierten Studentenbewegung erwartet, dass er sich auf ihre Seite stellen würde, als – erstmals im Sommer 1999 – ihre Proteste gegen die Schließung einer reformorientierten Zeitung von rechtsradikalen Schlägertrupps und Sicherheitskräften zusammengeknüppelt wurden. Aber der Präsident und die Regierung waren nicht einmal in der Lage, jenen Studenten zu schützen, den man zu einer zehnjährigen Gefängnisstrafe verurteilte, weil er das blutige T-Shirt seines von den Sicherheitskräften zusammengeschlagenen Kommilitonen anklagend in die Kameras der Journalisten hielt.[61] Er sitzt noch heute im Gefängnis.

Anderen ging die ganze Reformdebatte hingegen zu weit. Sie verdächtigten die Reformer, die zweifellos die demokratisch gewählten Institutionen gegenüber den religiös legitimierten Herrschaftsinstanzen zu stärken versuchten, Verfassungsfeinde zu sein und eine »andere Republik« anzustreben.[62] Für den großen Teil der Bevölkerung aber, dies übersehen ausländische Beobachter gelegentlich, waren die Auseinandersetzungen, die Reformer und Konservative sich über Fragen des politischen Systems lieferten, nicht wirklich relevant: Die Reformer im Parlament, in der Regierung und selbst in den Stadträten, sagen sie, haben sich untereinander beharkt, anstatt sich um das Wohlergehen des Volkes zu kümmern. Wirtschaftliche Reformen seien über diesen politischen Scharmützeln vernachlässigt worden. Viele Iraner aber wollten vor allem eines: eine Belebung der Wirtschaft, eine stabile Währung, mehr Arbeitsplätze, eine sichere Zukunft für ihre Kinder. Vielleicht, sagt Sadeq Zibakalam, ein Teheraner Politikprofessor, und erklärt damit fast das Ergebnis der Päsidentschaftswahlen von 2005, »trauen nur zehn oder zwanzig Prozent der Bevölkerung den Konservativen und Leuten wie Rafsanjani zu, die Wirtschaft in Ordnung zu bringen. Aber den Reformern trauen sie es zu hundert Prozent nicht zu.«

Die Jugend sowie die reformorientierten und liberalen Wählergruppen ließen sich schon bei den Parlamentswahlen von 2004 nicht mehr mobilisieren. Die Iraner und Iranerinnen, die wählen gingen, wählten überwiegend konservativ. Die Wahlbeteiligung sank spürbar, und die meisten der dem Reformlager zugerechneten Kandidaten, die nach dem Ausschluss zahlreicher ihrer Freunde noch antraten, verfehlten den Einzug ins Parlament. Es mag stimmen, dass viele der Reformer, die von der Wahl ausgeschlossen wurden, ohnehin nicht mehr gewählt worden wären. Eigentlich, so Professor Zibakalam, habe der Wächterrat eine Reihe dieser Abgeordneten »gerettet«, indem er ihnen die Kandidatur verwehrte, denn so sei ihnen doch zumindest ein ehrenhafter Abgang beschieden gewesen.

Schon im Jahr zuvor hatten die reformorientierten Gruppen bei den Wahlen zum Stadtrat von Teheran und in anderen großen Städten eine vernichtende Niederlage erlitten, obwohl keiner ihrer prominenten Vertreter an der Kandidatur gehindert worden war. Es siegte eine Strömung, die sich gern als »konservativ-pragmatisch«, als »Neo«-Konservative oder als *abadgeran* (Diener des Aufbaus) bezeichnen lässt. Sie besteht überwiegend aus gesellschaftlich konservativ orientierten Technokraten, die ihre Loyalität zum islamischen Staat und zum Führer betonen und versprechen, sich auf die wesentlichen Dinge, namentlich auf eine Verbesserung der wirtschaftlichen Situation, zu konzentrieren.

Einer dieser Neokonservativen ist der einstige Revolutionsgardist, Ingenieur und ehemalige Provinzgouverneur Mahmud Ahmadinejad, der bei den Kommunalwahlen von 2003 Bürgermeister in Teheran wurde. Er gewann im Juni 2005 die Präsidentschaftswahlen mit einem populistisch-konservativen Programm, das sich vor allem an die Armen und Unterprivilegierten richtete. In der entscheidenden zweiten Wahlrunde gewann er siebzehn Millionen Stimmen, während sein Gegenkandidat Haschemi Rafsanjani es nur auf zehn Millionen brachte. Trotz aller Wahlmanipulationen, die es bei der Kandidatenzulassung und wohl auch während der Stimmabgabe in der ersten Runde gab, war dies ein echter Wahlsieg, der sich vor allem mit der Enttäuschung über die wirtschaftlichen und sozialen Leistungen der Reformregierungen erklären lässt.

Was denn nach acht Jahren Krieg, acht Jahren Wiederaufbau und acht Jahren Reform wohl das Merkmal der nächsten Phase sei, möchte ich im Gespräch mit meinem Bekannten, dem Diplomaten, wissen. Es werde wohl, sagt er, um Wohlstand gehen, um Investitionen, um eine Verbesserung der Lebensverhältnisse. Vielleicht werde man später von einer Periode der Moderation sprechen. Weitere politische Strukturreformen solle man vorerst nicht erwarten. Iran sei, da bleibt er optimistisch, »auf dem richtigen Weg. Wir durchleben eine volle demokratische Transformation. Es gibt viele Herausforderungen, aber wir sind dabei, die Dinge besser zu machen.«

Vielleicht ist das so. Vielleicht werden die »Diener des Aufbaus« sich wirklich bemühen, ihrem Namen gerecht zu werden. Nur wenn es ihnen gelingt, Wachstum und reelle Zukunftschancen für die nachwachsende Generation zu schaffen, werden sie die politische Legitimität gewinnen, ohne die sie – so viel Elemente demokratischer Teilhabe enthält das System der Islamischen Republik – sich genauso wenig an der Macht halten können wie die Reformer vor ihnen. Wahrscheinlich wird die iranische Politik vage und undeutlich bleiben, Raum für Interpretation und Verhandlung lassen und Bürger wie Partner der Islamischen Republik nicht selten an der Ernsthaftigkeit des Regimes und an seiner Verlässlichkeit zweifeln lassen. Sicher wird nur sein, dass gesellschaftliche und politische Akteure in Iran sich in einem polarisierten Kräftefeld bewegen, das verlässliche Prognosen über die Entwicklung des Landes unmöglich macht.

Das schwierige Verhältnis zur internationalen Umwelt spielt dabei eine wichtige Rolle. Es resultiert aus realen Konflikten Irans mit den Nachbarn am Golf, mit der Europäischen Union und mit den USA – die zur Beunruhigung der iranischen Elite auch zum Nachbarn am Golf geworden sind –, aber auch aus dem tiefsitzenden Misstrauen der gesamten politischen Elite gegen alle Intentionen des Westens, der USA genauso wie Europas. Hinzu kommt das Spannungsverhältnis zwischen dem Anspruch, eine demokratische Republik aufzubauen, und den ideologisch begrenzten Handlungsspielräumen, zwischen pluralistischen und totalitären Tendenzen im System und zwischen einer pluralistischen Gesellschaft und der autoritären, religiös-konservativen Führungselite. Diese betrachtet den Erhalt des eigenen Regimes als oberste Priorität – muss aber vielleicht gerade deshalb auf Stimmungen und Stimmungsumschwünge in der Gesellschaft Rücksicht nehmen.

Als freundlicher Betrachter mag man die Entwicklungen in Iran tatsächlich als demokratischen Transformationsprozess betrachten, wohl wissend, dass Demokratisierung allgemein eben nicht Demokratie, sondern komplexe, nichtlineare Prozesse bezeichnet, die voller Widersprüche und Konflikte stecken, oft genug ins Stocken geraten und natürlich scheitern können. Optimistische iranische Beobachter verweisen auf die Lehren aus der eigenen Geschichte. Ein kluger Kopf unter diesen ist der langjähriger Direktor des Instituts für politische und internationale Studien, Sayyid Kazim Sajjadpour. Natürlich, sagt er im Gespräch, gebe es nach wie vor totalitäre Tendenzen im Regime, die seien aber nicht mehr dominant: Erstens gebe es eben in Iran eine Tradition gesellschaftlicher Pluralität, und zweitens habe auch das islamische Regime, dem Sajjadpour keineswegs fern steht, wie alle Regime zuvor gelernt, dass es sich an die Gesellschaft anpassen müsse. Dieser Prozess dauert an, und den jungen Leuten dauert er schon viel zu lange. Aber was sind schon zwanzig oder dreißig Jahre für eine siebentausendjährige Zivilisation?

Verhältnisse voller Misstrauen: Iran, die USA und der Rest der Welt

»WENN MAN DEM iranischen Diskurs zuhört«, sagt der iranische Diplomat, »dann hört man das Wort ›Feind‹ sehr oft. Der Feind macht dies, der Feind plant jenes. Ein anderes Wort, das man ganz oft hört, ist ›Verschwörung‹.« Das ist wohl wahr. In offiziösen Verlautbarungen, Reden und Predigten der konservativ-religiösen Führungselite, Kommentaren vor allem konservativer Zeitungen oder in Parlamentsdebatten geht es oft um die Konfrontation der Islamischen Republik mit all denen, die feindliche Pläne und Komplotte gegen sie aushecken und verfolgen, vor allem die USA und der »zionistische Feind« – nicht jeder mag Israel beim Namen nennen. Zu Khomeinis Zeiten sprach man gleich vom »großen« und vom »kleinen Satan«. Das tun jetzt aber selbst jene nicht mehr, die ihre revolutionäre Gesinnung gern noch durch den Ruf »Tod Amerika!« kundtun.

Das miese Verhältnis zu den USA beruht auf ernsthaften Konflikten. Es fing an mit der amerikanischen Unterstützung für das Schah-Regime und der Geiselnahme amerikanischer Diplomaten in Teheran, ging über in die praktische Kriegsunterstützung der USA für Saddam Hussein und endete keineswegs bei der ideologischen und materiellen Unterstützung, die radikale palästinensische Gruppen aus Teheran erhielten und erhalten.[63] Wenn die iranisch-europäischen Beziehungen im Ganzen weniger spannungsgeladen sind, liegt das zum einen daran, dass die europäischen Staaten eher auf Dialog denn auf Konfrontation mit Iran gesetzt haben. Ganz entscheidend aber hat es damit zu tun, dass Europa im Guten wie im Bösen weniger wichtig ist: Es bedroht iranische Interessen weniger, hat im Zweifelsfall aber auch weniger zu bieten, wenn es um harte außen- und sicherheitspolitische Themen geht wie etwa regionale Sicherheitsarrangements am Golf oder die Suche nach einer gesichtswahrenden Lösung im Streit um das iranische Atomprogramm. Hier können Europäer zwar Verhandlungen führen, aber letztlich, so sieht man das zumindest in Teheran, werden sie ihre Position immer mit Washington abstimmen müssen.

Am iranisch-amerikanischen Verhältnis zeigt sich auch sehr viel deutlicher als etwa an den Beziehungen Irans zu Deutschland, Frankreich, der EU oder anderen Akteuren, wie komplex iranische Politik ist. Denn im Verhältnis zu Amerika vermischt sich Außenpolitik mit innenpolitischen Konflikten, mit ideologischen Grundpositionen und mit Fragen der Identität,verlässt also die Sphäre realpolitischer Interessen- und Nützlichkeitskalkulationen. Es sei einfach schwer, die Kultur iranischer und amerikanischer Politik in Übereinstimmung zu bringen, sagt ein Teheraner Beobachter, das gelte gerade für die bilateralen Beziehungen der beiden Länder. »Sehen Sie«, versucht er das Gesagte anschaulich zu machen, »Iraner spielen Schach, Amerikaner Poker.« Tatsächlich scheint der Rest der Welt gelegentlich die persischen Ursprünge dieses strategischen Spiels zu vergessen, das gewöhnlich mit dem *Schah matt* (wörtlich: der König ist tot) endet.

Fraktionen und Interessen

WIE IN DEN MEISTEN Staaten der Welt wird auch in Iran die Außenpolitik nicht nur im Außenministerium gemacht, vielmehr spielen dabei der religiöse Führer, der Präsident, das Parlament, Militär und Sicherheitsdienste ihre Rolle. All diese Interessen wollen berücksichtigt sein. Die Außenpolitik des Landes, so Ali Abdallah Khani, der vielleicht fünfunddreißigjährige Direktor des Tehran International Studies and Research Institute, einer kleinen Einrichtung, die mit ihrer insgesamt jungen Forschermannschaft vor allem für den Sicherheitsapparat arbeitet, sei gewissermaßen die Schnittstelle, an der die unterschiedlichen Meinungen, die es in den einzelnen Staats- und Regime-Agenturen gibt, zusammenfließen und ausgeglichen werden. Die Regierung – und hier vor allem das Außenministerium –

wägt naturgemäß eher ab, was den diplomatischen, sicherheitspolitischen und wirtschaftlichen Interessen des Landes nutzt oder schadet. Andere Gruppen, die Einfluss auf die Außenbeziehungen nehmen, haben ganz andere Interessen. So verlangen die Kriegsveteranen, die Bonyads (religiöse Stiftungen) sowie die Geistlichkeit eine stärkere Verpflichtung auf die ideologischen, revolutionären Ziele der Islamischen Republik, zum Teil auch eine schiitische Dimension in der Außenpolitik. Dazu gehört auch die Forderung, für die Interessen und Rechte schiitischer Minderheiten in anderen Staaten einzutreten oder den Schutz schiitischer Heiligtümer im Irak zu einer Sache des eigenen nationalen Interesses zu erklären.

Es ist nicht ganz falsch, wenn man in Irans Außenpolitik grob zwischen zwei Lagern unterscheidet: denen, die überaus misstrauisch sind und deshalb eine kompromisslose Linie in allen entscheidenden Fragen verlangen, und jenen, die einfach nur misstrauisch sind, gleichwohl aber den internationalen Spielregeln folgen wollen, um das Land nicht völlig zu isolieren. Misstrauen und Skepsis herrschen deshalb nicht nur gegen die USA und Russland, die arabischen Staaten, die den Irak unterstützt haben, und Israel, sondern auch gegen europäische Intentionen. Ob man denn wirklich, fragt einer der jungen Forscher des Teheraner Instituts, als der Direktor sich zum Beten zurückzieht, von einem Unterschied zwischen den amerikanischen und den europäischen Ansätzen gegenüber Iran sprechen könne? Spreche Europa nicht nur eine andere Sprache, um letztlich dieselben Interessen durchzudrücken?

Außenpolitik ist Innenpolitik

DEN PRAGMATIKERN in der Regierung Irans und im Außenministerium geht es selbst beim Umgang mit der amerikanischen Truppenpräsenz im Irak, der Unterstützung militanter Organisationen in Palästina oder dem eigenen Atomprogramm darum, eine Isolation des Landes zu vermeiden. Sie betonen deshalb das Interesse ihres Landes an regionaler Zusammenarbeit und regionaler Stabilität. Ideologische Hardliner haben ihnen deshalb sogar im Parlament wiederholt vorgeworfen, die Souveränität des Landes nicht ausreichend zu verteidigen oder gar ausländischen, feindlichen Kräften eine Einflussnahme auf den Charakter oder die islamische Identität der Republik zu ermöglichen.

Pragmatiker und Ideologen, Konservative und Reformer sind sich allerdings einig, wenn sie auf das Gewicht und auf die Bedeutung Irans in seiner regionalen und internationalen Umgebung verweisen. Iran als regionale Großmacht zu verstehen, gehört für alle politischen Richtungen zur nationalen Identität. Für manche heißt das, dass sie sich wie andere Großmächte, insbesondere die USA, bestimmte Freiheiten im Umgang mit internationalen Abkommen und Gepflogenheiten herausnehmen können. Für einen Pragmatiker wie Khatamis Außenminister Kamal Kharrazi bedeutet es indes in erster Linie, dass iranische Außenpolitik den Ansprüchen genügen muss, die an eine Großmacht gestellt werden. Iran, erklärte er seinen Diplomaten auf einer internen Konferenz, sei ein »mächtiges und wichtiges Land – in der Region wie auch in der Welt«, deshalb sei es notwendig, die Kenntnisse, die Fähigkeiten und die Professionalität der Mitarbeiter in den iranischen Auslandsvertretungen zu erhöhen.[64] Revolutionäre Gesinnung, heißt das, reicht nicht aus, um iranische Interessen zu vertreten.

Tatsächlich orientiert man sich, wenn man in Iran über den eigenen Status in der Welt nachdenkt, vor allem an den USA und verlangt, implizit oder explizit, dass gerade Amerika, die einzige Macht, die wirklich zählt, Iran als regionale Macht und als gleichberechtigten Akteur akzeptiert. Für iranische Nationalisten ergibt sich dieser Anspruch aus dem wirtschaftlichen Gewicht, der geopolitischen Lage und aus der historischen und zivilisatorischen Bedeutung des Landes. Religiös orientierte Politiker betonen eher seine Bedeutung als Kernland des Schiismus. Die Schia, argumentiert etwa Abbas Maleki, ein ehemaliger stellvertretender Außenminister, sei schließlich ein möglicher Alliierter des Westens in der Region und habe – ob westliche Politik das nicht begreifen könne – einfach viel mehr Potential als die Israelis, die die USA zum bevorzugten Partner gemacht haben.

Dies sind durchaus keine widersprüchlichen Positionen. Anhänger des islamischen Regimes in Iran können gleichzeitig überzeugte iranische Nationalisten sein. Bei den Schiiten, erklärt Maleki, gebe es – anders als bei vielen sunnitischen Ideologen – keine panislamische Orientierung, die den Nationalstaat in Frage stellt oder gering schätzt und alle Muslime in einem Gemeinwesen zu vereinigen sucht. Khomeini selbst habe wiederholt auf den Spruch des Propheten verwiesen: »Die Vaterlandsliebe ist Teil des Glaubens *(hubb al-watan min al-iman).*«

Es spricht einiges dafür, dass mancher Konflikt zwischen Teheran und Washington sich hätte beilegen oder entschärfen lassen – auch heute noch –, wenn die USA bereit wären, Iran, wie zu Zeiten des Schahs als Großmacht im Mittleren Osten, gewissermaßen auf gleicher Augenhöhe zu begegnen. Bestimmte Entwicklungen nach dem Irakkrieg unterstreichen dies. So war die iranische Elite erst einmal gar nicht unglücklich, dass Amerika, wie ein konservativer Journalist es formuliert, »uns von unserem größten Feind« – gemeint ist Saddam Hussein – »befreit hat«. Auch die Pragmatiker wollten die USA nicht eigentlich als regionale Landmacht in der Nachbarschaft haben. Offiziell fordert die iranische Regierung seit dem Sturz des alten irakischen Regimes den Abzug der Besatzungstruppen. Im privaten Gespräch machen konservative wie reformorientierte Pragmatiker aber deutlich, dass sie es mit Blick auf die Stabilität des Nachbarlandes und der Region gleichwohl »schwierig« fänden, wenn die amerikanischen Truppen den Irak zu plötzlich wieder verließen.

Das iranische Establishment hat die von Washington in der Folge des Irakkriegs angestoßene Reformdebatte für den »größeren« oder »weiteren« Nahen und Mittleren Osten mit einem gewissen Interesse verfolgt. Der Grundgedanke dieser Initiative, sagt Kazim Sajjadpour vom Institut für politische und internationale Studien, sei erst einmal nicht so schlecht, schließlich erkenne man die zentrale Bedeutung des Mittleren Ostens als einer Region, »in der das Schicksal gestaltet wird«, an – das Schicksal der Welt, versteht sich, mit Iran als zentralem Gestalter. Iranische Diplomaten stört an der Reforminitiative aber, dass sie Iran zu ignorieren scheint: Anstatt iranische Beiträge zur Stabilisierung Afghanistans zu honorieren, habe die Bush-Administration Iran zum Element einer »Achse des Bösen« erklärt, moniert einer von ihnen. Wenn Washington von der notwendigen Veränderung des Nahen und Mittleren Ostens spreche, stütze es sich auf Kleinstaaten wie Bahrain und Qatar. Es sei ja richtig, dass der Mittlere Osten ein Modernisierungsdefizit habe, aber bei dessen Beseitigung könne gerade Iran eine wichtige Rolle spielen. »Wir haben uns schließlich schon verändert und haben die Demokratie im Mittleren Osten eingeführt.« Immerhin kann man konstatieren, dass der Iran auf dem Weg zum Pluralismus weiter vorangeschritten ist als alle anderen Staaten im Mittleren Osten.

Iranische Diplomaten, Politiker und Kommentatoren sind sich einig, dass eine Verbesserung des iranisch-amerikanischen Verhältnisses nützlich wäre. Es würde Auslandsinvestitionen befördern und eine stärkere Einbindung Irans in die Weltwirtschaft erleichtern – lange haben die USA die iranischen Bestrebungen, Mitglied der Welthandelsorganisation zu werden, blockiert –, vor allem aber würde der größte Teil der Bevölkerung eine Wiederherstellung guter Beziehungen zu Amerika begrüßen. Die ideologisierte Amerika- und Israel-Feindschaft des Regimes erhält immer weniger Zustimmung. Katajun Amirpur hat wahrscheinlich Recht, wenn sie schreibt, dass die USA in Iran höhere Sympathiewerte genießen als in jedem anderen Land des Mittleren Ostens.[65] Natürlich, sagen viele, wolle man nicht von den Amerikanern »befreit« werden, aber man will auch keine Regierung, die sich ständig mit den USA anlegt. Den Offiziellen der Islamischen Republik ist keineswegs verborgen geblieben, wo iranische Studenten und Studentinnen, die ein Auslandsstudium planen, am liebsten ein oder mehrere Semester verbringen möchten: Die USA, sagt Mahmud Islami, der Rektor der School of International Relations, einer Einrichtung des Außenministeriums, sind das Ziel Nummer eins, gefolgt von Kanada und Großbritannien.

Um das Verhältnis zu den USA in Ordnung zu bringen, müsste das Regime unter anderem seine anti-israelische Rhetorik mäßigen und palästinensischen Organisationen, die mit Terror vorgehen, die Unterstützung entziehen. Ideologen, die darin einen Verrat an der revolutionären Mission der Republik sehen, sind heute allem Anschein nach in der Minderheit. Es gebe, erklärt Professor Islami, der vornehmlich mit Studenten arbeitet, die sich auf eine Karriere im Staatsdienst vorbereiten, wohl eine gewisse Animosität gegenüber Israel, wobei religiöse Gefühle und die menschliche Solidarität mit den Palästinensern eine Rolle spielen. Aber niemand wolle die eigentlichen Prioritäten des Landes für die palästinensische Sache opfern.

Letztlich sind sich alle einig, dass jede Regierung, der es gelingt, die Beziehungen zu den USA zu verbessern, sehr populär wäre. Das mag der Grund dafür sein, dass Präsident Khatami und seinen Anhängern trotz guter Absichten und Voraussetzungen dieser Ausgleich mit Washington nicht beschieden war: Seine konservativen Gegner konnten ihm diesen Erfolg schlicht nicht erlauben und haben sich dementsprechend bemüht, jeden Schritt, der nach Ausgleich mit den USA aussah, frühzeitig zu denunzieren und zu durchkreuzen. Einen pragmatischen Weg nach Amerika zu finden, wird nun von den Konservativen erwartet, die seit den Parlaments- und Präsidentschaftswahlen von 2004 und 2005 wieder alle politischen Institutionen beherrschen. Selbst Vertreter des konservativen Flügels schließen eine solche Entwicklung nicht aus. In den nächsten zehn Jahren, sagte im Frühjahr 2004 Amir Mohibbiyan, der Mitherausgeber der konservativen *Resalat*, könnten die Beziehungen zu den USA sich durchaus wiederherstellen lassen. Europa könne dabei eine hilfreiche Rolle spielen. Mit anderen Worten: Europa soll ein privilegierter Partner Irans sein – solange jedenfalls, wie das direkte Gespräch mit den USA, etwa in der schwierigen Atomfrage, nicht möglich ist.

Iran und das Atom

EIN BESONDERS HEIKLER KONFLIKT Irans mit der Europäischen Union und den Vereinigten Staaten ist seit dem Irakkrieg das iranische Atomprogramm. Iran hat bereits unter dem Schah, damals mit deutscher Hilfe, begonnen, in Bushehr am Persischen Golf ein Atomkraftwerk zu bauen. Die neue religiös-revolutionäre Führung wollte anfangs nicht mehr auf diese Technologie setzen, zumal im irakisch-iranischen Krieg der Rohbau des Kraftwerks stark beschädigt wurde. Als die iranische Regierung den Reaktor schließlich doch fertigstellen lassen wollte, gab es auf deutscher und insgesamt auf westlicher Seite jedoch kein Interesse, der Islamischen Republik zur Nuklearfähigkeit zu verhelfen. Iran setzte daraufhin auf russische Hilfe beim Bau des Kraftwerks. Darüber hinaus versuchte es insgeheim die Fähigkeit zu erlangen, den Nuklearkreislauf vollständig zu beherrschen, also nicht nur ein Atomkraftwerk zur Energiegewinnung zu betreiben, sondern verbrauchte Brennstäbe wieder aufzubereiten oder durch die Anreicherung von Natururan selbst Nuklearbrennstoff herzustellen. Da diese Technologie dazu befähigt, Atomwaffen herzustellen und Iran zudem weitreichende Raketen zu erwerben oder zu entwickeln suchte, geriet das Land im Westen in den Verdacht, sich entgegen seinen Verpflichtungen als Mitglied des Atomwaffensperrvertrags in den Besitz von Atomwaffen bringen zu wollen.

Die Vermutung, Iran strebe wie sein Nachbar Pakistan und der erklärte Feind Israel nach atomaren Waffen, ist keineswegs unbegründet, auch wenn die iranische Regierung die Vorwürfe immer wieder dementiert. In iranischen Publikationen wurde eine eigene Atomwaffenkapazität durchaus schon mit dem Hinweis auf die Sicherheit des Landes in einer gefährlichen regionalen Umgebung gefordert. Auch der iranische Anspruch, eine regionale Führungsmacht zu sein, die letztlich nicht schlechter dastehen könne als Pakistan oder andere regionale Mächte, wird angeführt und schließlich darauf verwiesen, dass Iran die USA von einem Angriff auf die Islamische Republik müsse abschrecken können.

Nach dem Irakkrieg, den die USA mit dem Argument begründeten, dass der Irak als gefährlicher, mittelöstlicher Staat Massenvernichtungswaffen besitze und zwangsweise entwaffnet werden müsse, geriet das iranische Atomprogramm zunehmend ins Licht der internationalen Öffentlichkeit. Aus iranischen Oppositionskreisen drangen zudem Informationen über bestimmte Standorte nach außen, die Iran zuvor geheim gehalten hatte, und man hörte auch von offensichtlich recht fortgeschrittenen Versuchen, die Technologie eines geschlossenen Atomkreislaufs zu beherrschen. Iran ließ daraufhin Inspektoren der Internationalen Atomenergie-Organisation (IAEO) zur Überprüfung iranischer Atomanlagen einreisen, insbesondere der im Aufbau befindlichen Atomfabrik in Natanz, in der Zentrifugen zur Anreicherung von Uran produziert wurden.

Die internationalen Inspekteure waren mit den Auskünften, die sie von iranischer Seite erhielten, keineswegs zufrieden, vielmehr erhärtete sich der Verdacht, dass Iran mit voller Kraft auf die Herstellung von Atomwaffen hinarbeite. Die amerikanische Regierung forderte, die ganze Angelegenheit vor den Sicherheitsrat zu bringen, Iran also wegen eines Verstoßes gegen den Atomwaffensperrvertrag auf die Anklagebank zu setzen. Um die Krise friedlich zu lösen und gleichzeitig das vermutete iranische Atomwaffenprogramm zu stoppen, reisten im Oktober 2003 die Außenminister Deutschlands, Frankreichs und Großbritanniens nach Teheran.

Die ungewöhnliche Mission führte zu einem Abkommen, wonach Iran das Zusatzprotokoll zum Atomwaffensperrvertrag unterzeichnen würde, das jederzeit auch unangekündigte Inspektionen der internationalen Atominspekteure möglich macht. Gleichzeitig versprach die iranische Führung, den Bau von Zentrifugen zur Urananreicherung zu suspendieren – freiwillig selbstverständlich als souveräner Staat und Mitglied des Atomwaffensperrvertrags. Die europäischen Außenminister sagten im Gegenzug zu, Iran bei Aufgabe seiner Bemühungen, den ganzen Atomkreislauf zu beherrschen, mit der Bereitstellung fortgeschrittener Technologien zu unterstützen.

Das Abkommen, das auffälligerweise nicht mit der iranischen Regierung, sondern mit dem Chef des Nationalen Sicherheitsrats, Hassan Rohani, einem Mitglied des konservativen Führungszirkels, geschlossen wurde, war ein Kompromiss, der das Gesicht aller Beteiligten wahren konnte. Die Amerikaner waren bereit, den europäischen Vorstoß zu unterstützen: Wenn Iran freiwillig auf seine atomaren Ambitionen, die gefährlicheren davon jedenfalls, verzichten würde, wollte Washington in dieser Angelegenheit keine Konfrontation suchen. Schließlich war der USA-Regierung ein halbes Jahr nach dem Einmarsch in Bagdad an der zumindest stillschweigenden Kooperation Teherans gelegen – nicht aber an einem neuen Konflikt.

Die Geschichte war damit nicht zu Ende. Die Inspekteure der Atomenergie-Organisation, die jetzt erneut nach Iran kamen, beklagten sich über die zurückhaltende und nicht ausreichende Zusammenarbeit der iranischen Behörden bei den Inspektionen. Die Europäer kritisierten, dass Iran das Zusatzprotokoll zwar unterzeichnet, nicht aber im Parlament ratifiziert habe; amerikanische Stellen vermuteten weiterhin heimliche Aktivitäten, die über das den Inspekteuren zugänglich Gemachte hinausgingen; und die iranische Regierung wie auch Irans Medien kritisierten, dass Europa trotz der »guten Kooperation« Irans eben nicht bereit sei, Iran eine Technologie – darunter auch Know-how und Gerät zur friedlichen Nutzung der Atomenergie – zur Verfügung zu stellen.

Das Misstrauen, dass die iranische Seite letztlich doch die militärische Nutzung der Nuklearenergie anstrebe, hält noch immer an. Allerdings kamen Iraner und Europäer Ende 2004 zu einer neuen Vereinbarung: Die EU-Staaten bestätigten darin das Recht Irans zur friedlichen Nutzung der Atomenergie und erklärten sich bereit, die Möglichkeiten zur wissenschaftlichen Zusammenarbeit, auch in diesem Bereich, zu sondieren; Iran sagte zu, seine Anreicherung zu suspendieren, solange über ein »Langfristabkommen«, das die Form der wissenschaftlichen und technischen Kooperation regelt, verhandelt wird. Nachdem die IAEO das Aussetzen der Atomanreicherung bestätigt hatte, begannen diese Verhandlungen Anfang 2005. Sie wurden unterbrochen, als Iran im Sommer 2005 die Vereinbarung brach und die Konversion von Rohuran wieder aufnahm – eine Vorstufe zur Anreicherung. Ende des Jahres wurden aber erneut Gespräche aufgenommen. Das ist nicht nur vor dem Hintergrund amerikanischer Debatten über den Umgang mit der Islamischen Republik wichtig, in denen immer wieder einmal von gezielten Militärschlägen gesprochen wird, sondern gerade auch für die inneriranische Debatte, die noch keineswegs zum Abschluss gekommen ist.

Nicht unerwartet stieß die neue Vereinbarung mit den drei EU-Staaten bei Teilen der Konservativen auf starke Kritik: Iran gebe eins seiner Rechte auf, möglicherweise sogar »auf ewig das Recht, dem Nuklearclub beizutreten«,[66] erhalte aber von den Europäern dafür nichts Handfestes. Andere, die Hassan Rohani, dem pragmatisch-konservativen Chef des Sicherheitsrates, näher stehen, verweisen dagegen auf Irans Rolle im internationalen Umfeld und auf die Notwendigkeit, bestimmte Regeln einzuhalten, wenn man als großer und wichtiger Staat ernst genommen werden will: »Das internationale diplomatische Schachspiel«, so die Zeitung *Etemaad*, »wird nur den Spielern ein Recht geben mitzuspielen, die eine starke Position haben, dabei, in erster Linie, an die Spielregeln glauben und, in zweiter Linie, kalkulierte Züge unternehmen.« Nur wenn Iran sich, so fährt der Kommentator mit einigem Selbstvertrauen fort, an die internationalen Regeln halte, »werden wir den König auf dem internationalen Schachbrett matt setzen können«.[67]

Irans neuer Präsident Ahmadinejad kündigte nach seinem Wahlsieg an, die Verhandlungen mit den Europäern fortzusetzen. Tatsächlich wird er wohl wie sein Vorgänger keinen entscheidenden Einfluss auf deren Verlauf haben, denn die Atomfrage ist beim Nationalen Sicherheitsrat angesiedelt und gehört zum Entscheidungsbereich des geistlichen Führers. Die Auseinandersetzung darüber bedeutet schließlich viel für das Selbstverständnis der Islamischen Republik. Das Spektrum der Debatte umfasst auch die Hardliner im Parlament und in der konservativen Presse, die nicht nur auf das Recht Irans zur Nutzung atomarer Technologien verweisen, sondern immer wieder einen Austritt aus dem Atomwaffensperrvertrag verlangen. Wenn der Westen Iran nicht helfe, so lautet ihr Tenor, dann sei er letztlich selbst schuld, wenn Iran sich alle Optionen, eben auch die militärische Nutzung des Atoms, offen halte.

Dagegen machen Vertreter von Regierung und Regimeführung immer wieder deutlich, dass man lediglich eine friedliche, aber keine militärische Nutzung der Atomenergie anstrebe. Nicht nur Irans ehemaliger Präsident Khatami hat sich in dieser Hinsicht deutlich geäußert: Der Einsatz von Nuklearwaffen, erklärte er, verstoße »gegen islamische Prinzipien und die iranische Moral«. Man strebe diese Waffen schon aus Glaubensgründen nicht an. Auch der Rahbar, Ali Khamenei, sprach vom »Verbot der Nutzung von Massenvernichtungswaffen« im Islam.[68] Skepsis ist, wie überall, bei solch offiziellen Erklärungen politischer Führer zweifellos angebracht. Doch gerade weil die iranische Elite immer versucht, ihre Politik in einen islamisch-ideologischen Begründungszusammenhang zu stellen, ist ein Wort des Führers über die Unvereinbarkeit von Islam und Atomwaffen nicht ganz unwichtig.

Schließlich gibt es noch die Vertreter der iranischen Atomlobby, um hier einen Begriff aus der deutschen und europäischen Diskussion anzuwenden, die keineswegs nach atomarer Bewaffnung streben, in der Atomkraft aber eine Fortschrittstechnologie sehen, die zu nutzen

Iran als ein Staat, der auf sich hält, jedes Recht hat. Ali Asghar Soltaniyeh ist ein solcher Vertreter. Der graumelierte Mittfünfziger mit gepflegtem Oberlippen- und Kinnbart wurde in den frühen siebziger Jahren in den USA zum Nuklearphysiker ausgebildet, leitete dann in Iran ein Labor und wurde noch vor der Revolution Mitglied der iranischen Atomenergiekommission. Die Islamische Republik sandte ihn später als Vertreter Irans zur Internationalen Atomenergie-Organisation in Wien; seit Ende der neunziger Jahre war er als leitender Beamter im Außenministerium mit der Atomfrage beschäftigt.

Iran habe niemals zugestimmt, sagt er, und solle auch nicht zustimmen, auf eine eigene, volle Beherrschung des Atomkreislaufs zu verzichten. Sehr wohl aber könne man den Anreicherungsprozess unter die Aufsicht der Internationalen Atomenergie-Organisation stellen. Das Misstrauen der Europäer will er nicht akzeptieren. Was, fragt er, will Europa eigentlich noch? Man habe »als vertrauensbildende Maßnahme« die Produktion von Zentrifugen zur Urananreicherung in Natanz suspendiert, der Internationalen Atomenergie-Organisation erlaubt, dort Kameras zu installieren, den Inspekteuren sogar zugestanden, militärische Einrichtungen zu besuchen. Urananreicherung sei ein legitimes Recht, das der Atomwaffensperrvertrag jedem Mitglied zugestehe. Hoch angereichertes, waffenfähiges Uran würde Iran überhaupt nicht produzieren, und Atomwaffen wolle man nicht. Wenn es anders wäre, könnte Iran den Atomwaffensperrvertrag kündigen und atomwaffenfähiges Material produzieren: »Es wäre leicht.«

Der Wissenschaftler will nicht über Ungleichbehandlungen Irans im Vergleich zu Israel und Pakistan reden. Dies sei ein Argument, das von einigen Extremisten im eigenen Land benutzt werde, denen es tatsächlich um Atomwaffen geht. Ihn stören vielmehr die »doppelten Standards«, die Ungleichbehandlung Irans vor und nach der Revolution. Zu Schah-Zeiten hätten die westlichen Länder Iran die Türen eingerannt, um das Land mit nuklearer Technologie zu versorgen. Nicht nur Deutschland habe den Reaktor in Bushehr bauen wollen, die ersten Geräte zur Urananreicherung seien vielmehr aus den USA geliefert worden. Nach der Revolution aber habe man das Land unter Sanktionen gestellt und sei nicht einmal bereit, Iran eine sichere Versorgung mit Brennelementen für den im Bau befindlichen Reaktor zu garantieren. Wäre dies anders gewesen, so spekuliert Soltaniyeh, hätte der Iran die technisch-politische Entscheidung für den vollen Brennstoffkreislauf möglicherweise gar nicht getroffen. Natürlich wolle man sich lieber auf deutsche als auf russische Technologie stützen, nur treibe die Sanktionspolitik Europas und des Westens Iran dazu, den Reaktor in Bushehr mit der wenig ausgereiften und – wie dies impliziert – weniger sicheren russischen Technologie fertigzustellen.

Mittlerweile, darauf weisen nicht nur Wissenschaftler wie Soltaniyeh hin, ist die Auseinandersetzung um das iranische Atomprogramm zu einer Frage des nationalen Stolzes geworden. Gelegentliche Andeutungen amerikanischer Stellen, die US-Armee oder gar Israel könnten, wenn Iran nicht freiwillig auf sein Programm verzichtet, die iranischen Atomanlagen auch bombardieren, und europäische Äußerungen, dass man von Iran »erwarte«, Anreicherung und Wiederaufbereitung ein für alle Mal aufzugeben, wirken hier ähnlich kontraproduktiv. Sie offenbaren nach Ansicht vieler Iraner die arrogante Haltung des Westens und den mangelnden Respekt nicht nur der USA, sondern auch Europas gegenüber einem souveränen Staat, der nach wirtschaftlicher Entwicklung und wissenschaftlichem Fortschritt strebt.

In gewisser Weise hilft der internationale Druck dem Regime und macht dessen Propaganda, der zufolge Iran einer feindlich gesinnten Umwelt gegenüber alleine steht, ein ganzes Stück glaubwürdiger. Auch viele Iraner, die das islamische Regime nicht unterstützen, teilen den von der Regierung vertretenen Anspruch, dass einem Staat wie Iran nicht verboten werden kann, modernste atomare Technologie zu nutzen. »Wir haben auf diesem Feld Fortschritte gemacht«, so Khatami, »und wir werden niemanden um Erlaubnis bitten.«[69] Wer hier mit »grünen« Einwänden gegen die Technologie argumentiert, erntet Unverständnis. Für Islamisten wie für Nationalisten steht die Frage der Souveränität im Vordergrund – des Rechts, wie andere Staaten behandelt und zudem als Staat mit einigem Gewicht anerkannt zu werden. »Wir verstehen schon«, sagt mir Seyyed Mohammad Ali Ahmadi Abhari, ein Geistlicher, der die Bibliothek des iranischen Parlaments leitet, in einem Gespräch, das eigentlich andere Fragen zum Inhalt hat, »*ihr* in Europa wollt entscheiden, wie weit einzelne Länder sich entwickeln dürfen. Und *uns* wollt ihr wie irgendeinen afrikanischen Drittweltstaat behandeln, der bestimmte Technologien nicht haben darf.«

Vor diesem Hintergrund ist ein Scheitern der Verhandlungen gerade so wahrscheinlich wie die Einigung auf einen Kompromiss, der Iran erlaubt, sein Gesicht zu wahren und Fortschrittstechnologien zu beherrschen, den regionalen Nachbarn Irans und dem Westen aber die Sicherheit gibt, dass Iran nicht aus dem Atomwaffensperrvertrag ausbricht, selbst militärische Nuklearwaffenfähigkeiten erreicht und damit einen neuen, regionalen Rüstungswettlauf in Gang setzt.

»Den Iranern geht es gut: Sie haben so viele Parks«

IRAN IST EIN SCHWELLENLAND, kein Entwicklungsland, und es ist zusammen mit Saudi-Arabien, den Vereinigten Arabischen Emiraten und dem Irak auch einer der größten Erdölexporteure. Das Land verfügt über schätzungsweise elf Prozent der Welterdöl- und fünfzehn Prozent der weltweiten Erdgasreserven. Etwa achtzig Prozent der Exporterlöse, zehn bis zwanzig Prozent des Bruttosozialprodukts und vierzig bis fünfzig Prozent des Staatshaushalts stammen aus dem Ölexport.

Der Ölreichtum ist nicht nur ein Segen, denn er macht das Land in hohem Maße von schwankenden Ölpreisen abhängig. In den achtziger und neunziger Jahren des zwanzigsten Jahrhunderts, als die Ölpreise in den Keller rutschten, geriet Iran in arge Finanznöte: Ausländische Schulden konnten nicht rechtzeitig bedient werden; der Staat musste trotz gewaltiger Wiederaufbauaufgaben seine Ausgaben kürzen; die Inflation galoppierte. Gleichzeitig haben die Öleinnahmen es der Regierung erlaubt, in großem Umfang in Infrastruktur und Städtebau sowie ins Bildungswesen zu investieren. Wer etwa über iranische Stadtautobahnen fährt, der fühlt sich an das amerikanische Vorbild erinnert, nur sind die Straßen in einem besseren Zustand als in den USA. Und die öffentlichen Universitäten sind gepflegte Einrichtungen, denen offensichtlich das Geld zukommt, das sie brauchen, um eine an westlichen Standards orientierte Ausstattung anzubieten und Gebäude und Anlagen in Schuss zu halten.

DIE ÖLEINNAHMEN ERLAUBEN ES, den Konsum auf einem erhöhten Level zu halten. Seiner Kaufkraft nach entsprach das Durchschnittseinkommen pro Kopf in Iran 2003 knapp siebentausendzweihundert Dollar. Damit befindet das Land sich auf dem Niveau von osteuropäischen Industrieländern mittleren Einkommens wie Rumänien und Bulgarien.

Irans Wirtschaftsprobleme sind nicht in erster Linie natürlicher oder geografischer Art. In dieser Hinsicht ist das Land mit seinen Bodenschätzen und Wasservorkommen, seinem Klima und auch seiner geografischen Lage, die es über die Jahrtausende immer wieder zur Schnittstelle zwischen dem Nahen Osten, Süd- und Zentralasien und zur Brücke für Handel und kulturellen Austausch zwischen Zentralasien und dem Golf sowie der Türkei gemacht haben, eher günstig ausgestattet. Zwar produziert man in Iran auch vieles selbst, was Länder der so genannten Dritten Welt importieren, und man hat auch eigene Industrieprodukte entwickelt, aber die Produkte sind nicht unbedingt konkurrenzfähig: die Klimaanlagen in Kühlschrankgröße etwa, Marke »Amin« oder »General«, die in vielen Restaurants und öffentlichen Gebäuden stehen, oder der seit Jahrzehnten auf der Basis eines englischen Pkw der sechziger Jahre gebaute Paykan, das im Straßenbild absolut dominierende Auto. Markt- und konkurrenzfähig dagegen sind die in Iran seit den siebziger Jahren produzierten bulligen Mercedes-Lkw der überall im Nahen und Mittleren Osten verbreiteten enorm robusten Baureihen 1921 und 1924 oder Reisebusse, ebenfalls mit dem Stuttgarter Stern und Siebziger-Jahre-Design, die wie die Lastwagen mittlerweile von der Staatsfirma Iran Khodro selbstständig hergestellt werden. Neuere koreanische, französische und zuletzt auch deutsche Investitionen in die Pkw-Produktion versprechen indessen einen Technologiesprung und die Chance, mit zeitgemäßen Autos mehr oder weniger eigener Herstellung – noch werden Motoren und andere wichtige Teile importiert, der Eigenanteil an der Produktion wird aber Jahr für Jahr gesteigert – die regionalen Märkte im Mittleren Osten und in Zentralasien zu beliefern.

Die wirtschaftlichen Probleme Irans sind eher wirtschaftspolitischer und das heißt immer auch politischer Natur. Fast alle iranischen Beobachter und Experten beklagen den hohen Staatsanteil an der Wirtschaft, der auf siebzig Prozent geschätzt wird. Er ist nicht nur durch Investitionen der öffentlichen Hand oder durch die staatliche Kontrolle des Ölsektors zu Stande gekommen, sondern auch Ergebnis der Verstaatlichungen beziehungsweise Quasi-Verstaatlichungen, mit denen nach der Revolution der Besitz des Schahs und seiner Familie und die Unternehmen wirklicher oder angeblicher Anhänger des alten Regimes in den Besitz von religiösen Stiftungen – Bonyads – überführt wurden. Diese Stiftungen kontrollieren heute Industriebetriebe, Farmen und Hotels, Banken, Handelsunternehmen, Schifffahrtslinien und Immobilien. Sie sind ihrer offiziellen Zweckbestimmung nach wohltätige Einrichtungen zur Unterstützung von Armen, Kriegsinvaliden und »Entrechteten«.

In gewissem Umfang werden die Bonyads ihren Zwecken durchaus gerecht, aber zugleich sind sie Großunternehmen, die unter der Kontrolle einzelner Geistlicher stehen, die vom Rahbar eingesetzt werden. Diese Großunternehmen arbeiten wie große, konkurrenzlose und wenig öffentlicher Transparenz ausgesetzte Staatsbetriebe in anderen Ländern der Region.[70] Sie verschaffen Khamenei und seinem Apparat ein jeglicher Haushaltskontrolle entzogenes Budget und machen die illegale Bereicherung mächtiger Individuen aus der regierenden geistlich-politischen Elite möglich. Diese nutzen ihr Wirtschaftsimperium recht pragmatisch und schauen also eher auf den wirtschaftlichen und sozialen Nutzen als auf ideologische Korrektheit. So befindet sich trotz aller Amerikafeindschaft des Regimes die iranische Abfülllizenz für Coca-Cola im Besitz einer dieser Stiftungen.

Dank des Umfangs ihrer Geschäfte und der damit verbundenen Beschäftigungsangebote bilden die Bonyads eine solide finanzielle und soziale Basis des konservativen Flügels in der iranischen Führung. So ist es nicht verwunderlich, dass alle Vorstöße zur Reprivatisierung der unter diesem Dach versammelten Unternehmen auf erheblichen Widerstand stoßen. Immerhin setzte die Khatami-Regierung durch, dass auch die Stiftungen Steuern zahlen und sich einer Rechnungsprüfung unterziehen müssen. Außerdem privatisierte sie einige der Stiftungsunternehmen. Auch Vertreter jener »Neo«-Konservativen, die sich bei den Parlamentswahlen von 2004 durchgesetzt haben, betonen, dass der öffentliche Sektor gestutzt werden muss, wenn die Wirtschaft sich beleben soll. Wirtschaftspolitisch stehen sie eher auf der liberalen Seite, und sie könnten ihre ideologische Nähe zum konservativen Machtzentrum um Khamenei nutzen, einige Reformen in diesem Bereich durchzusetzen. Radikale Schritte wie die Zerschlagung der großen Stiftungen wird man allerdings nicht erwarten dürfen, schließlich bringt niemand seine eigene gesellschaftliche Basis gern gegen sich auf.

Irans Privatwirtschaft leidet unter der privilegierten Konkurrenz des staatlichen und quasi-staatlichen Sektors, vor allem wenn es um öffentliche Kredite oder den Zugang zu Devisen geht. Iranische Unternehmer verweisen allerdings darauf, dass dennoch fast »alles möglich« ist. Wer unternehmerischen Geist hat, sich zunutze macht, dass wenig in Iran wirklich geregelt ist und über alle Regeln, die nicht an ideologische oder sicherheitspolitische Grundfesten rühren, irgendwie verhandelt werden kann, wird Erfolg haben. Zwar verfügte die islamische Revolution über ein stark populistisches Element, und die Stiftungen dienten nicht zuletzt dazu, gewisse Reichtümer an Arme und »Entrechtete« zu verteilen, aber die Islamische Republik hat sich nie als antikapitalistisch verstanden. Einen Teil ihrer Basis bildet der gesellschaftlich konservative Basar, und einige wichtige Mitglieder der Führungselite – Ex-Präsident Rafsanjani ist das deutlichste Beispiel – sind wichtige Unternehmer.

Insgesamt ist die private Wirtschaft kein großer Spieler; vor allem im verarbeitenden Gewerbe sind die privaten Betriebe überwiegend klein und kapitalarm. Das meiste private Kapital befindet sich nach wie vor bei den Basarhändlern, die eher traditionell im Import-Export-Geschäft tätig sind und weniger in die Industrie investieren. Insofern erklärt sich das Interesse des Staates wie auch der iranischen Privatwirtschaft an ausländischen Investitionen. Dabei setzt man auf Europa, um Zugang zu moderner Technologie zu erhalten, und auf die arabischen Golfstaaten als Kapitalgeber. Ein neues Investitionsgesetz vom Sommer 2002, das ausländischen Kapitalgebern erlaubt, hundert Prozent der Anteile an einem Unternehmen – und nicht, wie vorher, nur eine Minderheitsbeteiligung – zu halten, hat bereits eine

Reihe ausländischer Unternehmen angelockt. Für einige arabische Geschäftsleute ist Iran ein interessanterer Standort geworden, weil sie sich in den USA nicht mehr wohl fühlen, seitdem Araber dort – nach den Anschlägen des 11. September 2001 – generell unter Terrorismusverdacht stehen.

Tatsächlich, sagt Dr. Rasoul Ranjbaran, der Präsident der Isfahaner Handelskammer, könne man langfristige Investitionen in Iran durchaus empfehlen; das Land habe eine gute Infrastruktur, Naturschätze und eine gut ausgebildete Bevölkerung. Von kurzfristigen Engagements dagegen sei eher abzuraten. Wer sein Kapital schnell vermehren und repatriieren will, laufe Gefahr, an der iranischen Bürokratie und an intransparenten Verfahren zu scheitern. Wer auf die wirtschaftliche Zukunft Irans setzt, wird sich also länger binden müssen. Gleichzeitig ist sicher, dass es allenfalls mittels neuer und umfangreicher Investitionen gelingen wird, das reiche humane Potential des Landes zu nutzen, also die hohe Arbeitslosigkeit nicht zuletzt unter jungen Leuten zu reduzieren, die insgesamt auf etwa ein Viertel der arbeitsfähigen Bevölkerung geschätzt wird.[71]

Die iranische Gesellschaft: jung und mittelschichtsorientiert

IRAN IST EIN JUNGES LAND. Den Preis des achtjährigen Kriegs zahlte die damals junge Generation, weshalb noch heute die Statistik in der Altersgruppe derer, die 1980 bis 1988 an der Front waren, einen deutlichen Frauenüberschuss ausweist; in allen anderen Alterskohorten gibt es mehr Männer als Frauen. Nach Kriegsende setzte ein Babyboom ein. Heute ist ein Drittel der Bevölkerung unter fünfzehn, zwei Drittel sind unter fünfundzwanzig Jahre alt. Für die Sozial-, die Arbeitsmarkt- und die Bildungspolitik ist die demografische Komponente einer der wichtigsten Faktoren. Nicht von ungefähr hat das Regime der Islamischen Republik daher viel in den Ausbau von Schulen und Universitäten investiert – mit beachtlichen Erfolgen, wie auch Kritiker einräumen. Während 1977, zwei Jahre vor der Revolution, die Zahl der eingeschriebenen Studenten noch bei hundertsechsundfünfzigtausend lag, waren es 2002 bereits über anderthalb Millionen,

Tendenz steigend.[72] Die politische Klasse, die die Jugend verliert, läuft Gefahr, die Macht insgesamt zu verlieren. Diese Gefahr ist im Iran groß.

Demografie und Erziehung tragen sogar zu strukturellen Veränderungen bei. So übersteigt seit Ende der neunziger Jahre die Zahl der Studentinnen an iranischen Universitäten die der Studenten deutlich. Das liege, erklärt mir Professor Muhammad Ali Bassiri von der Universität Isfahan, vor allem an drei Faktoren: Viele junge Männer wollten lieber schnell Geld verdienen als lange zu lernen; traditionelle Elternhäuser akzeptierten es heute eher, ihre Töchter zur Universität zu schicken als früher, weil sie dem islamischen Charakter der Hochschulen trauen. Und drittens verbrächten Schülerinnen einfach mehr Zeit mit dem Lernen in einer Gesellschaft, die immer noch dazu neige, Mädchen in der Freizeit zu Hause zu halten, während ihre Brüder zum Sportplatz gingen. Die Mädchen erhielten bessere Noten und »verdrängten« die Jungs bei den Aufnahmeprüfungen für die Universität, seitdem sich die allgemeine Schulpflicht durchgesetzt hat. Der hohe Frauenanteil an den Studierenden ist kein gewolltes, aber ein faktisches Ergebnis der Erziehungs- und Hochschulpolitik des Regimes und hat einige Politiker und Kommentatoren schon veranlasst, eine Quotierung der Universitätszulassung zu fordern: Die Hälfte der Studienplätze soll an Männer gehen.

Natürlich gibt es auch in Iran so etwas wie einen Generationenkonflikt. Für manch älteren Iraner sind die Entwicklungen an den Hochschulen Anathema. Selbst an der Fakultät für Agraringenieure, beschwert sich ein gut achtzigjähriger Agrarunternehmer, der weder ein Anhänger noch ein strikter Gegner des Regimes ist, gebe es mittlerweile mehr Frauen als Männer. Das könne doch nicht gut sein; einzelne Frauen seien ja vielleicht geeignet, in Männerberufen zu arbeiten, aber für die Gesellschaft sei es nicht gut, wenn sie ihre »natürliche Rolle als Hausfrau und Mutter« vernachlässigten. Er habe das auch führenden Mullahs gesagt, die ihn von Zeit zu Zeit in wirtschaftlichen Fragen konsultieren. Aber die wollten ihre Politik einfach nicht ändern. Seine Frau lächelt ihm derweil nachsichtig zu. Sie führt seit fast fünfundzwanzig Jahren den gemeinsamen Betrieb.

Bei Studenten und Studentinnen ist das Zahlenverhältnis an den

Universitäten dagegen kaum ein Thema. Für sie ist es wichtiger, kleine Dinge im Zusammenleben und -lernen durchzusetzen. Eines Tages, erzählt eine Soziologiestudentin aus Teheran, sei ihr Kurs geschlossen ins Audimax gegangen, um eine Vorlesung zu hören. Üblicherweise hätten die Studentinnen auf der einen, die Studenten auf der anderen Seite des Hörsaals gesessen. Ein Mädchen aus ihrer Gruppe habe dann gesagt, der Kurs solle doch lieber zusammenbleiben – und plötzlich hätten eben Studenten und Studentinnen bunt durcheinander gesessen. In der jungen Generation, sagt die Verlegerin Shahla Lahiji, eine gute Beobachterin gesellschaftlicher Entwicklungen in ihrem Land, fühlten Männer und Frauen sich gleich; diese Generation wolle keine geschlechtsspezifische Rollenverteilung.

Iran ist auch eine Mittelklassengesellschaft. Iranische Forscher gehen davon aus, dass fünf Prozent der Bevölkerung eine Oberschicht bilden, die, wie einer es im Gespräch ausdrückt, »ihr Einkommen in Iran nicht ausgeben können«. Zehn Prozent bildeten eine obere, wohlhabende Mittelschicht. Die mittleren und unteren Mittelschichten machen nach diesen Schätzungen etwa fünfundfünfzig Prozent aus; etwa dreißig Prozent seien ärmere Schichten, davon wiederum könnten etwa fünf Prozent von ihrem Einkommen nicht leben.

Die Mittelschichtsorientierung der iranischen Gesellschaft ist begleitet von zwei durchaus ambivalenten Phänomenen:

Zum einen ist da das Streben nach einem Arbeitsplatz im Büro, das, wie in den anderen ölexportierenden Ländern auch, dazu beiträgt, dass weniger gut ausgebildete einheimische Kräfte keine Arbeit erhalten – wenn sie nicht, dank guter politischer Beziehungen, auf Positionen eingestellt werden, für die sie nicht geeignet sind. Weniger qualifizierte Arbeiten nehmen sie einfach nicht an. Für diese Arbeiten werden im florierenden Bauwesen etwa billige ausländische Arbeitskräfte eingesetzt, die oft unter erbärmlichen Bedingungen arbeiten. Im iranischen Fall sind das afghanische Arbeiter. Die Afghanen, erklärt mir Dr. Ranjbaran von der Handelskammer in Isfahan, seien einfach gut, und sie seien bereit, schmutzige Arbeit effektiv zu verrichten. Iraner dagegen möchten keine schwere und schmutzige Arbeit verrichten und blieben dementsprechend beschäftigungslos – leider, sagt er. Dass die Bauunternehmer auch die niedrigen Löhne schätzen, mit denen die Afghanen sich zufrieden geben, erwähnt er nicht.

Zum anderen versuchen junge Iraner und Iranerinnen – die Einschulungsquote liegt praktisch bei hundert Prozent – in der Regel, das Abitur zu machen und einen Studienplatz zu ergattern. Sie setzen sich dabei unter erheblichen Druck. Die Aufnahmeprüfungen der staatlichen Universitäten gelten als extrem schwierig. Für über eine Million Bewerber gibt es nur ungefähr zweihunderttausend Studienplätze. Der durchschnittliche Oberschüler verbringt die letzten zwei bis drei Jahre vor dem Test damit, sich darauf vorzubereiten. Schulen und Elternhaus unterstützen den Leistungsdruck, alles richtet sich auf die Prüfung. Viele Jugendliche haben deshalb in den letzten Schuljahren wenig Freizeit, denn am Nachmittag und am Abend wird gelernt, das heißt auswendig gelernt, denn darum geht es bei dem Examen, weniger um kreatives Denken. Viele halten diesen Stress nicht aus und brechen die Schule ab, womit ihre Chancen, irgendeine Beschäftigung zu finden, gegen Null sinken. Wer durchhält, aber die Eingangsprüfung der Universitäten nicht besteht, kann allenfalls an einer der privaten Universitäten studieren, die aber gelten als weniger gut, und das Studium kostet Geld, mehr Geld, als eine Mittelschichtsfamilie in der Regel aufbringen kann.

Stadtansichten

DIE IRANISCHEN STÄDTE sind ein Spiegelbild der Mittelklassegesellschaft. Natürlich gibt es Armut, hier und da trifft man auf einen Bettler oder auf eine bettelnde Nomadenfamilie, aber Kleinbürgertum und Mittelschichten bestimmen das Bild. Es fehlt der protzige Neureichtum, der das Straßenbild anderer orientalischer Metropolen prägt. Gelegentlich sieht man einen älteren Mercedes, aber nicht die Dichte der Nobelkarossen wie in Beirut, Damaskus, Amman oder selbst in Kairo. Auch Konsum- und Freizeitverhalten entsprechen dem einer kleinbürgerlichen Gesellschaft im Aufbruch, ein wenig so, wie es in Deutschland in den fünfziger, sechziger und siebziger Jahren war: der Trend zur Kleinfamilie, der Familienausflug mit Fotoapparat –

heute zunehmend der elektronischen Videokamera –, die Kinder in sauberen Sonntagssachen. Der Vater lässt mit seinem Sohn im Grundschulalter ein ferngesteuertes Modellboot fahren, in Mittelschichtsvierteln florieren die Aquarienläden, und die junge Familie bewegt sich auf dem Motorrad oder dem Roller fort – ein Motorrad in Iran bietet immer Platz für zwei Erwachsene und bis zu zwei Kindern.

Die Urbanisierung Irans hat rasche Fortschritte gemacht. Zu Beginn dieses Jahrhunderts lebten fünfundsechzig Prozent der Bevölkerung in den Städten; noch zur Zeit der Revolution hielten Stadt- und Landbewohner sich ungefähr die Waage.[73] Die Hauptstadt Teheran vor allem ist ein Bevölkerungsmagnet. Mit einer Ausdehnung von vierzig mal vierzig Kilometern ist sie nicht gerade eine fußgängerfreundliche Stadt. Innerstädtische Entfernungen zu überwinden kostet wegen der überfüllten Straßen und Autobahnen, welche sich im Abstand einiger Kilometer durch das Häusermeer ziehen, viel Zeit. Irgendwann steht man unweigerlich im Stau. Die Stadtplanung ist anarchisch.

Die Stadt ist lebendig, es gibt viele größere und kleinere Parks, Baumbestand an den meisten Straßen und überall, in den großen Parks wie in kleineren städtischen Anlagen, eine gepflegte Blumenpracht – Rosen vor allem, Rosen in allen Farben, Rosen überall. Entlang den Straßen, zwischen Bürgersteig und Fahrweg, verlaufen kleine Kanäle, meist nicht mehr als einen halben Meter breit, in denen Wasser von Norden nach Süden fließt. Teheran liegt im Schatten des Elburs-Gebirges, von dessen auch im Sommer zum Teil noch schneebedeckten Gipfeln ein ständiger Wasserstrom die Stadt versorgt.

Teheran lebt mit dem Smog, es lebt mit der Überfüllung, und es lebt ständig mit der Erdbebengefahr. Die Statistik sagt, dass die Stadt im Durchschnitt alle hundertfünfzig Jahre von einem großen Erdbeben erschüttert wird; da das letzte große Beben 1830 stattfand, ist »the big one« längst überfällig. Obwohl man auf den großen Schock wartet, steigen die Grundstücks- und Wohnungspreise. Viele Neubauten, das verschweigen die Zeitungen nicht, dürften keineswegs erdbebensicher gebaut sein. Ja, sagt so mancher, man habe Angst, insbesondere wenn es wie 2003 in Bam oder 2004 am nördlichen Rand des Elbursgebirges zu größeren Beben kommt, aber was solle man machen, wenn doch alle nach Teheran ziehen wollen und das Leben hier spiele.

In den Städten – in Isfahan noch mehr als in Teheran oder anderswo – fallen die großen gepflegten Parks und Grünanlagen auf, die nicht nur den Eindruck von urbaner Tradition vermitteln, sondern auch, dass die Stadt und die öffentlichen Orte als Eigentum der Bürger und nicht nur als Agglomerat von Häusern, notwendiger sozialer Infrastruktur und Verkehrsverbindungen wahrgenommen wird. Isfahan glänzt nicht nur durch die Gärten um die teils renovierten, teils halb verfallenen Paläste der Safaviden-Herrscher, sondern auch durch die knapp zwanzig Kilometer lange gepflegte Grünanlage rechts und links des Flusses, der die Stadt durchfließt.

Gärtner scheint einer der häufigsten Berufe in Iran zu sein, überall sieht man die Männer in ihren grünen Anzügen, Gummistiefeln und Strohhüten, wie sie Blumen schneiden oder Rasenflächen bewässern. Die Iraner nutzen diese Parks auf vielfältige Weise. Studenten und Studentinnen sitzen hier allein oder in Gruppen, um sich auf ihre Prüfungen vorzubereiten, man hockt auf den Rasenflächen oder spielt Federball. Auf der Khaju-Brücke in Isfahan, einer Konstruktion aus dem sechzehnten Jahrhundert, treffen sich morgens ältere Herren zum Singen – in kleinen Gruppen im Chor oder, wenn es sich um die lokalen Stars handelt, solo und im Wettstreit. Die liebste Freizeitbeschäftigung der iranischen Familie ist offensichtlich das Picknick im Park – Teppich, Kühlbox, Teekanne oder Gaskocher, und der freie Tag lässt sich ertragen. Den Isfahanern, sagt Ali Akbar, ein stoppelbärtiger älterer Englischlehrer und Flaneur, gehe es gut, »sie haben so viele Parks«.

Die Unterschiede zwischen der Hauptstadt und der Provinz sind allerdings enorm. Während Teherans Straßenbild zu Beginn dieses Jahrhunderts – sieht man von den Kopftüchern ab – an eine osteuropäische Hauptstadt kurz nach dem Ende des Sozialismus erinnert, was die Auslagen der Kaufhäuser und Geschäfte und das Meublement öffentlicher Gebäude betrifft, legen Städte in der fernen Provinz eher den Vergleich mit Handels- und Durchgangsstationen im Orient, im Jemen etwa oder im Irak, nahe. Da ist zum Beispiel Yazd, eine durchaus wohlhabende, von der Wüste umgebene Handelsstadt im Zentraliran, die ihre zweitausendjährige Existenz und Geschichte im Wesentlichen einem Meisterwerk altorientalischer Ingenieurskunst verdankt, unterirdischen Kanälen nämlich, die Wasser von den bis zu siebzig Kilometer entfernten Bergen in die Stadt brachten, das dort in mächtigen, von Lufttürmen gekühlten Zisternen gebunkert und frisch gehalten wurde. Diese fünfzehn bis dreißig Meter hohen Türme oder Badgirs ragen über die Häuser hinweg und wirken wie ein umgekehrter Kamin, der oben den Wind einfängt und ihn zur Ventilation von Innenräumen und Wasserreservoirs nach unten drückt.

Leider scheint die aus Lehmziegeln gebaute Altstadt mit ihren meist ein- bis zweihundert Jahre alten großen, hofartigen Familienhäusern und Karawansereien sowie den noch einige Jahrhunderte älteren Moscheen und Medressen dem langsamen Verfall preisgegeben. Nur in Teilen der Stadt bemühen sich Privatleute oder auch die Stadtverwaltung, einzelne, besonders schöne Gebäude zu renovieren und zum Teil als Restaurants oder Hotels einem wirtschaftlichen Nutzen zuzuführen.

Wie die Altstadt sind auch die neueren Viertel von Yazd im Wesentlichen flach gebaut, überwiegend ein- und zwei-, nur im Ausnahmefall dreigeschossig. Natürlich dehnt die mittlerweile achthunderttausend Einwohner große Stadt sich weit aus, wirkt aber auf ihren innerstädtischsten Straßen dennoch wie ein kleinerer Handelsort in der Wüste. Die Straßen entlang ziehen sich zum Gehweg geöffnete Läden, die den Kunden aus der Stadt wie aus der Umgebung all die nützlichen Dinge anbieten, die man braucht – Bettdecken, Haushaltsgeräte, Uhren und Fotoartikel –, dazwischen eine Motorradwerkstatt, ein Laden mit Gewürzen, die in offenen Säcken halb in, halb vor dem Laden stehen, hier und da eine Boutique für neue oder gebrauchte Kleidung. Es gibt kein einziges Kaufhaus oder Warenhaus in dieser Stadt, dafür aber achtzehn Bus-Kooperativen, die Fahrten in alle umliegenden und weiteren iranischen Städte, zum Teil aber auch Überlandtouren in die Türkei oder nach Syrien anbieten. Man sieht deutlich mehr Straßenarmut als in Teheran oder Isfahan: hier ein vielleicht neunjähriger Junge, der gebrauchte Schuhbürsten feilbietet, und dort ein Alter mit einer Auslage von Uhren.

Yazd ist viel, viel konservativer als die Hauptstadt. Nicht nur, dass fast alle Frauen Tschador tragen und die wenigen, die dies nicht tun, Zugereiste oder Studentinnen aus anderen Teilen Irans zu sein scheinen, man sieht auch viel mehr beturbante Geistliche als an anderen Orten – vom religiösen Lehrzentrum Qom einmal abgesehen. In den wenigen Buchläden der Stadt liegen neben universitären Lehrbüchern vor allem religiöse Werke für den Laien in den Auslagen: Ratgeber für die Beziehung zu Gott, Regeln für das Verhalten am Ashura-Fest und anderes. Von den vier englischsprachigen Tageszeitungen, die im Iran herausgegeben werden, ist nicht eine erhältlich.

Für den relativen Wohlstand der Stadt sorgt neben dem Handel auch die Industrie. Es gibt mehr als zweitausend kleinere und mittlere Industriebetriebe, vor allem in der Textil-, aber auch in der Keramikbranche. Yazd sei die Nummer eins unter den Keramik- und Fliesenproduzenten in Iran, teilt Ahmad Akhavan Dastmalji mit, der Chef der Kammer der »Basargan und Industriellen«, also der Industrie- und Handelskammer. Die Strebsamkeit und der industrielle Erfolg der Einwohner von Yazd, so der etwa siebzigjährige Textilunternehmer, erkläre sich wohl daraus, dass man traditionell in der Stadt und ihrer Umgebung keine Rohstoffe gehabt habe und sich auf das händlerische Geschick sowie die industrielle Fertigkeit der Einwohner habe verlassen müssen. Ein wenig, meint ein Kammerkollege Dastmaljis, hätten die Yazdis mit ihrem Sinn für das Wirtschaftliche sich etwas von den Juden abgeschaut, von denen es bis zur Staatsgründung Israels eine große Gemeinde in der Stadt gab. Nicht ganz ohne Stolz verweist so mancher in Yazd darauf, dass die Stadt zwei Präsidenten hervorgebracht hat: Muhammad Khatami, Irans Reformpräsident von 1997 bis 2005, und – das erwartet man nicht unbedingt – Moshe Katzav, den hier geborenen Staatspräsidenten Israels.

Stolz ist man in Yazd auch darauf, dass hier die heute größte Gemeinde iranischer Zoroastrier beheimatet ist – der von Zarathustra begründeten monotheistischen Religion, die das Land vor der islamischen Eroberung im siebten Jahrhundert christlicher Zeitrechnung und der allmählichen Konvertierung der meisten seiner Einwohner geprägt hat. »Besuchen Sie den zoroastrischen Feuertempel«, sagt mir der Handelskammervorstand, »Moscheen können Sie in jeder iranischen Stadt sehen.« Muslimischer Konservatismus schließt religiöse Toleranz nicht aus oder muss dies, wie Yazd zeigen mag, jedenfalls nicht ausschließen.

DIE TEHERANER NENNEN die Vali Asr die längste Einkaufsstraße der Welt. Etwa dreizehn Kilometer zieht sie sich vom Tajrish-Platz im Norden der Stadt immer leicht bergab bis zum Bahnhof im Süden. Die bis zu acht Spuren breite Magistrale wurde Anfang des zwanzigsten Jahrhunderts von Resa Schah, dem Vater des 1979 von der Revolution gestürzten Herrschers, gebaut. Sie verband die alte Stadt mit den neuen Vierteln und mit dem Saadabad-Palast der Pahlavis oberhalb des Tajrish und hieß damals Pahlavi-Straße. Nach der Revolution erinnerte sie kurzzeitig an den einstigen nationalistischen Ministerpräsidenten Mossadeq und wurde dann in Vali Asr umbenannt nach dem »Herrscher der Zeit«, dem von den Schiiten verehrten verschollenen zwölften Imam. Der Weg »von oben bis unten«, wie die Teheraner sagen, ist nicht nur eine Promenade von den historisch jüngeren Vierteln der Stadt zu den älteren, sondern bietet auch Möglichkeiten zur sozialgeografischen Studie aller Klassen und Schichten der städtischen Gesellschaft.

Vom Tajrish in die »besseren Viertel«

BEGINNEN WIR AM TAJRISH-PLATZ im Norden. Einen kleinen Basar gibt es hier, eine Miniaturausgabe des *Bazaar-e bozorg*, des großen Basars in der Stadtmitte. Viele Straßenhändler haben sich am Rand des Basars breitgemacht; sie bieten die neuesten iranischen und einige ausländische Filme als Raubkopien sowie allerlei nützlichen Kleinkram feil. Mehrere Buslinien enden hier; zur Weiterfahrt in andere Viertel des Nordens warten Sammeltaxis. Es herrscht eine hektische Betriebsamkeit, hier verweilt man nicht, sondern sieht, dass man weiterkommt.

Hohe Platanen säumen die Straße zu beiden Seiten, streckenweise wachsen die Kronen über der Straßenmitte zusammen und bilden ein grünes Dach. Die Vali Asr beginnt laut und lebhaft, als Treffpunkt der unteren Mittelschichten mit Fast-food-Restaurants und preiswerten kleineren Supermärkten für Lebensmittel. Ein kriegsversehrter Bettler steht vor einem Laden, eine Frau hockt auf dem Trottoir und vertreibt batteriebetriebene Fischlein in einem Wassereimer. Es geht einen kleinen Anstieg hinauf, dann nur noch stetig bergab. In den schmalen Kanälen rechts und links der breiten Fahrbahn kühlen die Platanen ihre Füße.

Den Tajrish haben wir hinter uns gelassen, die Straße wandelt sich in eine Einkaufsmeile der Mittelschicht und bald in eine der oberen Mittelklasse. Neben dem Lufthansa City Center liegt ein Laden, der natürlichen Honig verkauft, dann kommen ein paar Kunsthandwerksläden iranischen Geschmacks – viel Glas, viel Schmiedeeisen und eine Reihe von Gemälden, die auch manches deutsche Wohnzimmer zu Beginn des zwanzigsten Jahrhunderts hätten zieren können: Mädchen mit Violine und Granatäpfeln, seidengekleidete Dame mit Kind beim Üben am Cembalo, weiße Berggipfel hinter rauschendem Fluss, Stillleben mit Sonnenblumen. Wir kommen an Lebensmittelläden und Patisserien, Büromöbelgeschäften, kleineren Einrichtungen für Computertechnik und Unterhaltungselektronik, Büromaterial und Stoffen sowie zahlreichen Immobilienagenturen vorbei. Die Quadratmeterpreise, die man für ein Apartment – rechter Hand hinauf nach Zaafraniye etwa – zu zahlen hat, entsprechen denen der besseren Viertel Berlins. Dieses Stück und das wenig unterhalb gelegene Viertel Elahiye sind die elegantesten Teile des Boulevards. Rechts und links säumen moderne Hochhäuser die Straße; in den Seitenarmen wohnt die obere Mittelschicht.

Auf dem Trottoir flaniert am Abend die *jeunesse dorée* Nord-Teherans, und auch tagsüber trifft man hier auf viele elegante Frauen und weniger elegante Männer. Während junge Männer, die keine allzu körperbetonte Kleidung tragen sollen, aber sonst keinen Vorschriften unterworfen sind, in Jeans oder Popelinehose und locker darüber fallendem Hemd herumlaufen, machen vor allem die jungen Frauen aus dem islamischen Dresscode, der sie zu Manteau und Kopftuch zwingt, eine Mode und die Vali Asr zum Laufsteg. Der eng geschneiderte Manteau, gelegentlich in korrektem Schwarz, häufig aber auch in hellen Farben, Pink oder Rot, vielleicht noch durch einen Gürtel betont, stellt die Körperformen heraus, die es eigentlich verhüllen soll; das Kopftuch, das weit hinter der elegant ins Haar gesteckten

Designerbrille gerade noch den Hinterkopf bedeckt, wird zum modischen Accessoire und auf Manteau oder Hose abgestimmt. Die vornehmsten Geschäfte, die Silberwaren, Designermöbel, Antiquitäten und Teppiche anbieten, könnten ebensogut an der Königsallee in Düsseldorf liegen. Eine Herrenboutique verkauft Krawatten – ein Accessoire, das mit der Revolution als Zeichen bürgerlicher Dekadenz verbannt wurde und erst seit einigen Jahren wieder die eine oder andere Auslage ziert, gelegentlich sogar im Basar, vor allem aber hier im bürgerlichen Norden.

Eine knappe halbe Stunde vom Tajrish entfernt überquert die Mudariss-Schnellstraße – benannt nach einem zu Schah-Zeiten gefolterten und ermordeten Ayatollah – die Vali Asr. Vom Kreisverkehr unter der Brücke zweigen die Auffahrten zur Autobahn ab, die als Fußgänger zu überqueren eine erhebliche Bereitschaft zur Konfrontation mit den absolut regelresistenten Autofahrern voraussetzt. Über der Ausfahrt zur Schnellstraße wirbt ein Großplakat für Schnellkochtöpfe aus deutscher Produktion. Die Konsummuster und Kaufwünsche der Mittelschichten entsprechen in mancher Hinsicht denen, die wir aus den europäischen siebziger Jahren kennen.

Südlich schließt ein kleiner Park mit einem Schnellrestaurant an, das sich Hühnchen-Superstar nennt. Ein Poster mit panierten und frittierten Hühnerbeinen im Plastikschälchen soll wohl die iranische Jugend anziehen; die Anspielung auf amerikanische Hähnchenbratereien aus Kentucky ist beabsichtigt. Ich komme an den staatlichen Radio- und Fernsehanstalten vorbei, stattlichen Gebäuden, die die Bedeutung der Massenmedien für die Republik unterstreichen. In Sichtweite der Straße liegt die Moschee des Senders. Eingebettet ist der Komplex in das bürgerliche Wohnviertel Elahiye, in dessen Mehrfamilienhäusern vorwiegend aus den sechziger Jahren vor allem Angehörige der gebildeten und wohlsituierten Mittelschichten wohnen. Die einzelnen Hochhäuser mit mehr als dreißig Stockwerken sind dagegen ein bevorzugter Wohnort der Neureichen; auch an ausländische Diplomaten wird hier gern vermietet. Dazwischen gibt es ein paar Villen, die aus der ersten Hälfte des zwanzigsten Jahrhunderts übrig geblieben sind und dem alten, vorrevolutionären Bürgertum gehören.

Auf der rechten Straßenseite hat sich die Vereinigung der jungen Journalisten niedergelassen. Sie residiert in einem überdimensionierten, modernen Gebäude neben dem Industriemanagement-Institut. Der *Jam Jam Superstore and Food Court* ist ein anderer Versuch, sich ein bisschen amerikanisch zu geben: eine dreietagige Anlage mit einigen kleineren Geschäften im Erdgeschoss, einer Reihe von Hamburger-, Pommes-frites- und sonstigen Fast-food-Angeboten auf der ersten Etage und einer Auswahl von IKEA-Möbeln im Untergeschoss. Kein Platz, der zum Verweilen einlädt, zumal sich rechter Hand der Mellat-Park öffnet (Park der Nation oder auch des Volkes). Auf dem Spielplatz zur Straße hin schaukelt ein junger Vater – Ziegenbart und lange, zum Pferdeschwanz gebundene Locken – sein Töchterchen, zwei schwarzgekleidete Studentinnen plauschen miteinander. Eine Großmutter begleitet ihren Enkel. Sie ist die erste Frau im Tschador, die mir auf meinem Weg begegnet. Parkbänke und gepflegte Rabatten, wie immer viele Rosen, der Rasen darf betreten werden.

Auf den vier Seiten eines Werbeständers wirbt ein Plakat unter Angabe der Telefonnummer, aber wenig weiterer Informationen für die »Grüne Front des Iran« (in Klammern wird auf Englisch ergänzt *green peace*), auf der zweiten Seite eines für das letzte Handy-Modell einer finnischen Firma, das dritte für eine Badewanne mit Jacuzzi, und das vierte fordert unter einer Kalligraphie mit dem Namen Gottes zum Gebet auf. Ein bärtiger Polizist grüßt mich, den Ausländer, schüttelt mir die Hand, legt dann, wie üblich, zum Zeichen des Grußes und des Respekts die Hand aufs Herz und sagt: »Thank you.«

Gegenüber dem Park ragen zwei zwölfgeschossige Rohbauten auf, die mir, dem Laien, nicht gerade erdbebenfest vorkommen. Auch höhere Häuser werden hier in der üblichen Bauweise errichtet: ein Gerüst aus Eisenträgern, kein Stahlbeton. Die Decken werden dann aus Beton gegossen, die Wände in Ziegelstein aufgemauert. Nicht wenige Teheraner befürchten, dass viele der schnell hochgezogenen neueren Gebäude ein Erdbeben nicht überstehen werden. Die Stadtverwaltung beruhigt: Die Einhaltung der Bauvorschriften werde überprüft. Vielleicht hat ja auch ein Freund Recht, der angesichts eines dieser Eisenträgergestelle erklärt, dass hohe Häuser nicht unbedingt massiv gebaut sein, sondern dass sie schwingen können müssen.

AM SÜDLICHEN RAND des Mellat-Parks schließt sich ein Krankenhaus an; auf der Fahrbahn schiebt sich der Verkehr zäh nach Norden und Süden. Wir kreuzen jetzt die Zufahrt zur Kurdistan-Schnellstraße. Aus der Luxusmeile ist wieder eine Straße geworden, auf der der Durchschnittsiraner einkauft, zum Arzt geht und arbeitet. Bürohäuser und Läden, das Krankenhaus des Roten Halbmonds und das allgemeine Krankenhaus der Polizei gleich daneben. Linker Hand der Gymnastikclub »Ghazi«, eine Einrichtung des Erziehungsministeriums, eine Schule und eine Einrichtung der Lehrervereinigung, deren E-Mail-Anschrift »teacherskit@yahoo.com« groß auf die weißgetünchte Wand gepinselt ist. Die 1928 gegründete Tosi University of Technology ist bekannt für ihre ingenieurwissenschaftliche Fakultät, besonders für die Bereiche Geodäsie und Geowissenschaften. An der Fassade verkündet ein überlebensgroßer Oberster Führer Khamenei, dass sich der erfolgreiche Student durch Disziplin und einen guten Charakter auszeichnet. Das Eskan Shopping Centre gegenüber zeichnet sich durch staubige Langeweile aus. Tagsüber scheint es eher ein Aufenthaltsort für Beschäftigungslose zu sein; erst am Abend werden die Malls zum Treffpunkt und Freizeitpark der Teenager.

Gleich unterhalb des Mirdamad-Boulevards, der hier nach Osten abzweigt, überzieht ein Wandbild die Fassade eines mehrstöckigen Hauses, das Khomenei und Khamenei zeigt sowie Bilder von fünf Märtyrern oder Gefallenen aus den Reihen der religiösen und nationalen Minderheiten des Iran. Es sind Katholiken, armenische Orthodoxe, Kurden oder Juden und die zugehörigen Inschriften zum Teil in Armenisch sowie bei dem Märtyrer Shahram Sosini auf Hebräisch verfasst. Das Khomeini-Zitat zwischen den Konterfeis der geistlichen Führer kündet vom besonderen Respekt, den die Minderheiten genießen, da sie mit den Muslimen gemeinsam im Dienste des Landes stehen.

Ein Waisenhaus, eine Reihe von Behörden, die Straße belebt sich, die Jugend überwiegt eindeutig, zumal am Nachmittag. Oberschülerinnen in ordentlichen Schuluniformen – dunkelblaue Hose, wadenlanger Manteau und gleichfarbiges Kopftuch bis über die Schultern –, dazu viele junge Männer im Freizeitlook mischen sich mit Angestellten in der Mittagspause. Frauen, so sie in öffentlichen Institutionen arbeiten, treten in der Regel in ordentlichem dunklen oder auch khakifarbenen Manteau und Kopftuch auf. Den Tschador tragen offenbar nur Besucherinnen vom Lande oder Frauen aus dem ärmeren Süden der Stadt. Männer zeigen sich im revolutionären Schlabberlook – abgestoßener Anzug, dreckige Schuhe und Fünftagebart –, mit Ausnahme der Angestellten in privaten Büros und Kanzleien sowie in jenen Behörden, die sich ein moderneres Image geben. Dort zeigt man sich in guter, sauberer Kleidung, gelegentlich auch im schicken Anzug, glattrasiert oder mit gepflegtem Vollbart. Unter die Passanten mischen sich elegante Studentinnen, den Manteau zum Teil aus Jeansstoff, die Designerjeans gelegentlich bis über den Knöchel hochgerollt. Hin und wieder sieht man einen Iraner oder eine Iranerin mit Gesichtspflaster, Ergebnis der beliebten Nasenoperationen. Viele junge Iraner finden aus unerklärlichen Gründen, dass ihre Nase einer chirurgischen Verkleinerung bedarf. Das Pflaster trägt man mit Stolz: Man kann sich die Schönheitsoperation leisten.

Ich habe den lebhaften Vanak-Platz überquert und etwa ein Drittel des Weges hinter mir. Der Platz gilt als Zentrum von Drogenhandel und Prostitution; am Tag sieht man davon nichts. Aus einem der Bürogebäude tritt ein älterer Herr mit Blazer und Krawatte. Ich spreche ihn auf den Binder an. »Nun«, sagt er, »Krawatten wurden nach der Revolution aus allen Amtsstuben verbannt. Wer was von der Regierung will, der trägt besser keine.« Er sei Anwalt und wolle von der Regierung nichts, überhaupt nichts, und insofern sei die Krawatte ein kleines, provokantes Zeichen. Viele Ärzte und manche andere Freiberufler tügen sie auch deshalb.

Linker Hand bietet ein moderner Laden die Köstlichkeiten persischer Plantagen an: Pistazien, nach Herkunftsgebiet und Preis geordnet, getrocknete Früchte, Gewürze – und auf einem Regal Nutella-Gläser. Banken, Fast-food-Läden, Reisebüros, zwischendurch mal ein fliegender Händler, der Kopftücher auf der Straße verkauft – kaum denkbar, dass er glaubt, eine Frau hätte ihres zu Hause vergessen –, prägen das Bild, dazwischen das eine oder andere Restaurant und immer wieder kleinere Fast-food-Läden mit iranischen Pizzas oder Hamburgern – und Saftläden, eine der herrlichen Erfindungen des Orients, wo es Frischgepresstes aus Melone, Erdbeere oder Orange, gelegentlich auch aus Granatapfel, sowie Milchmixgetränke aller Art gibt, darunter eine persische Spezialität: Milch mit Pistazien und Eis.

Viele Arztpraxen liegen an der Straße, auch kleinere private Hospitäler. Anders als in den arabischen Städten werben die Ärzte auf ihren Praxisschildern nicht damit, dass sie ihr Diplom oder ihren Doktorgrad an einer ausländischen Universität erworben haben. Viele weisen vielmehr darauf hin, dass sie zum Lehrkörper der Teheraner oder einer anderen Universität gehören. Man ist stolz auf die eigenen Bildungseinrichtungen.

Ein weiterer Park lockt mit Teehäusern und Speiselokalen, eine Micky-Maus wirbt für kinderfreundliche Bedienung. Alle paar hundert Meter bietet ein Kiosk Zeitungen an, und fast immer drängt sich eine Traube von Menschen vor der Auslage, um die Schlagzeilen der konkurrierenden Publikationen zu vergleichen. Obwohl schon zahlreiche Organe verboten wurden und andere Bankrott gingen, ist die Auswahl immer noch groß. An einem Kiosk zähle ich vierundsiebzig Tages- und Wochenzeitungen, darunter mehrere Sportblätter sowie die vier englischsprachigen iranischen und zwei arabischsprachige Tageszeitungen. Ausländische Zeitungen werden nicht angeboten: Der revolutionäre Iran ist sich selbst genug – den Einfluss westlicher Medien versucht die Islamische Republik bislang so gering wie möglich zu halten.

An einer Bushaltestelle wirbt die Stadtverwaltung für das Fahrrad als geeignetes Verkehrsmittel in der Innenstadt, was angesichts der Anarchie im Verkehr aber keine besonders sichere Empfehlung ist. Sicherer sind die Busse, die die Vali Asr auf einer eigenen Busspur hinauf und herunter fahren. Allerdings wird die Busspur gern auch von Motorradfahrern genutzt oder von Pkws, die in Gegenrichtung überholen. Bei den Bussen steigen Männer vorn, Frauen hinten ein, was nicht zuletzt dann lästig ist, wenn sie vorher noch den Fahrpreis beim Fahrer entrichten müssen.

Kurz vor dem Vali-Asr-Platz, einem der zentralen Plätze in der Stadt, liegt das Qods(Jerusalem)-Warenhaus. Von dem Dutzend Nudelsorten in der Lebensmittelabteilung über die Konfektionsware in den mittleren Geschossen bis zu den Kunstledermöbeln im obersten Stockwerk herrscht hier das Flair eines der billigeren Kaufhäuser im Westdeutschland der siebziger Jahre. Der Vali-Asr-Platz selbst – ein großer Kreisverkehr in der Mitte, Wasserbassins mit hochschießenden, nachts farbig beleuchteten Fontänen – und seine Umgebung strahlen den Charme der sechziger Jahre aus. Die ergrauten Büro- und Apartmentblocks, viel Beton und gerade Linien, könnten auch in Beirut oder Berlin, Dortmund oder Damaskus stehen. Hier gibt es Kinos und Buchhandlungen, natürlich zahlreiche Fast-food-Läden, viele Geschäfte für Haushaltswaren, Computerläden und Internetcafés, Läden für Kinderkleidung und Erwachsenenkonfektion. Eine etwas edlere Ladengalerie wirbt mit Brautmode und Abendkleidern. An einem Informationsstand der Stadtverwaltung erstehe ich einen Stadtplan von Groß-Teheran, der der Übersicht wegen aus zwei separaten Bögen besteht. Auch einen Plan der Buslinien kann man hier erwerben. Ich überquere den Keshavarz-Boulevard; über den baumbewachsenen Mittelstreifen zieht sich ein grün markierter Fahrradweg. Nicht, dass ihn jemand benutzen würde, aber es gibt ihn immerhin.

Südlich des Vali-Asr-Platzes befindet man sich in der Nähe der Tehran University und des alten Stadtzentrums. Mehr Kioske gibt es hier, aber auch mehr Buchhandlungen und zahlreiche Läden, die neben Computerspielzeug jede gewünschte Programm- oder Spiel-CD in guter Raubkopie zum Preis von umgerechnet 1,50 Euro anbieten.

Bücher kaufen

JEDER BESUCH in einer der zahlreichen, wohlgeordneten Buchhandlungen Teherans vermittelt den Eindruck, dass Iran ein lesehungriges, intellektuell offenes Land ist. Literatur steht hoch im Kurs, der Stolz auf die Nationaldichter Hafiz und Saadi scheint Iraner aller politischen Richtungen zu einen. Die Reformregierung Präsident Khatamis habe, sagt eine Studentin, einiges dafür getan, das Lesen wieder populär zu machen, nachdem Bücher, wenn es sich nicht gerade um religiöse Literatur handelte, in den Revolutions- und

Kriegszeiten als ein wenig suspekt galten. Neben der religiösen und der Computer-Literatur, die wie in vielen anderen Ländern des Orients gut vertreten ist, aber vielleicht nicht ganz so viele Regale füllt wie in Kairo, Damaskus oder Riad, fällt die Menge der Übersetzungen neuer und alter, belletristischer und wissenschaftlicher Bücher auf. Da finden sich nicht nur Nietzsche und Habermas, sondern auch die Gedichte von Rilke, zahlreiche Romane und ein großer Teil sozialwissenschaftlicher und philosophischer Schriften internationaler Autoren. Auch in der Musikabteilung liegen die Noten und Partituren westlicher neben denen iranischer Komponisten.

Auf den Auslagetischen und in den Schaufenstern dominiert die aktuelle politische Literatur, Ratgeberbücher sind im Angebot und die Autobiografie von Hillary Clinton genauso wie die von Farah Diba – der letzten Frau des vor fünfundzwanzig Jahren gestürzten Schahs. In der Politikabteilung nehmen allein die Schriften von Khatami und seinen Mitstreitern einen halben Regalmeter ein; knappe drei weitere Meter sind mit Büchern zur und von der Reformbewegung in Iran gefüllt. Auch der eine oder andere im Gefängnis einsitzende Dissident schafft es, ein Buch auf den Markt zu werfen. Vieles sind Streitschriften, anderes ist analytisch, etwa die Arbeit der Sozialwissenschaftlerin und ehemaligen Abgeordneten Jamila Kadivar zum politischen Diskurs der iranischen Schia. Manches in dieser Sektion hat wohl auch eher vergleichende Bedeutung, so die persische Übersetzung eines französischen Werks über das letzte Amtsjahr Gorbatschows – vielleicht ein passender Titel am Ende der Reformära Khatamis.

Zahlen über die Buchproduktion, die vom zuständigen *ershad* oder Kulturministerium publiziert werden, bestätigen, was der Streifzug durch die Buchhandlungen ahnen lässt. Der offiziellen Statistik zufolge hat das Ministerium innerhalb eines Monats 2836 Buchtitel genehmigt, knapp sechzig Prozent davon Erstausgaben. Insgesamt seien über zehn Millionen Bücher gedruckt worden – bei einer Einwohnerzahl von etwa fünfundsechzig Millionen. Ein Viertel der Neuerscheinungen entfällt auf die schöne Literatur, ungefähr fünfzehn Prozent auf »angewandte Wissenschaften« – dahinter dürften sich Ratgeber für Haus, Garten, Computer oder den Umgang mit dem eigenen Körper verbergen –, etwa genauso viel auf Naturwissenschaften, Geografie, Geschichte und Philosophie, nur etwa jedes zehnte Buch beschäftigt sich mit Religion. Das ist nicht sehr viel für eine islamische Republik.

Das alte Zentrum

IM ALTEN STADTZENTRUM TEHERANS ist das Publikum buntgemischt: Arbeiter und Angestellte, Studenten und Geschäftsleute, aber auch die Gestrandeten des Lebens tummeln sich hier. Vor einem Autohaus hockt ein ungefähr sechzehnjähriges Mädchen auf dem Boden und verkauft Kaugummis, vielleicht auch sich selbst; es dauert jedenfalls nicht lang, bis ein Mittdreißiger sich zu ihr setzt und offensichtlich verspricht, sich um sie zu kümmern. Die Zahl der jungen Frauen vom Land, die in Teheran ein besseres Leben suchen und sehr häufig in Prostitution und Drogensucht enden, ist unbekannt, aber auf jeden Fall hoch.

Zwischen der Avenue des Ayatollah Taleqani und der Enqelab-e-Islami-Straße, der Straße der Islamischen Revolution, befindet sich die Kunstuniversität. In ihrem Theatersaal, einem holzverkleideten Raum mit etwa hundertfünfzig Plätzen, treten gelegentlich sogar iranische Rockgruppen auf. Dann sitzt das Publikum ordentlich auf den nummerierten, gepolsterten Sitzen, klatscht artig und manchmal auch enthusiastisch. Zuviel sollte man sich dabei aber nicht bewegen, schon gar nicht im Rhythmus der Musik. Wenn die Zuhörer aufstehen und tanzen, erklärt mir ein Musiker, wird die Veranstaltung abgebrochen, und die Gastgeber, die Veranstalter und die Gruppe selbst bekommen Probleme. Um das zu verhindern, steht im Theatersaal auf beiden Seiten des Gangs je ein Ordner, und auch eine Ordnerin in strenger islamischer Tracht ist bereit, um bei jedem Anflug spontanen Mitwippens einzugreifen. Da die Fans ihren Idolen aber nicht schaden wollen, brauchen die freundlichen Theaterwächter während des Konzerts, das ich besuche, nicht einmal warnend den Blick zu heben.

Südlich der Straße der Islamischen Revolution liegt das in Schah-Zeiten gebaute Stadttheater, ein moderner Rundbau aus den sechziger

Jahren, der mit Stilelementen der vorislamischen Vergangenheit spielt – die Säulen in Form der Lotusblüte, die einen äußeren Ring um den fensterlosen Zylinder bilden, lassen an einen Tempel oder Palast in Persepolis denken. Alle sechs Bühnen sind bespielt – Experimentelles geht genauso wie Folkloristisches. Der Park um das Theater ist der Treffpunkt für Teherans homosexuelle Szene.

Wir nähern uns den älteren Stadtteilen. Dreigeschossige Ziegelhäuser, die wohl Anfang des zwanzigsten Jahrhunderts gebaut worden sind, wechseln sich mit den charakterlosen Betonsilos der fünfziger und sechziger Jahre ab: im Erdgeschoss durchweg Läden, darüber Wohnungen und überwiegend Büros, Praxen, Kanzleien. Wir kreuzen die Straße der Islamischen Republik; im Schaufenster eines Bekleidungsgeschäfts, das sich in Farsi *Burda* nennt, sucht eine kräftig geschminkte Frau ihr Spiegelbild und richtet die Sonnenbrille.

Südlich der Kreuzung mit der Avenue Imam Khomeini überwiegen nun die niedrigen, oft nur zweigeschossigen Ziegelbauten. Hier kann man Matratzen kaufen, preiswerte Sport- und Kinderkleidung, Reis in Zehn-Kilo-Säcken: Bedarf für Großfamilien mit begrenztem Einkommen. Auch den einen oder anderen Frisör gibt es hier, hin und wieder eine Reinigung, den üblichen Fotoladen, einen Laden für Bodybuilder und eine kleine Moschee. Es ist die zweite, die ich auf meiner langen Wanderung über die Vali Asr sehe. Die Masjid Fakhreya hat nicht einmal ein Minarett, im Schaukasten hängen Khomeini-Bilder und ein paar Zeitungsausschnitte über soziale Aktivitäten; vor dem geschlossenen Eingang parkt ein Moped. Wie an vielen Stellen der Stadt ist eine Spendenbox für karitative Zwecke aufgestellt. Zu den Pflichten des Gläubigen gehört es nämlich, Almosen zu geben, und die Boxen werden tatsächlich von so manchem Passanten genutzt.

Zur Linken gelangt man jetzt über die Abu-Said-Straße, die hier einmündet, zum großen Basar, der reich und bedeutend, aber nicht so alt und so gut erhalten ist wie der von Isfahan oder etwa die Basare und Souks von Aleppo und Istanbul. Die Vali Asr selbst ist hier von acht auf vier Spuren zusammengeschrumpft, kleine Lebensmittelläden behaupten sich neben eher ärmlichen Immobilienagenturen mit verstaubten Plastikmöbeln, hin und wieder einem kleineren Copy-

Shop oder Kosmetikladen, Blumenläden, einem Sportartikelgeschäft, wo ein Tischfußballspiel aus zweiter Hand feilgeboten wird, Schneiderwerkstätten und – im Gegensatz zu den *Café Net* genannten Internetcafés weiter oben – Läden mit der Bezeichnung *Game Net*, in denen Kinder und Jugendliche sich vorzugsweise mit elektronischen Kriegsspielen zu beschäftigen scheinen.

Busse und Sammeltaxis dominieren hier stärker das Bild als im Norden, wo mehr private Pkw unterwegs sind; hier wohnen ärmere Leute: flott gekleidete Studentinnen, die auf den Bus warten – man wohnt hier eben billiger, wenn man zum Studium zugezogen ist –, Arbeiter, Ladenbesitzer, Angestellte, der eine oder andere Lastkarrenschieber, nicht wenige Soldaten in Uniform, die Ausgang haben. Immer häufiger, wenngleich keineswegs dominierend, tauchen Frauen im Tschador auf, meistens der mittleren und älteren Generation. Zwei Schilder weisen zu Moscheen, die allerdings abseits der Vali Asr in Nachbarvierteln liegen.

Die Mowlavi-Avenue, die letzte große Querstraße, begrenzt im Süden den traditionellen Alt- und Innenstadtbezirk. Linker Hand käme man zu zentralen Einrichtungen wie dem Außenministerium, rechter Hand zum Präsidentenpalast. Politik wird im eigentlichen Kern der Stadt noch immer gemacht, nur die Leute, die es sich leisten können, sind über die Jahrzehnte in den reicheren Norden gezogen. Das gilt für das Bürgertum der Schah-Zeit ebenso wie für die Funktionäre der Islamischen Republik. Auf dem letzten Stück der Vali Asr überwiegen zwei-, vielfach auch nur eingeschossige Gebäude, die meisten aus unverputztem Ziegelstein, etwas baufällig und mit schiefen Wänden, die von nachträglich eingebauten Ofenrohren durchbrochen sind. Es gibt winzige Motorradläden und -werkstätten, ein kleineres Krankenhaus, den üblichen Gemüseladen, kleine Drogerien und Speiselokale. Auch hier stehen Platanen, ihre Reihen links und rechts der Straße werden aber durch die eine oder andere Linde unterbrochen. Und noch immer offenbart sich ein gewisser Sinn dafür, die eigene Stadt adrett zu halten: Oleanderbüsche, öffentliche Straßenkehrer mit Strohbesen und ein städtischer Arbeiter, der die alle paar hundert Meter montierten Papierkörbe gerade blau anstreicht.

Der Süden der Stadt ist relativ arm, aber er hat seit der Revolution gewonnen. Er ist sauberer und vergleichsweise lebenswerter geworden. Heute gibt es hier Kulturzentren und Kliniken und ein bisschen städtische Pflege und Sauberkeit. Ein Uhrenladenbesitzer hat einen Käfig mitsamt Kanarienvogel in die Platane gehängt, ein Frisör schläft bei offener Ladentür im Frisierstuhl, ein Sattler bietet an, die Sitze des alten Paykan, des iranischen Volksautos, mit neuem Kunstleder zu beziehen. Hier im Süden und insbesondere vor der Ausgabestelle für subventioniertes Mehl, am Ende der Vali Asr, tragen nun deutlich mehr Frauen den Tschador und nicht nur Manteau mit Kopftuch.

Teheraner aus den nördlichen Stadtteilen kommen kaum hierher, es sei denn, sie besuchen die Kavekhane Azadi, ein knapp sechzig Jahre altes, vor einem Jahrzehnt von der Stadtverwaltung renoviertes Kaffeehaus, das heute ein beliebtes Traditionslokal ist: ein eingeschossiger, flacher Ziegelbau in Hofbauweise, dessen Patio durch ein Zeltdach zum zweiten Gastraum geworden ist. Hier soll vor einigen Jahren der damalige Reformbürgermeister Karbastchi seinen Istanbuler Kollegen und heutigen türkischen Ministerpräsidenten Erdogan bewirtet haben. Zur Gebetszeit, so hört man, habe dieser nach einem Ort gefragt, wo er sein Gebet verrichten könne. Man habe keinen Gebetsraum, war die Auskunft der wenig respektvollen Kellner, er könne sich aber gern auf der kleinen Bühne niederlassen. Erdogan und einige seiner türkischen Begleiter nahmen das Angebot wohl an. Was sich nun auf der Bühne abspielte, sollen einige der Gäste für einen Teil der täglichen Vorführung gehalten haben. Dieser letzte Teil der Geschichte ist nicht verbürgt, aber denkbar. Der Weg zur nächsten Moschee ist jedenfalls weit.

Die Vali Asr endet in einem Kreisverkehr vor dem Bahnhof von Teheran. Fünf Stunden, gelegentliche Getränke- und Diktierpausen eingerechnet, hat die Wanderung vom Tajrish zum Bahnhof gedauert, eine Wanderung entgegen der historischen Wanderung der Stadt, die sich vom alten Zentrum, der Gegend um Basar und Universität, allmählich nach Norden ausgedehnt hat. Der Bahnhof ist ein im Innern einladend renoviertes Gebäude aus den dreißiger Jahren im Stile deutscher und italienischer Architektur jener Zeit. Bei der Renovierung, heißt es, habe man ein Hakenkreuz – seinerzeit zum Zeichen der deutsch-iranischen Freundschaft angebracht – freigelegt und verschwinden lassen.

Der große Wartesaal ist voller Reisender aus der Provinz und überwiegend einfacheren Leuten aus der Stadt. Mit dem Zug zu reisen ist billig – drei, vier Euro kostet die Fahrt nach Isfahan oder Mashhad, wohin die meisten Züge, fünf am Tag, fahren. Es gibt eine tägliche Verbindung ins Ausland, nach Damaskus – eine lange, beschwerliche Reise über die Türkei, auf die sich vor allem Pilger begeben, die sich kein Flugticket leisten können. Am Platz vor dem Bahnhof stehen ein paar ältere und nicht sehr einladende Pensionen und Hotels. Hier kann man Reiseproviant und Koffer, Schnellgerichte und frische Getränke kaufen oder einen der Busse besteigen, die von hier die Vali Asr hinauf oder in andere Stadtteile fahren.

Geistliche Führer: die Islamische Republik, die Religion und die Religiösen

»DIE LEUTE SIND HIER sehr religiös. Wenn sie zwischen Demokratie und Religion wählen sollten, dann würden sie sich für Letzteres entscheiden«, sagt Amir Mohbbiyan von der konservativen Zeitung *Resalat*. »Fünfundsiebzig Prozent der jungen Leute«, sagt dagegen Abbas Luqmani von *Hamshahri*, einem Blatt, das zumindest in der Vergangenheit als Sprachrohr der Reformer galt, »beten laut einer Umfrage, die das Regime natürlich geheim hält, nicht regelmäßig. Keine Gesellschaft in der Region ist so säkular wie unsere.«

Tatsächlich vermittelt vor allem die Hauptstadt Teheran nicht das Bild eines überaus islamischen Staates. Hier käme niemand auf den Gedanken, Läden und Restaurants wie in Riad oder anderen saudischen Städten zur Gebetszeit zu schließen oder Frauen nicht Auto fahren zu lassen. Man sieht auch weniger Moscheen als in Damaskus, hört weniger Muezzins zum Gebet rufen als etwa in Kairo und sieht auf der Straße sicher weniger Geistliche als in Bagdad oder Beirut.

Nichtsdestoweniger hat das Regime seine Vorstellungen von der islamischen Ordnung zum Teil gegen Widerstand durchgesetzt und bemüht sich in gelegentlich penetranter Art, den islamischen Charakter des Staates zu demonstrieren, am augenfälligsten bei der Kleiderordnung, vor allem der weiblichen. Es ist nicht verwunderlich, dass der Hijab, das Kopftuch, zum Symbol und zum Maßstab dafür geworden ist, wie weit das Regime Gesellschaftliches und Privates regeln und bestimmen und eine der offiziellen iranischen Interpretation entsprechende Form islamischer Korrektheit durchsetzen kann. Man mag der Ansicht sein, dass es wichtigere Dinge gibt als die Kopfbedeckung: das Familienrecht, das von der Frau die schriftliche Zustimmung ihres Mannes oder Vormunds verlangt, wenn sie einen Reisepass beantragen will; das Nein der islamischen Autoritäten zu Frauen im Richteramt; die Überwachung der Strafjustiz durch Theologen; die mit Bezug auf den Koran begründeten, aber nach moderner Interpretation des Islam keineswegs religiös geforderten Körperstrafen, die einige Richter weiterhin verhängen; und natürlich die *vilayat-e faqih*, die letztinstanzliche Entscheidungsgewalt des obersten Rechtsgelehrten beziehungsweise religiösen Führers.

Der Hijab macht aber jeden Tag sichtbar, wo die Grenzen zwischen privater Entscheidungsfreiheit und verordneter Konformität verlaufen – Grenzen, die wie das Stadtbild von Teheran und weniger deutlich auch anderer Städte zeigt, ständig getestet und, wenn man so will, zwischen dem Regime und seinen Bürgern, insbesondere der nachwachsenden Generationen, neu verhandelt werden. Die amerikanische Politikwissenschaftlerin Cheryl Benard hat zu Recht bemerkt, dass konkurrierende Kräfte in muslimischen Ländern gerade Lifestyle-Themen – wie Menschen sich kleiden und auftreten – nutzen, um ihre Kontrolle über die Gesellschaft zu signalisieren oder Ansprüche geltend zu machen.[74]

Iraner und Iranerinnen sind unterschiedlicher Ansicht darüber, wie groß der Anteil der Frauen ist, die überhaupt Kopftuch oder Tschador tragen würden, wenn der Staat dies nicht vorschriebe. Viel spricht dafür, dass dies in den meisten Provinzstädten eine Mehrheit, in einigen sogar eine große Mehrheit, in Teheran aber nur eine Minderheit sein würde. Diese Einschätzung bestätigen die Tafeln, die Besucherinnen in fast jedem Hamburgerladen, Kino oder Internetcafé – an Orten also, die vor allem von Jugendlichen genutzt werden – daran erinnern, dass »hier der islamische Hijab Pflicht« ist oder die »lieben

Besucher« doch bitte auf die »islamische Würde« Rücksicht nehmen mögen, sprich korrekte Kleidung tragen und überhaupt korrektes Verhalten an den Tag legen sollen.

Gerade in der Hauptstadt scheint die Religiosität, die die Islamische Republik demonstriert, im Wesentlichen eine Religiosität der Amtsstuben zu sein. Klar ist, dass Religiosität und Säkularität nicht notwendig im Widerspruch zueinander stehen: Viele Iraner und Iranerinnen pflegen ihren Glauben privat und lehnen das, was sie die »offizielle Religion« nennen, ab, weil diese zur Staatsideologie verkommen sei oder weil sie die religiöse Führungsschicht sowie deren Politik und deren Selbstprivilegierung ablehnen.

Hussein, ein Informatikstudent aus Shahr-e Kord, einer zentraliranischen Provinzhauptstadt, der auf einer langen Überlandbusfahrt neben mir sitzt, hält es so. Er bete regelmäßig, sagt Hussein, wenn auch nicht in der Moschee, und er faste im Ramadan. Die Mullahs aber seien ein Problem. Sie beherrschten, führt er auf Nachfrage aus, die Politik, sie würden das Volk belügen und im Übrigen – hier hält er inne und sucht nach Worten, die auch ich verstehen kann. Schließlich hilft ein persisch-englisches Wörterbuch, das ich ihm hinüberreiche. Hussein blättert kurz und zeigt dann auf eine Wortkonstruktion: *parti bazi kardan – to gain favour through nepotism*, wie das Lexikon übersetzt. Ohne Beziehungen zu den Geistlichen laufe halt nichts. Vor allem, so klagt er, erhielte man keinen guten Job.

Quellen der Nachahmung und andere Geistliche

DIE ISLAMISCHE REPUBLIK ist ihrer Verfassung und Praxis nach ein Staat, in dem die schiitische Geistlichkeit die politische und ideologische Oberhoheit beansprucht, Geistliche in der Führungsschicht dominieren und über weitreichende Privilegien verfügen. Mit Blick auf die Machtverhältnisse ließe sich eher von einer Republik der Geistlichen als von einer islamischen Republik sprechen; der amerikanisch-iranische Wissenschaftler Ferhad Kazemi nennt dies ein System, das »von Klerikern für Kleriker und deren Unterstützer« gemacht sei.[75] Tatsächlich bezeichnen Irans Theologen sich – im Gegensatz zu ihren sunnitischen Kollegen, die *ulama* (Rechtsgelehrte) genannt werden – selbst vorwiegend als *ruhaniyun*, als Geistliche. Man kann auch von Klerikern sprechen, obwohl die damit hervorgerufene Analogie zur christlichen Kirche ein wenig irreführend ist. Mullahs hören sie weniger gern, denn so nennt man eher die Dorfprediger. Die iranische Geistlichkeit stellt so etwas wie eine eigene Kaste oder besser einen eigenen Stand dar. Man heiratet gern innerhalb des Kreises der geistlichen Familien, vielfach absolvieren die Söhne aus diesen Familien wiederum eine religiöse Ausbildung; Verschwägerung und Verwandtschaft erhalten den politisch-sozialen Zusammenhalt.

Die Geistlichkeit ist allerdings keine abgehobene oder abgeschlossene aristokratische Oberschicht. Sie hat ihre Basis vor allem auf dem Land und in Kleinstädten. Hier, unter Bauern, kleinen Gewerbetreibenden und Kleinbürgern, findet sie einen großen Teil ihres Nachwuchses. Sie ist gesellschaftlich recht fest verwurzelt, kennt die Stimmungen der Bevölkerung und ist sich offensichtlich darüber im Klaren, dass sie das Volk nicht einfach im Griff hat. Nicht von ungefähr bemüht sich das Regime, die eigene Basis, nicht zuletzt Bauern, Kriegsveteranen und »kleine« Leute, nach Möglichkeit aber das Volk im Ganzen zufrieden zu halten – soweit jedenfalls, wie Ideologie und Machterhaltungsinteresse dies zulassen.

Es handelt sich bei den Geistlichen auch nicht um eine sozial oder politisch homogene Gruppe. Es gibt Unterschiede im Rang, und es ist von erheblicher Bedeutung, ob einer nun ein einfacher Mullah ist, ein besser ausgebildeter Hojjatulislam, einer von – hier kann man nur schätzen – vielleicht tausend Ayatollahs oder gar einer der derzeit acht iranischen Großayatollahs. Während der einfache Mullah oder Scheich vor allem Prediger oder Seelsorger ist, sind viele der besser ausgebildeten Geistlichen in allen möglichen Bereichen tätig: natürlich in der Politik, aber auch als Wissenschaftler – keineswegs nur in der Theologie –, als Lehrer, Richter, in unzähligen Verwaltungspositionen oder als Anwälte. Natürlich, sagt mir Dr. Muhammad Shams Natari, ein Hojjatulislam und Anwalt, bringe es seinen Mandaten Vorteile, wenn er sie verteidigt. Üblicherweise nämlich müsse der Anwalt während der Verhandlung schweigen, könne erst am Ende des Prozesses sein Plädoyer halten. »Weil ich ein Geistlicher bin, erlauben sie mir manchmal, mich während der Verhandlung einzumischen«, sagt Shams, denn schließlich gehört er als Geistlicher zum System.

Dann gibt es die Unterscheidung in Träger weißer und Träger schwarzer Turbane. Letztere, die Sayyeds, die ihren Stammbaum in der einen oder anderen Weise auf die Familie des Propheten zurückführen können, stellen schon so etwas wie die Aristokratie dieses Standes und letztlich auch der Islamischen Republik dar. Bei Begegnungen mit iranischen Geistlichen fällt immer wieder auf, wie sich die Männer mit schwarzem Turban auch äußerlich von denen mit weißem abheben: Letztere sind zumeist als Angehörige der einfachen Bevölkerung zu erkennen, häufig von kräftiger Statur, mit Arbeiter- oder Bauernhänden und den gegerbten Gesichtern der Landbevölkerung – Menschen also, die aus Familien kommen, in denen körperlich gearbeitet wird. Den Sayyeds dagegen sieht man oft die Herkunft aus – wie im Deutschen gelegentlich gesagt wird – »guter« Familie an, aus Familien in diesem Fall, in denen seit Generationen eher gelernt und gelehrt als körperlich geschafft wird.

Schließlich bilden die Geistlichen nicht einfach eine politische Partei oder Richtung: Der schiitische Islam zeichnet sich durch einen Pluralismus theologischer Lehrmeinungen aus; jeder gläubige Schiit sollte in religiösen Fragen einem Mujtahid, einem zur Wahrheitsfindung auf Grundlage des Korans und der Überlieferungen *(ijtihad)* qualifizierten Gelehrten, folgen; wen er als »Quelle der Nachahmung« wählt, ist dem Gläubigen selbst überlassen – auch ein Wechsel ist möglich.[76] Insofern findet sich in den Reihen der iranischen Geistlichkeit ein breites Spektrum nicht nur theologischer, sondern auch politischer Meinungen und Standpunkte, das von sozialrevolutionären über aufgeklärt-liberale bis zu traditionalistischen und radikalkonservativen Positionen reicht.

Der Ayatollah möchte nicht zitiert werden

WAS IN DER SITZUNG STATTFINDET, soll sicher sein, sagt der Ayatollah zum Abschied. Auf keinen Fall will er, dass der Inhalt unseres Gesprächs den Weg zu den Leuten, die mir das Gespräch vermittelt haben, oder gar zu den Autoritäten der Islamischen Republik findet. Für einen Geistlichen in Iran, noch dazu für einen hohen im Range eines Ayatollah, ist tatsächlich erstaunlich, was der gepflegte Endfünfziger mit schwarzem, an den Rändern ins Weiße übergehendem Bart und grau gelocktem Haar unter dem schwarzen Turban, den er gelegentlich abnimmt, zu sagen hat. Ayatollah Mazanderani, wie ich ihn hier nennen will, spricht vom Staat und der Religion, von den Freiheiten, den Menschenrechten und dem Regime. Er ist keiner der Geringsten in der iranischen Geistlichkeit, stammt aus einer Familie hoher Kleriker. Der Vater war schon ein hoher Religionsgelehrter, ebenso der Großvater mütterlicherseits und der Onkel. Aber die Kinder, da lacht er, als ich ihn frage, die seien, Gott sei gepriesen, keine Geistlichen mehr. Zwei Söhne seien Ingenieure, die Tochter und ein weiterer Sohn Anwälte.

Ayatollah Mazanderani ist gewissermaßen ein Dissident, der gleichwohl der herrschenden Kaste angehört. Wie der irakische Großayatollah Ali Sistani und einige andere schiitische Kleriker ist er der Ansicht, dass die Geistlichkeit oder der oberste islamische Rechtsgelehrte nicht auch die Politik bestimmen sollte. Für die beste Lösung hält er den Säkularismus. Es sei nun einmal nicht gut für ein Land, wenn es im Namen einer Ideologie regiert wird, ganz gleich, ob dies der Kommunismus oder der Islam sei. Natürlich sei es für den Iran besser, wenn das Prinzip der *vilayat-e faqih* aufgegeben werde. Dieses Prinzip sei zwar in der Verfassung der Islamischen Republik verankert, aber die Verfassung zu diskutieren, könne ja kein Verbrechen sein.

Mazanderani hat auch seine eigene, theologisch-politische Begründung für die Abschaffung dieses Leitprinzips der Islamischen Republik. Wir sollten, sagt er, über die Legitimität im Islam reden. Woher rühre denn die Legitimität eines Systems – von den Menschen oder von Gott? Selbst wenn alle Legitimität von Gott ausgeht, dann gibt es doch keinen direkten Weg zu ihm: »Wir haben doch keinen Boten, der uns sagen würde, welche Gesetze Gott verabschiedet haben will. Alle sind gleich«, sagt er, die Regierung gehöre deshalb in die Hand des Volkes, Legitimität komme vom Volk.

Ich frage den Ayatollah, ob er sich in irgendeiner Weise eingeschränkt fühle, diese Auffassungen in Iran zu publizieren oder überhaupt zum Thema zu machen. »Natürlich«, bricht es aus ihm heraus, »fühle ich mich eingeschränkt. Ich bin nicht frei zu schreiben, was ich schreiben will, jeder Staatsanwalt kann mich ins Gefängnis werfen, und ich kann auch nicht publizieren, hier im Lande jedenfalls nicht, was ich will.« Die Denker, die Intellektuellen, seien nicht frei, gerade wenn es darum gehe, über Staat und Religion nachzudenken und diese Gedanken zu veröffentlichen. Wenn er als Mujtahid, als anerkannter hoher Geistlicher, der gewissermaßen eine Lizenz zur Äußerung religiös-politischer Gutachten habe, zum Thema forsche oder sich dazu äußere, dann werde man ihm persönlich zwar kein Leid antun, könne ihn aber sehr wohl unter Druck setzen, indem man etwa seinen Mitarbeitern in der Universität Schwierigkeiten bereitet. Und wenn er im Ausland veröffentliche, so wie einige iranische Intellektuelle sich auf internationalen Konferenzen geäußert hätten, »welche Sicherheit habe ich dann«, fragt er, »dass ich hier dafür keine Konsequenzen tragen muss«?

Freie Zeitungen gebe es auch nicht, von wegen. Ein wenig habe die Presselandschaft sich unter Präsident Khatami erweitert, einige offene, kritische Zeitungen seien erlaubt worden. Aber man habe auch immer wieder Zeitungen vor Gericht gezogen, habe sie verboten oder einzelne Journalisten angeklagt, weil ihre Zeitungen etwa die Reden von Abgeordneten im Parlament im Wortlaut veröffentlicht hatten. Wenn die Reden Kritisches über die Islamische Republik enthielten, seien die Zeitungen vor Gericht der Verfehlung gegen die Religion beschuldigt worden.

Für die Regierenden in Iran hat der Ayatollah wenig übrig. Es gebe zwei Sorten von Geistlichen in Iran: Die einen, dabei deutet er auf seinen schwarzen Turban, seien Turbanträger wie er, echte Kleriker, die sich in langen und intensiven Studien mit der Religion auseinander setzen, die anderen – er nennt sie nachgemachte Kleriker – seien Leute wie ein konservativer früherer Außenminister, der Parlamentspräsident oder der Sprecher der Mehrheitsfraktion im Parlament, die sich ständig bemühten, Religiosität zu demonstrieren, ohne etwas von der Religion zu verstehen. Diese stellten die sehr viel größere Gefahr für die Freiheit dar. Überdies habe die augenblickliche Führung keinerlei Charisma. Khomeini, der Revolutionsführer, der habe echtes Charisma gehabt und sei deshalb – hier argumentiert der Ayatollah mit dem deutschen Sozialphilosophen Max Weber – ein legitimer Herrscher gewesen.

Die heute an der Macht seien, wüssten von ihrer Schwäche durchaus. Sie wollten aber keine Probleme mit der Jugend, wollten insbesondere, dass die Universitäten ruhig blieben, und gewährten deshalb gewisse Freiheiten bei der Kleiderordnung, bei der Tolerierung vorehelicher sexueller Beziehungen oder der Zulassung von Satellitenschüsseln. Wenn die Jugend »sich mit Sex und Satelliten-TV beschäftigt, kümmert sie sich eben nicht mehr um Politik«.

Diese Jugend, beklagt der Geistliche, sei insgesamt enttäuscht. Sie wählten nicht mehr und seien sogar bereit, einen konservativen Präsidenten zu akzeptieren, weil dieser zumindest Durchsetzungskraft verheiße. Auch das Vertrauen in den Westen habe die gebildete Jugend verloren. Gerade die Studenten erwarteten, dass Europa sich um die Menschenrechte in Iran kümmert, glaubten aber nicht mehr, dass die Menschenrechtsrhetorik des Westens ernst gemeint ist. Dies ist ganz deutlich auch des Ayatollahs Meinung. »Ich glaube«, sagt er, »dass der Westen sich überhaupt nicht um Menschenrechte in diesem Land schert.« Der Westen solle ehrlich sein in seinen Slogans. »Achtet doch mal, bei jedem Vertrag, den ihr schließt, auf Menschenrechte und Rechtsstaatlichkeit.« Europa müsse doch erkennen, dass an der Spitze der iranischen Justiz ein Mullah sitzt, der sich aufführt wie ein Taliban und im Übrigen nichts von iranischen Gesetzen verstehe. Die Konservativen wollten die Probleme Irans mit dem Westen lösen. Sie setzten auf Dialog in der Hoffnung, dass der Westen der Frage der Menschenrechte nicht zuviel Gewicht beimesse, sondern sich auf wirtschaftliche Fragen und wirtschaftliche Vorteile konzentriere. Europa dürfe sich darauf nicht einlassen, wenn es sich bei der iranischen Jugend nicht völlig unglaubwürdig machen will.

Und wenn Europa sich nicht genug um die Menschenrechte kümmere, so seien die USA nicht einmal offen für den Dialog. Seit dem 11. September 2001 gebe es praktisch keine Amerika-Visa mehr für iranische Studenten: »Die Bin Ladens und ihre Aktionen haben die Demokratie bei uns aufgehalten, und sie haben verhindert, dass der Westens sich für die Jugend der islamischen Länder öffnet.« Statt sich abzuschließen, sollten die USA offener werden für alle Iraner und sich insbesondere um die Mullahs bemühen: »Wenn die iranische Geistlichkeit«, so des Ayatollahs Rat an die USA, »einige Monate nach Amerika reisen würde, dann würde sich hier vieles ändern.«

Religionsschüler

»KHAMENEI RAHBAR« (Khamenei ist der Führer), lautet ein Graffito im Eingangsbereich der »Wissenschaftlichen Madrase Khan«, eines theologischen Seminars in Yazd. Allein vier dieser Institute gibt es in der Stadt. Die Madrase (Schule) Khan ist ein etwa zweihundert Jahre alter, perfekt sanierter Bau. Zwei Geschosse, das eine zu ebener Erde und ein weiteres im Souterrain, umschließen einen Garten von angenehmer Ruhe mit Bäumen, Wasserbecken und Springbrunnen. In beiden Stockwerken reihen sich die Zellen der Schüler um den Hof, insgesamt achtunddreißig Einheiten mit jeweils einer Studier- und einer dahinter gelegenen Schlafstube. In allen Studierstuben die gleiche klösterlich-karge Einrichtung: ein Teppich, ein Regal und einer jener aufklappbaren Buchständer, die es einem mit untergeschlagenen Beinen auf dem Teppich sitzenden Studenten leichter machen, auch physisch schwere Bücher zu lesen. Vor den Zellen, in denen jemand arbeitet oder sich ausruht, steht jeweils ein Paar Sandalen, denn mit Teppichen ausgelegte Räume betritt man nicht mit Schuhwerk. Es gibt noch ein Büro, eine Küche, sanitäre Anlagen und einige Gemeinschaftsräume, darunter einen großen Lehr- und Versammlungssaal, der auch als Moschee dienen kann.

Freundliche junge Leute studieren hier, die meisten kommen aus der Provinzstadt selbst oder aus den umliegenden Dörfern. Am schwarzen Brett hängt der Prüfungsplan für den Abschluss des Studienjahres; er ist zentral von der *hawza*, dem Seminar in Qom, vorgegeben. Geprüft werden die Fächer, die auch unterrichtet werden: *fiqh* (islamische Rechtswissenschaft), *usul* (Grundlagen der Religion), Philosophie, Ausdruck und Rhetorik, Mystik und »Persönlichkeiten«, also große Gestalten der islamischen Geschichte.

Ali, ein kräftiger junger Mann mit dichtem schwarzen Vollbart, wie viele der anderen Studenten ein Junge vom Lande, studiert im sechsten Jahr und ist, »so Gott will«, im kommenden Jahr mit dem Studium fertig. Er wird dann wohl Mullah in einer Dorfmoschee werden oder sich, was eher unwahrscheinlich ist, höheren religiösen Studien widmen, denn um ein *Hojjatolislam wa-l-muslimin* zu werden, muss man zehn Jahre lang den Koran studieren, erklärt einer seiner Kommilitonen.

Ali und die meisten seiner Kollegen lesen den Koran im arabischen Original, lesen arabische Korankommentare, übersetzen hier und da daraus, sofern sie sich nicht auf persische Übersetzungen stützen, aber sie sprechen die Sprache des Koran nicht. Mit dem Sprechen des Arabischen sei es schwierig, sagt Ali, da könne er gerade mal sagen: »Wie geht es, mein Freund?«

Muhammad Ali Akhavan, ein Mullah aus dem drei Autostunden entfernten Shahr-e Babak, der zu Besuchen und Einkäufen in der Stadt weilt und selbst am Seminar in Qom studiert hat, erklärt mir, warum es so schwierig für die Religionsschüler und selbst für manch ausgewachsenen Geistlichen ist, sich auf Arabisch zu verständigen. Die Geistlichen, sagt der Mittdreißiger, könnten zwar ganze Bücher auf Arabisch schreiben, hätten aber keine Sprachpraxis. Es gebe wenig Kontakte zu Arabern und anders als in früheren Zeiten auch nur noch wenige iranische Geistliche, die am Seminar von Najaf im Irak studieren. Dies ist nicht zuletzt das Ergebnis des achtjährigen Krieges, den der Irak 1980 vom Zaun brach. Die Feindschaft und das tiefe Misstrauen zwischen der Islamischen Republik und dem Regime von Saddam Hussein dauerten an. Heute, da Najaf, Kerbala und die anderen heiligen Orte im Irak vom Regime des Tyrannen befreit sind und die irakische Schia diese wieder zu Zentren des religiösen Denkens und Lernens zu machen versucht, ist das iranische Interesse gering, dem Seminar von Qom eine echte Konkurrenz erwachsen zu lassen.

Mahdi Vahidpur studiert im achten Jahr an der Madrase Khan und tritt bereits im Gewand eines Mullahs auf. Manche sprechen ihn, sagt er, auch als Scheich an, ein arabischer Titel für islamische Theologen und andere ehrwürdige Personen. Zur Qaba, das ist ein knöchellanges, nachthemdartiges Gewand, trägt er einen flanellgrauen Kaftan und darüber eine braune Aba (die im arabischen Original Abaya genannt wird), einen ärmel- und knopflosen Umhang, sowie den Turban, natürlich einen weißen, denn unser Gesprächspartner ist kein Sayyed. Als Religionsschüler nimmt man den Turban, wenn man sich infolge seiner Studien dazu bereit fühlt. Etwa ab dem fünften Studienjahr, erklärt Vahidpur, kann man das tun. Die meisten Studenten fühlten sich aber auch im sechsten oder siebten Studienjahr dafür noch nicht reif genug.

Ich sitze mit Vahidpur, einem etwas blässlichen Siebenundzwanzigjährigen mit ordentlich gestutztem schwarzen Vollbart, auf dem teppichbelegten Fußboden der Madrase Khan; in einer anderen Ecke des Raums beugen sich zwei Studenten über ein Buch. Als erstes, sagt der junge Scheich und reicht mir sein Notizbuch, »schreiben Sie mir doch bitte Ihre E-Mail-Adresse auf«. Vahidpur hat wie die meisten der Religionsschüler mit der Ausbildung an der Madrase nach dem Abitur begonnen. Er stamme keineswegs aus einer religiösen Familie, erklärt er, sein Vater sei Angestellter gewesen, nicht übermäßig religiös, und auch er sei, »das wird Sie sicher verwundern«, bis etwa zu seinem zwanzigsten Lebensjahr nicht übermäßig mit der Religion in Berührung gekommen. Musik gehört habe er wie seine Altersgenossen, und gebetet und gefastet habe er wohl schon, aber nicht ernsthaft. Wie er denn dann auf den Gedanken gekommen sei, sich in der Madrase einzuschreiben, will ich wissen. Gott, erklärt der junge Scheich, habe ihn hierher geführt, habe ihm einen Freund geschickt, der ihn in religiösen Fragen angeleitet habe. So sei er häufiger in eine der Madrasen der Stadt gegangen, habe kleine Dienste geleistet wie etwa die Ausschmückung des Gebetssaals und sei dann von einem der Imame der »Wissenschaftlichen Madrase Khan« zur Aufnahme empfohlen worden: »Gott gibt den Erfolg.«

Vahidpur erklärt mir, wie das Studium sich organisiert. In den ersten drei Jahren viel Arabisch, vor allem viel Grammatik, nach und nach dann mehr religiöse Jurisprudenz und Grundlagen der Religion mit zunehmend selbstständiger Forschung der einzelnen Seminaristen. Die meisten Studenten, die ihre religiösen Studien über das sechste Jahr hinaus fortsetzen wollen, gehen dazu nach Qom, wo sie auch andere Fächer belegen, Medizin etwa oder Astronomie, auch Philosophie, und zwar die westliche genauso wie die islamische. Für

Vahidpur war das aus materiellen Gründen nicht möglich, denn er ist verheiratet, hat drei Kinder und lebt von einem kleinen Stipendium, das die Madrase ihm gibt, sowie geringen zusätzlichen Einnahmen aus dem Religionsunterricht an normalen Schulen.

Er sei in keiner Weise fanatisch, sagt Vahidpur. Aber wenn man Monate und Jahre damit verbringe, die Lehre der zwölf (schiitischen) Imame zu studieren, wenn man ihre Worte und die Interpretationen ihrer Worte lese, dann verstehe man, dass diese wirklich von Gott kommen. Man verstehe dann auch die Unterschiede zwischen Sunna und Schia. Natürlich seien auch die Sunniten Muslime. Vahidpurs Hoffnung aber ist, dazu beizutragen, die Angehörigen der Sunna wie auch die Angehörigen anderer Religionen von der richtigen Lehre zu überzeugen.

Ob man denn, will ich wissen, in der Madrase die Bücher sunnitischer Autoren und die Glaubensgrundsätze anderer Religionen, des Christentums und des Judentums, studiere. Ganz allgemein ja, sagt der junge Mullah; man studiere die sunnitische Lehre schon im Zusammenhang mit *fiqh* und *usul*. Man studiere das durch die eigenen Bücher, spezialisiere sich aber nicht und lese auch nicht unbedingt die Bücher sunnitischer Theologen. Dies geschehe an den höheren Seminaren in Qom. Auch andere Religionen, Christentum, Judentum oder den Zoroastrismus studiere man hier in Yazd nicht, leider, wohl aber in Qom. Gleichwohl ist er überzeugt, dass »meine Konfession besser ist«. Aber er wolle niemanden durch Zwang zur richtigen Religion bringen, sondern nur durch intellektuelle Überzeugung. Einige Christen, selbst Gelehrte des Christentums, seien über das intellektuelle Argument von der schiitischen Lehre überzeugt worden. »Sie müssen«, erklärt er mir, »die Unterschiede zwischen Schia und Sunna verstehen. Wenn Sie die Bücher der Schia lesen, werden Sie erkennen.« Dass er auf seinen Gesprächspartner vielleicht überzeugender wirken würde, wenn er auch theologische Literatur aus der Feder nicht schiitischer Autoren gelesen hätte, scheint dem jungen Geistlichen nicht in den Sinn zu kommen.

Auch um die Jugend will Vahidpur sich kümmern. Er selbst sei ja praktisch noch ein Jugendlicher und deshalb eher als andere in der Lage, zur Rechtleitung der Jugend beizutragen. Das glaubt man ihm.

Obwohl er bereits drei Kinder hat, der älteste Sohn ist fünfeinhalb, ist er eben auch noch ein Schüler, wirkt jungenhaft und teilt, nachdem er sich von der Musik, der Popmusik jedenfalls, die die »Jugend zu Tanz, zu Spiel und zu Disziplinlosigkeit treibt«, abgewendet hat, auch weiterhin mit anderen jungen Leuten im Land eine Leidenschaft: In seiner Freizeit, sagt Vahidpur, sitze er am liebsten zu Hause am Computer und »chatte« mit seinen Freunden im Internet.

Vahidpur sieht durchaus, dass die Distanz zwischen der iranischen Jugend und der Geistlichkeit, den Mullahs, enorm groß geworden ist. »Du hast völlig Recht«, sagt er, als ich das Thema anspreche. Das Problem habe allerdings mit der Regierung zu tun, nicht mit der Religion. Er wolle ja nicht in politische Fragen gehen in diesem Gespräch, aber es sei eben so, dass die Geistlichen vor der Revolution allein für die Religion und für die Menschen dagewesen seien. Infolge der Revolution hätten viele Geistliche dann politische Verantwortung übernommen. Das Regieren bringe wie überall Probleme mit sich. Da die Regierenden aber Geistliche sind, machten die Leute die Religion und die Geistlichkeit insgesamt für diese Probleme verantwortlich; die Leute unterschieden nicht mehr zwischen den Geistlichen in ihrer Funktion als Geistliche mit ihrer Kenntnis der Regeln, die für das öffentliche und private Leben zu gelten haben, und den politisch Verantwortlichen, in deren Regierungspraxis vieles falsch laufe.

Die Allgemeinheit verstünde auch nicht unbedingt, was mit dem Konzept der *vilayat-e faqih*, der Herrschaft des Rechtsgelehrten, eigentlich gemeint sei. Ich hatte gefragt, ob die Distanz zwischen Mullahs und Volk dieses Herrschaftskonzept der Islamischen Republik nicht eigentlich in Frage stelle. Tatsächlich sei die Verantwortlichkeit des obersten Rechtsgelehrten mehr eine anleitende oder, fügt der junge Theologe nach kurzer Überlegung hinzu, ein wenig mehr als dies, wenn die Regierung vom rechten Weg abweiche. In diesem Fall müsse nämlich die *vilayat-e faqih* zum Tragen kommen und eingreifen. Was heute in der Politik und im Staate falsch laufe – auf Einzelheiten will er in der kurzen Zeit nicht eingehen –, das, soviel könne er mir versichern, hänge kaum mit der *vilayat-e faqih* zusammen.

Ob, frage ich, die Herrschaft des Rechtsgelehrten im Unterricht und in den Debatten der Wissenschaftlichen Madrase zur Sprache komme, schließlich sei das Thema ja auch dadurch aktuell geworden, dass Ayatollah Sistani im benachbarten Irak für sein Land das Prinzip der Islamischen Republik und der *vilayat-e faqih* ablehne. Nein, sagt Vahidpur, ein Unterrichtsgegenstand sei dies nicht: »Das Prinzip der *vilayat-e faqih* ist bei uns allgemein akzeptiert, aber über einzelne Ayatollahs, die dies unterschiedlich interpretieren, wird schon gesprochen. Denn einige der großen Ayatollahs diskutieren ja untereinander, ob die Herrschaft des Rechtsgelehrten eher eine absolute oder eine eingeschränkte sein soll.« Er selbst, soviel deutet Vahidpur an, ist eher für eine Eingrenzung der weltlichen Autorität der geistlichen Führer. Nach seiner Auffassung sollen diese in erster Linie die Menschen zum richtigen Leben anleiten.

Ob er selbst, frage ich, danach strebe, ein Ayatollah zu werden. Ich ernte ein nachsichtiges Lächeln. Sicher, wer fünfundzwanzig Jahre studiere, werde vielleicht ein Ayatollah. Ich müsse das richtig verstehen: Den Rang eines Ayatollah könne man in der geistlichen Hierarchie der Schia nur erreichen, wenn Gott einem besondere Fähigkeiten gegeben habe, wenn man von Gott geliebt werde und Gott nahe sei. Das sei nichts, was man als Berufsziel definieren könne. Aber jeder Geistliche, vom Großayatollah bis zum einfachen Mullah, sei im schiitischen Islam ein Mujtahid, jemand, der das Recht zur selbstständigen Interpretation habe. Der Student im ersten Jahr werde dazu aufgefordert, *ijtihad* zu betreiben, also die Texte zu interpretieren und seine eigenen Schlüsse daraus zu ziehen.

Faktisch mögen die jungen Mullahs, die aus kleineren wissenschaftlichen Einrichtungen wie der Madrase in Yazd hervorgehen, die oft hochpolitische Interpretation von Religion und Recht den höher ausgebildeten Chargen in Qom und anderen großen Seminaren überlassen. Dafür sind sie sehr viel eher Teil des Volkes und wohl auch der Verbindungsriemen zwischen der kleinstädtischen oder dörflichen Gesellschaft und der klerikalen Führungsschicht in Teheran.

Vor der Madrase grüße ich einen Geistlichen mit schwarzem Turban, der gerade sein Moped besteigt. Er hält für mich an, drückt mir gegen meinen Widerstand zwei Bonbons in die Hand, erklärt mir kurz, dass ich mich vor einer wissenschaftlichen Ausbildungsstätte befinde, und braust davon.

QOM, DIE HEILIGE STADT, wie einige sagen, sicher aber das Zentrum der iranischen Theologie, ist tatsächlich der Ort, an dem die Geistlichkeit nicht nur ihre eigene Elite ausbildet, sondern die Lehre weiterentwickelt. Meinungspluralität ist hier praktizierte und durchaus auch erwünschte Realität. Bei einem Treffen mit dem Vizekanzler und mehreren Professoren der islamischen Mofid-Universität in Qom, an der wie an anderen religiösen Universitäten der Stadt sowohl Kleriker als auch Nichtkleriker unterrichten, kommt das Gespräch eher ungeplant auf das Thema Menschenrechte. Die Frage nach der Universalität der Menschenrechte beschäftige die Universität sehr intensiv, sagt Vizekanzler Nasser Elahi, ein Mittfünfziger mit weißem Turban, grober Statur und kräftigen Händen, der Geistlicher und Ökonom ist. Der Lehrkörper habe aber keine einheitliche Meinung dazu, er könne deshalb auch nur seine eigene, persönliche Meinung wiedergeben. Er vertrete die Ansicht, dass es sehr wohl universelle Prinzipien gebe, gleichwohl aber lokale Faktoren berücksichtigt werden müssen, die diese relativieren. Ich möchte wissen, was das konkret heißen soll. Vielleicht könne man sagen, antwortet eines der nichtklerikalen Mitglieder des Lehrkörpers, dass es zwei Ebenen gibt, eine universale und eine lokale. Universal gelten müssten Prinzipien wie das Folterverbot. Auf der lokalen Ebene kämen dann aber kulturelle Faktoren ins Spiel, Redefreiheit etwa. Wieviel Freiheit dies im Einzelnen beinhalte, sei umstritten. So müsse man in Iran überlegen, ob bestimmte Freiheiten der Rede nicht etwa »unseren Glaubensgrundsätzen schaden«.

Ein anderer der Nichtkleriker im Raum, Herr Khalafi, widerspricht heftig. Menschenrechte, sagt er, seien universell, und man müsse sie aus einer religionsexternen Perspektive heraus betrachten. Schließlich gehe es schon dem Begriff nach um Menschen, man spreche daher besser nicht von muslimischen, christlichen, jüdischen oder anderen Menschenrechten. Khalafi argumentiert im Weiteren in gut islamischer Tradition, indem er seine Auffassung mit einer religiösen Überlieferung stützt. Man solle sich, sagt er seinen Kollegen, am Beispiel des Imams Hussein und der Tragödie, der blutigen Schlacht von

Kerbala erinnern. Als Hussein, der Sohn Alis, dort miterlebte, wie die Schlacht die »Menschenrechte« der Beteiligten verletzte, habe er verwundete und gefangene Soldaten des Feindes angesprochen und gesagt: »Selbst wenn ihr keine Gläubigen seid, so seid ihr doch Menschen.« Zu den universellen Menschenrechten gehöre im Übrigen das Recht eines jeden Menschen, eine Religion anzunehmen oder abzulehnen.

Sayyed Mir Mustafa Mohammadi, ein Kleriker, vertritt eine andere Auffassung. Es sei ganz unmöglich, sagt er, die Menschenrechte von einem extrareligiösen Standpunkt aus zu betrachten. Wenn die universelle Deklaration der Menschenrechte von Religionsfreiheit spreche, so tue sie dies, weil die überwiegend christlichen Autoren der Deklaration damit der christlichen Mission in der Welt Tür und Tor öffnen wollen. Religionen seien schon immer dagewesen. Da der menschliche Verstand nun einmal nicht perfekt sei, gebe es die Religion, damit der Mensch auf den richtigen Weg geführt werde. Wäre der menschliche Verstand perfekt, würde es nicht so viele Differenzen zwischen den Menschen geben.

Nun werden die Meinungsverschiedenheiten am Fakultätstisch heftiger. Selbstverständlich, wirft Herr Khalafi ein, gebe es Werte über oder vor der Religion, die mit dem Menschen zu tun haben, und selbstverständlich sei der menschliche Verstand nicht perfekt – aber es sei schließlich die Rationalität des Menschen, nicht etwa die Religion, die uns genau diese Einsicht vermittelt habe.

Herr Yusufi wirft ein, dass es wohl unmöglich sei, eine gemeinsame philosophische Basis für die Menschenrechte zu finden. Eher müsse man fragen, was im Fall eines einzelnen Landes am besten passe, und etwa die Vorteile von Demokratie herausstellen. Elahi, der Vizekanzler, stimmt seinem Kollegen hier im Prinzip zu. Institutionen entwickelten sich spontan und verbesserten sich im Laufe ihrer Entwicklung. Auch die Menschenrechte oder die Allgemeine Deklaration der Menschenrechte seien eine solche Institution. Ein wenig sei das wie in naturwissenschaftlichen Debatten, über das Licht etwa: Man wisse vielleicht nicht genau, was das sei, aber am Ende entwickle sich so etwas wie ein Konsens der Wissenschaftler. Wichtig sei im Übrigen, ergänzt er auf meine Nachfrage, die Praxis: Auch wenn man zur Frage der Universalität der Menschenrechte im Lehrkörper keinen Konsens erziele, so sei man sich bei konkreten Fällen in der Islamischen Republik doch einig.

Der Vizekanzler führt dazu den Fall Hashem Aghajaris aus, eines iranischen Wissenschaftlers, der 2002 verhaftet und von einem iranischen Gericht wegen Blasphemie zum Tode verurteilt wurde. Auf Druck eines Teils des politischen Spektrums wurde der Fall zwei Jahre später erneut verhandelt und Aghajari erst zu einer fünfjährigen Freiheitsstrafe verurteilt, dann gegen Kaution freigelassen. Dem ganzen Fall, so der Wissenschaftler und Religionsgelehrte, habe man deutlich von Anfang an widersprochen, es gehe einfach nicht an, dass jemand wegen seiner Meinung vor Gericht gestellt und verurteilt werde.

Den klerikalen und nichtklerikalen Mitgliedern des Lehrkörpers ist ihr Ringen um die Menschenrechte durchaus abzunehmen. Die Mofid-Universität unterhält nicht nur ein Forschungszentrum über Menschenrechte, sondern hat auch einen Preis für das beste Buch über Menschenrechte im Islam gestiftet. Bei der ersten Vergabe im Jahr 2004 ging der Preis für das beste Buch in persischer Sprache an ein Werk des Klerikers Sayfullah Sarrani über »Apostasie im islamischen Recht und Menschenrechte«, in welchem zwar wie üblich auf der Grundlage der heiligen Texte und der Tradition des Propheten argumentiert, gleichwohl aber der – vergleichsweise – liberale Schluss gezogen wird, dass Apostasie, der Abfall vom Glauben, nicht notwendig eine *weltliche* Strafe nach sich ziehen müsse. Letztlich erlaube auch der Islam die Freiheit der Religion.

Freitagsbotschaften

ZUR RELIGION und zur Religionsausübung in der Islamischen Republik und in der schiitischen Konfession insgesamt gehört eine intellektuelle, diskussionsfreudige und zum Teil jedenfalls auch tendenziell liberale Dimension. Gleichzeitig ist die Religion in Iran die Ideologie des Regimes, also Instrument weltlicher Herrschaft, und hat als solche eine populistische Dimension, was nirgends deutlicher wird als bei den Freitagsgottesdiensten.

Das Gelände um die Teheraner Universität ist freitags vormittags weiträumig abgesperrt, was kaum nötig scheint, weil die Massen, die zur wichtigsten regelmäßigen politischen Manifestation der Republik, dem Freitagsgebet an der Universität, erwartet werden, nur zögerlich eintreffen. Die Veranstaltung findet auf einem abgezäunten, überdachten Platz gegenüber der Literatur- und Geisteswissenschaftlichen Fakultät statt; diese offene Halle von vielleicht achtzig mal hundertfünfzig Metern ist mit einfachen Teppichen und Matten ausgelegt. Über der Rednertribüne in Form eines iranischen Moscheeportals steht in sehr großen Buchstaben: »Das Wort Gottes ist das Höchste.« Vielleicht soll der Schriftzug die Bedeutung derer relativieren, die hier jeden Freitag ihre theologischen und vor allem ihre politischen Botschaften verkünden. Oft sind das Größen des Systems.

Um halb zwölf, als ein Sprecher – ein Laie, der den Vormittag hindurch als Conferencier wirkt – die Veranstaltung eröffnet, ist der Platz nur mäßig besucht. Der Conferencier entbietet seinen Gruß an »den Führer der Muslime«, Ayatollah Khamenei, dann beginnt eine Koranlesung. Auf den Teppichen hocken vielleicht zweihundert, dreihundert Männer überwiegend in der zweiten Lebenshälfte – Frauen haben freitags einen separaten Eingang zum Campus und einen eigenen Gebetsplatz. Nach einem Geistlichen, dessen Grüße an den Führer der Revolution aus dem Publikum nur mit eher müden Allah-Rufen unterstützt werden, tritt als erster politischer Redner der Bürochef des Präsidenten auf, ebenfalls ein Laie. Er spricht über die Weltpolitik im Allgemeinen und die Rolle Irans im Besonderen, die etwa darin liege, dass man sich nicht der allgemeinen Linie von Weltbank und Internationalem Währungsfonds (IWF) anschließe, sondern auch die Wirtschaftspolitik in den Dienst der Entrechteten stelle. Allmählich treffen jüngere Leute im fortgeschrittenen Studentenalter ein, darunter auch manche in schwarzer Hose, das Hemd lose darüber und mit ungestutztem Bart, also im Stil der Hizbullahis, der Fuß- und gelegentlichen Schlägertruppen des Regimes.

Ich schließe mich dem langsamen Strom der Menschen an, die sich durch die Eingangskontrolle in den eingezäunten Bereich der Halle begeben. Jeder Besucher wird auf gefährliche Gegenstände abgetastet, auch ein Mullah muss seinen Turban lüpfen. Wo ich herkomme und ob ich beten wolle, werde ich gefragt. Nein, erkläre ich, ich wolle nur zuhören. Das ist auch in Ordnung. Die Anwesenden begrüßen unterdessen etwas lebhafter den zweiten Redner, einen konservativen Politiker aus dem Stadtrat. Er grüßt die Märtyrer, spricht über die Erfolge bei der Verbesserung der Infrastruktur im Süden Teherans, wozu er nicht zuletzt die neuen Kultureinrichtungen und Kliniken zählt, und dann noch ein wenig über den Zionismus. In den ersten Reihen hört man ihm zu, unterstützt ihn auch gelegentlich durch Allah-Rufe, aber die ungeteilte Aufmerksamkeit genießt er keineswegs: Einige der Anwesenden lesen den Koran oder die Zeitung, einige beten, einige unterhalten sich, hier und da schläft jemand.

Der Zufluss in die Halle ist mittlerweile stetig, um halb eins ist sie vielleicht zu einem Viertel gefüllt. Nicht wenige breiten ihre eigenen Teppiche außerhalb des abgezäunten Platzes aus, andere verfolgen die Übertragung der Veranstaltung in den Straßen rund um den Campus. Der Conferencier spricht jetzt über das palästinensische Volk und die Intifada, und er schafft es, ein paar Sprechchöre *»marg bar Israël!«* (Tod Israel) zu provozieren. Dann geißelt er die Feindschaft Amerikas gegen den Islam und gibt damit das Zeichen für einige ebenfalls eher lahme Sprechchöre *»marg bar Amrika!«* (Tod Amerika), die durch rhythmisches, nicht gerade enthusiastisches Fäusteschwingen unterstützt werden.

Nun wird der Hauptredner, Ayatollah Kashani, angekündigt. Alle stehen auf, begrüßen den Geistlichen mit Sprechchören. Kashani bedankt sich, fordert die Anwesenden auf, sich zu setzen, und spricht ein Gebet zur Einführung. Der Platz ist mittlerweile halb voll, und die Aufmerksamkeit wird größer. Der Ayatollah genießt offensichtlich Respekt.

Im ersten Teil der Predigt geht es mit Referenzen zu Koran und Hadithen um die Gnade Gottes und um ein immer aktuelles soziales Phänomen: die Ehescheidung. Nach einer kurzen Pause und einem weiteren kurzen Gebet beginnt der zweite Teil der Predigt. Nun wird es politisch. Immer noch strömen Männer in die Halle, zunehmend jüngere, einige wenige gut gekleidet, ein großer Teil offenbar Basiji, Mitglieder der Freiwilligenorganisation des Systems. Es geht um die Atomfrage. Der Ayatollah betont das uneingeschränkte Recht der Republik, zu forschen und zu produzieren, und natürlich das Recht auf eine eigene Atomindustrie. »Die Islamische Republik bleibt trotz aller Schwierigkeiten auf dem Weg des Imam« – Khomeinis also –, was heißt, man lässt sich nicht einschüchtern.

Während der Predigt ist die Halle voll geworden, vielleicht achttausend Gläubige sind jetzt, als zum Gebet gerufen wird, anwesend, auch die Wege um die Halle sind gut gefüllt. Das Gebet, bei dem sich kurze Phasen des stillen Betens mit solchen abwechseln, die vom Vorbeter geführt werden – Phasen des Stehens, des Verbeugens, des Kniens –, wird zu einem halb andächtigen, halb fröhlichen Massenereignis. Gegen zwei Uhr geht die Veranstaltung zu Ende, der Conferencier löst den Vorbeter ab, bedankt sich bei den Mitwirkenden. Er hätte auch eine Kulturveranstaltung leiten können.

Beim Hinausgehen versuchen einige Hizbullahis durch Sprechchöre – »Khamenei ist der Führer, Tod Amerika, Tod Israel« – die Menge zu mobilisieren. Sie finden wenig Unterstützung. Alles strebt zu den Ausgängen. Paare, die getrennt gebetet haben, finden sich wieder. Außerhalb des Campus warten die fliegenden Händler. Schraubenschlüsselsätze und Socken, Luftballons und Schreibgerät sind im Angebot. Eine Gurkenraspel, die live vorgeführt wird, findet die größte Zustimmung.

Was ist iranisch? Jugend, Kultur und Identität nach der konservativen Wende

SCHON NACH DEN PARLAMENTSWAHLEN von 2004 fiel auf, dass die meisten iranischen Beobachter, auch kritische und liberale Stimmen, die konservative Wende, die ein Jahr später durch die Wahl Ahmadinejads abgerundet wurde, recht gelassen hinnahmen. Dafür gab es mehrere Gründe. Erstens nämlich war die Begeisterung für den Reformpräsidenten Muhammad Khatami in Iran selbst längst nicht mehr so groß wie im Westen. Zweitens sah man in den Konservativen überwiegend Pragmatiker, die es vielleicht schaffen konnten, zumindest eine vernünftige Wirtschaftspolitik zu machen. Und drittens, das betonten Anhänger der neuen Mehrheit fast gleichlautend mit Anhängern der Reformer, könne keine Regierung »gegen die Demografie«, also gegen die überwiegend junge Bevölkerung, regieren.

Die Jugend hat sich nicht nur bestimmte Freiheiten genommen, sie zeigt auch in ihrem alltäglichen Verhalten, dass vieles von dem, was das Regime an ideologischer Ausrichtung durchzusetzen versucht hat, kaum Wurzeln schlägt. Das offenbart sich vor allem im Umgang mit der Kleiderordnung. Natürlich gibt es auch unter den jungen Leuten Radikalkonservative. Man findet sie bei der Freiwilligenorganisation des Regimes oder bei den so genannten Hizbullahis, kleineren Gruppen von Basijis, die auch schon einmal als Schlägertrupps auftreten, Frauen mit »schlechtem Hijab« bedrängen oder ihrer Haltung per Graffito – »*marg barbi hijab*« (Tod denen ohne Kopftuch) Ausdruck geben.

Einst waren die Basiji tatsächlich Kriegsfreiwillige, junge Männer aus allen sozialen Schichten, die aus politischer Überzeugung die Revolution und den Staat verteidigen wollten. Mancher, der heute als Professor, Diplomat oder hoher Beamter tätig ist, geschneiderte Anzüge – natürlich ohne Krawatte – trägt und mit kritischem Blick die Leistungen des Systems gegen die Fehlleistungen aufwiegt, hat in den Reihen der Basiji begonnen. Heute, erklärt mir Muhammad Ali Bassiri von der Universität Isfahan, kommen die Basiji ganz überwiegend aus den unteren Schichten und schließen sich der Organisation wegen der Vergünstigungen an – Stipendien und ein privilegierter Zugang zu Studienplätzen etwa –, die der Staat bereitstelle. Unter vierzig Studenten in einem Kurs seien gewöhnlich drei bis vier Basij. Leichtes Spiel hätten diese nicht. Es komme zu harten Diskussionen mit anderen Studentinnen und Studenten, die ihnen ordentlich Feuer geben.

Die Bemühungen des Regimes, seine geistige Hegemonie in den Universitäten durchzusetzen, scheinen an den meisten Studenten und Studentinnen einfach abzuperlen. So müssen Politikstudenten bis zum Bachelor insgesamt hundertvierzig Unterrichtseinheiten belegen, wovon zwanzig in den Bereich der Islamischen Studien fallen. Deren Inhalte seien das »islamische Denken«, die »islamische Revolution« oder die »islamischen Bewegungen«. Die jungen Leute machten das mit, entwickelten aber als Reaktion gegen den verordneten ideologischen Kanon ein verstärktes Interesse an der vorislamischen, altpersischen Kultur des Landes und suchten ganz bewusst Präislamisches zum Thema ihrer Abschlussarbeiten zu machen. Wenige seiner Studenten, so der Hochschullehrer, würden sich heute noch politisch engagieren, wenn aber doch, dann indem sie sich um dieses kulturelle Erbe kümmern. Nach allgemeiner Ansicht würden öffentliche Mittel nur zur Renovierung islamischer Bauwerke bereitgestellt, während die Regierung Monumente aus präislamischer Zeit verfallen lasse. Deshalb engagierten sich die Jungen ganz bewusst für Persepolis, die von König Darius im sechsten vorchristlichen Jahrhundert gegründete Hauptstadt des Achämenidischen Reiches. Für die Studenten sei dies ein Teil ihrer Identität, sie »akzeptieren nicht, dass ihre Identität nur eine islamische sein soll«.

Tatsächlich wird in der Islamischen Republik sehr viel für den Erhalt historischer Bauwerke getan. An fast jeder der großartigen Moscheen wird gearbeitet, bemühen sich Handwerker mit viel Akribie, Fingerspitzengefühl und Zeit um die Restaurierung von Mosaiken und Kacheln, Dächern und Gewölben. Es stimmt auch, dass das Regime anfänglich wenig Interesse an der Erhaltung und Pflege präislamischer Bauwerke gezeigt hat; Persepolis insbesondere, als ein vom Schah zur eigenen Inszenierung genutztes Monument, war einigen der Regimegrößen suspekt. Mittlerweile hat sich das geändert: Die Regierung hat den wirtschaftlichen Nutzen eines so großartigen Touristenziels erkannt. Der allgemeine Stolz auf Irans Geschichte vor der islamischen Eroberung macht letztlich auch vor den Vertretern des Regimes nicht Halt, die versuchen, nicht nur die islamische, sondern immer auch ihre iranische Identität zu demonstrieren.

Zumindest ein Stück weit eine Identitätsfrage ist auch der stille Widerstand, anders kann man das kaum nennen, den Schüler und Schülerinnen gegen das Erlernen des Arabischen leisten. Arabisch ist Pflichtfach in allen Klassen der Oberschule, es ist schließlich die Sprache des Koran und die wichtigste Sprache in der regionalen Nachbarschaft Irans. Jeder Abiturient und jede Abiturientin erhält mindestens sechs Jahre Arabischunterricht, aber fast keiner der Schulabgänger spricht die Sprache oder beherrscht sie gar. Sicher, sagt Vali, eine Abiturientin, wenn es sein müsse, könne sie wohl ein paar Worte sagen, aber sie mag die Sprache nicht und zeigt keinerlei Interesse an dem Unterricht. Valis Freunde und Freundinnen teilen diese Haltung. Bei einigen der jungen und nicht wenigen älteren Iranern steigert sich die Ablehnung des Arabischen bis zum Rassismus: Die Araber hätten im Gegensatz zu den Iranern keine große Zivilisation entwickelt, seien zurückgeblieben, eigentlich Beduinen. Zur Blüte sei die islamische Zivilisation erst unter persischem Einfluss gelangt. Einige erklären die Araber und das Arabische sogar zur Quelle allen Übels – der Islamisierung im siebten Jahrhundert wie der Ideologie des heutigen Regimes. Diese Ablehnung ist zumindest teilweise eine Reaktion auf die demonstrative Religiosität des Regimes. Die Erinnerung an den Krieg mit Irak und ältere Animositäten den arabischen Staaten gegenüber spielen ebenfalls eine Rolle. Und natürlich reagieren Iraner gereizt, wenn Ausländer sie, was immer wieder geschieht, zur »arabischen Welt« zählen.

Vali und ihre Kameraden treffe ich übrigens in einem privaten Karateclub, wo junge Frauen und Männer ganz ungezwungen miteinander trainieren. Wie selbstverständlich entledigen sich die Frauen hier ihres Kopftuches – wer den Club betritt, hat die öffentliche Sphäre verlassen.

Kultur und *Islamic correctness*

DIE KLEIDERORDNUNG stellt eine symbolische Front dar, an der Auseinandersetzungen um den Charakter der Republik und das Verhältnis von Staat und Gesellschaft ausgetragen werden. Weitsichtigere Vertreter des Regimes wissen, dass sie an dieser Front Flexibilität zeigen können: »Wir Neokonservativen«, sagt etwa Amir Mohibbiyan, der Mitherausgeber der konservativen Zeitung *Resalat*, »sind uns der gesellschaftlichen Veränderungen bewusst. Wir denken sehr wohl, dass eine islamische Gesellschaft errichtet werden sollte, aber wir glauben nicht, dass eine geschlossene Gesellschaft gut ist. Modischen Details wie der Frage, wie die jungen Frauen ihr Kopftuch tragen wollen, sollte man nicht so viel Aufmerksamkeit widmen.«

Tatsächlich, meint dazu eine iranische Frauenrechtlerin, hätten die mit den Wahlen von 2004 aufgestiegenen neuen Konservativen keine Angst vor dem verrutschenden Kopftuch junger Frauen, wohl aber vor Büchern, Filmen und anderen Kulturprodukten, die direkt und indirekt ihre Herrschaft und Moral in Frage stellen. Grenzen kultureller Ausdrucksmöglichkeiten sind immer auch ein Indikator für den Stand des permanenten Tauziehens zwischen der Jugend sowie den gesellschaftlichen Kräften, die insgesamt eine liberalere Ordnung wünschen, und einem Regime, das eine strikte islamische Moral durchsetzen und vor allem an der Macht bleiben will. Kulturschaffende und Vertreter der Regime-Elite ziehen in der Tat oft am selben Seil, nur eben nicht in dieselbe Richtung.

»Kultur«, sagt Shahla Lahiji, »macht Leute bewusst« und ist deshalb das wichtigste Feld der Auseinandersetzung. Damit spricht sie ein Stück weit für die eigene Profession. Die agile sechzigjährige Verlegerin, eine – wie sie betont – von über fünfhundert Verlegerinnen in Iran, hat ihre Produktion mit einer Sartre-Übersetzung begonnen, viel feministische Literatur aus dem Ausland publiziert und iranische Autorinnen und Autoren auf den Markt gebracht, die sich mit Feminismus oder mit Menschenrechtsfragen beschäftigen, darunter die Friedensnobelpreisträgerin Shirin Ebadi. Die Verlegerin hat sich immer wieder mit den Autoritäten angelegt. Nach der Rückkehr von einer Irankonferenz, die die Böll-Stiftung im Frühjahr 2000 in Berlin abgehalten hat, verbrachte sie mehrere Monate im Gefängnis. Als ich sie in ihrem Drei-Zimmer-Büro besuche, das überquillt vor Büchern und vor Aktivität – immerhin publiziert sie jährlich vierzig bis fünfzig Titel –, bereitet sie gerade einen Tatsachenroman über weibliche Gefängnisinsassen in Iran vor, in dem auch über Folter berichtet wird. Man werde sehen, meint sie lakonisch, wie die Zensur damit umgehe, offiziell gebe es schließlich keine Folter in iranischen Haftanstalten.

Bücher, Filme, Theaterproduktionen und bestimmte musikalische Werke unterliegen der Zensur durch das Kulturministerium. Der Islam und der Rahbar sind genauso tabu wie das Thema Homosexualität oder sexuelle Beziehungen unverheirateter Paare. In der Theater- und Filmproduktion müssen Frauen immer ein Kopftuch tragen, auch in häuslichen und ausländischen Szenen, bei denen ein Kopftuch oder Schleier der abgebildeten Realität nicht entspricht. Und wenn die Filmszene will, dass ein Vater seine Tochter in den Arm nimmt, dann lässt sich das so nicht darstellen, denn die beiden Schauspieler sind schließlich nicht verheiratet oder tatsächlich Vater und Tochter.

Für das Verlagswesen sind die Verbotsregeln besonders problematisch, zumal sie sich auch auf Romane und Übersetzungen aus fremden Sprachen beziehen. Regisseure können Andeutungen statt realistischer Szenen ins Bild setzen. Manches Verbot der Darstellung, sagt ein Filmemacher, fördere sogar die Kreativität. »Aber was tun Sie«, fragt die Verlegerin, »wenn Sie, beispielsweise, einen Grass-Roman übersetzen wollen?«

Die Probleme von Intellektuellen und Künstlern, betont Lahiji, ließen sich nicht einfach auf einen Gegensatz zwischen Kulturschaffenden und Regime oder zwischen »Konservativen« und »Reformern« reduzieren. Das wäre eine grobe Vereinfachung. Man müsse sich erst einmal klar machen, dass das Volk insgesamt keine Erfahrung mit Demokratie und freien politischen oder kulturellen Debatten habe. Schließlich habe die Islamische Republik eine Diktatur abgelöst, die diese Werte auch nicht vermittelt habe.

Es steht außer Frage, dass die Freiräume für künstlerische und intellektuelle Produktionen in der Khatami-Periode erweitert wurden, und auch die Universitäten erhielten mehr Autonomie in Lehre und Forschung. Iranische Beobachter sind sich nicht einig, ob dies in erster Linie an dem Reformpräsidenten und seinem Team, am Drängen der jungen Generation oder daran gelegen hat, dass das Land nach Jahren von Krieg und Wiederaufbau einfach reif für eine kulturelle Entspannung geworden war. Sicher ist, dass von Khatami im politisch-kulturellen Bereich mehr erwartet wurde als etwa im ökonomischen. Der Mann sei zwar ein Geistlicher, aber, so drückt es ein Regisseur aus, »trotz allem ein Intellektueller«.

Die Mullahs und die Musik

IN DER KULTURPOLITIK muss vieles immer wieder neu ausgehandelt und zuweilen auch ertrotzt werden. Insgesamt aber, so Behruz Gharibpoor, der Manager der iranischen Künstlervereinigung und des Künstlerhauses in Teheran, sei jene gefährliche Phase aber endgültig vorbei, in der Teile des Regimes überhaupt keine Musik, kein Kino, keine Gemäldeausstellungen hätten sehen wollen. Nach der Revolution haben die führenden religiösen Kräfte selbst das Applaudieren für unzulässig erklärt. Zustimmung oder Bewunderung wurde ausgedrückt, indem man Gott, den Propheten oder Ali, den von den Schiiten verehrten Schwiegersohn Muhammads, anrief. Das habe etwa zehn Jahre lang gegolten, erzählt der Kulturmanager, aber schon in der Ära Rafsanjani sei die Forderung nach kultureller Öffnung lauter geworden, und die Ideologen des Regimes hätten das nach und nach akzeptiert. Mittlerweile wüssten sie, dass Kunst und Kultur Notwendigkeiten sind. Die Leute, sagt Gharibpoor, »brauchen einfach Film, Musik, Theater und Bilder. Sie glauben an den Islam, aber sie brauchen auch Nahrung für den Geist.« Mittlerweile gebe es sogar religiöse Popmusik, und die Religiösen klatschen dabei gerne mit.

Konservative Stadträte wie der von Isfahan haben allerdings erst kürzlich wieder Live-Musik bei öffentlichen Veranstaltungen verboten. Das Verhältnis der Geistlichkeit zur Musik ist immer ambivalent gewesen. In mancher Hinsicht, erklärt mir Alireza Mashaikhi, habe das islamische Regime auch eine Hinwendung zu iranischer statt ausländischer Kultur gefördert, die dem Schah wichtig war. Mashaikhi weiß, wovon er spricht. Der Mittsechziger ist der wohl wichtigste Komponist des Landes und auch international ein anerkannter Vertreter der »neuen Musik«. Er hat in Österreich studiert, in Europa und in Amerika gearbeitet. Er verließ Iran unter dem Schah-Regime und kehrte einige Jahre nach der Revolution zurück, denn als Iraner und iranischer Komponist habe er in Iran leben und arbeiten wollen.

Mashaikhi ist kein Anhänger des Regimes; seine Kritik an dessen Kulturpolitik bringt er öffentlich, in Vorlesungen oder im Fernsehen, vor. »Dümmlich« nennt er etwa die anfänglichen Versuche des Regimes, Musik aus der Öffentlichkeit zu verbannen. Im Vergleich zum alten Regime, betont er aber, hätten die Mullahs ernster Musik iranischer Produktion mehr Möglichkeiten eingeräumt. Der Schah habe zwar Arnold Schönberg einfliegen lassen, aber iranische Komponisten neuer Musik hätten keine Chance gehabt. Für die Darbietung seiner Kompositionen hätte er, Mashaikhi, nicht einmal einen Saal bekommen. Das ist heute anders. Mashaikhi hat eine Gruppe von Komponisten gegründet, die neue Musik schreiben; er hat ein Orchester zusammengestellt; er lehrt an der Universität; seine Werke, darunter die ältere *Teheraner Symphonie* oder seine neueste Komposition *Crossing Borders*, ein Konzert für Violine, Saxophon, Schlagzeug und Klavier, werden in Iran aufgeführt; seine Partituren druckt der Verlag der Teheraner Universität. »Seriöse Komponisten«, erklärt mir Alireza Mashaikhi und meint dabei nicht zuletzt sich selbst, benötigten für ihre Aufführungen auch nicht jedesmal eine Genehmigung des Kulturministeriums. Die Aversion der Religiösen gegen manche Musikformen teilt der Komponist im Übrigen durchaus, zwar nicht aus religiös-ideologischer, aber aus – wenn man so will – kulturideologischer Überzeugung: Das Problem iranischer Musik, sagt er, »sind nicht die Mullahs, sondern die Invasion von Rock, Pop und Jazz«.

E-Musik zu akzeptieren ist die konservative Führung des Landes tatsächlich immer eher bereit gewesen als Leichtes, Unterhaltsames und Tanzbares. Grundsätzlich, so der Kulturmanager Gharibpoor, müsse man für jede Film- oder Musikveranstaltung eine Genehmigung des Kulturministeriums einholen. Bei einem Beethoven-Konzert sei das leicht: Die Beamten im Ministerium wüssten, dass zu solchen Konzerten gebildete Leute gehen »und dass die sich nicht bewegen«, im Gegensatz zu den Besuchern von Rockkonzerten, wo immer die öffentliche Moral gefährdet sei. Auch manch andere Regel wirkt ein wenig seltsam. So dürfen Frauen nicht solo singen, im Duett oder zu mehreren dagegen schon, sogar mit männlichen Kollegen.

Die iranische Jugend hat dennoch ihre Rockidole. Eines davon ist Nima Saidi. Er ist siebenundzwanzig Jahre alt, Leadsänger und Gitarrist der Rockband Taboo, der nach Ansicht seiner Fans besten unter den fünf oder sechs Gruppen, die in Iran Rockmusik machen. Nima und seine Freunde verteilen die Flyer zu ihren Konzerten selbst im Rahmen anderer Kulturveranstaltungen. Auch wenn die Herrschenden Rockmusik nicht gerade für islamisch korrekt halten, werden einer Gruppe wie Taboo drei bis vier Konzerte pro Jahr genehmigt. Als Rockband aufzutreten, sagt Nima, sei überhaupt erst in der Ära Khatami möglich geworden. Sicher werde die Regierung iranischen Musikern auf absehbare Zeit nicht erlauben, zu spielen, was, wann, und wie sie wollen. Der Durchmarsch der Konservativen sei ein Rückschritt; vielleicht werde es demnächst weniger Genehmigungen für Auftritte seiner und ähnlicher Gruppen geben. Aber die einmal gewonnenen Freiheiten künstlerischen Ausdrucks ganz zurückzunehmen, das werde wohl schwierig sein.

Um ein Konzert genehmigt zu bekommen, muss eine Gruppe wie Taboo eine Demokassette einreichen und natürlich die Texte. Wenn beides für gut – oder zumindest für nicht sonderlich schädlich – befunden wird, ist das Kulturministerium sogar behilflich, einen Saal zu finden, in dem die Gruppe dann mehrere Abende hintereinander auftreten kann. Nima bedankt sich deshalb am Ende jedes Konzerts höflich bei den Beamten des Ministeriums. Ob man sich im Konzert tatsächlich auf die Texte beschränke, die vom Ministerium abgesegnet seien, will ich von einem anderen Bandmitglied wissen. »Erlauben Sie mir, hierauf nicht zu antworten«, bittet der Musiker.

Tugendhafte und schlechte Menschen

VIELES IN DER IRANISCHEN KULTURPOLITIK ist im ständigen Fluss und, wie alles in Iran, nicht unbedingt eindeutig. Das gilt auch für die Geschichte des Films *Marmulak* (»Die Eidechse«) von Kamal Tabrisi, eine Gauner- und Gesellschaftskomödie über einen flüchtigen Sträfling, der sich als Mullah verkleidet und – ähnlich wie der Hauptmann von Köpenick – damit durchkommt. Der Film, der sich in befreiender Weise über die kleinen Geistlichen und ihre Beschränktheiten lustig macht, brach im Frühjahr 2004 alle iranischen Kassenrekorde. Einigen notorischen Vertretern der konservativen Geistlichkeit passte das überhaupt nicht. Er habe den Film zwar nicht gesehen, sagte Ayatollah Ahmad Jannati, der Sekretär des Wächterrates, aber es sei ein »sehr hässlicher« Film, der schlechte Beispiele gebe und abgesetzt werden müsse. Schließlich müsse die Kultur dazu beitragen, »die Tugend durchzusetzen und das Böse zu verbieten«.

Nach den Protesten Jannatis und einiger anderer Geistlicher seines Schlages wurde der Film erst in einigen Städten, dann überall in Iran aus den Kinos genommen. Natürlich zeige dies, so ein Kollege

Tabrisis, dass die konservative Stimmung auf dem Vormarsch ist. Aber der Film ist offiziell nicht verboten worden. CD-Kopien des Werks waren und sind auf der Straße erhältlich, und eine Filmkritik, die wenige Tage *nach* der Absetzung in *Iran News*, einer der vier englischsprachigen Tageszeitungen, erschien, lobte ihn über den grünen Klee: Der Film, hieß es, sei brillant in der Art, wie er sich über die schiitische Geistlichkeit lustig mache, die »hier so populär ist wie ihre katholischen Gegenstücke im Europa des sechzehnten Jahrhunderts«.

Die Konservativen bemühen sich durchaus, durch ihr eigenes Beispiel die Vielgestaltigkeit und die Besonderheit iranischer Kultur und Identität zu demonstrieren. Man wolle, sagt einer ihrer Vordenker im Gespräch, keine »harte« Religiosität durchsetzen. Schließlich lesen selbst religiöse Iraner nicht nur den Koran, sondern auch den großen Hafiz, den sinnenfrohen persischen Dichter des vierzehnten Jahrhunderts, den Goethe in seinem »West-östlichen Diwan« als Bruder im Geiste ansprach. Das Werk von Hafiz steht in Iran tatsächlich über jeder puritanischen Kritik. In einer Sonderausstellung des Malers Kamal Eddin Alavi im Museum für moderne Kunst in Isfahan findet sich unter vielen künstlerischen Darstellungen von Koranzitaten ein kalligraphisches Gemälde mit einem Hafiz-Vers: »Komm zur Taverne und lass dein Gesicht purpurn werden; gehe nicht zur Moschee, denn dort sind die, deren Gesichter schwarz sind« – also die schlechten Menschen.

Niemand hier findet die Nachbarschaft von Hafiz-Vers und Koransuren unpassend.

Anhang

Anmerkungen

1 Volker Perthes, *Geheime Gärten. Die neue arabische Welt*, Berlin 2002, erweiterte Taschenbuchausgabe München 2004.

2 Das politische System Ägyptens und seinen pluralistischen Autoritarismus behandle ich ausführlicher in meinem Buch *Geheime Gärten. Die neue arabische Welt*, ergänzte Auflage München 2004, S. 171–196. Eine detaillierte, kritische Darstellung der politischen Entwicklungen Ägyptens unter Husni Mubarak findet sich bei Eberhard Kienle, *A Grand Delusion: Democracy and Economic Reform in Egypt*, London 2001; eine eher optimistische Betrachtung der Zukunftsaussichten und des Wandels in der politischen Elite des Landes bei Gamal Abdelnasser, »Egypt: Succession Politics«, in: Perthes (Hg.), *Arab Elites: Negotiating the Politics of Change*, Boulder 2004, S. 117 bis 139.

3 Dies bezieht sich auf eine Umfrage aus dem Jahre 2004; zitiert nach Amr Hamzawy, »The Cintinued Costs of Political Stagnation in Egypt«, *Policy Outlook* (Carnegie Endowment for International Peace), Februar 2005, S. 5.

4 Zur Geschichte des modernen politischen Islam vgl. vor allem das Standardwerk von Reinhard Schulze, *Geschichte der Islamischen Welt im 20. Jahrhundert*, München 2002.

5 Für einen Überblick über die Entwicklung islamischer Gewalt in Ägypten vgl. etwa Gilles Kepel, *Das Schwarzbuch des Dschihad. Aufstieg und Niedergang des Islamismus*, München und Zürich 2002, S. 332–355.

6 Letzteres mag die ehrliche Überzeugung von Ahmad, dem Händler, sein. Die Realität Ägyptens spricht eine etwas andere Sprache. Nach einer von Human Rights Watch durchgeführten Untersuchung ist Gewalt gegen Frauen gerade innerhalb ägyptischer Ehen an der Tagesordnung: Nicht nur erklärten fünfundvierzig Prozent der insgesamt siebentausend befragten Ehefrauen, mindestens einmal von ihrem Ehemann geschlagen worden zu sein, mehr als achtzig Prozent waren auch der Ansicht, dass Männer unter bestimmten Bedingungen das Recht haben, ihre Frauen zu schlagen. Vgl. »Divorced from Justice. Women's Unequal Access to Divorce in Egypt«, abrufbar auf der Website von Human Rights Watch; dabei besonders Kapitel VI: »Condemning Women to a Life of Violence« (http://hrw.org/reports/2004/egypt1204/index.htm).

7 Mona Makram Obaid, »al-islah al-siyasi fi misr … hal huwa sirab am haqiqa?« [Politische Reform in Ägypten. Fata Morgana oder Wirklichkeit?], in: *al-Hayat*, 14. August 2004.

8 *Al-Arabi*, 30. Januar 2005.

9 Vgl. Hamzawy, »The Continued Costs of Political Stagnation in Egypt«, a. a. O.

10 Vgl. Kepel, *Das Schwarzbuch des Dschihad*, a. a. O., S. 352f.

11 Dieses und die folgenden Zitate aus: Hussein Hussein Shatah, *al-jihad al-iqtisadi farida shariyya wa darura imaniyya* [Der wirtschaftliche Jihad. Eine Pflicht der Scharia und eine Notwendigkeit des Glaubens], herausgegeben vom Komitee für humanitäre Hilfe, Ärztesyndikat Ägypten, Mai 2002.

12 Das Akronym Hamas, das als ein Wort gelesen auch »Enthusiasmus« oder »Glaubenseifer« bedeutet, steht für *harakat al-muqawama al-islamiyya* / Islamische Widerstandsbewegung.

13 Um eine ausführlichere, analytische Darstellung habe ich mich in meinem Buch *Geheime Gärten. Die neue arabische Welt*, München 2004, bemüht. Vgl. vor allem die Seiten 197–234 sowie das Vorwort zur Taschenbuchausgabe.

14 Vgl. im Einzelnen Perthes, *Geheime Gärten*, S. 204–213. Die interessantesten kontroversen Beiträge in der Debatte um Camp David sind die verschiedener amerikanischer Beteiligter, vor allem von Robert Malley und Dennis Ross, die in deutscher Übersetzung in einem Sammelband veröffentlicht worden sind: Jörn Böhme (Hg.), *Friedenschancen nach Camp David: Legenden – Realität – Zukunftsperspektiven für Israel und Palästina*, Schwalbach/Ts 2005. Siehe zuletzt auch mit deutlicher Kritik an der Verhandlungsführung der Clinton-Administration, in der er als Nahost-Berater wirkte, Aaron David Miller, »Listen to each side – and to the past«, in: *International Herald Tribune*, 7. Febraur 2005.

15 Yossi Klein Halevi, »Unsettling«, in: *Azure: Ideas for the Jewish Nation*, No. 20 (Frühjahr 5765/2005), S. 26–31, hier S. 29.

16 Die Zahlen sind der monatlich aufgearbeiteten Statistik der israelischen Organisation B'tselem entnommen. Vgl. www.btselem.org/english/Statistics/Casualities.asp.

17 Vgl. *Middle East International*, 3. Dezember 2004.

18 »Abu« heißt »Vater«; arabische Männer (und Frauen) werden im Freundes- und Verwandtenkreis gern nach ihren Söhnen benannt, Mahmud Abbas eben als der »Vater von Mazin«. In einigen Fällen, insbesondere, wo Söhne fehlen, werden auch Kampf- und Ehrennamen nach ähnlichem Muster konstruiert: so für Yasir Arafat, den viele liebevoll Abu Ammar nennen.

19 *Haaretz*, 3. Februar 2004. Davor hatte Sharon bereits auf der so genannten Herzliya-Konferenz im Dezember 2003 von einem beabsichtigten Disengagement gesprochen.

20 *The Jerusalem Post*, 27. Mai 2003.

21 Tom Segev, *Elvis in Jerusalem. Die moderne israelische Gesellschaft*, Berlin 2003.

22 Zuletzt so Shimon Peres, »The Mideast's European Dream«, in: *International Herald Tribune*, 22. März 2005.

23 Vgl. etwa David Witzthum, »Die israelisch-palästinensische Konfrontation und ihre Widerspiegelung in der öffentlichen Meinung Israels«, in: *Aus Politik und Zeitgeschichte. Beilage zur Wochenzeitung Das Parlament*, Nr. 20/2004, S. 29–37.

24 So zitiert in *Ma'ariv*, 10. Mai 2005. Ähnlich Parlamentspräsident Rivlin, zit. n. *Financial Times*, 13. Mai 2005.

25 Suad Amiry, *Sharon and my Mother-in-Law. Ramallah Diaries*, London 2005.

26 Zitiert nach *al-Ayyam* (Ramallah), 13. Juli 2005.

27 Tom Segev, »The paradox of Jerusalem«, in: *Haaretz Magazine*, 10. Juni 2005.

28 Der Vers ist nicht in der dritten (»Al Imran«), sondern in der sechzigsten Sure des Koran (»Die Prüfung«) zu finden, hier zitiert nach der Übersetzung von Rudi Paret (Stuttgart u. a., 1979).

29 Das arabische Wort »Al« (mit langem A) bedeutet Familie, es ist zu unterscheiden von dem kurz gesprochenen Artikel »al-«, der vielen arabischen Namen vorangestellt wird. In der Umschrift schreiben wir zur Unterscheidung »Al« (Familie) groß und ohne Bindestrich, den Artikel »al« klein und mit Bindestrich. »Ibn« (Sohn des) wird, wenn es zwischen dem Eigennamen einer Person und dem Namen ihres Vaters steht, verkürzt zu »bin« (also Ibn Saud, im Zusammenhang aber Abd al-Aziz bin Saud).

30 Zur Geschichte des modernen Saudi-Arabien vgl. vor allem Guido Steinberg, *Saudi-Arabien. Politik, Geschichte, Religion*, München 2004, sowie das mittlerweile schon etwas betagte, aber ausführliche Buch von Aleksei Vassiliev, *The History of Saudi Arabia*, London 1998.

31 Steinberg, *Saudi-Arabien,*S. 68 und S. 71–74; eine ausführliche Analyse der verschiedenen islamistischen Oppositionstendenzen in Saudi-Arabien findet sich in dem Bericht der International Crisis Group, »Saudi Arabia Backgrounder: Who Are the Islamists?«, *ICG Middle East Report No. 31*, Amman et al., September 2004.

32 Die beste Analyse dieser »vor-parlamentarischen« (sowie der religiösen) Elite Saudi-Arabiens findet sich bei Iris Glosemeyer, »Saudi Arabia. Dynamism Uncovered«, in: Volker Perthes (Hg.), *Arab Elites. Negotiating the Politics of Change*, Boulder, Col. 2004, S. 141–169.

33 Vgl. etwa Simon Henderson, *After King Fahd: Succession in Saudi Arabia*, Washington, D.C., 1994.

34 So Michael Scott Duran, »The Saudi Paradox«, in: *Foreign Affairs* 83 (January/February 2004) 1, S. 35–51.

35 So etwa Laurent Murawiec, *Princes of Darkness: The Saudi Assault on the West*, Lanham, Md., erscheint im August 2005.

36 Vgl. Iris Glosemeyer, »Terroristenjagd in Saudi-Arabien«, *SWP-Aktuell*, Nr. 29 (August 2003).

37 Vgl. Joe Barnes/Amy Jaffe/Edward C. Morse, »The New Geopolitics of Oil«, in: *The National Interest*, Winter 2003/04, Special Energy Supplement (Internetausgabe); Giacomo Luciani, »Weathering the Storm: Saudi Arabia and the United States«, in: *The International Spectator*, 39 (Oktober–Dezember 2004) 4, S. 65–73.

38 Auch in Qatar und Bahrain fanden zunächst kommunale Wahlen statt; und auch in Oman wurde zuerst nur ein Teil der Abgeordneten in der dortigen Shura-Versammlung (des Konsultativrates) gewählt, ein anderer Teil ernannt. Allgemeine Wahlen finden mittlerweile nicht nur in Kuwait, das auf eine längere parlamentarische Tradition zurückblickt, und – außerhalb des Golfkooperationsrates aber auf der Halbinsel – im Jemen statt, sondern auch im Oman und in Bahrain. In Qatar gab es bislang nur Kommunalwahlen; die im April 2003 verkündete Verfassung sieht eine Shura-Versammlung vor, deren Mitglieder zu zwei Dritteln gewählt, zu einem Drittel ernannt werden sollen.

39 Der Begriff Jihadismus wird mittlerweile auch in arabischen Medien für islamistische Kräfte benutzt, die unter Jihad – einem Konzept, das in der islamischen Theologie allgemein für Anstrengungen im Dienste des Glaubens

steht – ausschließlich Krieg verstehen und terroristische Methoden sowohl legitimieren wie anwenden.

40 Amr al-Faisal, *Arab News*, 29. November 2004

41 *al-gharb min al-dakhil. dirasa li-l-thawahir al-ijtima'iyya* [Der Westen von innen. Eine Studie der sozialen Phänomene], Riad 1425 (2004).

42 Nach Ahmad bin Hanbal (780–855), Jurist und Theologe und Gründer einer der vier großen Rechtsschulen des sunnitischen Islam.

43 Vgl. ausführlich Karen Armstrong, *Im Kampf für Gott. Fundamentalismus in Christentum, Judentum und Islam,* München 2004.

44 *Convention on the Elimination of all Forms of Discrimination against Women*. Der Hauptvorbehalt, den Saudi-Arabien anhängig gemacht hat, lautet, dass das Königreich sich im Falle eines Widerspruchs zwischen einer Aussage der Konvention und den Normen des islamischen Rechts der Konvention nicht verpflichtet fühlt.

45 Michael Gunter, »Why Kurdish Statehood is Unlikely«, in: *Middle East Policy* 11 (Frühjahr 2004) 1, S. 106–110.

46 Vgl. David Romano, »Safe Havens as Political Projects: The Case of Iraqi Kurdistan«, in: Paul Kingston und Ian S. Spears (Hg.), *States-within-states – incipient political entities in the post-Cold war era*, New York 2004, S. 153 bis 166.

47 Das hat die Berliner Anthropologin Andrea Fischer-Tahir in einer Dissertation anhand einer beeindruckenden Sammlung von Interviews mit vornehmlich jungen Leuten demonstriert: Andrea Fischer-Tahir, *»Wir gaben viele Märtyrer«. Widerstand und kollektive Identitätsbildung in Irakisch-Kurdistan*, Münster 2003.

48 *al-an huna. ›Sharq al Mutawassit‹ marratun ukhra*, Beirut 1992.

49 Tariq Karizi, »Biqa quwat al-bishmerka limadha?« [Warum der Verbleib der Peshmerga], in: *al-Ta'akhi*, 5. April 2005.

50 Ali, der vierte Kalif (Nachfolger des Propheten Muhammad) gilt als Gründer der Schia. Muawiya, Gründer der Damaszener Omayyaden-Dynastie, wurde sein – von den Schiiten nicht anerkannter – Nachfolger.

51 Über die Arabisierung Kirkuks und die Vertreibungen einiger der angesiedelten Araber in der Zeit unmittelbar nach dem Sturz des Regimes von Saddam Hussein informiert Human Rights Watch, »Claims in Conflict. Reversing Ethnic Cleansing in Northern Iraq«, August 2004.

52 Gulala Noory, *taqawim al-Wahsha* [Kalender der Barbarei], Beirut 2005.

53 Zu den lesenswerten Darstellungen der revolutionären und nachrevolutionären Phase im Iran gehört etwa Elaine Sciolino, *Persian Mirror: The Elusive Face of Iran*, New York u. a. 2000; eine frühe kritische Perspektive findet sich bei Zalmay Khalilzad und Cheryl Benard, *Gott in Teheran,* Frankfurt a. M. 1998.

54 Die beste Darstellung des Krieges und seiner innenpolitischen Wirkung in beiden Staaten findet sich bei Shahram Chubin und Charles Tripp, *Iran and Iraq at War*, London 1988.

55 Vgl. Chubin / Tripp, Iran and Iraq, S. 75.

56 Wie bei vielen schiitischen Geistlichen wird auch in Rafsanjanis Fall der Herkunftsort dem eigentlichen Nachnamen angehängt – Hashemi, der Rafsanjaner – und in Teilen der Öffentlichkeit als Hauptname benutzt.

57 Vgl. etwa Johannes Reissner, »Europe and Iran: Critical Dialogue«, in: Richard W. Haass und Meghan L. O'Sullivan (Hg.), *Honey and Vinega. Incentives, Sanctions and Foreign Policy*, Washington, D. C., 2000, S. 33–50.

58 Vgl. Navid Kermani, *Die Revolution der Kinder*, München (erweiterte Taschenbuchausgabe) 2002.

59 So der iranisch-schweizerische Wissenschaftler Shahram Chubin, »The Islamic Republic at 25: Adaption and Evolution«, *Konferenzpapier für die Observer Institute Confernce on Iran*, Neu-Delhi, März 2004.

60 Ursprünglich waren sogar mehr als dreitausendfünfhundert Kandidaten ausgeschlossen worden; davon wurden rund eintausendfünfhundert wieder zugelassen, um den innenpolitischen Konflikt zwischen Wächterrat und Regierung zu beruhigen. Vgl. Johannes Reissner, »Irans neues Parlament. Was ist zu erwarten?«, *Stiftung Wissenschaft und Politik (SWP-Studie 20) Mai 2004*, Berlin, S. 8.

61 Zu den Ereignissen vgl. Sciolino, Persian Mirrors, S. 276–282.

62 Vgl. Reissner, *Irans neues Parlament,* S. 9f.

63 Es gibt keinen Grund, hier in Einzelheiten zu gehen, denn dies ist kein Buch über die Außenpolitik mittelöstlicher Staaten oder über die Nah- und Mittelostpolitik der USA und der EU. Eine aktuelle Einschätzung des amerikanisch-iranischen Verhältnisses liefern Kenneth Pollack und Ray Takeyh, »Taking on Tehran«, in: *Foreign Affairs*, 84 (März–April 2005) 2, S. 20–34.

64 Zitiert nach der Website der iranischen Nachrichtenagentur IRNA, 19. August 2004.

65 Katajun Amirpur, »Realexistierender Islamismus. Der Iran nach dem Wahlsieg der Konservativen«, in: *Blätter für deutsche und internationale Politik* 49 (April 2004), S. 462–472.

66 Jounhouri-ye Eslami, 17. Novemver 2004, zitiert nach BBC Monitoring Global Newsline - Middle East Political (im Folgenden: BBC Monitoring).

67 Etemaad, 17. November 2004, zitiert nach BBC Monitoring.

68 Die Äußerungen Khatamis sind zitiert nach BBC Monitoring, 11. August 2004; die Khameneis nach MEMRI Special Dispatch, 24. August 2004.

69 BBC, Monitoring, 11. August 2004.

70 Die mangelnde Transparenz des »Stiftungssektors« zeigt sich auch darin, dass es keine verlässlichen Angaben zum Gesamtumfang seiner Aktivitäten gibt; Schätzungen schwanken zwischen zehn und (wohl weit übertriebenen) siebzig Prozent des Bruttosozialprodukts.

71 Aktuelle Informationen und Nachrichten über die iranische Wirtschaft finden sich etwa auf der gut gepflegten Website http://www.parsinvestment.com. Vgl. im Übrigen http://www.economist.com/countries/Iran für eine kurze Übersicht ökonomischer Strukturen die wichtigsten Daten sowie weiterführende Links.

72 Statistical, Economic and Social Research and Training Centre for Islamic Countries (SESRTCIC)/The Ankara Centre, http://www.sesrtcic.org.

73 World Bank, World Development Indicators.

74 Cheryl Benard, »Civil Democratic Islam: Partners, Resources, and Strategies«, *RAND-Studie*, Santa Monica 2003, S. 6.

75 Farhad Kazemi, »The Precarious Revolution. Unchanging Institutions and the Fate of Reform in Iran«, in: *Journal of International Affairs* 57 (Herbst 2003), S. 81–95, hier S. 92.

76 Zum schiitischen Islam siehe vor allem Heinz Halm, *Der schiitische Islam. Von der Religion zur Revolution*, München 1994.

Literaturempfehlungen

NAHER UND MITTLERER OSTEN ALLGEMEIN

Armstrong, Karen, *Im Kampf für Gott. Fundamentalismus in Christentum, Judentum und Islam*, München 2004

Kepel, Gilles, *Das Schwarzbuch des Dschihad. Aufstieg und Niedergang des Islamismus*, München und Zürich 2002

Perthes, Volker, *Geheime Gärten. Die neue arabische Welt*, erweiterte Taschenbuchausgabe, München 2004

Schulze, Reinhard, *Geschichte der Islamischen Welt im 20. Jahrhundert*, München 2002

ÄGYPTEN

Abdelnasser, Gamal: »Egypt, Succession Politics«, in: Perthes, Volker (Hg.), *Arab Elites: Negotiating the Politics of Change*, Boulder 2004, S. 117–139

Hamzawy, Amr, »The Continued Costs of Political Stagnation in Egypt«, *Policy Outlook* (Carnegie Endowment for International Peace), Februar 2005

Kienle, Eberhard, *A Grand Delusion: Democracy and Economic Reform in Egypt*, London 2001

ISRAEL

Asseburg, Muriel, *Blockierte Selbstbestimmung: Palästinensische Staats- und Nationenbildung während der Interimsperiode*, Baden-Baden 2002

Böhme, Jörn (Hg.), *Friedenschancen nach Camp David. Legenden – Realität – Zukunftsperspektiven für Israel und Palästina*, Schwalbach/Ts 2005

Enderlin, Charles, *Shattered dreams: the failure of the peace process in the Middle East, 1995–2002*, New York 2003

Segev, Tom, *Elvis in Jerusalem. Die moderne israelische Gesellschaft*, Berlin 2003

Timm, Angelika, *Israel – Gesellschaft im Wandel*, Opladen 2003

SAUDI-ARABIEN

Glosemeyer, Iris, »Saudi Arabia. Dynamism Uncovered«, in: Volker Perthes (Hg.), *Arab Elites. Negotiating the Politics of Change*, Boulder, Col. 2004, S. 141–169

Henderson, Simon, *After King Fahd: Succession in Saudi Arabia*, Washington, D.C., 1994

Steinberg, Guido, *Saudi-Arabien. Politik, Geschichte, Religion*, München 2004

Vassiliev, Aleksei, *The History of Saudi Arabia*, London 1998

KURDISTAN/IRAK

Dodge, Toby, *Iraq's Future: The Aftermath of Regime Change*, Adelphi Paper 372, May 2005

Fischer-Tahir, Andrea, *»Wir gaben viele Märtyrer«. Widerstand und kollektive Identitätsbildung in Irakisch-Kurdistan*, Münster 2003

Fürtig, Henner, *Kleine Geschichte des Irak. Von der Gründung 1921 bis zur Gegenwart*, München 2003

Gunter, Michael, »Why Kurdish Statehood is Unlikely«, in: *Middle East Policy* 11 (Frühjahr 2004) 1, S. 106–110

Reuter, Christoph/Fischer, Susanne, *Café Bagdad. Der ungeheure Alltag im neuen Irak*, München 2004

IRAN
Benard, Cheryl/Khalilzad, Zalmay, *Gott in Teheran,* Frankfurt a. M. 1998
Halm, Heinz, *Der schiitische Islam. Von der Religion zur Revolution*, München 1994
Kermani, Navid, *Die Revolution der Kinder*, erweiterte Taschenbuchausgabe, München 2002
Reissner, Johannes, »Irans neue Distanz zum Westen. Die Präsidentschaftswahlen als Ausdruck grundsätzlicher Kräfteverschiebungen«, *SWP-Aktuell*, Nr. 32, Juli 2005
Sciolino, Elaine, *Persian Mirror: The Elusive Face of Iran*, New York u. a. 2000

Abkürzungsverzeichnis

AKP Adalet ve Kalkinma Partisi (Partei für Gerechtigkeit und Entwicklung)
IAEO Internationale Atomenergie-Organisation
IDF Israeli Defense Forces (Israelische Streitkräfte)
IMF International Monetary Fond (Internationaler Währungsfonds)
KDP Kurdistan Democratic Party (Demokratische Partei Kurdistans)
KPSau Kommunistische Partei Saudi-Arabiens
KRG Kurdische Regionalregierung
NDP Nationaldemokratischen Partei (Ägypten)
PA Palestinian Authority (Palästinensische Autorität)
PLO Palestine Liberation Organization (Palästinensische Befreiungsorganisation)
PUK Patriotic Union of Kurdistan (Patriotische Union Kurdistans)
UNDP United Nations Development Programme
VAE Vereinigte Arabische Emirate
YMCA Christlicher Verein Junger Männer

Bildnachweis

Die Fotos zeigen Buchhändler in Kairo (Seite 35), die Sperranlage zwischen Israel und der Westbank (Seite 147), Teppichkunst aus Saudi-Arabien (Seite 173), einen Polizeiposten im kurdischen Sulaimani (Seite 289) und einen Märtyrerfriedhof in Iran (Seite 319). Das Copyright aller Abbildungen liegt beim Autor.